Lo mejor de ALEMANIA

ANDREA SCHULTE-PEEVERS, CAROLINE SIEG
KERRY CHRISTIANI, MARC DI DUCA, ANTHONY HAYWOOD,
CATHERINE LE NEVEZ, DANIEL ROBINSON

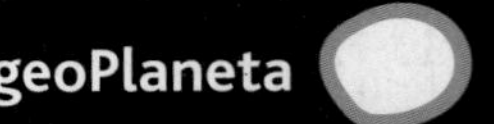

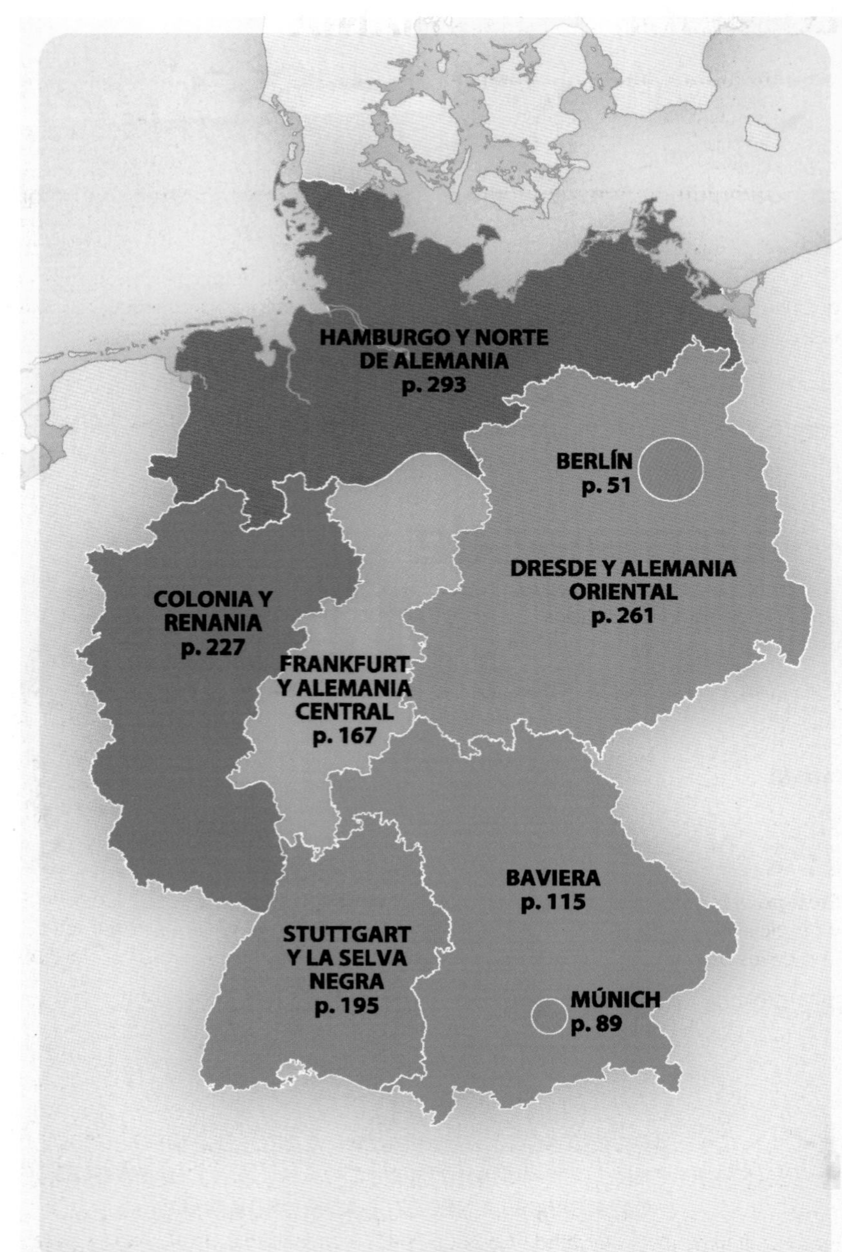
HAMBURGO Y NORTE DE ALEMANIA
p. 293
BERLÍN
p. 51
DRESDE Y ALEMANIA ORIENTAL
p. 261
COLONIA Y RENANIA
p. 227
FRANKFURT Y ALEMANIA CENTRAL
p. 167
BAVIERA
p. 115
STUTTGART Y LA SELVA NEGRA
p. 195
MÚNICH
p. 89

LO MEJOR DE ALEMANIA

Berlín (p. 51) Astuta y *sexy*, una seductora que tienta al viajero con su legado cultural, única historia y moderna vida nocturna.

Múnich (p. 89) Energía contagiosa en sus calles y bulliciosas cervecerías, elegantes parques y finos palacios.

Baviera (p. 115) Serenos valles, montañas, aldeas intemporales y palacios de cuento de hadas.

Frankfurt y Alemania central (p. 167) Sofisticadas urbes o una cita con el flautista de Hamelín o las brujas en el Harz.

Stuttgart y la Selva Negra (p. 195) Oscura y deliciosa como su célebre pastel. Tiene uno de los paisajes más bellos del país.

Colonia y Renania (p. 227) Catedrales, arte, castillos medievales, romance a la vera del río y buen vino. ¡La perfección!

Dresde y Alemania oriental (p. 261) Vislumbrar el alma alemana donde Goethe, Lutero y demás colosos dejaron su huella.

Hamburgo y Alemania septentrional (p. 293) Brisa marítima, Beatlemanía y paseos por la "milla pecadora" del barrio chino.

SUMARIO

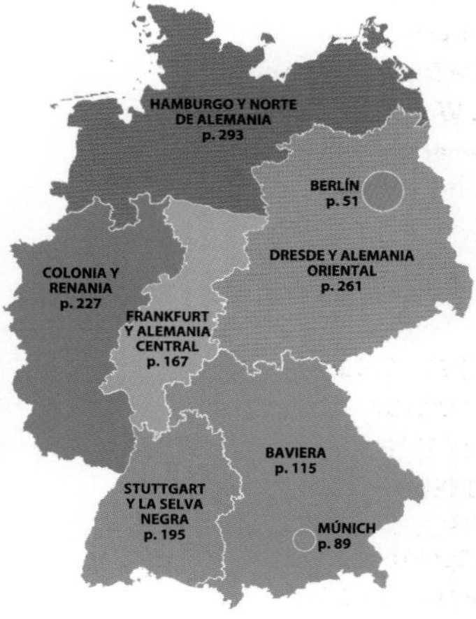
HAMBURGO Y NORTE DE ALEMANIA p. 293
BERLÍN p. 51
DRESDE Y ALEMANIA ORIENTAL p. 261
COLONIA Y RENANIA p. 227
FRANKFURT Y ALEMANIA CENTRAL p. 167
BAVIERA p. 115
STUTTGART Y LA SELVA NEGRA p. 195
MÚNICH p. 89

HAMBURGO p. 304
Relajarse visitando los eclécticos bares y los inumerables *pubs* de esta vibrante ciudad
LÜBECK p. 311
Capturar el espíritu hanseático de esta ciudad declarada Patrimonio Mundial, célebre por sus deliciosos mazapanes
BERLÍN p. 51
Visitar museos de renombre mundial durante el día y animados bares, *pubs* y cabarets por la noche
BREMEN p. 318
Saborear el espíritu relajado de esta mini-metrópolis con su hermosa arquitectura *art nouveau* de ladrillo rojo
DRESDE p. 277
Admirar la cultura y la dinámica vida nocturna de esta belleza barroca apodada la "Florencia del Norte"
DINAMARCA
POLONIA
PAÍSES BAJOS
Mar del Norte
Mar Báltico
SCHLESWIG-HOLSTEIN
MECKLENBURGO-POMERANIA OCCIDENTAL
HAMBURGO
BREMEN
BAJA SAJONIA
BRANDEBURGO
BERLÍN
SAJONIA-ANHALT
RENANIA DEL NORTE-WESTFALIA
VALLE DEL RHUR
SAJONIA
Sylt
Westerland
Parque Nacional del Mar de Waden-Schleswig-Holstein
Islas Frisias del Norte
Husum
Kiel
Puttgarden
Parque Nacional Vorpommersche Boddenlandschaft
Barth
Isla de Rügen
Parque Nacional Jasmund
Sassnitz
Binz
Stralsund
Warnemünde
Rostock
Greifswald
Hegoland
Parque Nacional del Mar de Wadden- Hamburgo
Islas Frisias del Este
Parque Nacional del Mar de Wadden-Baja Sajonia
Cuxhaven
Neumünster
Lübeck
Isla Poel
Wismar
Norddeich
Wilhelmshaven
Bremerhaven
Hamburgo
Schwerin
Neubrandenburg
Lago Müritz
Neustrelitz
Parque Nacional Müritz
Emden
Elba
Hamme
Lüneburg
Lüneburger Heide
Rheinsberg
Parque Nacional del Valle del Bajo Oder
Oldenburgo
Bremen
Salzwedel
Oder
Warta
Emmen
Ems
Weser
Celle
Stendal
Brandenburg an der Havel
BERLÍN
Frankfurt an der Oder
Zwolle
Wolfsburg
Potsdam
Bad Bentheim
Renania
Osnabrück
Hannover
Braunschweig
Enschede
Hildesheim
Magdeburgo
Arnhem
Münster
Bielefeld
Goslar
Bad Harzburg
Rosslau
Lutherstadt Wittenberg
Parque Nacional de Harz
Brocken (1142m)
Quedlinburg
Dessau
Lübben
Cottbus
Emmerich
Hamm
Paderborn
Wurmberg (971m)
Cordillera de Harz
Recklinghausen
Gelsenkirchen
Halle
Eindhoven
Oberhausen
Dortmund
Bochum
Duisburg
Essen
Gotinga
Hagen
Leipzig
Maas
Düsseldorf
Wuppertal
Kassel
Unstrut
Meissen
Bautzen
Görlitz
Mönchengladbach
Solingen
Mühlhausen
Dresde
A1
A2
A7
A10
A11
A13
A14
A23
A24
A27
A28
A29
A30
A31
A44
55°N
54°N
6°E
7°E
8°E
11°E
12°E
13°E
14°E
15°E

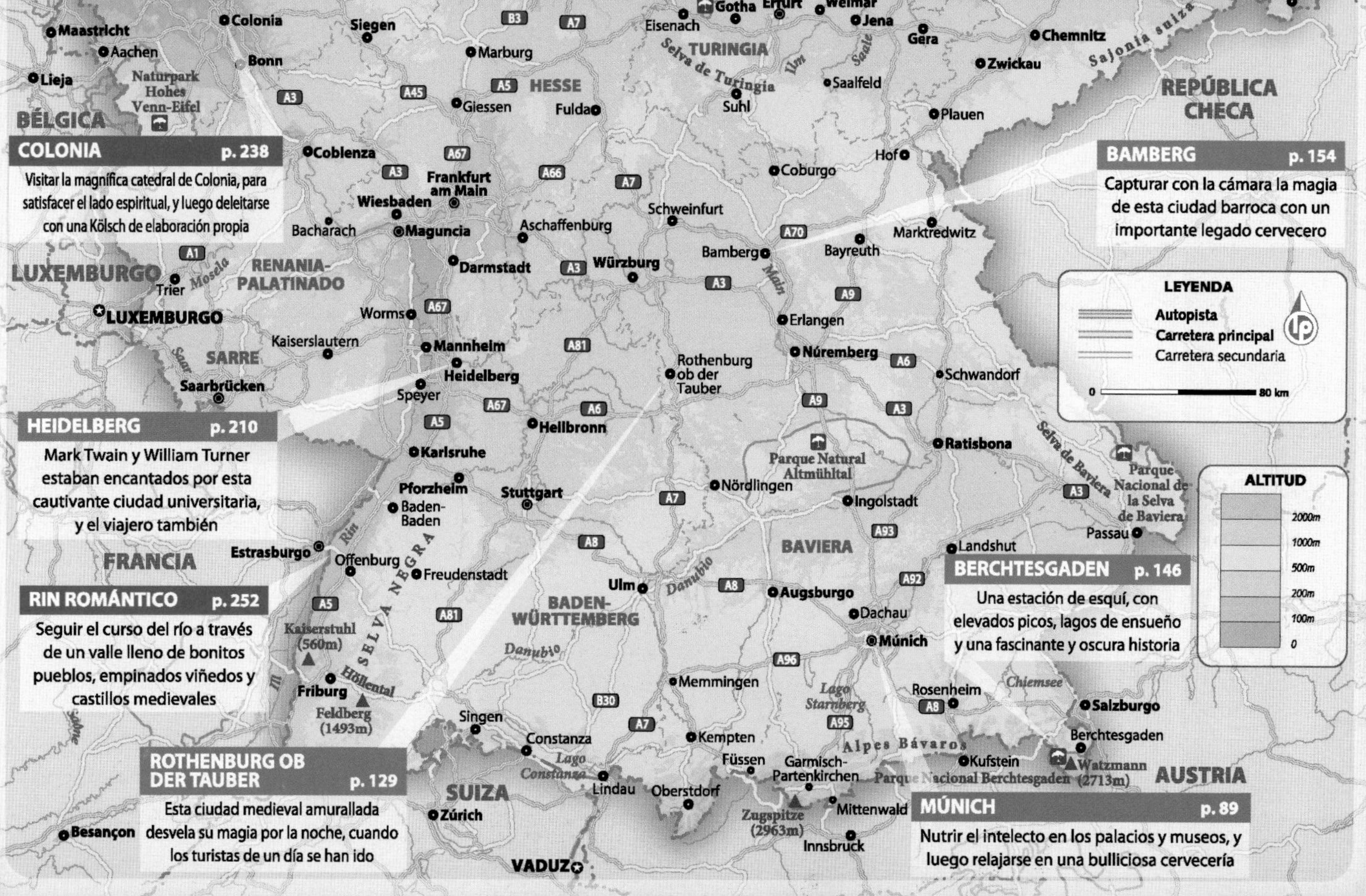
COLONIA p. 238
Visitar la magnífica catedral de Colonia, para satisfacer el lado espiritual, y luego deleitarse con una Kölsch de elaboración propia
HEIDELBERG p. 210
Mark Twain y William Turner estaban encantados por esta cautivante ciudad universitaria, y el viajero también
RIN ROMÁNTICO p. 252
Seguir el curso del río a través de un valle lleno de bonitos pueblos, empinados viñedos y castillos medievales
ROTHENBURG OB DER TAUBER p. 129
Esta ciudad medieval amurallada desvela su magia por la noche, cuando los turistas de un día se han ido
BAMBERG p. 154
Capturar con la cámara la magia de esta ciudad barroca con un importante legado cervecero
BERCHTESGADEN p. 146
Una estación de esquí, con elevados picos, lagos de ensueño y una fascinante y oscura historia
MÚNICH p. 89
Nutrir el intelecto en los palacios y museos, y luego relajarse en una bulliciosa cervecería
LEYENDA
Autopista
Carretera principal
Carretera secundaria
0
80 km
ALTITUD
2000m
1000m
500m
200m
100m
0
BÉLGICA
LUXEMBURGO
RENANIA-PALATINADO
SARRE
FRANCIA
HESSE
TURINGIA
BADEN-WÜRTTEMBERG
BAVIERA
SUIZA
AUSTRIA
REPÚBLICA CHECA
Maastricht
Aachen
Lieja
Colonia
Bonn
Siegen
Marburg
Giessen
Fulda
Coblenza
Frankfurt am Main
Wiesbaden
Maguncia
Bacharach
Darmstadt
Aschaffenburg
Würzburg
Schweinfurt
Trier
LUXEMBURGO
Worms
Kaiserslautern
Mannheim
Heidelberg
Speyer
Saarbrücken
Karlsruhe
Heilbronn
Pforzheim
Stuttgart
Baden-Baden
Estrasburgo
Offenburg
Freudenstadt
Friburg
Singen
Constanza
Lindau
Zúrich
Besançon
VADUZ
Eisenach
Gotha
Erfurt
Weimar
Jena
Gera
Chemnitz
Zwickau
Saalfeld
Suhl
Plauen
Hof
Coburgo
Bamberg
Bayreuth
Marktredwitz
Erlangen
Núremberg
Schwandorf
Rothenburg ob der Tauber
Nördlingen
Ingolstadt
Ratisbona
Landshut
Passau
Ulm
Augsburgo
Dachau
Múnich
Memmingen
Kempten
Füssen
Oberstdorf
Garmisch-Partenkirchen
Mittenwald
Innsbruck
Rosenheim
Kufstein
Salzburgo
Berchtesgaden

INTRODUCCIÓN

Pocos países han ejercido un impacto en el mundo como Alemania. Además de la Reforma, la Ilustración y su historia militar, Alemania es una tierra de inventores que nos ha dado la imprenta, el automóvil, la aspirina y la tecnología en mp3.

Es el país donde pueden visitarse las cunas de Martín Lutero, Albert Einstein y Karl Marx, de Goethe, Beethoven y los hermanos Grimm, y de otras figuras que han forjado la historia de la humanidad, cada una de forma significativa. ¿Las raíces de la arquitectura moderna? Justo aquí, en Dessau, donde nació el movimiento de la Bauhaus. ¡Hasta el Papa actual es alemán!

El viajero se codeará con todos estos genios al recorrer el país, pero el panorama de cuento de hadas de Alemania es incluso más memorable. Hay algo indudablemente artístico en el modo en que se despliega el paisaje, desde sus serpenteantes costas flanqueadas por dunas en el norte hasta los temperamentales bosques, románticos valles fluviales y vastos viñedos de las regiones centrales, pasando por el esplendor inaudito de los Alpes, tallados para la gloria por los elementos y los glaciares. Todo

ello forma parte de su vasta y mágica alfombra natural, que hará que el viajero agote la tarjeta fotográfica de su cámara digital.

Se verán ciudades históricas con calles que datan de la Edad Media y castillos que asoman por encima de aldeas con casas de madera y ventanas adornadas con hermosos geranios. Berlín, Múnich, Hamburgo y otras animadas urbes cautivarán al viajero con su cocina variada y progresista y un caleidoscopio cultural repleto de experiencias, desde la refinada ópera hasta las discotecas *underground*. Y, se vaya donde se vaya, se verán clásicos románicos, góticos y barrocos junto a creaciones arquitectónicas de maestros modernos como I. M. Pei o Frank Gehry.

'Animadas urbes cautivarán al viajero con su cocina variada y progresista y un caleidoscopio cultural.'

Así que, ya se busque una incursión llena de adrenalina en la Autobahn o un viaje de placer en sus trenes de última generación, Alemania es una tierra que pide ser explorada. Basta con llevar curiosidad y una mente abierta para pasárselo en grande.

LAS 25 MEJORES EXPERIENCIAS

1

HECHIZADA POR BERLÍN

Berlín (p. 51) es absolutamente increíble. Me encanta poder ir caminando a todas partes, disfrutar de edificios y elementos arquitectónicos asombrosos y formar parte de la historia allí donde voy. La amalgama de elementos nuevos y antiguos funciona tan bien en Berlín que el corazón desea llorar por la historia y sonreír por el presente y el futuro.

Natalie Ler-Davies, viajera, Emiratos Árabes Unidos

PASEOS ROMÁNTICOS

2

Hay que tener la cámara a punto mientras se recorre la **Ruta Romántica** (p. 126), una encantadora hilera de aldeas, ciudades y castillos medievales que serpentea desde las colinas ribeteadas de viñedos de Wurzburgo hasta Füssen, a los pies de los Alpes. Pero hay que tomarse su tiempo, pues la ruta desvela su auténtica magia cuando se saborea a pequeños sorbos y no tragándosela a toda prisa.

3

LOCA POR NEUSCHWANSTEIN

Desde que vi por vez primera una foto del **Schloss Neuschwanstein** (p. 140) supe que tenía que visitarlo. Nos aconsejaron que cambiáramos el coche de alquiler por un Mercedes. ¿Qué vehículo podía ser mejor para la Autobahn? Cuando por fin llegamos, la mera grandeza (y el llamativo aspecto) del castillo nos dejó atónitos.

Michaela Caughlan, personal de Lonely Planet

1 FGU/IMAGEBROKER; 2 DWB/IMAGEBROKER; 3 DAVID TOMLINSON

1 Brandenburger Tor (Puerta de Brandeburgo; p. 63), Berlín; 2 En bicicleta al sur de Wieskirche (p. 124); 3 El castillo de Neuschwanstein (p. 140), cerca de Füssen.

INSPIRADA POR HEIDELBERG

4

Una imagen que jamás olvidaré fue mi primera visión del puente sobre el río Neckar en **Heidelberg** (p. 210), la ciudad universitaria que inspiró al pincel de William Turner con su caprichoso castillo y a la pluma de Mark Twain con su estentórea vida nocturna.

Kerry Christiani, autora de Lonely Planet, Alemania

5

VIAJAR EN BICICLETA POR HAMBURGO

Desplazarse por **Hamburgo** (p. 304), la vasta "ciudad portuaria" del país, es pan comido gracias a su sencilla, barata y fabulosa oferta de transportes, que incluye barcas, ferrocarril y redes de autobuses. Pero quizá el modo más placentero de explorar la segunda ciudad más grande de Alemania es por cuenta propia sobre dos ruedas.

Catherine Le Nevez, autora de Lonely Planet, Francia

ROMANCE EN EL RIN

Aunque llovió sin parar durante nuestro viaje al **río Rin** (p. 252), uno de los mejores momentos fue el crucero con almuerzo incluido que nos llevó por paisajes de cuentos de hadas sembrados de castillos y viñedos. La música y comida tradicionales alemanas lo convirtieron en un viaje mágico.

Emma Kinton, viajera, Reino Unido

6

4 MANFRED GOTTSCHALK; 5 MARK DAFFEY; 6 KAK/IMAGEBROKER

4 El río Neckar y el Altstadt (casco antiguo), Heidelberg (p. 210); 5 En bicicleta por los lagos de Alster, Hamburgo (p. 304); 6 Burg Stahleck, en la aldea de Bacharach, junto al Rin (p. 255).

SEDUCIDA POR SANSSOUCI

El glorioso parque y palacio de **Sanssouci** (p. 274), en Potsdam, es una muestra de lo que pasa cuando un rey tiene buen gusto, mucho dinero y acceso a los mejores artistas y arquitectos. Jamás me canso de ver el pequeño retiro de Federico el Grande en lo alto de los bancales sembrados de viñas ni de descubrir rincones románticos en su laberíntico parque.

Andrea Schulte-Peevers, autora de Lonely Planet, Alemania

7

8

IR DE FIESTA COMO SI FUERA 1999

¿El viajero es un amante de la cerveza? Si es así, la **Oktoberfest de Múnich** (p. 108) es para él. Yo pasé mi primer día sentado con unos visitantes en su 27º año consecutivo. A los 10 minutos ya me trataban como si fuéramos amigos de toda la vida. Luego, tras dormir tres horas, me levanté y volví, ¡y encontré otro increíble grupo de amigos!

Damian Hughes, viajero, Australia

DERRIBADA POR UN MURO

9

Ya hace más de 20 años de la caída del **Muro de Berlín** (p. 78), pero aún se siente la presencia de los fantasmas de la Guerra Fría a la sombra de los fragmentos de esta gris y lúgubre barrera de la humanidad.

Andrea Schulte-Peevers, autora de Lonely Planet, Alemania

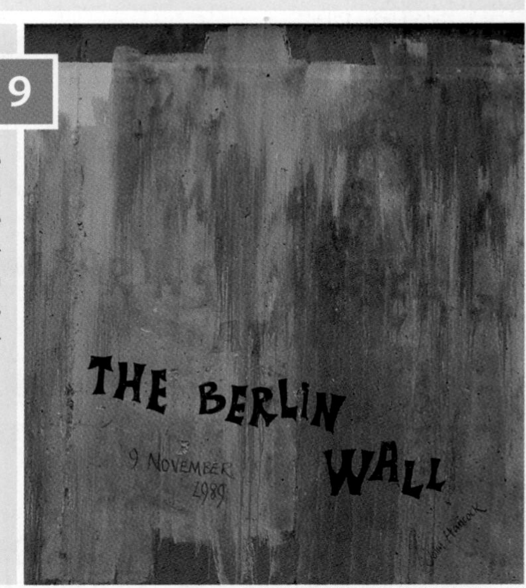

7 JEAN-PIERRE LESCOURRET; 8 KRZYSZTOF DYDYNSKI; 9 JERRY GALEA

7 Jardines en bancales en el castillo de Sanssouci (p. 274), Potsdam; 8 Oktoberfest (p. 92) en el recinto de Theresienwiese, Múnich; 9 Fragmento conmemorativo del Muro de Berlín (p. 78).

LA ALQUIMIA ARTÍSTICA DE DRESDE

10

Si al viajero le gusta el arte, la arquitectura y la historia y quiere quedarse maravillado, el **Zwinger** (p. 279) de Dresde es visita obligada. Donde no hay una hermosa fuente, hay un bonito querubín. Hay mucho que ver en el Zwinger, por lo que se aconseja dedicar mucho tiempo a esta bella ciudad.

Clara Monitto, viajera, Alemania

MOMENTOS SOMBRÍOS EN DACHAU

11

Estaba con mi familia en un aislado jardín del **campo de concentración de Dachau** (p. 113), que tiene algunas zonas increíblemente tranquilas. Allí es donde ejecutaban a la gente. Estábamos en silencio, comparando la incongruencia del cuidado césped y los preciosos parterres de flores de aquel rincón con su historia, no tan lejana.

Anna Demant, personal de Lonely Planet

DESLIZARSE POR EL MOSELA

12

Remar por el río **Mosela** (p. 256) hasta el Rin brinda una fantástica oportunidad de ver el país desde una perspectiva que poca gente disfruta. Viñedos alfombrando las colinas, castillos sobre altas cimas, navegar junto a enormes barcazas, admirar los poblados parques de caravanas de verano, atravesar esclusas, ¡y probar el fabuloso riesling!

Gail Irvine, viajera, Canadá

13

BEBER EN FRANKFURT

Llegué a la rústica taberna del barrio de Sachsenhausen con una misión: probar el **Ebbelwei** (vino de manzana; p. 184). Me serví, lo probé y pensé: "¡Ajá, por eso dicen que es un gusto adquirido!". Con dos jarras más ya hablaba de tú con el camarero y había declarado el *Ebbelwei* mi bebida favorita.

Caroline Sieg, autora de Lonely Planet, Alemania

10 El Zwinger (p. 279), Dresde; 11 Entradas al campo de concentración de Dachau (p. 113); 12 El Reichsburg de Cochem (p. 259), junto al río Mosela; 13 Sirviendo *Ebbelwei* (vino de manzana; p. 184) en Frankfurt.

14

RETOZAR EN FRIBURGO

Volví a **Friburgo** (p. 217) 30 años después de haber estudiado allí, cumpliendo con la promesa que me hice de volver algún día. En mi viaje de regreso me declaré a mi esposa, que también había estudiado allí hacía tres décadas. Hoy lo visitamos unas semanas al año para ver a amigos de Friburgo y de toda Alemania. ¡Promesa cumplida!

Robert Purrenhage, viajero, EE UU

BORDEAR EN BICICLETA EL LAGO CONSTANZA (BODENSEE)

Pasear por libre alrededor del reluciente **lago Constanza** (p. 223) con el rumor de la cadena de la bici bajo un cielo azul y con los Alpes en el horizonte es una gozada. Nada alienta más el pedaleo que las sorpresas que deparan estos rincones, incluidos los castillos medievales y las granjas que venden sidra recién hecha.

Kerry Christiani, autora de Lonely Planet, Alemania

15

14 DJS/IMAGEBROKER; 15 MKL/IMAGEBROKER

14 Vista al pasar por Martinstor (p. 218), Friburgo; 15 La ciudad de Sipplingen, a orillas del lago Constanza (p. 223).

↘ ÉRASE UNA VEZ...

Mis recuerdos infantiles de los *Grimms Märchen* (los cuentos de los hermanos Grimm) cobraron vida cuando recorrí la **Ruta de los Cuentos de Hadas** (p. 188). Tenía la sensación de que iba a ver a Rapunzel (Verdezuela) saludando desde su torre en cualquier momento.

Caroline Sieg, autora de Lonely Planet, Alemania

16

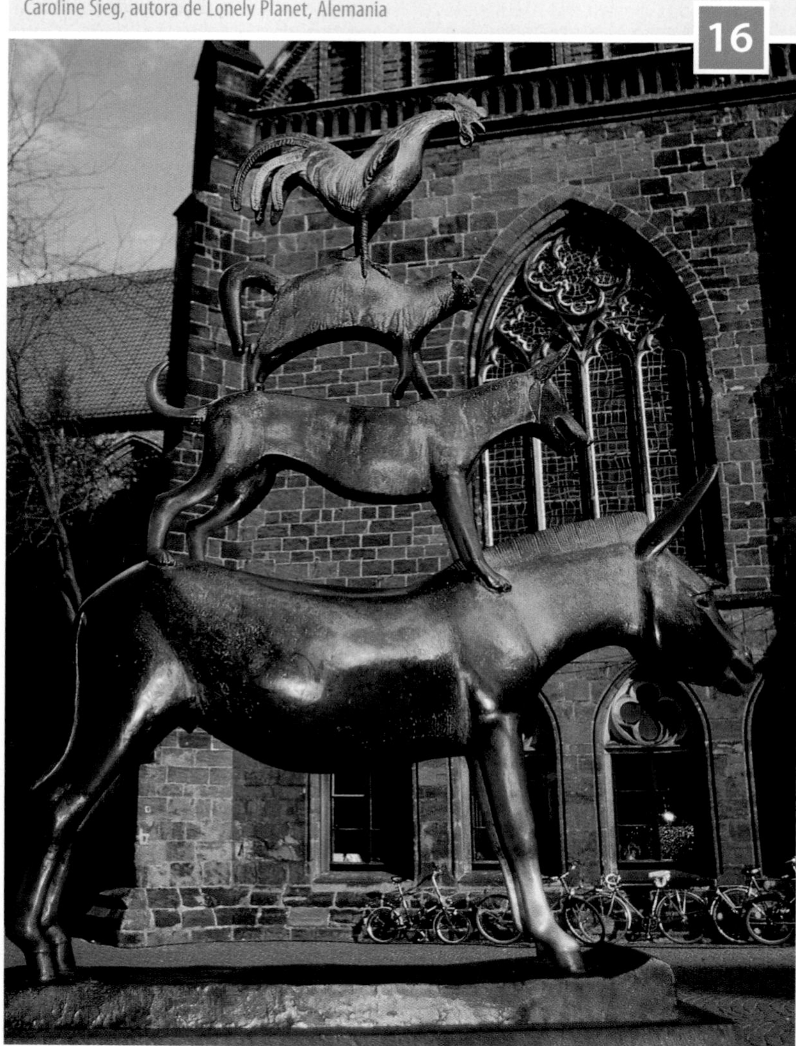

17

EMPAPARSE DE HISTORIA EN LEIPZIG

La primera visita a la iglesia de **Nikolaikirche** (p. 283), en Leipzig, me maravilló. Cuando me enteré de que acoge celebraciones de plegarias de paz desde 1982 y de que fue el punto de encuentro de las manifestaciones pacifistas de 1989, lo entendí todo: esta iglesia es una exquisita pieza de historia y una fuente constante de tranquilidad.

LA CUNA DEL MODERNISMO

Es muy posible que el lector tenga una pieza de la Bauhaus en casa, tal vez la silla en la que se sienta o la mesa donde come. «La forma sigue a la función» era el principal credo de este influyente movimiento arquitectónico y de diseño del s. xx. Hay que visitar **Dessau-Rosslau** (p. 289) para ver dónde adeptos como Gropius, Klee y Kandinsky hicieron sus mejores obras.

18

16 DAVID PEEVERS; 17 SBE/IMAGEBROKER; 18 SOM/IMAGEBROKER

16 La escultura de Gerhard Marcks (p. 319) *Bremer Stadtmusikanten* (músicos de Bremen), Bremen; 17 Interior de la Nikolaikirche (p. 283), Leipzig; 18 Bauhausgebäude (edificio de la Bauhaus; p. 291), Dessau-Rosslau.

CONMOVERSE EN AQUISGRÁN

No importa cuántas veces haya visitado la majestuosa **catedral de Aquisgrán (Aochen)** (p. 249), capilla palaciega y sepulcro de Carlomagno; siempre me quedaré pasmado ante la armonía de su diseño, sus iridiscentes ventanas con vidrieras de colores, las preciosas obras de arte y el trascendental aire histórico que lo envuelve todo.

19

20

CHIFLADO POR LA PORCELANA

Uno de los días más fascinantes que pasé viajando por Sajonia fue el de la visita a la **fábrica de porcelana de Meissen** (p. 281). Tras ver el increíble esmero y la destreza de los ceramistas, escultores y vidrieros, el precio de las piezas de la tienda de regalos no me pareció para nada exagerado.

Marc Di Duca, autor de Lonely Planet, Reino Unido

19 BOE/IMAGEBROKER; 20 DAVID PEEVERS

19 Catedral de Aquisgrán (p. 249); 20 Porcelana de Meissen (p. 281).

21 EXPERTOS EN 'WURST'

Cada vez que mi esposo y yo viajamos a Alemania, una de nuestras prioridades es visitar un puesto de salchichas. Hay un sinfín de variedades de *wurst* (p. 333), pero mi preferida es sin duda la *Currywurst*, una salchicha de cerdo cortada en rodajas y aderezada con una salsa que suele consistir en *ketchup* y *curry* en polvo.

Birgit Jordan, viajera, Australia

22 EL AIRE HANSEÁTICO DE BREMEN

Gran parte de **Bremen** (p. 318) es toda una sorpresa, desde la espléndida arquitectura de ladrillo rojo de su Ayuntamiento, en el centro de la ciudad, hasta el curioso terreno situado en la zona de mareas de Bremerhaven, con su Centro de Emigración. Pero lo más sorprendente de todo es su tranquila población, encarnada en los alegres *Bremer Stadtmusikanten* (músicos de Bremen).

Anthony Haywood, autor de Lonely Planet, Alemania

↘ '¡PROST!'

23

En nuestra primera noche nos topamos con una **cervecería al aire libre** (p. 354). Nos llevó un buen rato y cierta experimentación traducir los menús de cerveza y salchichas de los puestos de la terraza, pero todo estaba muy sabroso. La clientela consistía en su mayor parte en lugareños que mantenían discusiones acaloradas o serenas, así como en unas cuantas familias, todos disfrutando de la puesta de sol.

Ryan Incoll, viajero, Australia

24

↘ PASEAR POR RATISBONA

En su día antigua y vibrante, **Ratisbona** (p. 160) es una de las urbes más bellas de Baviera y se halla entre las ciudades medievales mejor conservadas de Europa. Su magia se despliega en incontables lugares, a menudo sorprendentes, como una arbolada cervecería al aire libre a orillas del Danubio, el panal de callejas del Altstadt (casco antiguo) o bajo las elevadas agujas de la Dom (catedral).

21 Puesto de *wurst*, Núremberg (p. 150); 22 Estatua del Caballero Roldán (p. 319), Bremen; 23 Cervecería en Múnich (p. 109); 24 Steinerne Brücke (Puente de Steinerne); p. 161), Ratisbona.

FELIZ EN LA HOFBRÄUHAUS

Una noche de juerga en la célebre **Hofbräuhaus** (p. 109) de Múnich, la cervecería más famosa del mundo, es visita absolutamente obligada. Hay que pedir una gran jarra de cerveza, moverse al ritmo de la orquesta de metales y ver cómo la clientela se achispa y anima según avanza la noche.

Marc Di Duca, autor de Lonely Planet, Reino Unido

25 MSI/IMAGEBROKER

25 Hofbräuhaus (p. 107), Múnich.

➘ LOS MEJORES ITINERARIOS

UN TRÍO TRIUNFADOR

CINCO DÍAS DE BERLÍN A MÚNICH

Puede que cinco días no sean muchos, pero bastan para abrir el apetito por este fascinante país con la visita a sus tres mejores ciudades. Hay que subir a esta montaña rusa urbana en la cosmopolita Berlín, viajar en tren hasta la marítima Hamburgo y volar a la maravillosa Múnich.

❶ BERLÍN

El primer día hay que pasarlo en la capital germana visitando los puntos de interés principales. Primero hay que subir a la **cúpula del Reichstag** (p. 69) para gozar de sus espléndidas vistas. Luego hay que continuar con un paseo por **Unter den Linden** (p. 66) y parar en la **Brandenburger Tor** (Puerta de Brandeburgo; p. 63), el **Memorial del Holocausto** (p. 65) y **Checkpoint Charlie** (p. 73). Antes del almuerzo, se puede echar un vistazo al arte, moda y accesorios locales en el carismático barrio de **Scheunenviertel** (p. 68). El segundo día uno puede maravillarse frente a las antigüedades monumentales del **Pergamonmuseum** (p. 67) y flirtear con la reina egipcia Nefertiti en el **Neues Museum** (p. 68). La tarde se puede pasar visitando el mejor palacio real de la ciudad, **Schloss Charlottenburg** (p. 77), y los famosos almacenes **KaDeWe** (p. 87).

❷ HAMBURGO

Hay apenas un trayecto de 100 minutos en tren desde Berlín hasta esta ventosa ciudad portuaria, donde se puede disfrutar del arte de Klee y Koons en la **Hamburger Kunsthalle** (p. 305), visitar el barroco **Rathaus** (Ayuntamiento; p. 304) y hacer un alto para almorzar en la preciosa **Alsterarkaden** (p. 304), frente al canal. Por la tarde se puede explorar el pintoresco barrio de almacenes **Speicherstadt** (p. 305) en

RUSSELL MOUNTFORD

Memorial del Holocausto (p. 65), Berlín.

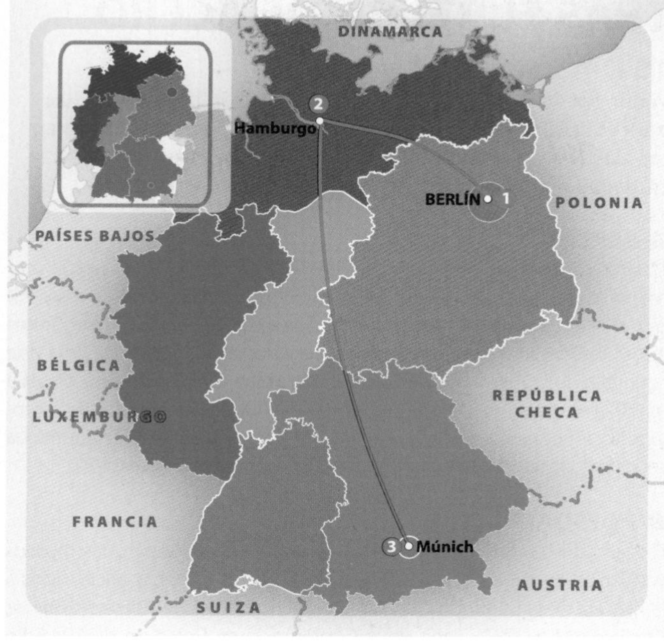

barca y de paso echar un vistazo al emergente barrio de **HafenCity** (p. 308). Ninguna visita a Hamburgo es tal sin al menos echar un vistazo a la conocida **Reeperbahn** (p. 309), donde el viajero también podrá presentar sus respetos a los Fab Four en la **Beatles-Platz** (p. 309) y en el **Beatlemania Museum** (p. 309). Para rematar el día, una cena civilizada en un moderno restaurante de **Elbmeile** (p. 308).

❸ MÚNICH

Hay que empezar por el histórico Altstadt (casco antiguo), orientándose por la **torre de Sankt Peterskirche** (p. 98) y luego examinar a conciencia los coloridos productos del **Viktualienmarkt** (p. 99), ponerse al día de la evolución de la ciudad en el **Stadtmuseum** (p. 99) y en el **Jüdisches Museum** (p. 99), y comparar la profusa ornamentación barroca de la **Asamkirche** (p. 103) con la austeridad gótica de la **Frauenkirche** (p. 103). Por la tarde se puede escoger la **pinacoteca** (p. 103) preferida y luego acometer la noche con un peregrinaje a la **Hofbräuhaus** (p. 107). Allí se puede cenar, o, mejor aún, en el sitio favorito de los lugareños, **Augustiner-Grossgaststätte** (p. 109). El segundo día hay que visitar el esplendor real de la **Residenz** (p. 102), relajarse en el **Englischer Garten** (Jardín inglés; p. 105) antes de ir al asombroso **BMW Museum** (p. 105) o enfrentarse a los fantasmas del **campo de concentración de Dachau** (p. 113).

TRAS EL TELÓN DE ACERO

10 DÍAS DE BERLÍN A WEIMAR

Viajar por Alemania oriental en coche o tren brinda escenas para el deleite visual a cada paso. Abundan los descubrimientos clásicos y estrafalarios, desde magníficos tesoros hasta ciudades empapadas de historia y paisajes sublimes.

❶ BERLÍN

El circuito arranca con tres días en la antaño dividida capital alemana. Para comenzar, se aconseja el circuito **Berlin on Bike's** (p. 76) por el Muro de Berlín o explorar el «Salvaje Este» en un **Trabi Safari** (p. 70). El **DDR Museum** (p. 68) ofrece una visión algo edulcorada de la vida cotidiana de la Alemania del Este, pero la **Haus am Checkpoint Charlie** (p. 73) se centra en intentos de fuga que ponen los pelos de punta, cuyos protagonistas fracasados solían acabar en la **prisión de la Stasi** (p. 70). La antigua sede de la policía secreta comunista es hoy el **Stasi Museum** (p. 70).

❷ POTSDAM

El cuarto día hay que ir en tren a Potsdam, famosa por sus parques, museos y palacios, sobre todo el **Schloss Sanssouci** (p. 274). Los aficionados a la historia de la Segunda Guerra Mundial no deben perderse el **Schloss Cecilienhof** (p. 275), sede de la Conferencia de Potsdam de 1945. En cuanto a los cinéfilos, deberían ir a **Filmpark Babelsberg** (p. 276) para gozar de una entretenida visión de la historia cinematográfica alemana.

❸ DESSAU-ROSSLAU

El día siguiente hay que dirigirse a Dessau-Rosslau, donde la Bauhaus alcanzó la mayoría de edad. Aún se puede ver el edificio de la escuela original, la **Bauhausgebäude** (p. 291). También hay que visitar las **Meisterhäuser** (p. 291), hogares de Gropius, Kandinsky y demás pioneros del movimiento.

IZDA.: DAVID PEEVERS; DCHA.: MARTIN MOOS

Izquierda: la East Side Gallery del Muro de Berlín (p. 78); Derecha: el Zwinger de Dresde (p. 279).

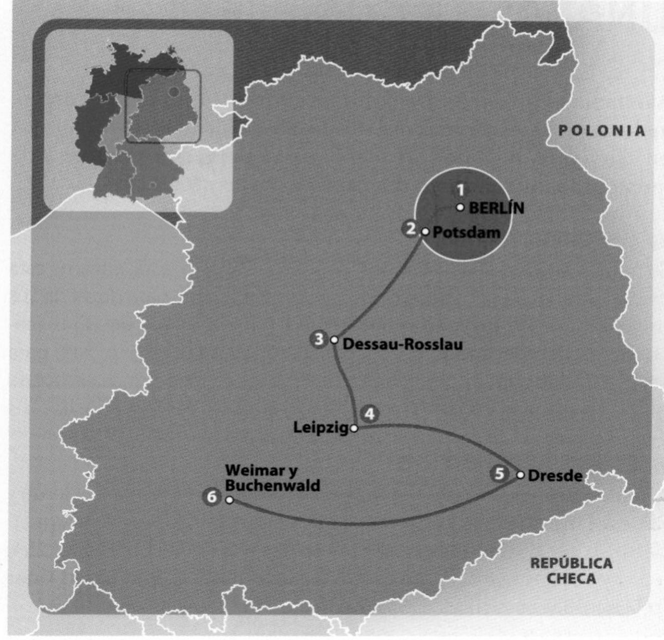

❹ LEIPZIG

Durante el sexto día se descubrirá por qué Leipzig se conoce como la «ciudad de los héroes» al visitar **Nikolaikirche** (p. 283), el **Stasi Museum** (p. 283) y el **Zeitgeschichtliches Forum** (p. 283). También se puede rendir homenaje a Johann Sebastian Bach en el **Bach-Museum** (p. 284) y la **Thomaskirche** (p. 283), y a Goethe en **Auerbachs Keller** (p. 285).

❺ DRESDE

Dresde exige un par de días. Desde que se construyó la **Frauenkirche** (p. 279), su histórica silueta vuelve a estar intacta. Hay que visitar las joyas de la **Grünes Gewölbe** (p. 279) y el **Zwinger** (p. 279) y, con la puesta de sol, pasear a orillas del río o hacer un crucero por el **Elba** (véase p. 282).

❻ WEIMAR Y BUCHENWALD

En esta pequeña ciudad de Turingia residieron grandes intelectuales alemanes en el s. XVIII. Puede visitarse la antigua residencia de Goethe en la **Goethe Haus** (p. 287) y la relativamente modesta **Schiller Haus** (p. 287), donde su amigo y colega Friedrich Schiller vivió con su familia. Por desgracia, el glorioso legado de Weimar quedó manchado por la construcción del cercano **campo de concentración de Buchenwald** (p. 289).

UNA VISITA COMPLETA

DOS SEMANAS DE COLONIA A FRANKFURT

Alemania es un rico entramado de excitantes ciudades, conmovedores paisajes y monumentos históricos, como se descubrirá en este épico viaje por carretera que va pelando sus capas y mostrando un banquete de placeres, joyas y tentaciones.

❶ COLONIA

Su majestuosa catedral, la imponente **Kölner Dom** (p. 230), encarna esta ciudad de energía contagiosa. Hay que subir a la cima para gozar de sus deslumbrantes vistas, luego hurgar en las ruinas romanas del **Römisch-Germanisches Museum** (p. 239) o ir al **Museum Ludwig** (p. 240) para ver cuadros de primera. Finalmente, coronar el circuito en una **cervecería** (p. 242) y saborear comida renana regada con una cerveza *Kölsch*.

❷ EL RIN ROMÁNTICO

Al igual que un buen vino, el sensacional paisaje del Rin entre Coblenza y Rüdesheim exige saborearse y no tragarse sin más. Se recomienda guardarse un par de días para rendir homenaje a la mítica **Lorelei** (p. 254) y probar buenos *vintages* en aldeas tan laberínticas como **Sankt Goar** (p. 254) y **Bacharach** (p. 255), amenizadas por castillos medievales.

❸ HEIDELBERG

Mark Twain y William Turner quedaron prendados de ella, y lo mismo le pasará al viajero. No hay que perderse la clásica vista de Heidelberg: el altivamente ruinoso **Schloss** (p. 211), el animado río Neckar y el **Alte Brücke** (p. 212), mientras se pasea por el **Philosophenweg** (p. 212).

MARTIN LLADO

El Alte Brücke de Heidelberg (p. 212).

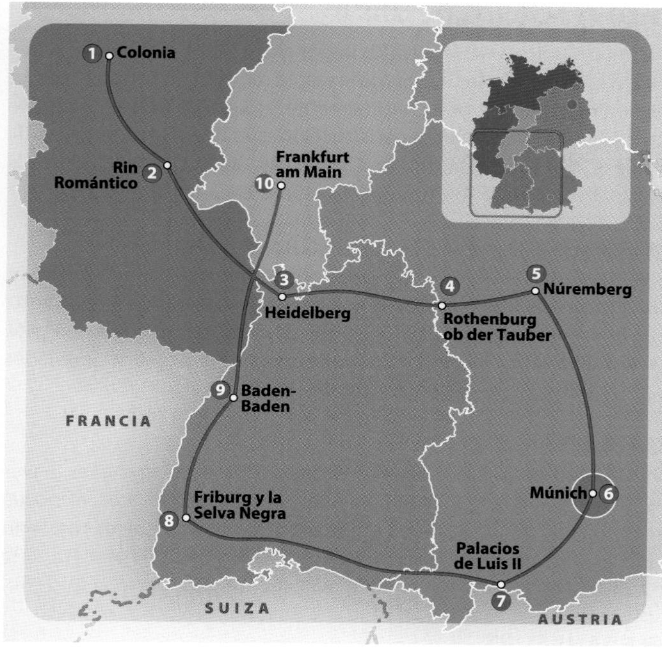

❹ ROTHENBURG OB DER TAUBER

Se pueden admirar las torrecillas y los gruesos muros de **Rothenburg** (p. 129) desde lejos y luego unirse a las multitudes dentro para dar una vuelta por las deliciosas casitas a lo Hansel y Gretel, las oscuras callejuelas adoquinadas y sus ocultos y tranquilos rincones. No hay que olvidar probar los dulces locales **Schneeballen** (p. 132).

❺ NÚREMBERG

Hogar de **káisers** (p. 152), cuna de **Alberto Durero** (p. 152) y **sede de concentraciones nazis** (p. 153), Núremberg ha vivido momentos clave en la historia de Alemania. Hay que tomarle el pulso en el **Hauptmarkt** (p. 151), sede del famoso **Christkindlesmarkt** (p. 329), e hincar el diente a su célebre *wurst* (salchicha; p. 154) a la parrilla.

❻ MÚNICH

Es imposible no quedar cautivado por la capital bávara. Se puede pasar un par de días visitando puntos de interés tan célebres como la **Residenz** (p. 102), cervecerías legendarias como la **Hofbräuhaus** (p. 107) y arte de primer nivel en sus **pinacotecas** (p. 103). Tras un intenso día de metro, hay que buscar sosiego en el vasto **Englischer Garten** (p. 105).

❼ LOS PALACIOS DE LUIS II

Al sur de Múnich, yendo hacia los imponentes Alpes, el rey más querido de Baviera buscó solaz frente a la invasora modernidad en sus palacios de fantasía. El más famoso, naturalmente, es **Schloss Neuschwanstein** (p. 140), una empalagosa construcción que asoma por encima de **Schloss Hohenschwangau** (p. 139), la casa ancestral de la familia. El retirado **Schloss Linderhof** (p. 145) es más encantador, si cabe.

❽ FRIBURGO Y LA SELVA NEGRA

Si se toma un paisaje espectacular, se añade un casco antiguo medieval, se rocía con 20 000 estudiantes y una buena pizca de modernidad... *voilà!* Se obtiene **Friburgo** (p. 217). Se puede pasar un día y luego sumergirse en la **Selva Negra** (p. 198), que brinda una amalgama de accidentados valles y bosques de abetos, onduladas praderas y lagos glaciares.

❾ BADEN-BADEN

Baden-Baden (p. 215) es la gran dama de los *spas* alemanes, envejecida pero aún elegante, con su paisaje de aldeas de la *belle époque* sembrado de villas palaciegas y arboladas avenidas. Se puede tomar un vigorizante baño romanoirlandés en el histórico **Friedrichsbad** (p. 216) o relajarse en las piscinas de la moderna **Caracalla-Therme** (p. 216).

❿ FRANKFURT

El negocio de Frankfurt es el negocio en sí mismo, pero eso no es todo, como se verá al contemplar su impresionante silueta urbana reflejada en el río Main, admirando arte soberbio en el **museo Städel** (p. 181), bebiendo *Ebbelwei* en una **taberna de Sachsenhausen** (p. 184) y curioseando en la casa familiar de Goethe, la **Goethe-Haus** (p. 180).

BRUCE ESBIN

La Selva Negra (p. 198).

↘ PREPARACIÓN DEL VIAJE

LO MEJOR DE ALEMANIA

CASTILLOS Y PALACIOS

- **Schloss Neuschwanstein** (p. 140) El rey Luis II no era del todo de este mundo, y tampoco lo es su palacio más edulcorado.
- **Wartburg** (p. 290) La historia rezuma por cada rincón y recoveco de esta belleza medieval de Eisenach.
- **Schloss Sanssouci** (p. 274) Admirar este ornamentado palacio de recreo de Potsdam.
- **Burg Eltz** (p. 259) Imaginarse caballero o damisela en esta belleza de torrecillas cerca del río Mosela.

VISTAS

- **El Nido del Águila** (p. 147) Dejarse encandilar por los Alpes de Berchtesgaden desde esta cumbre de siniestro pasado.
- **Fernsehturm** (torre de televisión; p. 68) Poner Berlín a los pies del viajero desde el edificio más alto del país.
- **Kölner Dom (catedral de Colonia)** (p. 238) Ascender a la torre de la catedral de Colonia para gozar de un espléndido panorama de la urbe y el Rin.
- **Zugspitze** (p. 287) Subir en cremallera hasta la cúspide del pico más imponente del país.

LOS PASOS DE LOS GENIOS

- **Weimar** (p. 287) De Goethe a Gropius y de Schiller a Nietzsche, un auténtico panteón de colosos alemanes que en su día residieron en esta ciudad de provincias.
- **Wittenberg** (p. 291) Donde Martín Lutero empezó la Reforma en 1517.
- **Bonn** (p. 245) Esta antigua capital alemana fue la cuna de Beethoven.
- **Hamburgo** (p. 304) Citando a John Lennon: "Nací en Liverpool, pero crecí en Hamburgo".

IZDA.: DAVID BORLAND; DCHA.: DENNIS JOHNSON

Izquierda: castillo de Wartburg (p. 290), Eisenach; derecha: estatua del león en Tiergarten (p. 71), Berlín.

MUSEOS

- **Pergamonmuseum** (p. 67) Este tesoro berlinés abre una ventana a la Antigüedad.
- **Deutsches Museum** (p. 105) El museo de la ciencia de Múnich lleva desde el futuro a la Edad de Piedra.
- **Kunsthalle Hamburg** (p. 305) He aquí el filón artístico de esta gran ciudad septentrional.
- **Grünes Gewölbe** (p. 279) El equivalente real en Dresde a la cueva de Aladino.

JARDINES

- **Englischer Garten** (p. 105) Tomar una cerveza o desnudarse en este oasis de Múnich.
- **Herrenhäuser Gärten** (p. 185) El Versalles en miniatura de Hannover.
- **Park Sanssouci** (p. 272) Esta popular joya de Potsdam es lo bastante grande como para huir de las multitudes.
- **Tiergarten** (p. 71) El perfecto antídoto a la velocidad urbana de Berlín.

CIUDADES ROMÁNTICAS

- **Rothenburg ob der Tauber** (p. 129) Agotar las baterías de la cámara sacando fotos de esta ciudad medieval de cuento.
- **Heidelberg** (p. 210) Para muchos es amor a primera vista.
- **Bacharach** (p. 255) Pasear de la mano por esta romántica ciudad vinícola junto al Rin.
- **Schiltach** (p. 217) El viajero se enamorará perdidamente de esta joya de madera en plena Selva Negra.

PUNTOS DE INTERÉS ICÓNICOS

- **Brandenburger Tor** (Puerta de Brandeburgo; p. 63) Esta puerta de la ciudad de Berlín es el último símbolo de la reunificación alemana.
- **Frauenkirche** (p. 279) Reducida a escombros durante la Segunda Guerra Mundial, esta histórica iglesia reconstruida ha devuelto a Dresde su clásica silueta urbana.
- **Holstentor** (p. 313) Esta imponente puerta de ladrillo rojo con dos torres gemelas formó parte en su día de las fortificaciones de Lübeck.
- **Sankt Michaeliskirche** (p. 309) Sentir cómo se eleva el espíritu frente a la iglesia de Hamburgo, más conocida como "Michel".

ODAS AL AUTOMÓVIL

- **BMW Museum** (p. 105) Esta regia colección de BMW de Múnich queda eclipsada por el edificio que la aloja.
- **Mercedes-Benz Museum** (p. 209) Edificio en forma de doble hélice de Stuttgart: un santuario en una ciudad donde el coche es un dios.
- **Autostadt** (p. 192) Volkswagen ofrece diversión interactiva hasta para los que no distinguen un pistón de un carburador.
- **Porsche Museum** (p. 210) Esta reluciente joya de Stuttgart es el templo del par de torsión.

LO QUE HAY QUE SABER

DE UN VISTAZO

- **Cajeros automáticos** Son omnipresentes en pueblos, ciudades y en casi todas las aldeas.
- **Tarjetas de crédito** Cada vez más sitios aceptan Visa y MasterCard, pero no hay que contar con ello.
- **Moneda** Euro (€).
- **Idiomas** Alemán, aunque se habla mucho inglés.
- **Tabaco** Suele estar prohibido fumar en lugares públicos, pero hay excepciones desconcertante hay que preguntar.
- **Propinas** El servicio se incluye en la cuenta, pero es costumbre añadir entre un 5 y un 10%.
- **Visados** Muchas nacionalidades no lo necesitan (véase p. 371).

ALOJAMIENTO

- **Ferienwohnung** Apartamentos para pasar las vacaciones, ideales para familias y grupos. Suelen exigir una estancia mínima.
- **Gasthof o Gasthaus** Pequeñas pensiones en el campo con habitaciones sencillas y un restaurante.
- **Albergues** Son omnipresentes, tanto los afiliados a HI como los independientes. Muchos tienen habitaciones privadas y para familias.
- **Hoteles** Los hay de todas las categorías de precios y comodidades, desde pequeñas pensiones regentadas por familias hasta cadenas internacionales.
- **Pensiones** La versión alemana de los B&B.
- **Privatzimmer** Habitaciones en casas particulares. Hay muchas en las zonas rurales. Se reservan a través de las oficinas de turismo.

ANTES DE PARTIR

- **Tres meses antes** Se aconseja buscar ofertas de vuelo, reservar alojamiento si se viaja en fechas de grandes festivales (véase p. 46) o en época de vacaciones (véase

MARTIN MOOS

Trenes en la Hauptbahnhof (estación central) de Leipzig (p. 282).

p. 365) y reservar billetes para grandes espectáculos.

- **Un mes antes** Reservar el alquiler de automóvil, comprar los billetes de tren, reservar los billetes para el Europabus (véase p. 126).
- **Una semana antes** Reservar entradas para los principales puntos de interés (como Schloss Neuschwanstein, p. 140); y mesa en los restaurantes con estrellas Michelin.
- **Un día antes** Reservar asiento en trenes de larga distancia; hacer reservas de fin de semana en restaurantes de categoría.

ADVERTENCIAS

- **Multitudes** Hay mucho tráfico y demasiada gente en los puntos de interés turístico durante los días festivos y en julio y agosto.
- **Restaurantes** En general abren para el almuerzo entre las 12.00 y las 14.30, y para la cena entre las 18.00 y las 22.00. En las ciudades suelen abrir todo el día.
- **Tiendas** Cierran los domingos y días festivos (salvo en las ciudades turísticas) y a diario a la hora del almuerzo en la periferia urbana y las zonas rurales.

PRECIOS

- **40-60 € diarios** Este presupuesto de supervivencia limita a albergues, comidas baratas, transporte público y escaso ocio.
- **120-180 € diarios** Da para hoteles de precio medio, tres comidas diarias, visitar los puntos de interés y alquilar un coche barato.
- **250 € diarios o más** El viajero tendrá Alemania a sus pies: hoteles de cinco estrellas, comidas en restaurantes de lujo, asientos en primera fila en la ópera y un Mercedes de alquiler.

URGENCIAS

- **Ambulancia** ☎ 112
- **Policía** ☎ 110

CÓMO DESPLAZARSE

- **Bicicleta** Alemania es un terreno soberbio para el ciclismo, con 200 rutas de larga distancia señalizadas y carriles bici en las urbes.
- **Coche** No es muy práctico en las ciudades pero sí para hacer escapadas al campo.
- **Tren** Deutsche Bahn (www.bahn.de) tiene una extensa y cómoda red ferroviaria.

CÓMO LLEGAR Y SALIR

- **Avión** Frankfurt y Múnich tienen los aeropuertos más grandes. Las compañías de bajo coste suelen volar a otros más pequeños y remotos.
- **Autobuses** La red de Eurolines (www.eurolines.com) conecta ciudades alemanas con 500 destinos de Europa.
- **Tren** Hay trenes que viajan de noche entre Alemania y las principales ciudades europeas. Si se toma el Eurostar en Londres habrá que hacer transbordo en París o Bruselas.

TECNOLOGÍA

- **Cibercafés** Suelen tener la vida de una mosca de la fruta, por lo que se aconseja preguntar por su ubicación en las oficinas de turismo.
- **Hoteles** En esta guía el icono que representa el ordenador (💻) indica lugares con ordenadores para la clientela con acceso a la Red, y el icono de Wi-Fi (📶) indica, como habrá adivinado el viajero, que hay Wi-Fi.
- **Wi-Fi** Es cada vez más habitual en hoteles, cafeterías, zonas públicas y aeropuertos. Para consultar lugares con un Wi-Fi potente, visítese www.hotspot-locations.de.

QUÉ LLEVAR

- **Equipo para el mal tiempo** Para esos días en que no sale el sol.
- **Buenos mapas o GPS** Para orientarse en el campo.
- **Pantalones amplios** Para acomodar la panza creciente de cerveza.
- **Nervios de acero** Para conducir por la Autobahn.
- **Calzado y ropa elegantes** Para ir a los restaurantes de lujo, la ópera o las discotecas de las grandes ciudades.
- **Seguro médico y de viaje** (véase p. 365)

CUÁNDO IR PARA...

- **Adelantarse a las multitudes** Octubre, noviembre y de enero a marzo, salvo en las zonas de esquí.
- **Mejor época para disfrutar de las cervecerías al aire libre** De mayo a septiembre.
- **Diversión en las pistas de esquí** De diciembre a finales de marzo.

MSI/IMAGEBROCKER

Una cervecería en Ratisbona (p. 160).

PARA INSPIRARSE

LIBROS

- **Grimms Märchen** (cuentos de los hermanos Grimm; 1812) Los cuentos de Jacob y Wilhelm Grimm, transmitidos de forma oral durante generaciones.
- **Un vagabundo en el extranjero** (1880) Las ingeniosas observaciones de Mark Twain sobre Alemania.
- **Mr Norris cambia de tren** (1935) y **Adiós a Berlín** (1939), En el relato de Christopher Isherwood sobre el Berlín de principios de la década de 1930 se basó la película *Cabaret*.
- **Auge y caída del Tercer Reich** (1960) La obra de William Shirer sobre la Alemania nazi sigue siendo un poderoso reportaje.
- **Nuevas vidas** (2007) El relato de Ingo Schulze sobre el resultado de la reunificación alemana.

PELÍCULAS

- **El submarino** (1981) El claustrofóbico mundo de un submarino durante la Segunda Guerra Mundial.
- **Good Bye, Lenin!** (2003) Un joven berlinés del Este que recrea la RDA para su madre tras la caída del Muro.
- **El hundimiento** (2004) Escalofriante relato de los últimos 12 días de Hitler en su búnker de Berlín.
- **La vida de los otros** (2006) Ganadora de un Óscar. Desvela el carácter absurdo y destructivo de la Stasi.
- **Valkiria** (2008) Basada en la historia real del complot para asesinar a Hitler en 1944, organizado por el coronel Claus von Stauffenberg.

MÚSICA

- **Las nueve sinfonías** (1800–1824) Beethoven tocó todos los registros.
- **El anillo del Nibelungo** (1848–1874) El ciclo operístico épico de Richard Wagner.
- **La ópera de los cuatro cuartos** (1928) El gran éxito musical de Brecht y Weill.
- **Cabaret** (1972) Banda sonora del musical de Bob Fosse.
- **Atem** (1973) Álbum rompedor de los pioneros de la música electrónica Tangerine Dream.
- **Sehnsucht** (1994) El álbum de éxito internacional de la banda de metal industrial Rammstein.

WEBS

- **Deutsche Welle** (www.dw-world.de) Para ponerse al día en asuntos germanos.
- **Deutschland Portal** (www.deutschland.de) El mejor portal de información sobre Alemania.
- **Facts about Germany** (www.tatsachen-ueber-deutschland.de) Exhaustivas referencias sobre todos los aspectos de la sociedad alemana.
- **German Films** (www.german-films.de) Todo lo que el viajero siempre quiso saber sobre el cine alemán.
- **Oficina Nacional de Turismo de Alemania** (www.germany-tourism.de) Sitio oficial de turismo.
- **Online German Course** (www.deutsch-lernen.com) Clases gratis de lengua alemana.

AGENDA

Los juerguistas disfrutan con el ritmo del DJ alemán Felix Kröcher.

FEBRERO

KARNEVAL/FASCHING (CARNAVAL)

Fiestas de disfraces en la calle, desfiles, espectáculos satíricos y juerga general, sobre todo en Düsseldorf, Colonia y Maguncia, pero también en la Selva Negra y Múnich.

FESTIVAL INTERNACIONAL DE CINE DE BERLÍN

La Berlinale (www.berlinale.de) atrae a estrellas, directores, críticos y a todas las celebridades del mundo a Berlín en febrero durante dos semanas de fiestas y proyecciones.

MARZO

KURT WEILL FESTIVAL

Todos los años Dessau-Rosslau honra al compositor Kurt Weill, con este festival (www.kurt -weill.de), que repite y actualiza sus colaboraciones con Bertolt Brecht, como *La ópera de los cuatro cuartos*.

LEIPZIGER BUCHMESSE

Los aficionados a la literatura se reúnen en la prestigiosa Feria del Libro de Leipzig (www.leipziger-buchmesse.de), que se celebró por vez primera en el s. XVII y hoy es la segunda mayor feria del país tras la de Frankfurt.

ABRIL

WALPURGISNACHT 30 ABR

El festival pagano del aquelarre insufla vida a las aldeas del Harz con niños y mayores disfrazados de brujos y brujas y desfilando por las calles cantando y bailando.

MAIFEST 30 ABR

Los aldeanos celebran el final del invierno talando un árbol *(Maibaum)*, que luego pintan, tallan y decoran. Después montan una jarana con trajes, cantos y bailes tradicionales.

ART COLOGNE

Esta feria internacional de arte contemporáneo es de talla mundial (www.artcologne.de) y reúne a los principales coleccionistas, galerías y curiosos.

MAYO–JUNIO

HAMBURGER HAFENGEBURTSTAG

El mayor evento anual de Hamburgo es este Aniversario del puerto (www.hafengeburtstag.de) que dura tres días a principios de mayo. Conmemora al emperador Federico Barbarroja, que concedió a Hamburgo la exención de aduanas, y se celebra con mucho entusiasmo a base de conciertos, ferias y galones de cerveza junto al puerto.

JHX/IMAGEBROCKER
Festival Internacional de Cine de Berlín.

BEC/IMAGEBROCKER
Karneval der Kulturen, Berlín.

KARNEVAL DER KULTUREN

La versión berlinesa del londinense Carnaval de Notting Hill, el Carnaval de las Culturas (www.karneval-berlin.de) celebra el espíritu multicultural de la ciudad con fiestas, comida exótica y un desfile de bailarines, cantantes, DJ, artistas y músicos, todos ataviados con llamativos disfraces.

BACH FESTIVAL

Famosos músicos y orquestas viajan a Leipzig a finales de mayo o principios de junio para asistir a este festival de 10 días dedicado a Bach (www.bach-leipzig.de). Celebra el genio del compositor que fue cantor en la iglesia local de Santo Tomás durante casi tres décadas.

WAVE-GOTIK-TREFFEN

La mayor concentración gótica del mundo invade Leipzig durante el largo fin de semana de Pentecostés.

AGENDA

DESFILE DEL DÍA DE SAN CRISTÓBAL

La ciudad se pinta de rosa durante los grandes desfiles del orgullo gay (www.csd-deutschland.de), rebosantes de torsos desnudos, transexuales y *drag queens* pavoneándose. El mayor se celebra en Colonia, pero el de Berlín le pisa los talones; Frankfurt y Hamburgo también montan una buena juerga.

RHEIN IN FLAMMEN

Para ver el Rin bajo una nueva luz: barcas iluminadas como árboles de Navidad y castillos envueltos en «llamas» espeluznantes forman parte del Festival del Rin en Llamas (www.rhein-in-flammen.com) que se celebra en las aldeas del Rin entre mayo y septiembre.

JULIO–AGOSTO

FESTIVALES VINÍCOLAS

En cuanto se cosecha la uva arranca la época de los festivales vinícolas, con catas de vinos, desfiles folclóricos, fuegos artificiales y la elección de las reinas del vino.

FESTIVAL DE MÚSICA DE SCHLESWIG-HOLSTEIN

Grandes músicos internacionales y jóvenes artistas prometedores actúan a mediados de julio y agosto en el estado más septentrional del país (www.shmf.de).

FESTIVAL DE SAMBA

Esta orgía de música y danza (www.samba-festival.de) atrae a unas 90 bandas y hasta 200 000 visitantes a Coburgo a mediados de julio.

SEPTIEMBRE-OCTUBRE

CANNSTATTER VOLKSFEST

La versión de Stuttgart del Oktoberfest. Esta juerga de la cerveza (www.cannstatter-volksfest.de), que se celebra durante tres fines de semana consecutivos, desde finales de septiembre a mediados de octubre, eleva el espíritu

NEX/IMAGEBROCKER

Oktoberfest (p. 92), Múnich.

con sus bandas de música, ferias de atracciones y fuegos artificiales.

OKTOBERFEST

Pese a su nombre, el mayor maratón cervecero del mundo (véase p. 92) se celebra en realidad a finales de septiembre en el Theresienwiese de Múnich.

TAG DER DEUTSCHEN EINHEIT 3 OCT

Para brindar por la reunificación alemana en la fiesta nacional. Berlín acoge las mejores celebraciones.

FRANKFURTER BUCHMESSE

La mayor Feria del Libro del mundo (www.frankfurt-book-fair.com) atrae a 7300 expositores de más de 100 países.

ERNTEDANKFEST

A finales de septiembre o principios de octubre, en las poblaciones rurales se celebran festivales de la cosecha. Organizan procesiones *(Erntedankzug)* y se visten trajes regionales.

NOVIEMBRE–DICIEMBRE

SANKT MARTINSTAG 10 NOV

El día de San Martín, se honra con una procesión de farolillos y con la representación del célebre momento en que el santo cortó su capa en dos para compartirla con un mendigo. A ello sigue un banquete de ganso relleno asado.

NIKOLAUSTAG 5 DIC

Los niños ponen sus zapatos en la puerta para que Santa Claus (San Nicolás) los

DAVID PEEVERS

Desfile del día de San Cristóbal, Tiergarten, Berlín.

llene de regalos por la noche. Pero los que se portan mal sólo encontrarán la vara de espinas que deja su ayudante, Knecht Ruprecht.

MERCADOS NAVIDEÑOS

Ponche caliente de vino y especias, jengibre y adornos brillantes son elementos típicos de los mercados navideños, que invaden los centros de las ciudades durante el mes de diciembre. El Christkindlesmarkt de Núremberg es el más famoso. Véase asimismo p. 329.

SAN SILVESTRE 31 DIC

La Noche Vieja se llama Noche de San Silvestre en honor al papa del s. IV bajo cuyo mandato los romanos adoptaron el cristianismo como religión oficial. El Año Nuevo se celebra con fuegos artificiales lanzados por miles de amantes de la pirotecnia.

Para otros festivales populares en Baviera, véase también el recuadro en p. 135.

➘ BERLÍN

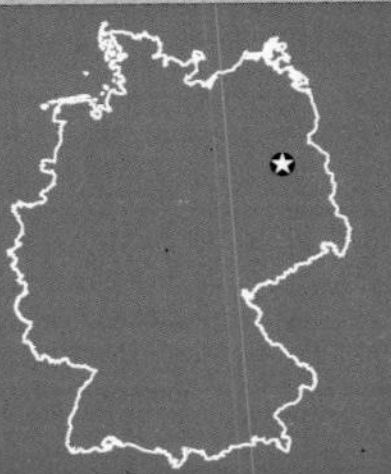

BERLÍN

INFORMACIÓN
Berlin Infostore de Neues Kranzler Eck 1 B4
Mann-O-Meter 4 C5
Embajada de España 6 C4

QUÉ VER Y HACER
Altes Schloss .... (véase 15)
Bauhaus Archiv/Museum für Gestaltung 7 C4
Berlin on Bike 8 F2
Zoo de Berlín-Entrada por Budapester 9 C4
Gedenkstätte Berliner Mauer 10 E2
Kaiser-Wilhelm-Gedächtniskirche 11 C4
Museum Berggruen 12 A3
Neuer Flügel 13 A3
Sammlung Scharf-Gerstenberg 14 A3
Schloss Charlottenburg 15 A3
Siegessäule 16 C4
Story of Berlin 17 B5

DÓNDE DORMIR
Ackselhaus & Blue Home 18 F2
Hotel Art Nouveau 19 B4
Hotel Askanischer Hof 20 B4
Meininger City Hostel & Hotel 21 F2
Propeller Island City Lodge 22 A5
T&C Apartments 23 F1

DÓNDE COMER
Bond 24 B4
Cafe Wintergarten im Literaturhaus 25 B5
Ed's 26 D4
Fellas 27 F1
Konnopke Imbiss 28 F2
Moon Thai 29 B4
Mr Hai & Friends 30 B4
Oderquelle 31 F2

Véase "Mitte", p. 64

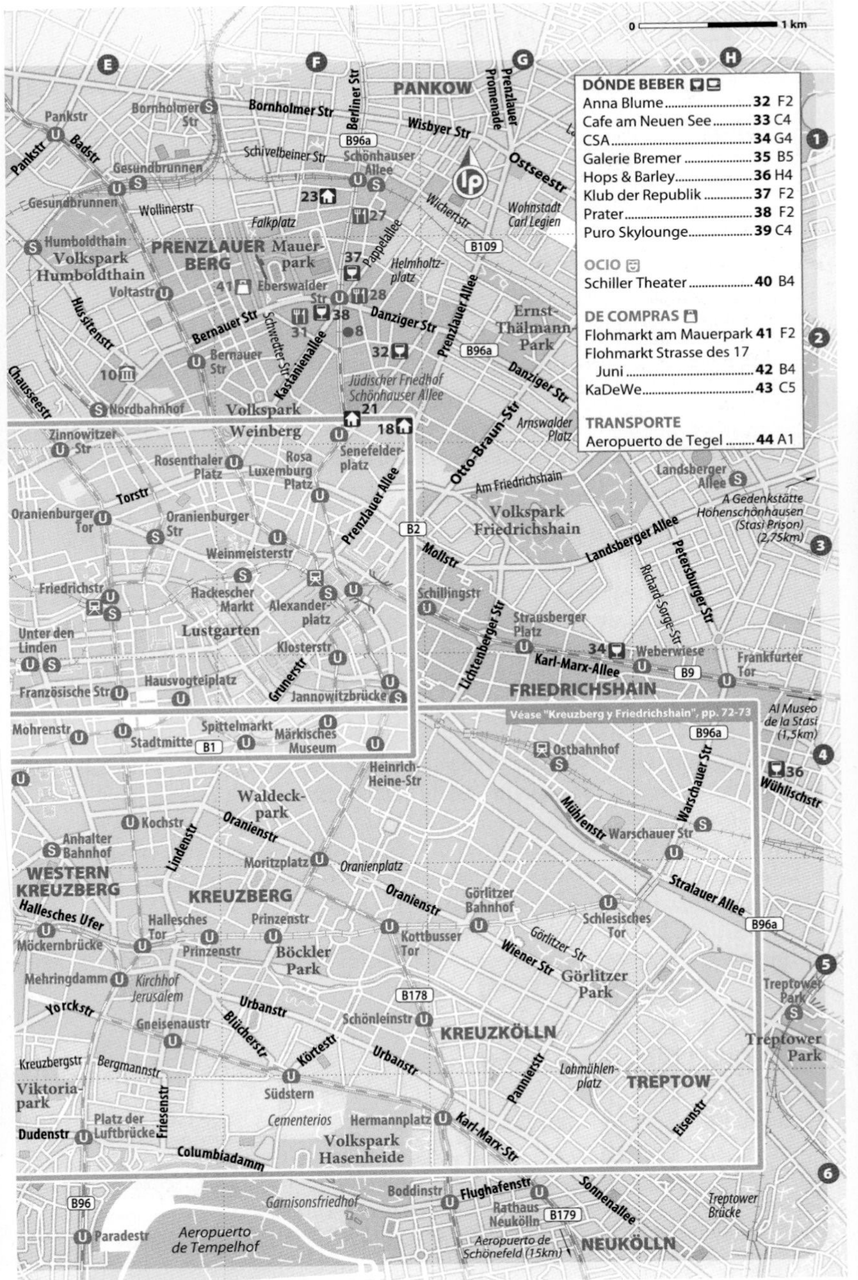
0 1 km
E
F
G
H
1
2
3
4
5
6
DÓNDE BEBER
Anna Blume 32 F2
Cafe am Neuen See 33 C4
CSA 34 G4
Galerie Bremer 35 B5
Hops & Barley 36 H4
Klub der Republik 37 F2
Prater 38 F2
Puro Skylounge 39 C4
OCIO
Schiller Theater 40 B4
DE COMPRAS
Flohmarkt am Mauerpark 41 F2
Flohmarkt Strasse des 17 Juni 42 B4
KaDeWe 43 C5
TRANSPORTE
Aeropuerto de Tegel 44 A1
PANKOW
PRENZLAUER BERG
Volkspark Humboldthain
Mauerpark
Ernst-Thälmann-Park
Volkspark Weinberg
Volkspark Friedrichshain
FRIEDRICHSHAIN
Véase "Kreuzberg y Friedrichshain", pp. 72-73
WESTERN KREUZBERG
KREUZBERG
KREUZKÖLLN
TREPTOW
NEUKÖLLN
Lustgarten
Waldeckpark
Böckler Park
Görlitzer Park
Treptower Park
Viktoriapark
Volkspark Hasenheide
Aeropuerto de Tempelhof
Aeropuerto de Schönefeld (15km)
Jüdischer Friedhof Schönhauser Allee
A Gedenkstätte Hohenschönhausen (Stasi Prison) (2,75km)
Al Museo de la Stasi (1,5km)
Bornholmer Str
Wisbyer Str
Berliner Str
Prenzlauer Promenade
Ostseestr
Schönhauser Allee
Pappelallee
Danziger Str
Prenzlauer Allee
Kastanienallee
Bernauer Str
Eberswalder Str
Torstr
Alexanderplatz
Hackescher Markt
Karl-Marx-Allee
Landsberger Allee
Oranienstr
Warschauer Str
Stralauer Allee
Wiener Str
Karl-Marx-Str
Sonnenallee
Flughafenstr
Columbiadamm
Yorckstr
Kottbusser Tor
Schlesisches Tor
Hermannplatz
Südstern
Mehringdamm
Ostbahnhof
Frankfurter Tor

IMPRESCINDIBLE

1 EL PANORAMA ARTÍSTICO DE BERLÍN

POR MIRIAM BERS, HISTORIADORA DE ARTE Y COPROPIETARIA DE GO-ART! QUE OFRECE CIRCUITOS Y ASESORAMIENTO

Con unos 10000 artistas y más de 600 galerías, Berlín es el paraiso del arte contemporáneo. Muchos coleccionistas se han trasladado aquí y el mundo del arte se reúne en acontecimientos como la Berlin Biennale. Es una ciudad inspiradora, y sigue siendo barata. Los artistas pueden permitirse un apartamento y un estudio.

LO MEJOR SEGÚN MIRIAM BERS

❶ EL BARRIO DE LAS GALERÍAS DE SCHEUNENVIERTEL

Auguststrasse y Linienstrasse de Mitte fueron el epicentro artístico de Berlín tras la caída del Muro. Aunque mucha s galerías se trasladaron, a locales más grandes, pero los elementos clave de **Eigen+Art** (www.eigenart.de; Auguststrasse 26) y **Neugerriemschneider** (www.neugerriemschneider.com; Linienstrasse 155) siguen aquí, junto con otras nuevas como **Kunstagenten** (www.kunstagenten.de; Linienstrasse 155) y la innovadora **DNA Galerie** (www.dna-galerie.de; Auguststrasse 20).

❷ EL BARRIO DE GALERÍAS DE SCHÖNEBERG

En los últimos tres años, la ligeramente sórdida zona alrededor de Potsdamer Strasse y Kurfürstenstrasse ha emergido como uno de los más excitantes barrios dedicados al mundo del arte. Se mezclan galerías veteranas como **Giti Nourbahksch** (www.nourbakhsch.de; Kurfürstenstrasse 12), que se centra en las instalaciones, y recién llegados como **Sommer + Kohl** (www.sommerkohl.com; Kurfürstenstrasse 13/14), especializada en la escultura.

En el sentido de las agujas del reloj desde arriba: murales y arte callejero en Berlín; pieza de XOOOOX en Sammlung Boros; Sammlung Boros se halla en un búnker de la Segunda Guerra Mundial; Eigen+Art, Scheunenviertel.

EN EL SENTIDO DE LAS AGUJAS DEL RELOJ DESDE ARRIBA: DAVID PEEVERS; DAVID PEEVERS; DAVID PEEVERS; UWE WALTER

❸ EL BARRIO DE GALERÍAS DE CHECKPOINT CHARLIE

Hace tiempo que hay un puñado de importantes galerías en Zimmerstrasse y Rudi-Dutschke-Strasse en Kreuzberg, pero últimamente se ha abierto una nueva esquina en Markgrafenstrasse y Charlottenstrasse. No hay que perder de vista **Carlier Gebauer** (www.carliergebauer.com; Markgrafenstrasse 67), **Barbara Weiss Gallerie** (www.galerie barbaraweiss.de; Zimmerstrasse 88) y **Antje Wachs Gallerie** (www.antjewachs.de; Charlottenstrasse 3).

❹ ARTE EN LAS CALLES

Berlín tiene uno de los mejores escenarios del mundo de arte callejero. Hay piezas fantásticas en Kreuzberg, como las obras del artista italiano Blu en Falckenstrasse 48, y en la esquina de Cuvrystrasse con Schlesische Strasse. **Boxhagener Platz,** es otro sitio clave, al igual que **Brauerei Friedrichshöhe,** en Landsberger Allee 54, ambas en Friedrichshain. **ATM Gallerie** (www.atm-berlin.de; Brunnenstrasse 24, Mitte) también se centra en el arte callejero.

❺ SAMMLUNG BOROS

Es una gran **colección** (www.sammlung-boros.de; Reinhardstrasse 20, Mitte) ubicada en un búnker de la Segunda Guerra Mundial. Sorprende ver cómo se ha adaptado el lugar y cómo los artistas han reaccionado frente al espacio. Uno de ellos ha creado una serie de obras conectadas entre sí a través de varias plantas, lo que abre un flujo constante de nuevas perspectivas.

↘ LO QUE HAY QUE SABER

GoArt! (www.goart-berlin.de) Circuitos de arte y moda, asesoramiento y visitas a estudios. **Ir de galerías** La Semana de las galerías (www.gallery-weekend-berlin.de; may) es una época ideal para visitar Berlín. **Festival** Urban Affairs (www.urbanaffairs.de; jul/agos) Arte callejero internacional.

IMPRESCINDIBLE

2 EL MURO DE BERLÍN

POR MARTIN 'WOLLO' WOLLENBERG, DUEÑO DE BERLIN ON BIKE Y EXPERTO EN EL MURO

Sigue siendo una de sus mayores atracciones aunque ha desaparecido de la silueta urbana. En general, los sitios donde se alzó el Muro se ven de forma indirecta: un solar vacío, tal vez una base donde en su día se apoyó una valla o un fragmento del mismo, o una hilera doble de adoquines a lo largo de su antiguo recorrido.

LO MEJOR SEGÚN MARTIN 'WOLLO' WOLLENBERG

❶ PASO FRONTERIZO BORNHOLMER STRASSE

El puente de acero Bornholmer Brücke fue el primer cruce fronterizo que abrió el 9 de noviembre de 1989. Hordas de berlineses del Este se dirigieron allí aquella noche y desbordaron por completo a los guardias de la frontera, que no tuvieron más remedio que abrir sus puertas.

❷ MAUERPARK

Este parque se construyó justo en lo alto del Muro de Berlín. Es un lugar muy frecuentado, sobre todo los domingos, cuando se monta un gran rastro (p. 87) y hay karaoke al aire libre.

❸ GEDENKSTÄTTE BERLINER MAUER

Es el único sitio donde todavía pueden verse todos los elementos del Muro y la franja de la muerte: un fragmento del muro original con la cima redondeada para dificultar su ascenso. Alberga la franja de arena por donde patrullaban los guardias motorizados, las lámparas que bañaban la franja con una

En sentido de las agujas del reloj desde arriba: arte en la sección del Muro de Mauerpark; monumento en Gedenkstätte Berliner Mauer (p. 78); Checkpoint Charlie (p. 73); cafetería al aire libre en Mauerpark; Mauerpark.

EN SENTIDO DE LAS AGUJAS DEL RELOJ DESDE ARRIBA: DAVID PEEVERS; MARTIN MOOS; KRZYSZTOF DYDYNSKI; DAVID PEEVERS; CHR/IMAGEBROCKER

deslumbrante luz de noche e incluso una torre vigía original. El Centro de Documentación (p. 78) alberga un sinfín de interesante información histórica.

❹ GEDENKSTÄTTE GÜNTER LITFIN

Günter Litfin fue la primera persona que los guardias de la RDA mataron cuando trataba de huir a Berlín Occidental, unos días después de que se construyera el Muro. Su hermano Jürgen mantiene vivo su legado con una pequeña **exposición** (**☎ 0163-379 7290; Kieler Strasse 2; gratis; ⏲ 12.00-17.00 mar-oct**) en una auténtica torre vigía de la RDA. Es la única de estas torres abierta al público de forma regular. Jürgen suele estar por allí para responder a las preguntas de los visitantes.

❺ CHECKPOINT CHARLIE

Checkpoint Charlie (p. 73) es el cruce fronterizo más conocido del mundo. Solo podían pasar los Aliados, los extranjeros y diplomáticos. Fue el único sitio durante la Guerra Fría donde hubo una confrontación entre EE UU y los soviéticos, cuando sus tanques se encontraron cara a cara después de que se erigiera el Muro.

↘ LO QUE HAY QUE SABER

Circuito Berlin on Bike (p. 76) organiza circuitos en inglés (11.00 ma, ju, sa abr-oct). **Museos** Para más información sobre la historia del Muro, visítese Haus am Checkpoint Charlie (p. 73). **Original** El fragmento más largo del muro original es la East Side Gallery (p. 78). **Para más información, véase recuadro en p. 78.**

IMPRESCINDIBLE

3

MUSEUMINSEL (ISLA DE LOS MUSEOS)

El berlinés «Louvre en el Spree» es un conjunto de cinco museos y sitio declarado Patrimonio Mundial. Para deleitarse la vista con antigüedades majestuosas en el **Pergamonmuseum** (p. 67) y el **Altes Museum** (p. 67), gozar de una cita con Nefertiti en el **Neues Museum** (p. 68), admirar los siniestros paisajes de Caspar David Friedrich en la **Alte Nationalgalerie** (p. 66) y maravillarse ante las esculturas medievales del **Bodemuseum** (p. 67).

4

UNTER DEN LINDEN

El paseo más espléndido de Berlín, **Unter den Linden** (p. 66), es una hilera de 1,5 km de largo de regios edificios barrocos y neoclásicos que va desde la Brandenburger Tor hasta la Museuminsel. En su origen fue el sendero hacia los terrenos de caza del parque de Tiergarten, pero en el s. XVIII se transformó en esta joya de avenida, que brinda una práctica introducción al pasado prusiano de la ciudad.

5

REICHSTAG

Este famoso **monumento** (p. 69) ha sido quemado, bombardeado, dejado en ruinas y envuelto en tela antes de emerger como la sede del Parlamento alemán, el Bundestag, en 1999. El salón de plenos solo puede verse en circuitos guiados, pero se puede subir en ascensor hasta su cúpula de cristal a cualquier hora.

6

'CURRYWURST'

El aperitivo berlinés por excelencia es sin duda el *Currywurst,* una salchicha de cerdo cortada en finas rodajas y ligeramente picante bañada en salsa de tomate y rociada con *curry* en polvo. Este icónico capricho forma una parte tan integral del tapiz cultural de la ciudad como la Brandenburger Tor. Se puede probar en sitios de culto como **Konnopke Imbiss** (p. 79) o **Curry 36** (p. 80).

7

SCHEUNENVIERTEL

Scheunenviertel (p. 68) es uno de los barrios más carismáticos, como desvela el laberinto de callejas que arranca en Oranienburger Strasse, su calle principal. Se hallarán sorpresas ocultas en cada esquina: una curiosa escultura pública, una galería ultramoderna, un acogedor abrevadero, un salón de baile del s. XIX o un patio escondido preñado de flores.

3 Pergamonmuseum (p. 67); 4 Staatsoper (ópera estatal), Unter den Linden (p. 66); 5 Reichstag (p. 69); 6 Aderezando un *Currywurst* con *curry* en polvo; 7 Hackesche Höfe, Scheunenviertel (p. 68).

LO MEJOR

VISTAS CAPITALES

- **Panoramapunkt** (p. 71) Potsdamer Platz desde arriba.
- **Reichstag dome** (p. 69) El histórico Mitte a los pies del viajero.
- **Solar** (p. 82) Cócteles con vistas.
- **Fernsehturm** (torre de televisión; p. 68) El edificio más alto del país.
- **Weekend** (p. 86) Bailar en el cielo.

GRATUITO

- **East Side Gallery** (p. 78) Lo que queda del Muro de Berlín original.
- **Memorial del Holocausto** (p. 65) Enorme y conmovedor monumento.
- **Reichstag** (p. 69) Para ver de cerca la fantástica cúpula de cristal de Foster.
- **Parque Tiergarten** (p. 71) Un céntrico oasis de verdor.
- **Unter den Linden** (p. 66) Paseo con bellos edificios históricos.

PLACERES RIBEREÑOS

- **Badeschiff** (p. 81) Para nadar e ir de fiesta en un antiguo carguero amarrado en el Spree.
- **Cruceros en barco** (p. 76) Navegar por el centro histórico.
- **Kiki Blofeld** (p. 81) Curioso bar junto a la playa.
- **Paseo junto al río** (p. 69) Pasear o ir en bici por el barrio gubernamental.

ALOJAMIENTO SINGULAR

- **Arte Luise Kunsthotel** (p. 76) Alojamiento único, obra de artistas.
- **Eastern Comfort Hostel Boat** (p. 78) Para dormise con el mecer de las "olas".
- **Hotel Askanischer Hof** (p. 78) Una vuelta a los Dorados Años Veinte.
- **Ostel** (p. 70) Visita obligada para los fans del film *Good Bye, Lenin!*
- **Propeller Island City Lodge** (p. 78) Es como dormir en la *Dimensión desconocida*.estadísticas

ESTADÍSTICAS

- **Población** 3,43 millones
- **Prefijo telefónico** ☎ 030
- **Mejor época para viajar** Mayo-octubre

IZQUIERDA: DAVID PEEVERS; RIGHT: BEC/IMAGEBROKER

Izquierda: Fernsehturm (torre de televisión; p. 68); derecha: en bici por el parque Tiergarten (p. 71).

LO QUE HAY QUE SABER

BARRIOS CLAVE EN DOS PALABRAS

- **Charlottenburg** De compras, realeza y sitios cursis.
- **Friedrichshain** Barrio estudiantil con toques de la era socialista.
- **Kreuzberg** Vibrante vida nocturna y aire turco.
- **Mitte** Principales puntos de interés.
- **Potsdamer Platz** Escaparate de la más moderna arquitectura.
- **Prenzlauer Berg** Tiendas y cafeterías bohemias y *chic*.

ANTES DE PARTIR

- **Lo antes posible** Buscar vuelos y habitaciones si se viaja en épocas de grandes acontecimientos o en ferias comerciales (véase www.visitberlin.de para fechas).
- **Un mes antes** Reservar entradas (véase p. 83) para eventos y espectáculos.
- **Una semana antes** Hacer reservas para el fin de semana en restaurantes de moda como Grill Royal (p. 79) y Cookies Cream (p. 79) y obtener entradas en línea para el Neues Museum (p. 68).

RECURSOS EN INTERNET

- **Berlin Tourism** (www.visitberlin.de, www.visitberlin.tv) Sitios web oficiales de las oficinas de turismo.
- **Berlin Unlike** (http://berlin-unlike.net) Moderna guía con reseñas, eventos y un boletín informativo gratis.
- **ExBerliner** (www.exberliner.de) Revista de la ciudad (en inglés).
- **Museumsportal Berlin** (www.museumsportal-berlin.de)

URGENCIAS

- **Call-a-Doc** (☎ 01804-2255 2362) Asistencia sanitaria de carácter ordinario y derivación a especialistas.
- **Charité Hospital** (☎ 450 50; Charité-Platz 1) Urgencias 24 horas los siete días de la semana.
- **Bomberos y ambulancia** (☎ 112)
- **Policía** (☎ 110)

CÓMO DESPLAZARSE

- **Bicicleta** Alquiler de bicicletas desde **Fahrradstation** (☎ central de reservas 0180-510 8000; www.fahrradstation.de), con seis locales en el centro.
- **Barcos** (p. 76) Cruceros por el Spree y los canales.
- **Transporte público** (p. 88) A todas horas del día.
- **Taxi** (p. 88) Un trayecto de 2 km por 4 € con la *Kurzstreckentarif*.

ADVERTENCIAS

- **Ahorro en museos** El bono SchauLust Museum (adultos/niños 19/5,50 €) equivale a tres días de entradas a 70 museos; se puede comprar en las Infostores (p. 63) de Berlín y en los museos que se acogen a esta promoción.
- **De fiesta** La vida nocturna berlinesa empieza muy tarde y en algunas discotecas no hay ambiente hasta las 4.00 los fines de semana.
- **De compras** Casi ninguna tienda pequeña acepta tarjetas de crédito.

DESCUBRIR BERLÍN

Veinte años después de la reunificación, Berlín es una ciudad llena de vitalidad, en una lucha constante por encontrar su identidad y con un futuro muy prometedor. Con sus fabulosos museos, sus eclécticas galerías de arte, su excelsa ópera, los restaurantes para gastrónomos y los puestos de comida étnica... sea cual sea el gusto del viajero, aquí hallará de todo.

En cuanto a la moda, el arte, el diseño y la música, Berlín es la ciudad a imitar. Su nueva condición de urbe de moda es todo un triunfo, si se tiene en cuenta su agitada historia: ha sido el escenario de una revolución, ha acogido el centro del poder nazi, ha sido arrasada por las bombas, ha sido dividida en dos y reunificada, ¡todo ello en el s. xx! Es probable que estos hechos sean el catalizador que empuja a Berlín hacia el futuro. Los cafés están abarrotados a todas horas, ir de copas es un rito casi religioso y los clubes son templos del hedonismo que alargan la diversión hasta altas horas de la madrugada.

BERLÍN EN…

Un día

Hay que ir temprano al **Reichstag** (p. 69), para evitar el gentío en el y luego admirar la **Puerta de Brandeburgo** (p. 63) y el **Memorial del Holocausto** (p. 65). Se puede pasear por **Unter den Linden** (p. 66) y **Gendarmenmarkt** (p. 66). Después de comer, visitar **Berliner Dom** (p. 68), antes de maravillarse con Nefertiti en el **Neues Museum** (p. 68) y con el altar de Pérgamo del **Pergamonmuseum** (p. 67). El día acaba en el **Scheunenviertel** (p. 68), donde abundan los restaurantes, bares y clubes nocturnos.

Dos días

Tras seguir el itinerario anterior, será revivir por la historia de la Guerra Fría en el **Checkpoint Charlie** (p. 73) y en **Haus am Checkpoint Charlie** (p. 75). Después se puede pasar por el **Jüdisches Museum** (p. 73) antes de ir al **Potsdamer.Platz** (p. 71). Hay que parar en el **Museum für Film und Fernsehen** (p. 71) o caminar hacia el oeste hasta el **Kulturforum** (p. 71) y **Gemäldegalerie** (p. 71). Por último, se puede probar la cocina y los bares de **Prenzlauer Berg** (p. 79 y p. 81).

Tres días

Tras el itinerario de dos días hay que pasar una mañana en **Schloss Charlottenburg** (p. 71). No hay que perderse la Neuer Flügel (nueva ala) ni el Schlossgarten (parque del palacio). Luego se puede ir de compras a **KaDeWe** (p. 87) y tomar una cena temprana antes de asistir a un espectáculo en **Chamäleon Variete** (p. 86) seguido de una copa antes de dormir en **Tausend** (p. 81).

ORIENTACIÓN

Berlín se compone de 12 distritos administrativos, de los cuales Mitte, Kreuzberg, Prenzlauer Berg, Charlottenburg y Friedrichshain son de gran interés para los visitantes.

INFORMACIÓN

Berlin Infostore del centro comercial Alexa (plano p. 64; planta baja, Grunerstrasse 20, cerca de Alexanderplatz; 🕒 10.00-20.00 lu-sa)

Berlin Infostore de la Puerta de Brandeburgo (plano p. 64; ala sur; 🕒 10.00-18.00)

Berlin Infostore de la Hauptbahnhof (plano p. 64; planta baja, entrada por Europaplatz; 🕒 8.00-22.00)

Berlin Infostore de Neues Kranzler Eck (plano pp. 52-53; Kurfürstendamm 21; 🕒 10.00-20.00 lu-sa, 10.00-18.00 do)

PUNTOS DE INTERÉS

MITTE

El corazón de Berlín es una mezcla de cultura, arquitectura e historia, repleto de atracciones donde el viajero pasará la mayor parte del tiempo durante su visita; es un lugar magnífico para aprender, divertirse y maravillarse.

PUERTA DE BRANDEBURGO Y PARISER PLATZ

Símbolo de la división entre el Este y el Oeste durante la Guerra Fría, la emblemática **Puerta de Brandeburgo** (Brandenburger Tor; plano p. 64) es ahora el monumento que mejor refleja la reunificación alemana. Construida en 1791 por Carl Gotthard Langhans, es la única que se conserva de las 18 puertas originales

EN EL SENTIDO DE LAS AHUJAS DEL RELOJ DESDE ARRIBA: RUSSELL MOUNTFORD; CRE/IMAGEBROKER; JWD/IMAGEBROKER; TOM/IMAGEBROKER

En el sentido de las agujas del reloj desde arriba: Brandenburger Tor (Puerta de Brandeburgo); cafetería al aire libre en Prenzlauer Berg (p. 79); Memoria del Holocausto (p. 65); Gendarmenmarkt (p. 66).

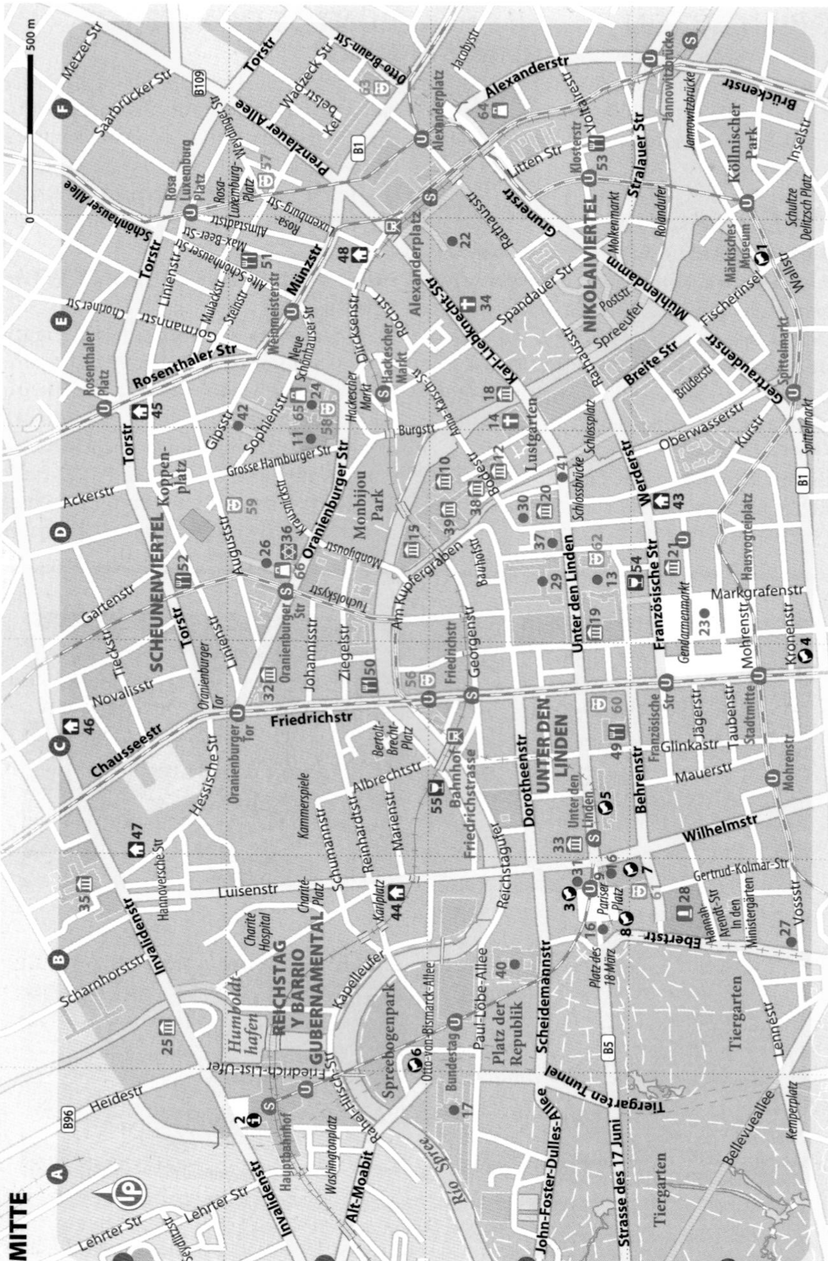

MITTE

0 — 500 m

A B C D E F
1 2 3 4

SCHEUNENVIERTEL
REICHSTAG Y BARRIO GUBERNAMENTAL
UNTER DEN LINDEN
NIKOLAIVIERTEL

Lehrter Str
Seydlitzstr
Heidestr
B96
Scharnhorststr
Invalidenstr
Hannoversche Str
Chausseestr
Novalisstr
Tieckstr
Gartenstr
Ackerstr
Torstr
Koppenplatz
Rosenthaler Platz
Rosenthaler Str
Choriner Str
Gormannstr
Linienstr
Schönhauser Allee
Saarbrücker Str
Metzer Str
Rosa Luxemburg Platz
B109
Rosa-Luxemburg-Platz
Rosa-Luxemburg-Str
Weydinger Str
Mulackstr
Steinstr
Alte Schönhauser Str
Max-Beer-Str
Almstadtstr
Prenzlauer Allee
Wadzeck Str
Kelbelstr
Otto-Braun-Str
Weinmeisterstr
Münzstr
Neue Schönhauser Str
Hessische Str
Oranienburger Tor
Augustsr
Gipsstr
Sophienstr
Grosse Hamburger Str
Krausnickstr
Oranienburger Str
Humboldthafen
Hauptbahnhof
Friedrich-List-Ufer
Charité Hospital
Luisenstr
Charité-Platz
Kammerspiele
Friedrichstr
Johannisstr
Tucholskystr
Monbijoustr
Monbijou Park
Hackescher Markt
Dircksenstr
B1
Washingtonplatz
Alt-Moabit
Rahel-Hirsch-Str
Kapelleufer
Schumannstr
Reinhardtstr
Albrechtstr
Ziegelstr
Karlplatz
Marienstr
Bertolt-Brecht-Platz
Spreebogenpark
Am Kupfergraben
Burgstr
Rochstr
Alexanderplatz
Otto-von-Bismarck-Allee
Río Spree
Bundestag
Paul-Löbe-Allee
Bahnhof Friedrichstrasse
Georgenstr
Anna-Karsch-Str
Karl-Liebknecht-Str
Jacobystr
Platz der Republik
Reichstagufer
Bauhofstr
Bodestr
Rathausstr
Alexanderstr
Dorotheenstr
Lustgarten
Spandauer Str
Grunerstr
Litten Str
John-Foster-Dulles-Allee
Scheidemannstr
Unter den Linden
Schlossbrücke
Schlossplatz
Klosterstr
Voltairestr
Platz des 18 März
Pariser Platz
Tiergarten Tunnel
B5
Strasse des 17 Juni
Behrenstr
Werderstr
Poststr
Spreeufer
Molkenmarkt
Mühlendamm
Stralauer Str
Tiergarten
Ebertstr
Französische Str
Breite Str
Rolandufer
Jannowitzbrücke
Gendarmenmarkt
Oberwasserstr
Brüderstr
Hannah-Arendt-Str
In den Ministergärten
Gertrud-Kolmar-Str
Wilhelmstr
Mauerstr
Glinkastr
Jägerstr
Taubenstr
Stadtmitte
Mohrenstr
Markgrafenstr
Hausvogteiplatz
Kurstr
Gertraudenstr
Fischerinsel
Märkisches Museum
Köllnischer Park
Brückenstr
Bellevueallee
Lennéstr
Kemperplatz
Vossstr
Kronenstr
Spittelmarkt
Wallstr
Schultze Delitzsch Platz
Inselstr

1 2 3 4 5 6 7 8 9 11 12 13 14 15 16 17 18 19 20 21 22 23 24 25 26 27 28 29 30 31 33 34 35 36 37 38 39 40 41 42 43 44 45 46 47 48 49 50 51 52 53 54 55 56 57 58 59 60 61 62 63 64 65 66

INFORMACIÓN

Berlin Infostore del centro comercial Alexa ... (véase 64)
Berlin Infostore de la Puerta de Brandeburgo ... (véase 16)
Berlin Infostore de la Hauptbahnhof ... **2** A2
Embajada de Francia ... **3** B3

QUÉ VER Y HACER

Hotel Adlon ... **9** B3
Alte Nationalgalerie ... **10** D3
Alter Jüdischer Friedhof ... **11** D2
Altes Museum ... **12** D3
Bebelplatz ... **13** D3
Berliner Dom ... **14** E3
Bodemuseum ... **15** D2
Puerta de Brandeburgo ... **16** B3
Bundeskanzleramt (Cancillería Real) ... **17** A3
DDR Museum ... **18** E3
Deutsche Guggenheim ... **19** D3
Deutsches Historisches Museum ... **20** D3
Emil Nolde Museum ... **21** D4
Fernsehturm ... **22** E3
Gendarmenmarkt ... **23** D4
Hackesche Höfe ... **24** E2
Hamburger Bahnhof ... **25** B1
Heckmannhöfe ... **26** D2
Búnker de Hitler ... **27** B4
Memorial del Holocausto (en memoria del asesinato de los judíos europeos) ... **28** B4
Humboldt Universität ... **29** D3
I.M. Pei Bau ... **30** D3
Kennedy Museum ... **31** B3
Kunsthaus Tacheles ... **32** C2
Madame Tussauds ... **33** C3
Marienkirche ... **34** E3
Museum für Naturkunde ... **35** B1
Neue Synagoge ... **36** D2
Neue Wache ... **37** D3
Neues Museum ... **38** D3
Ort der Information (centro de información) ... (véase 28)
Pergamonmuseum ... **39** D3
Reichstag ... **40** B3
Schlossbrücke ... **41** D3
Sophie-Gips-Höfe ... **42** E2

DÓNDE DORMIR

Arcotel John F ... **43** D4
Arte Luise Kunsthotel ... **44** B2
Circus Hotel ... **45** E1
Honigmond Garden Hotel ... **46** C1
Miniloft Berlin ... **47** C1
Motel One Berlin-Alexanderplatz ... **48** E2

DÓNDE COMER

Cookies Cream ... **49** C3
Grill Royal ... **50** C2
Monsieur Vuong ... **51** E2
Schwarzwaldstuben ... **52** D1
Zur Letzen Instanz ... **53** F3

DÓNDE BEBER

Barcomi's Deli ... (véase 42)
Bebel Bar ... **54** D4
Tausend ... **55** C3

OCIO

Admiralspalast ... **56** C2
Babylon Mitte ... **57** F2
Chamäleon Varieté ... **58** E2
Clärchens Ballhaus ... **59** D2
Cookies ... **60** C3
Felix clubrestaurant ... **61** B4
Staatsoper Unter den Linden ... **62** D3
Weekend ... **63** F2

DE COMPRAS

Alexa ... **64** F3
Berlinerklamotten ... **65** E2
Bonbonmacherei ... **66** D2

de la ciudad. Está coronada por la estatua *Quadriga,* un carro tirado por la diosa alada de la Victoria. La puerta domina la **Pariser Platz**, elegante plaza flanqueada de nuevo por embajadas y bancos, como en su apogeo en el s. XIX, cuando se la conocía como la "sala de recepciones del emperador".

El primero fue el **Hotel Adlon** (llamado actualmente Adlon Hotel Kempinski, p. 64). Entre sus ilustres huéspedes se cuentan Charlie Chaplin, Albert Einstein e incluso Michael Jackson, que protagonizó allí el tristemente famoso episodio del bebé colgando de la ventana.

La famosa frase *'Ich bin ein Berlinerî'* (soy un berlinés) del presidente estadounidense John F. Kennedy es el epicentro del pequeño **Kennedy Museum** (**plano p. 64; ☎ 2065 3570; www.thekennedys.de; Pariser Platz 4a; adultos/reducida 7/3,50 €; 10.00-18.00**), una pequeña exposición sin tintes políticos dispuesta como un álbum de fotos de familia.

MEMORIAL DEL HOLOCAUSTO

Este gigantesco **monumento a las víctimas del Holocausto** (plano p. 64; conocido coloquialmente como Memorial del Holocausto), obra del arquitecto estadounidense Peter Eisenman, está formado por 2711 columnas de hormigón que se elevan en un sombrío silencio desde el suelo ondulado. Para tener más información conviene visitar el subterráneo **Ort der Information** (**centro de información; plano p. 64; ☎ 7407 2929; www.holocaust-mahnmal.de; Cora-Berliner-Strasse 1; entrada gratis, adultos/reducida 3/1,50 € audioguía incl.; 10.00-20.00 ma-do abr-sep, hasta 19.00 oct-mar, última entrada 45 min antes del cierre**), que nunca deja a nadie indiferente.

BÚNKER DE HITLER

Mientras Berlín era pasto de las llamas y los tanques soviéticos avanzaban sin oposición, Adolf Hitler, oculto en su búnker (plano p. 64), decidía quitarse la vida en los últimos días de la Segunda Guerra Mundial. Actualmente alberga un aparcamiento. Está identificado con un panel informativo que incluye un diagrama de la extensa estructura del búnker y datos técnicos de su construcción.

UNTER DEN LINDEN

La avenida más espléndida de Berlín (plano p. 64) se extiende a lo largo de 1,5 km al este de la Puerta de Brandeburgo y está flanqueada de majestuosos edificios antiguos. En primer lugar se encuentra la atracción más reciente de la zona, **Madame Tussauds** (**plano p. 64; ☎ 4000 4600; www.madametussauds.com/berlin; Unter den Linden 74; adultos/niños de 3 a 14 años 18,50/13,50 €; 🕐 10.00-19.00, última entrada 18.00**). Los más intelectuales preferirán dirigirse directamente al **Deutsche Guggenheim** (**plano p. 64; ☎ 202 0930; www.deutsche-guggenheim.de; Unter den Linden 13-15; adultos/reducida/familias 4/3/8 €, gratis lu; 🕐 10.00-20.00 vi-mi, 10.00-22.00 ju**), pequeña y minimalista galería donde se exponen obras de artistas contemporáneos de primer orden, como Eduardo Chillida y Gerhard Richter.

El edificio contiguo alberga la **Humboldt Universität** (plano p. 64), la universidad más antigua de Berlín. Marx y Engels estudiaron en ella, mientras que los hermanos Grimm y Albert Einstein formaron parte de su personal docente. Ocupa el palacio del príncipe Enrique, hermano del rey Federico el Grande, cuya pomposa **estatua ecuestre** se erige en Unter den Linden, frente a la universidad.

Fue el propio rey Federico quien diseñó el conjunto de estructuras que bordean **Bebelplatz** (plano p. 64), el emplazamiento de la primera quema oficial de libros realizada por los nazis en mayo de 1933. Esta brutal efeméride se recuerda con un monumento de cristal llamado *Biblioteca vacía,* obra de Micha Ullmann.

Enfrente, la neoclásica **Neue Wache** (**Plano p. 64; gratis; 🕐 10.00-18.00**) fue originalmente un cuartel de la guardia prusiana y hoy es un monumento antibélico con un austero interior dominado por la emotiva escultura de Käthe Kollwitz *Madre con hijo muerto.*

Si el visitante se pregunta qué han estado haciendo los alemanes en los últimos 2000 años, debe visitar el contiguo y excelente **Deutsches Historisches Museum** (**Museo de Historia Alemana; plano p. 64; ☎ 203 040; www.dhm.de; Unter den Linden 2; adultos/menores de 18 años 5 €/gratis; 🕐 10.00-18.00**). El anexo **I.M. Pei Bau (plano p. 64),** de impresionantes líneas geométricas, debe su nombre al arquitecto que lo diseñó y acoge exposiciones temporales de envergadura.

GENDARMENMARKT

La plaza más elegante de Berlín (plano p. 64) fue en su día un próspero mercado cuyo nombre deriva del Gens d'Armes, regimiento prusiano cuyos reclutas eran inmigrantes hugonotes franceses. Cerca hay muchos hoteles y restaurantes de lujo.

MUSEUMSINSEL (ISLA DE LOS MUSEOS)

Al este del Deutsches Historisches Museum se encuentra el **Schlossbrücke** (puente del Palacio; plano p. 64), flanqueado de esculturas, que conduce a la pequeña isla Spree, donde se ubicó el primer asentamiento de la ciudad en el s. XIII. En la mitad norte se encuentra la Museumsinsel (isla de los Museos), complejo formado por cinco excelentes museos.

ALTE NATIONALGALERIE

Un edificio en forma de templo griego diseñado por August Stüler es el elegante escenario para la exquisita colección de arte europeo del s. XIX que alberga la **Alte Nationalgalerie** (**Antigua Galería Nacional; plano p. 64; ☎ 2090 5577; Bodestrasse 1-3; adultos/reducida 8/4 €; 🕐 10.00-18.00 ma, mi y vi-do, hasta 22.00 ju**). Entre las obras más destacadas

EPI/IMAGEBROKER

Puerta de Ishtar, Pergamonmuseum.

PERGAMONMUSEUM

Es como una cueva de Aladino repleta de tesoros antiguos. Para no perdérselo. Puede que algunas secciones estén cerradas porque se está sometiendo a una renovación que durará cinco años.

La estrella indiscutible de la Colección de Antigüedades Clásicas es la que da nombre al museo, el **Altar de Pérgamo** (165 a.C.), de la actual Turquía. Es un colosal santuario de mármol rodeado por un vívido friso de los dioses en guerra con los titanes. La siguiente sala está dominada por la inmensa **Puerta del Mercado de Mileto** (s. II d.C.), obra maestra de la arquitectura romana. Tras ella se entrará en otra cultura y otra época: la Babilonia de Nabucodonosor II (604–562 a.C.). El viajero se hallará entonces en el Museo de Antigüedades del Oriente Próximo, cuya joya principal es la radiante azul y ocre **Puerta de Ishtar**. Arriba, en el Museo de Arte Islámico, las piezas principales incluyen el **palacio del califa** de Mshatta, de la actual Jordania, que data del s. VIII y recuerda a una fortaleza, y la **sala de Aleppo,** en la Siria del s. XVII, con sus muros de paneles de madera profusamente pintados.

Lo que hay que saber: **Plano p. 64; ☎ 2090 5555; Am Kupfergraben; adultos/reducida incl. audioguía 12/6 €; ⌚ 10.00-18.00 vi-mi, hasta 22.00 ju**

se cuentan los paisajes de Caspar David Friedrich, los retratos de Max Liebermann y los lienzos de Monet y Renoir.

ALTES MUSEUM

Karl Friedrich Schinkel mezcló todo tipo de estilos al diseñar el **Altes Museum** (**plano p. 64; ☎ 2090 5577; Am Lustgarten; adultos/reducida 8/4 €; ⌚ 10.00-18.00 vi-mi, hasta las 22.00 ju**), erigido en 1830. Destaca la rotonda inspirada en el Panteón, que acoge una valiosa colección de escultura y arte griego y romano.

BODEMUSEUM

Este imponente **museo** (**plano p. 64; ☎ 2090 5577; Monbijou-brücke; adultos/reducida 8/4 €;**

10.00-18.00 vi-mi, hasta 22.00 ju) ocupa un edificio neobarroco obra de Ernst von Ihne y acoge obras de arte bizantino, una colección de monedas, pinturas antiguas y, lo más importante, esculturas europeas desde la Edad Media hasta el s. XVIII.

NEUES MUSEUM

Tras 10 años de obras y una inversión de 200 millones de euros, el reconstruido **Neues Museum** **(Nuevo Museo; plano p. 64; ☎ 2090 5555; www.smb.spk-berlin.de; adultos/reducida 10/5 €; 10.00-18.00 do-mi, hasta las 20.00 ju-sa)** abrió finalmente sus puertas en octubre del 2009. David Chipperfield ha incorporado armónicamente en el nuevo edificio los restos de la estructura original, dañada por la guerra. Alberga el Museo Egipcio (incluido el famoso busto de la reina Nefertiti) y la Colección de Papiros.

BERLINER DOM

Pomposa pero regia, la neorrenacentista **Berliner Dom** **(catedral de Berlín; Plano p. 64; ☎ 2026 9136; Am Lustgarten; adultos/menores de 14 años/reducida sin audioguía 5 €/gratis/3 €, con audioguía 8 €/gratis/6 €; 9.00-20.00 lu-sa, 12.00-20.00 do abr-sep, hasta 19.00 oct-mar)** data de 1905. En su día fue la iglesia de la corte real y hoy funciona como templo de oración, museo y sala de conciertos.

ALEXANDERPLATZ Y ALREDEDORES

El principal eje comercial de Berlín, Alexanderplatz (conocido como "Alex"; plano p. 64) debe su nombre al zar Alejandro I, quien visitó la ciudad en 1805. Después de la reunificación se intentó suavizar el estilo socialista creado durante la década de 1960, pero Alexanderplatz sigue siendo una plaza sin alma dominada por el hormigón y con una ausencia total de árboles.

La principal atracción de la plaza es la **Fernsehturm** **(torre de televisión; plano p. 64; ☎ 242 3333; adultos/niños menores de 16 años 10/5,50 €, entrada VIP 19,50 €; 9.00-24.00 mar-oct, 10.00-24.00 nov-feb)**, la estructura más alta de Alemania, con 368 m. Conviene llegar temprano (o comprar una entrada VIP y saltarse la cola) para evitar las largas colas que se forman para ascender al mirador situado a 203 m, que ofrece vistas insuperables cuando el cielo está despejado. Se pueden identificar los principales puntos de interés de la ciudad desde aquí o desde el café de la planta superior, que realiza una vuelta completa en 30 minutos.

Para disfrutar de un espacio más abierto, hay que ir al oeste de la torre de televisión y relajarse entre las flores y las fuentes contiguas a la **Marienkirche** **(iglesia de Santa María; plano p. 64; ☎ 242 4467; Karl-Liebknecht-Strasse 8; entrada gratis; 10.00-21.00 abr-oct, 10.00-18.00 nov-mar)**, la segunda iglesia más antigua de la ciudad (s. XIII). Cerca, el **DDR Museum** **(Museo de la RDA; Plano p. 64; ☎ 847 123 731; Karl-Liebknecht-Strasse 1; adultos/reducida 5,50/3,50 €; 10.00-20.00 do-vi, hasta 22.00 sa)** muestra cómo era la vida cotidiana tras el Telón de Acero.

SCHEUNENVIERTEL

Cuesta imaginar que, antes de la reunificación, el pulcro Scheunenviertel (literalmente "barrio de los Graneros") era un barrio casi abandonado con edificios destartalados y calles sucias. Actualmente, este distrito emplazado al noroeste de Alexanderplatz es un hervidero de restaurantes, bares, discotecas, cabarés, tiendas conceptuales y *boutiques* de gente del barrio, así como lugar de residencia de numerosas celebridades.

Scheunenviertel también ha recuperado su papel como centro de la vida de la comunidad judía de la ciudad. La brillante cúpula dorada de la **Neue Synagoge** **(Nueva Sinagoga; plano p. 64; ☎ 8802 8300; www.cjudaicum.de; Oranienburger Strasse 28-30; adultos/reducida 3/2 €; 10.00-20.00 do y lu, hasta 18.00 ma-ju, hasta**

17.00 vi abr-sep, horario reducido oct-mar) es su símbolo más destacado. Se puede ascender a la cúpula, desde donde se identifica fácilmente un edificio en ruinas que parece la "Capilla Sixtina del Grafiti". Se trata del **Kunsthaus Tacheles** **(plano p. 64; ☎ 282 6185; Oranienburger Strasse 54-56; entrada gratis)**, unos antiguos grandes almacenes ocupados por un grupo de artistas tras la reunificación; actualmente acoge un apreciado espacio artístico y cultural alternativo.

En Scheunenviertel también cabe destacar el *Höfe,* conjunto de patios ocultos e interconectados repletos de cafés, *boutiques* y locales de ocio. El más conocido es el **Hackesche Höfe** (plano p. 64), pero también merece la pena visitar el tranquilo **Sophie-Gips-Höfe** (plano p. 64) y el despreocupado **Heckmannhöfe** (plano p. 64).

La herencia judía del barrio también está muy presente. En cualquier rincón se pueden ver pequeñas **losas** de latón que recuerdan a las víctimas del nazismo. El filósofo Moses Mendelssohn fue una de las 12 000 personas enterradas en el **Alter Jüdischer Friedhof** (plano p. 64), el cementerio judío más antiguo de la ciudad, situado en Grosse Hamburger Strasse.

Más al norte, el visitante puede tener un encuentro con dinosaurios en el **Museum für Naturkunde** **(Museo de Historia Natural; plano p. 64; ☎ 2093 8591; Invalidenstrasse 43; adultos/reducida/familias 3,50/2/7 €; 🕒 9.30-17.00 ma-vi, 10.00-18.00 sa y do)**. La estrella del museo es el branquiosaurio de 23 m de longitud y 12 m de altura, el esqueleto de dinosaurio más grande del mundo; también hay otras especies jurásicas y un arqueoptérix sumamente raro.

REICHSTAG Y BARRIO GUBERNAMENTAL

El barrio donde se concentran los edificios del Gobierno federal alemán bordea el

THOMAS WINZ

Bodemuseum (p. 67) y la (torre de televisión; p. 68).

Spreebogen, un recodo del río Spree en forma de herradura. Una tranquila caminata por el **paseo ribereño,** recorriendo cervecerías y bares de playa, permite disfrutar de una perspectiva interesante de la ciudad.

La base histórica del barrio es el **Reichstag** **(Plano p. 64; Platz der Republik 1)** de 1894, donde funciona el Parlamento alemán, el Bundestag, desde 1999. Merece la pena hacer cola para **subir en ascensor** **(entrada gratis; 🕒 8.00-24.00, última entrada 22.00)** hasta lo más alto del edificio y disfrutar de las espectaculares vistas o admirar de cerca la cúpula y el cono de espejos de su parte central. Para evitar colas, se recomienda ir a primera hora de la mañana o por la noche.

En la década de 1990 se erigieron otros edificios gubernamentales en los alrededores del Reichstag, entre los que destaca el **Bundeskanzleramt** **(Cancillería Real; plano p. 64; Willy-Brandt-Strasse 1)**, curioso recinto

DAVID PEEVERS

Museo de la Stasi, en la antigua sede de la policía secreta comunista.

SI GUSTA...

Si al viajero le ha gustado revolcarse en la Ostalgie (nostalgia por la Alemania oriental) en el **DDR Museum** (p. 68), tal vez quiera complementar sus impresiones en estos sitios:

- **Museo de la Stasi** (fuera del Plano p. 52-53; ☎ 553 6854; Ruschestrasse 103, House 1; adultos/reducida 3,50/3 €; 🕒 11.00-18.00 lu-vi, 14.00-18.00 sa y do) Ingeniosos artefactos de vigilancia, una furgoneta de transporte de prisioneros y las pulcras oficinas del jefe de la Stasi Erich Mielke son las piezas estrella de la antigua sede policial. Hay que tomar el U-Bahn hasta Magdalenenstrasse, caminar hacia el norte por Ruschestrasse, girar a la derecha pasados unos 100 m e ir al edificio que queda enfrente.
- **Stasi Prison** (fuera del Plano pp. 52-53; ☎ 9860 8230; Genslerstrasse 66; circuitos adultos/reducida 4/2 €, lu gratis; 🕒 circuitos 11.00 y 23.00 lu-vi, también 15.00 mar-dic, cada hora 10.00-16.00 sa y do) Las víctimas de la persecución de la Stasi solían acabar en esta lúgubre cárcel. Los circuitos (algunos en inglés; y llamar con antelación) desvelan el alcance del terror perpetrado contra los sospechosos de oposición al régimen comnista. Hay que tomar el tranvía M5 de Alexanderplatz a Freienwalder Strasse y caminar 10 minutos por Freienwalder Strasse.
- **Trabi Safari** (www.trabi-safari.de; Wilhelmstrasse esq. Zimmerstrasse; 1/2/3/4 pasajeros 60/40/35/30 €/persona) Pasar una hora explorando el antiguo Berlín Oriental tras el volante –o como pasajero– de un Trabant (Trabi) de la RDA.
- **Ostel** (Plano pp. 72-73; ☎ 2576 8660; www.ostel.eu; Wriezener Karree 5; dc 9 €, d desde 33 €) Este albergue único revive el encanto de la RDA con originales muebles comprados en rastros. Se aconseja alojarse en el dormitorio Pioneer Room, un apartamento de la década de 1970, en un piso prefabricado o en la suite Stasi, llena de micrófonos ocultos.
- **CSA** (Plano pp. 52-53; ☎ 2904 4741; Karl-Marx-Allee 96; 🕒 desde 20.00 may-oct, desde 19.00 nov-abr) Se diseñó para la antigua oficina de la aerolínea nacional checoslovaca y hoy es un bar *chic* que exuda un irónico aire soviético. Luces tenues, claras líneas de diseño y fuertes cócteles lo convierten en un favorito de la clientela madura.

en forma de "H" donde se encuentra el despacho del canciller.

Al norte del Spree se eleva la futurista **Hauptbahnhof** (estación principal de trenes; plano p. 64), que resulta especialmente impresionante por la noche. Al este hay una antigua estación ferroviaria del s. XIX que se ha reconvertido en el principal semillero de arte contemporáneo de la ciudad. Es la **Hamburger Bahnhof** (**plano p. 64; ☎ 3978 3439; Invalidenstrasse 50-51; adultos/menores/reducida de 16 años 8/gratis/4 €, gratis últimas 4 h ju; 🕑 10.00-18.00 ma-vi, 11.00-20.00 sa, 11.00-18.00 do**), donde se exponen obras de Andy Warhol, Roy Lichtenstein, Anselm Kiefer, Joseph Beuys y otros artistas del s. XX.

POTSDAMER PLATZ Y TIERGARTEN

Potsdamer Platz es el barrio más reciente de Berlín, construido en unos terrenos antaño separados por el Muro. A finales de la década de 1990 se convirtió en el centro de una profunda renovación urbanística liderada por algunos de los mejores arquitectos del mundo, incluidos Renzo Piano, Richard Rodgers y Helmut Jahn. Para admirar las mejores vistas de la ciudad, hay que tomar el que está considerado como el ascensor más rápido del mundo hasta el mirador del **Panoramapunkt** (**plano pp. 72-73; ☎ 2529 4372; www.panoramapunkt.de; Potsdamer Platz 1; adultos/reducida 5/4 €; 🕑 11.00-20.00**). La historia del cine alemán, se exhibe en el **Museum für Film und Fernsehen** (**Museo del Cine y la Televisión; plano pp. 72-73; ☎ 300 9030; Potsdamer Strasse 2; adultos/reducida/familias 6/4,50/12 €; 🕑 10.00-18.00 ma, mi y vi-do, hasta 20.00 ju**), en el Sony Center. Se recomienda pedir la excelente audioguía para recorrer las galerías, dedicadas a pioneros como Fritz Lang, a películas rompedoras como *Olympia*, de Leni Riefenstahl, y a divas legendarias como Marlene Dietrich.

KULTURFORUM

Es fácil pasarse uno o más días admirando las obras de maestros antiguos y modernos en los cinco museos de primer nivel que componen este fantástico complejo cultural al oeste de Potsdamer Platz. La **Neue Nationalgalerie** (**Nueva Galería Nacional; plano pp. 72-73; ☎ 266 2651; Potsdamer Strasse 50; adultos/reducida 8/4 €; 🕑 10.00-18.00 ma, mi y do, hasta 22.00 ju, hasta 20.00 vi y sa**) es un templo de cristal, obra de Ludwig Mies van der Rohe, que acoge pintura y escultura europea de principios del s. XX. Cuenta con obras de grandes artistas como Picasso o Dalí, además de una excelente colección de expresionistas alemanes como Georg Grosz y Ernst Ludwig Kirchner.

Las obras de genios más antiguos decoran las paredes de la **Gemäldegalerie** (**Galería Pictórica; plano pp. 72-73; ☎ 266 2951; Matthäikirchplatz 8; adultos/reducida 8/4 € audioguía incl.; 🕑 10.00-18.00 ma, mi y vi-do, hasta 22.00 ju**), galería de arte europeo de los ss. XIII al XVIII, famosa por su excepcional envergadura y calidad. Merece la pena aprovechar la audioguía para conocer más a fondo algunas obras de Rembrandt, Durero, Hals, Vermeer y Gainsborough.

A poca distancia está el cavernoso **Kunstgewer bemuseum** (**Museo de Artes Decorativas; plano pp. 72-73; ☎ 266 2951; Tiergartenstrasse 6; adultos/reducida 8/4 €; 🕑 10.00-18.00 ma-vi, 11.00-18.00 sa y do**), repleto de objetos elaborados a lo largo de los siglos con oro, plata, marfil, madera, porcelana y otros materiales nobles.

El edificio de color miel situado al este es la famosa **Berliner Philharmonie** (p. 72-73), diseñada por Scharoun. Goza de una acústica impecable y de un fantástico ángulo de visión gracias al inteligente diseño de las gradas en forma de bancales.

PARQUE TIERGARTEN

Tiergarten está atravesado de este a oeste por Strasse des 17 Juni, que acoge el monumento soviético de la Segunda Guerra Mundial y la Flohmarkt Strasse des 17 Juni (p. 87). En esta zona tienen lugar grandes celebraciones y el desfile anual del Día de San Cristóbal (p. 48), que suelen culminar en la emblemática **Siegessäule** (**Columna de la Victoria; plano pp. 52-53; ☎ 391 2961; adultos/reducida 2,20/1,50 €; ⏲ 9.30-18.30 lu-vi, 9.30-19.00 sa y do abr-oct, 10.00-17.00 lu-vi, 10.00-17.30 sa y do nov-mar**), un monumento a las hazañas militares prusianas.

Al sur del parque Tiergarten se encuentra el barrio diplomático, donde algunas embajadas ocupan edificios de gran belleza. Los aficionados a la arquitectura deben dirigirse al oeste, en paralelo al canal, para llegar al **Bauhaus Archiv/Museum für Gestaltung** (**Archivo/Museo de Diseño de la Bauhaus; plano pp. 52-53; ☎ 254 0020; Klingelhöferstrasse 14; adultos/reducida 6/3 €; ⏲ 10.00-17.00 mi-lu**), que ocupa un edificio vanguardista obra del fundador de la escuela Bauhaus, Walter Gropius. Las notas de estudio, las maquetas, los diseños y otros objetos de Klee, Kandinsky, Schlemmer y otros miembros de la Bauhaus muestran la enorme influencia de este movimiento en la arquitectura y el diseño del s. XX.

KREUZBERG

Este barrio tiene fama de moderno, extravagante e imprevisible. La mitad occidental, alrededor de Bergmannstrasse y Mehringdamm, alberga el Museo Judío y está dominada por bohemios de clase alta. La parte oriental (conocida como SO36, su código postal anterior a la unificación), es un mosaico de culturas y ofrece la vida nocturna más animada de la ciudad.

JÜDISCHES MUSEUM

Es un recorrido revelador, emotivo e interactivo por los 2000 años de historia de la comunidad judía en Alemania. El impresionante **Jüdisches Museum** (**Museo Judío; plano pp. 72-73; ☎ 2599 3300; www.jmberlin.de; Lindenstrasse 9-14; adultos/reducida/familias 5/2,50/10 €; 🕓 10.00-22.00 lu, hasta 20.00 ma-do**) muestra las aportaciones culturales judías, las tradiciones, el complicado camino hacia la emancipación y varios personajes extraordinarios, como el inventor de los vaqueros Levi Strauss y el filósofo Moses Mendelssohn.

CHECKPOINT CHARLIE

Entre 1961 y 1990, el **Checkpoint Charlie** (plano pp. 72–73) fue la principal puerta

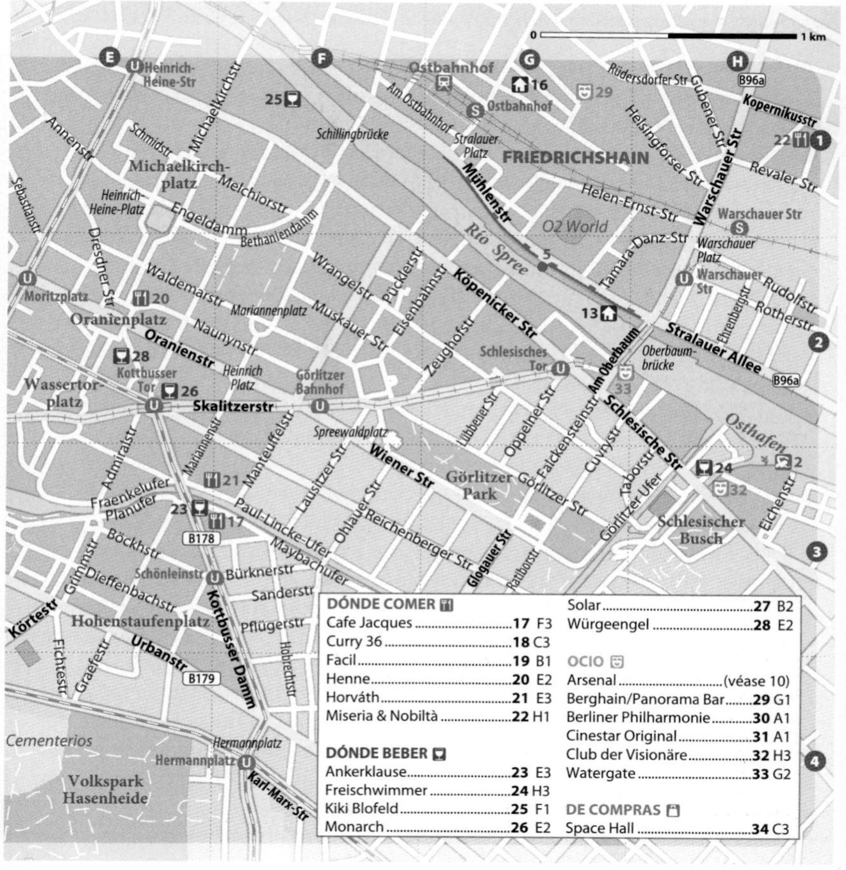

JAE/IMAGEBROKER

Liebermann-Villa am Wannsee.

SI GUSTA...

Si el viajero no se ha saciado de admirar fabulosos cuadros en la **Gemäldegalerie** (p. 71), puede ir a estas estupendas galerías de arte:

- **Museum Berggruen** (**Plano pp. 52-53; ☎ 3269 5815; www.smb.museum/mb; Schlossstrasse 1, Charlottenburg; entrada 8 €; 🕑 10.00-18.00 ma-do**) Museo pequeño pero exquisito con especial acento en Picasso, Klee, Matisse y Giacometti.
- **Sammlung Scharf-Gerstenberg** (**Plano pp. 52-53; ☎ 3435 7315; www.smb.museum/ssg; Schlossstrasse 70, Charlottenburg; adultos/menores de 16 años/reducida 8/gratis/4 €, últimas 4 h ju gratis; 🕑 10.00-18.00 ma-do**) Abierto en el 2008, es un museo estelar con particular aatención a los artistas surrealistas. Tiene un impresionante fondo de obras de Magritte, Max Ernst, Dalí, Dubuffet y sus precursores del s. XVIII, como Goya y Piranesi.
- **Emil Nolde Museum** (**Plano pp. 64; ☎ 4000 4690; www.nolde-stiftung.de; Jägerstrasse 55, Mitte; admission 10 €; 🕑 10.00-19.00**) Una selección de obras de Nolde, destacado expresionista alemán.
- **Brücke Museum** (**fuera del plano pp. 52-53; ☎ 831 2029; Bussardsteig 9; entrada 4 €; 🕑 11.00-17.00 mi-lu**) En 1905 Karl Schmidt-Rottluff, Erich Heckel y Ernst Ludwig Kirchner fundaron el primer grupo artístico moderno de Alemania, Die Brücke (El puente), y abrieron paso al expresionismo alemán y otros géneros. La colección personal de Schmidt-Rottluff forma parte de este pequeño museo en el bosque de Grunewald (U-Bahn a Oskar-Helene-Heim y autobús nº 115 a Pücklerstrasse).
- **Liebermann-Villa am Wannsee** (**fuera del Plano pp. 52-53; ☎ 8058 5900; www.max-liebermann.de; Colomierstrasse 3; entrada 6 €; 🕑 11.00-18.00 mi-lu, hasta 20.00 ju abr-sep, 11.00-17.00 mi-lu oct-mar**) Esta villa a orillas de un lago fue la residencia de verano de Max Liebermann, fundador de la Secesión de Berlín, desde 1909 hasta su muerte en 1935. Hay que tomar el U-Bahn hasta Wannsee y luego el autobús nº 114 a Colomierstrasse.

de comunicación entre los dos lados de Berlín para ciudadanos extranjeros y diplomáticos. Por desgracia, este símbolo de la Guerra Fría se ha convertido en una chabacana trampa para turistas, con actores uniformados posando con los visitantes junto a una caseta de vigilancia falsa a cambio de una propina.

En la **Haus am Checkpoint Charlie** (**plano pp. 72-73; ☎ 253 7250; www.mauermuseum.de; Friedrichstrasse 43-45; adultos/reducida 12,50/9,50 €; 🕑 9.00-22.00**) se hace un recorrido por los años de la Guerra Fría, con especial hincapié en la historia y el horror del Muro de Berlín; la exposición es interesante, aunque un tanto desordenada. Lo mejor son los ingeniosos planes de huida hacia el sector oeste mediante túneles, globos aerostáticos, compartimentos ocultos en automóviles e incluso un submarino para una sola persona.

DEUTSCHES TECHNIKMUSEUM

Ideal para los más pequeños, el **Deutsches Technikmuseum** (**Museo Alemán de la Tecnología; plano pp. 72-73; ☎ 902 540; Trebbiner Strasse 9; adultos/reducida 4,50/2,50 €, gratis menores de 18 años después de las 15.00; 🕑 9.00-17.30 ma-vi, 10.00-18.00 sa y do**) es un gigantesco santuario de la tecnología donde destacan el primer ordenador fabricado en el mundo, una sala entera con locomotoras antiguas y extensas exposiciones sobre la aviación y la navegación. En el adyacente **centro científico Spectrum** (**plano pp. 72-73; entrada por Möckernstrasse 26; entrada incl.; 🕑 como el anterior**) se puede participar en unos 250 experimentos.

FRIEDRICHSHAIN

Este barrio situado en el antiguo Berlín Oriental es como un camaleón, un reducto donde el visitante disfrutará de una caótica diversión. Los únicos lugares turísticos convencionales son la **East Side Gallery**, el tramo del Muro de Berlín más largo que se conserva (véase p. 78), y el **Karl-Marx-Allee** (plano pp. 52–53), gran bulevar construido entre 1952 y 1960 que muestra la pomposidad del estalinismo. Para más información, hay que visitar la exposición del Cafe Sybille, en el nº 72.

CHARLOTTENBURG

KURFÜRSTENDAMM Y ALREDEDORES

Kurfürstendamm (conocida como Ku'damm) es una avenida comercial de 3,5 km de longitud, originalmente un pequeño camino en forma de herradura que conducía al refugio de caza real del bosque de Grunewald. En Breitscheidplatz, el extremo oriental del bulevar, se erige la torre destruida por las bombas de la emblemática **Kaiser-Wilhelm-Gedächtniskirche** (**iglesia conmemorativa del emperador Guillermo; plano pp. 52-53; entrada gratis; 🕑 9.00-19.00**). Actualmente se considera un monumento antibélico. Cerca de la iglesia, una exótica Puerta de los Elefantes lleva al **Zoo de Berlín** (**Plano pp. 52-53; ☎ 254 010; se entra por Hardenbergplatz o por Budapester Strasse; adultos/niños/estudiantes zoo o acuario 12/6/9 €, zoo y acuario 18/9/14 €; 🕑 9.00-19.00 med mar–med oct, hasta 18.00 med sep–med oct, hasta 17.00 med oct–med mar**), el zoológico más antiguo de Alemania. El parque alberga unas 14 000 criaturas de todos los continentes, con un total de 1500 especies distintas.

Siguiendo hacia el oeste por Ku'damm se llega a **Story of Berlin** (**plano pp. 52-53; ☎ 8872 0100; Kurfürstendamm 207-208; adultos/reducida/familias 9,80/8/21 €; 🕑 10.00-20.00, última entrada y circuito del búnker 18.00**), museo multimedia que resume ochocientos años de la historia de Berlín de una forma sencilla e instructiva. La Guerra Fría se recrea con gran realismo en un circuito por un búnker atómico totalmente operativo situado debajo del edificio.

CIRCUITOS

Autobuses 100 y 200 Estos dos autobuses públicos pasan por casi todos los principales puntos de interés del centro, de modo que se puede hacer un tour por la ciudad por el precio de un billete de autobús corriente (2,10 €, bono de un día 6,10 €).

Berlin on Bike (**plano pp. 52-53; ☎ 4373 9999; www.berlinonbike.de; Knaackstrasse 97; circuitos 17 € bicicleta incl., 12 € con bicicleta propia, descuentos para niños, estudiantes y titulares de la Berlin Welcome Card; abr-oct**)

Berlin Walks (**☎ 301 9194; www.berlinwalks.de**) La primera compañía de circuitos en inglés, fundada tras la caída del Muro, sigue siendo una de las mejores.

New Berlin Tours (**☎ 0179-973 0397; www.newberlintours.com**) Pionera de los circuitos gratuitos, ofrece una famosa ruta de bares.

Un modo encantador de disfrutar Berlín en un día de sol es desde la cubierta de un barco por los ríos, canales y lagos de la ciudad. Los circuitos van desde vueltas de una hora por el centro histórico (desde 7 €) hasta recorridos más largos que llevan a Schloss Charlottenburg y más lejos (desde 16 €). **Stern & Kreisschiffahrt** (**www.sternundkreis.de**) es uno de los principales operadores.

DÓNDE DORMIR

Para apartamentos en alquiler, véase también p. 82.

MITTE

Motel One Berlin-Alexanderplatz (**plano p. 64; ☎ 2005 4080; www.motel-one.de; Dircksenstrasse 36; d 74-124 €, desayunos 6,50 €;**) Elegante albergue para viajeros con presupuesto ajustado, que ofrece habitaciones pequeñas pero con detalles modernos (televisor de pantalla plana, duchas con mampara).

Circus Hotel (**plano p. 64; ☎ 2839 1433; www.circus-berlin.de; Rosenthaler Strasse 1; i 68 €, d 78-98 €;**) Recibe excelentes críticas por el personal agradable y profesional, las habitaciones llenas de color, el excelente desayuno, la conciencia medioambiental y los detalles modernos, como el alquiler de iPods y de intercomunicadores para bebés.

Arte Luise Kunsthotel (**plano p. 64; ☎ 284 480; www.luise-berlin.com; Luisenstrasse 19; i 80-115 €, d 100-210 €, desayunos 11 €;**) En esta "galería con habitaciones", uno puede dormir en una cama construida para gigantes, en compañía de astronautas o dentro de un cabaré. También hay habitaciones más pequeñas sin baño. Las del patio son las más tranquilas.

Honigmond Garden Hotel (**plano p. 64; ☎ 2844 5577; www.honigmond-berlin.de; Invalidenstrasse 122; i 105-175 €, d 125-235 €;**) Aunque se encuentra en una calle muy bulliciosa, esta casa de huéspedes es un encantador refugio con 20 habitaciones repletas de antigüedades con vistas a un jardín donde hay un estanque de peces *koi*.

Arcotel John F (**plano p. 64; ☎ 405 0460; www.arcotel.at; Werderscher Markt 11; h 108-280 €, desayunos 18 €;**) Hotel de estilo urbano que rinde homenaje a John F. Kennedy en cada detalle, como las mecedoras hechas a mano (el ex presidente estadounidense usaba una para el dolor de espalda) y las lámparas curvilíneas inspiradas en los vestidos de fiesta de Jackie.

PRENZLAUER BERG

Meininger City Hostel & Hotel (**Plano pp. 52 y 53; ☎ 6663 6100; www.meininger-hostels.de; Schönhauser Allee 19; dc/i/d/tr 19/52/70/102 €, desayuno 3,50 €;**) Dirigido con entusiasmo y profesionalidad, es ideal para nómadas que buscan comodidad a precios razonables. En el sitio web se indican todos

Puerta principal de Schloss Charlottenburg.

RICHARD NEBESKY

SCHLOSS CHARLOTTENBURG

Es el mayor de los nueve palacios reales que se conservan en Berlín. Consiste en el palacio principal y dos edificios situados en el delicioso **Schlossgarten** (parque palaciego). Cada edificio cobra su entrada, pero es mejor invertir en la *Tageskarte*, que da derecho a un día entero para ver todo, salvo la Neuer Flügel (ala nueva).

El Schloss fue la residencia estival de Sofía Carlota, esposa del rey Federico I. Las barrocas estancias en la parte más antigua de palacio, el **Altes Schloss** (antiguo palacio), son una extravagancia de estuco, brocados y profusa opulencia. Sin embargo, las habitaciones más bellas son las flamantes estancias privadas de Federico el Grande en la **Neuer Flügel,** diseñada por el insigne arquitecto Georg Wenzeslaus von Knobelsdorff en 1746.

Lo que hay que saber: Schloss Charlottenburg (**palacio de Charlottenburg; Plano pp. 52-53; ☎ 320 911; www.spsg.de; Spandauer Damm; bono de un día adultos/reducida 12/9 €; Ⓤ Richard-Wagner-Platz, luego 🚌 145**); Altes Schloss (**☎ 320 911; adultos/reducida incl. circuito guiado o audioguía 10/7 €; 🕑 10.00-18.00 ma-do abr-oct, hasta 17.00 nov-mar**); Neuer Flügel (**☎ 320 911; adultos/reducida audioguía 6/5 €; 🕑 10.00-18.00 mi-lu abr-oct, hasta 17.00 nov-mar**)

los hoteles de la cadena, incluido uno de reciente apertura en la Hauptbahnhof.

Ackselhaus & Blue Home (**plano pp. 52-53; ☎ 4433 7633; www.ackselhaus.de; Belforter Strasse 21; apt de 1/2 habitaciones desde 110-180 €; wifi**) Muy emblemático, recupera el estilo *sexy* en los 10 apartamentos repartidos en dos edificios del s. XIX. Cada uno tiene su propia decoración y dispone de una pequeña sala de estar y cocina.

KREUZBERG Y FRIEDRICHSHAIN

Hotel Johann (**plano pp. 72-73; ☎ 225 0740; www.hotel-johann-berlin.de; Johanniterstrasse 8; i 70-90 €, d 95-105 €; ⊠ wifi**) Es uno de los más populares de la ciudad gracias al atento servicio y sus 33 magníficas habitaciones, algunas con paredes de ladrillo visto y otros detalles antiguos.

Hotel Riehmers Hofgarten (**plano pp. 72-73; ☎ 7809 8800; www.riehmers-hofgarten.**

EL MURO DE BERLÍN

Durante 28 años, el Muro de Berlín, el símbolo más poderoso de la Guerra Fría, dividió la ciudad y también el mundo. Su construcción se inició poco después de la medianoche del 13 de agosto de 1961, cuando los soldados de la RDA desplegaron kilómetros de alambrada que pronto serían sustituidos por bloques de hormigón. La desaparición del Muro fue tan inesperada como su levantamiento. El 9 de noviembre de 1989, el portavoz del SED (Partido Socialista Unificado de Alemania), Günter Schabowski, hizo una sorprendente declaración en la televisión de la RDA: la revocación inmediata de las restricciones para desplazarse a Alemania occidental. Entre escenas de jolgorio e interminables colas de automóviles Trabant, las dos partes de Berlín volvieron a unirse.

Actualmente se conserva un tramo del Muro de poco más de 1,5 km de longitud como símbolo del triunfo de la libertad sobre la opresión. El tramo más largo, mejor conservado y con mayor interés es el de la **East Side Gallery** (plano pp. 72–73), que discurre paralelo al río Spree a lo largo de 1,3 km; en 1990 fue reconvertido en una galería de arte al aire libre por artistas de varias nacionalidades.

Para más información, el viajero puede pasarse por el **Gedenkstätte Berliner Mauer** (**Plano pp. 52-53; ☎ 464 1030; www.berliner-mauer-gedenkstaette.de; Bernauer Strasse 111; entrada gratis; 10.00-18.00 abr-oct, hasta 17.00 nov-mar**), un monumento que combina un centro de documentación, una instalación de arte, un breve segmento del muro original, una capilla y una galería al aire libre. Un moderno modo de recorrer el Muro es con la **Mauerguide** (**www.mauerguide.de; adultos/reducida 8/5 €/4 h, 10/7 €/día**), un miniordenador portátil que traza su ruta mediante GPS y ofrece interesante información histórica en audio y vídeo.

de; Yorckstrasse 83; i 100 €, d 138-145 €;) Emblemático hotel-*boutique* situado cerca del Viktoriapark, que forma parte de un complejo de edificios de 1891, con un frondoso patio interior que hará las delicias de los más románticos. Las grandes puertas de estilo francés dan paso a habitaciones espaciosas, con techos altos y un estilo moderno pero sin excesos. Alberga un restaurante para *gourmets*.

Eastern Comfort Hostelboat (**plano pp. 72-73; ☎ 6676 3806; www.eastern-comfort.com; Mühlenstrasse 73-77; dc 16-19 €, i/d/tr/c de 2ª clase 50/58/69/76 €, de 1ª clase i/d 64/78 €, ropa de cama 5 €;**) Amarrado junto a la East Side Gallery, este albergue flotante está a un tiro de piedra de numerosos locales nocturnos de primer nivel. Los camarotes tienen moqueta, están decorados en madera y disponen de bañera y lavabo (excepto los dormitorios colectivos).

CHARLOTTENBURG

Propeller Island City Lodge (**Plano pp. 52-53; ☎ 8.00-12.00 891 9016, 12.00-20.00 0163-256-5909; www.propeller-island.de; Albrecht-Achilles-Strasse 58; h 65-180 €, desayuno 7 €;**) Uno puede dormir en el techo, en la celda de una cárcel o dentro de un caleidoscopio. No es un hotel convencional.

Hotel Askanischer Hof (**plano pp. 52-53; ☎ 881 8033; www.askanischer-hof.de; Kurfürstendamm 53; i 105-130 €, d 117-155 €;**) En una ciudad tan propensa al vanguardismo, este magnífico hotel con 17 habitaciones permite viajar en el tiempo hasta la década de 1920, pero con todas las comodidades modernas.

Hotel Art Nouveau (plano pp. 52-53; ☎ 327 7440; www.hotelartnouveau.de; Leibnizstrasse 59; i 96-146 €, d 126-176 €, tr 151-191 €; P ⊠ 💻 📶) Un desvencijado ascensor de estilo *belle époque* conduce a una de las mejores *Pensionen-boutique* de Berlín. Las habitaciones son espaciosas y tienen encanto, con una mezcla única de tradición y modernidad.

DÓNDE COMER

MITTE

Schwarzwaldstuben (plano p. 64; ☎ 2809 8084; Tucholskystrasse 48; platos principales 7-14 €; 🕑 9.00-24.00; 📶) La decoración tradicional resulta tan deliciosa como las enormes raciones de auténtica comida del sur de Alemania.

Monsieur Vuong (plano p. 64; ☎ 3087 2643; Alte Schönhauser Strasse 46; platos principales 7,50 €; 🕑 12.00-24.00) Sofisticado restaurante de cocina indochina, que no ha perdido ni un ápice de calidad a pesar de haberse convertido en un fijo de la ruta turística. Ofrece una cocina deliciosa, con sopas y aromáticos platos a base de arroz y fideos, aunque la larga cola hace que no se pueda disfrutar de la comida con tranquilidad.

Zur Letzten Instanz (plano p. 64; ☎ 242 5528; Waisenstrasse 14-16; platos principales 9-18 €; 🕑 12.00-1.00 lu-sa) Rústico local con un irresistible encanto de la época del viejo Berlín, todo un éxito desde 1621. Por aquí han pasado personalidades como Napoleón y Angela Merkel, y sigue siendo uno de los mejores lugares para degustar la cocina tradicional berlinesa.

Cookies Cream (plano p. 64; ☎ 2749 2940; Friedrichstrasse 158; menú de 3 platos 30 €; 🕑 cena ma-sa) Recóndito local situado en el callejón de servicio del Westin Grand Hotel, con un ambiente sofisticado y una cocina con sustancia. En la planta superior hay un elegante espacio industrial donde sirven platos vegetarianos con mucho sabor.

Grill Royal (plano p. 64; ☎ 2887 9288; Friedrichstrasse 105b; platos principales 16-48 €; 🕑 cena) Restaurante de lujo donde políticos, oligarcas rusos y modelos disfrutan de las ostras y los filetes de *wagyū*.

PRENZLAUER BERG

Konnopke Imbiss (plano pp. 52-53; ☎ 442 7765; Schönhauser Allee 44a; platos 1,30-3,90 €; 🕑 6.00-20.00 lu-vi, 12.00-19.00 sa) Legendario local de *Currywurst*.

Fellas (plano pp. 52-53; ☎ 4679 6314; Stargarder Strasse 3; platos principales 7-18 €; 🕑 10.00-1.00; 📶) *Bistro* de ambiente relajado con un equipo de excelentes cocineros. La carta ofrece exquisitas ensaladas y *schnitzel*, pero es en los sabrosos platos del día donde se puede ver toda su creatividad.

JEAN-PIERRE LESCOURRET

Sony Center (p. 71), cerca de Potsdamer Platz.

DAVID PEEVERS

Greta Csatlòs, East Side Gallery (p. 78).

JEAN-PIERRE LESCOURRET

Restaurante al aire libre a orillas del Spree.

Oderquelle (plano pp. 52-53; ☎ 4400 8080; Oderberger Strasse 27; platos principales 8-16 €; 🕑 cena) Si no fuera tan popular, cualquiera podría presentarse de improviso para tomar una cerveza y un plato de comida alemana sencilla pero bien elaborada. Por desgracia, las opciones de conseguir una mesa sin reserva después de las 20.00 son prácticamente nulas, a menos que uno se conforme con un taburete en la barra.

POTSDAMER PLATZ Y TIERGARTEN

Edd's (plano pp. 52-53; ☎ 215 5294; Lützowstrasse 81; platos principales 14-25 €; 🕑 comida ma-vi, cena ma-do) La abuela de Edd solía cocinar para la realeza tailandesa, y él lleva más de tres décadas deleitando a los sibaritas con especialidades como el pato asado dos veces, el pollo cocido al vapor en hojas de plátano y los *curries*, que son pura poesía.

Facil (plano pp. 72-73; ☎ 590 051 234; 5ª planta, Mandala Hotel, Potsdamer Strasse 3; almuerzos de ½ platos 18/28 €, cenas de 4/7 platos 80/120 €; 🕑 almuerzo y cena lu-vi) Decorado con elegantes sillas Donghia, lámparas de alabastro y piedra natural de color miel, el jardín de cristal del Mandala Hotel es tan impresionante como la cocina de Michael Kempf, galardonada con una estrella Michelin.

KREUZBERG Y FRIEDRICHSHAIN

Henne (plano pp. 72-73; ☎ 614 7730; Leuschnerdamm 25; medio pollo 7,50 €; 🕑 cena ma-do) Toda una institución en Berlín, donde el nombre es también la carta: pollo asado. Cuenta con una clientela fiel desde hace más de un siglo.

Cafe Jacques (plano pp. 72-73; ☎ 694 1048; Maybachufer 8; platos principales 7,50-15 €; 🕑 cena) Flores frescas, velas, vinos deliciosos... este café podría considerarse el lugar perfecto para una cita. Aunque basta con estar enamorado de la buena comida para disfrutar de las especialidades francesas y del norte de África.

Horváth (plano pp. 72-73; ☎ 6128 9992; Paul-Lincke-Ufer 44a; platos principales 20-28 €, menú de 3/4 platos 37/45 €; 🕑 cena ma-do) En esta joya situada en la "calle de los *bistrós*", junto al canal de Landwehr, Wolfgang Müller transforma las influencias asiáticas, alemanas y mediterráneas en un estilo culinario propio.

Curry 36 (plano pp. 72-73; ☎ 251 7368; Mehringdamm 36; tentempiés 2-6 €; 🕑 9.00-4.00 lu-sa, 11.00-3.00 do) Uno de los mejores locales de *Currywurst* de la ciudad.

Miseria & Nobiltà (plano pp. 72-73; ☎ 2904 9249; Kopernikusstrasse 16; platos principales 12-22 €; 🕑 cena ma-do) Cuando Eduardo Scarpetti escribió la comedia *Miseria y nobleza* en 1888, no sospechaba que su obra inspiraría el nombre de esta concurrida *trattoria* familiar donde se sirven deliciosas especialidades del sur de Italia.

CHARLOTTENBURG

Cafe Wintergarten im Literaturhaus (plano pp. 52-53; ☎ 882 5414; Fasanenstrasse 23; platos principales 8-16 €; ⏲ 9.30-24.00) No hace falta ser un intelectual para disfrutar de un café o una comida ligera en esta distinguida mansión *art nouveau*. Con estancias elegantemente decoradas con estuco y un idílico jardín.

Mr Hai & Friends (Plano pp. 52-53; ☎ 3759 1200; Savignyplatz 1; platos principales 8-16 €; ⏲ 11.00-1.00) Estiloso restaurante vietnamita lleno de lugareños en busca de comida fresca y aromática.

Bond (plano pp. 52-53; ☎ 5096 8844; Knesebeckstrasse 16; platos principales 8-30 €; ⏲ almuerzo do-sa, cena diario) Tranquilo restaurante de diseño, con una carta estándar donde abundan platos clásicos como las carnes a la parrilla, los sándwiches y las hamburguesas; los platos del día, sin embargo, son más innovadores.

Moon Thai (plano pp. 52-53; ☎ 3180 9743; Kantstrasse 32; platos principales 10-17 €; ⏲ 12.00-24.00) Ambiente sofisticado, ideal para degustar platos tan alegres que subirían el ánimo a cualquiera.

DÓNDE BEBER

MITTE

Barcomi's Deli (plano p. 64; ☎ 2859 8363; 2º patio, Sophie-Gips-Höfe; Sophienstrasse 21; ⏲ 9.00-21.00 lu-sa, 10.00-21.00 do) Congrega a familias y expatriados atraídos por el café, los *bagels* con salmón en salmuera y algunos de los mejores *brownies* y tartas de queso de Berlín.

Bebel Bar (plano p. 64; ☎ 460 6090; Behrenstrasse 37; ⏲ desde 9.00) De sugerente iluminación y situado en el Hotel de Rome.

Kiki Blofeld (Plano pp. 72-73; Köpenicker Strasse 48/49; ⏲ desde 14.00 lu-vi, desde 12.00 sa y do) Está junto al Spree y permite al viajero tumbarse en una hamaca, sentarse en un banco de hierba, relajarse en la playa junto al río o en su plataforma de madera, ver una película original o bailar en un búnker militar de barcos patrulla de Alemania Oriental.

Tausend (Plano p. 64; ☎ 460 6090; Schiffbauerdamm 11; ⏲ desde 21.00 ma-sa) Es el local para ver y dejarse ver. Dentro del túnel metálico negro hay excelentes cócteles y atractivos bebedores.

PRENZLAUER BERG

Klub der Republik (Plano pp. 52-53; Pappelallee 81, ⏲ desde las 22.00) Esta sala de baile transformada en bar no tiene cartel; hay que buscar sus ventanas cubiertas de vapor condensado y luego subir por sus tambaleantes escaleras par unirse a la feliz y moderna clientela entre recuerdos de Ostalgie de la RDA y proyecciones en la pared acordes con los ritmos electrónicos y las copas baratas.

LUCIENDO PALMITO EN LA PISCINA

Solo en Berlín se puede comprar una antigua barcaza, amarrarla en el Spree, llenarla de agua y convertirla en una piscina urbana. En verano, la **Badeschiff** (plano pp. 72-73; ☎ 533 2030; www.arena-berlin.de; Eichenstrasse 4; entrada 4 €; ⏲ desde 8.00), diseñada por varios artistas, ofrece un animado ambiente al estilo ibicenco, con grupos de amigos bronceándose en la arena o refrescándose en la piscina y el bar. Los días de más calor conviene llegar antes de mediodía para evitar colas. Al caer el sol empiezan las fiestas, los conciertos y las proyecciones de películas. En invierno, una resplandeciente membrana de plástico cubre la piscina y una acogedora zona de relax con sauna y bar.

Prater (plano pp. 52-53; ☎ 448 5688; Kastanienallee 7-9; ⌚ desde 12.00 abr-sep) La cervecería con jardín más antigua de Berlín (1837) rezuma encanto tradicional y es un lugar divertido para tomar una cerveza bajo los castaños.

Anna Blume (plano pp. 52-53; ☎ 4404 8749; Kollwitzstrasse 83; ⌚ 10.00-24.00) Café que debe su nombre a un poema de Kurt Schwitters. Atrae a la clientela con su interior *art nouveau,* tartas caseras y flores de la tienda adyacente. Hay una terraza.

POTSDAMER PLATZ Y TIERGARTEN

Cafe am Neuen See (plano pp. 52-53; ☎ 254 4930; Lichtensteinallee 2; platos principales 4-12 €; ⌚ desde 10.00 cada día mar-oct, sa y do nov-feb) Cervecería bávara junto al lago del parque Tiergarten, que permite huir durante un rato del bullicio urbano.

Solar (plano pp. 72-73; ☎ 0163-765 2700; www.solar-berlin.de; Stresemannstrasse 76) El servicio es lento y los cócteles no son nada del otro mundo, pero las vistas compensan la vertiginosa subida en el ascensor de cristal hasta este bar situado en la planta 17. La entrada está apartada de la calle, en un feo edificio detrás de la tienda de accesorios para automóvil Pit Stop.

APARTAMENTOS TURÍSTICOS

La mejor opción para viajeros independiente o con poco presupuesto, familias y cualquier persona que necesite intimidad es un apartamento totalmente amueblado. En los últimos tiempos la oferta ha aumentado considerablemente, pero los siguientes son los favoritos del autor:

Brilliant Apartments (☎ 8061 4796; www.brilliant-apartments.de; apt 80-120 €; ⊠ ≋)

Miniloft Berlin (plano p. 64; ☎ 847 1090; www.miniloft.de; Hessische Strasse 5; apt desde 105 €)

T&C Apartments (plano pp. 52-53; ☎ 405 046 612; www.tc-apartments-berlin.de; Kopenhagener Strasse 72; apt desde 50 €)

KREUZBERG Y KREUZKÖLLN

Ankerklause (plano pp. 72-73; ☎ 693 5649; Kottbusser Damm 104; ⌚ desde 16.00 lu, desde 10.00 ma-do) Taberna de decoración náutica, situada en la antigua choza de un capitán de puerto, excelente para tomar unas copas mientras se observan las embarcaciones que recorren el canal de Landwehr.

Freischwimmer (Plano pp. 72-73; ☎ 6107 4309; Vor dem Schlesischen Tor 2; ⌚ desde 14.00 lu-vi, desde 11.00 sa y do, el horario de invierno varía) Pocos sitios son más idílicos que esta rústica y antigua casa-barco con una soleada terraza que asoma a un canal.

Würgeengel (plano pp. 72-73; ☎ 615 5560; Dresdner Strasse 122; ⌚ desde 19.00) Para gozar de una noche sofisticada, nada mejor que esta coctelería de iluminación tenue. El interior está decorado al estilo de la década de 1950, con el techo de cristal, lámparas de araña y mesas negras.

Monarch (plano pp. 72-73; Skalitzerstrasse 134; ⌚ desde 21.00 ma-sa) Situado en un piso, es difícil encontrarlo a la primera; la entrada está junto a un local de *döner* cercano al supermercado Kaiser's. Detrás de las empañadas ventanas hay una ingeniosa mezcla de sofisticación canalla y animada música *electro,* bebidas fuertes y ambiente relajado.

Hops & Barley (plano pp. 52-53; ☎ 2936 7534; Wühlischstrasse 38) Elabora su propia cerveza y sidra. Se puede compartir mesa con los lugareños, que se reúnen después del trabajo para tomar una cerveza y comer el rústico *Treberbrot,* contundente pan elaborado con un ingrediente que se obtiene durante el proceso de elaboración de la cerveza.

OHA/IMAGEBROKER

Fuente frente a la Brandenburger Tor (Puerta de Brandeburgo; p. 63).

CHARLOTTENBURG Y SCHÖNEBERG

Galerie Bremer (**plano pp. 52-53; ☎ 881 4908; Fasanenstrasse 37; ⏲ desde 20.00 lu-sa**) Oculto detrás de una galería de arte, parece un elegante bar clandestino de la década de 1920. El ambiente, sin embargo, es distinguido, adulto y sin rastro de libertinaje.

Puro Skylounge (**plano pp. 52-53; ☎ 2636 7875; Tauentzienstrasse 11; ⏲ desde 20.00 ma-sa**) Se ha trasladado a lo más alto del Europa Center. Sirve champán Moët, martinis y cosmopolitans.

OCIO

Las principales guías de ocio en alemán son las revistas quincenales **'Zitty'** (**www.zitty.de**) y **'Tip'** (**www.tip-berlin.de**), que se pueden adquirir en los quioscos.

BMT (**p. 63**) vende entradas para eventos en sus Infostores; también por teléfono y en línea. En algunos espectáculos se ofrecen descuentos del 50% el mismo día de la función.

LOCALES NOCTURNOS

Berghain/Panorama Bar (**plano pp. 72-73; www.berghain.de; Am Wriezener Bahnhof, Friedrichshain; ⏲ vi y sa**) Solo los mejores DJ de *techno* y *house* calientan el ambiente en esta antigua central eléctrica reconvertida. Los porteros son estrictos y no se permite la entrada de cámaras.

Clärchens Ballhaus (**plano p. 64; ☎ 282 9295; Auguststrasse 24, Mitte; ⏲ desde 22.00 lu, desde 21.00 ma-ju, desde 20.00 vi y sa, desde 15.00 do**) Majestuoso salón de baile del s. XIX que ha vuelto a la vida repleto de gente de todas las edades bailando a ritmo de tango, *swing*, vals, disco y pop.

Club der Visionäre (**plano pp. 72-73; ☎ 6951 8942; Am Flutgraben 1, Kreuzberg**) Antiguo barco situado en un canal, fantástico para tomar un par de copas a cualquier hora del día o de la noche.

Cookies (**plano p. 64; www.cookies-berlin.de; Friedrichstrasse 158-164, Mitte; ⏲ ma, ju y sa**) Legendario templo de la fiesta que solo abría entre semana, pero ahora también organiza una fiesta los sábados llamada *Crush*. Sirve excelentes cócteles y la clientela es madura. No hay rótulo y la entrada está junto a la tienda KPM.

Felix clubrestaurant (**plano p. 64; ☎ 206 2860; Behrenstrasse 72, Mitte; ⏲ ju-sa**) Exclusivo club-restaurante situado en el Hotel Adlon, donde el visitante podrá bailar al ritmo de "música de club internacional" y degustar

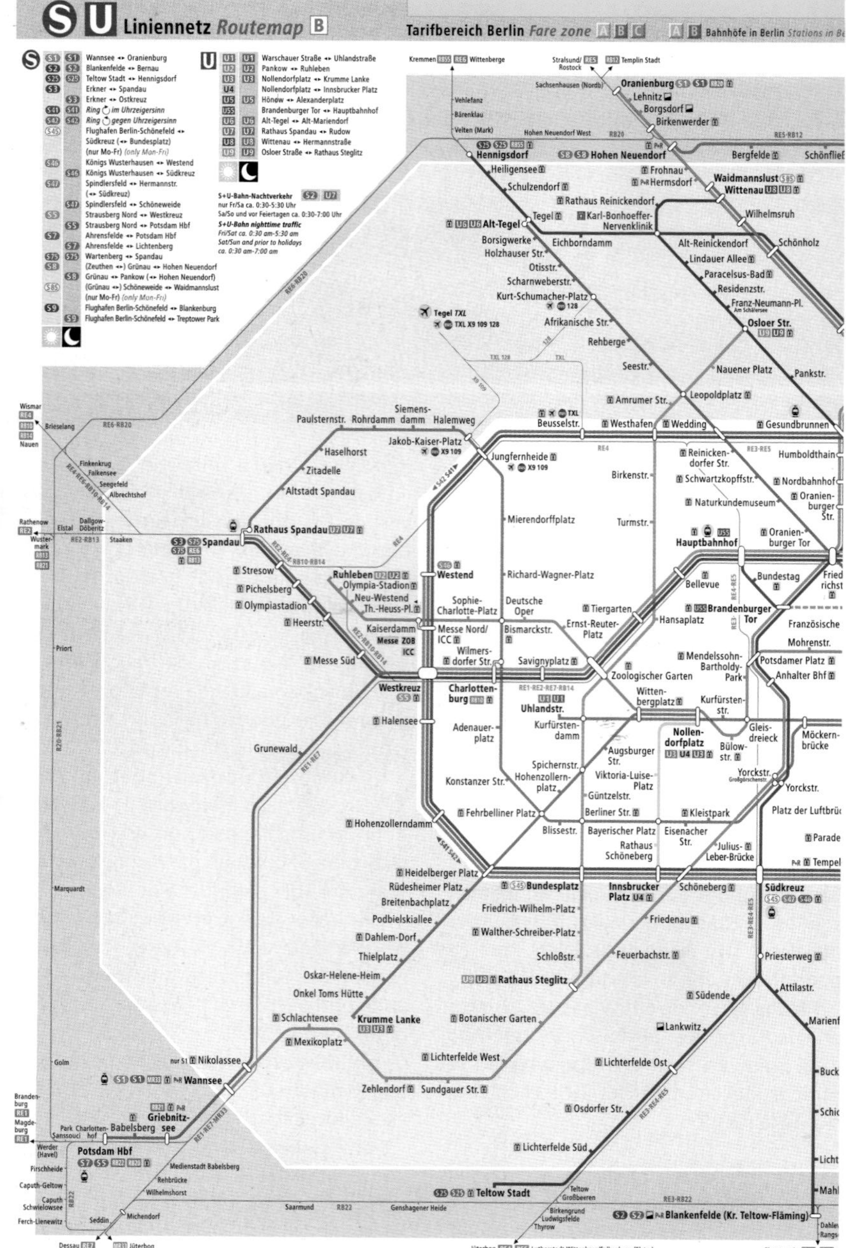
S U Linienentz Routemap B
Tarifbereich Berlin Fare zone A B C
A B Bahnhöfe in Berlin Stations in Be
S1 Wannsee ↔ Oranienburg
S2 Blankenfelde ↔ Bernau
S25 Teltow Stadt ↔ Hennigsdorf
S3 Erkner ↔ Spandau
S3 Erkner ↔ Ostkreuz
S41 Ring im Uhrzeigersinn
S42 Ring gegen Uhrzeigersinn
S45 Flughafen Berlin-Schönefeld ↔ Südkreuz (↔ Bundesplatz) (nur Mo-Fr) (only Mon-Fri)
S46 Königs Wusterhausen ↔ Westend
S46 Königs Wusterhausen ↔ Südkreuz
S47 Spindlersfeld ↔ Hermannstr. (↔ Südkreuz)
S47 Spindlersfeld ↔ Schöneweide
S5 Strausberg Nord ↔ Westkreuz
S5 Strausberg Nord ↔ Potsdam Hbf
S7 Ahrensfelde ↔ Potsdam Hbf
S7 Ahrensfelde ↔ Lichtenberg
S75 Wartenberg ↔ Spandau
S8 (Zeuthen ↔) Grünau ↔ Hohen Neuendorf
S8 Grünau ↔ Pankow (↔ Hohen Neuendorf)
S85 (Grünau ↔) Schöneweide ↔ Waidmannslust (nur Mo-Fr) (only Mon-Fri)
S9 Flughafen Berlin-Schönefeld ↔ Blankenburg
S9 Flughafen Berlin-Schönefeld ↔ Treptower Park
U1 Warschauer Straße ↔ Uhlandstraße
U2 Pankow ↔ Ruhleben
U3 Nollendorfplatz ↔ Krumme Lanke
U4 Nollendorfplatz ↔ Innsbrucker Platz
U5 Hönow ↔ Alexanderplatz
U55 Brandenburger Tor ↔ Hauptbahnhof
U6 Alt-Tegel ↔ Alt-Mariendorf
U7 Rathaus Spandau ↔ Rudow
U8 Wittenau ↔ Hermannstraße
U9 Osloer Straße ↔ Rathaus Steglitz
S+U-Bahn-Nachtverkehr S2 U7
nur Fr/Sa ca. 0:30-5:30 Uhr
Sa/So und vor Feiertagen ca. 0:30-7:00 Uhr
S+U-Bahn nighttime traffic
Fri/Sat ca. 0:30 am-5:30 am
Sat/Sun and prior to holidays ca. 0:30 am-7:00 am
Oranienburg
Lehnitz
Borgsdorf
Birkenwerder
Hennigsdorf
Hohen Neuendorf
Bergfelde
Heiligensee
Schulzendorf
Frohnau
Hermsdorf
Waidmannslust
Wittenau
Rathaus Reinickendorf
Tegel
Karl-Bonhoeffer-Nervenklinik
Alt-Tegel
Wilhelmsruh
Borsigwerke
Eichborndamm
Alt-Reinickendorf
Schönholz
Holzhauser Str.
Lindauer Allee
Otisstr.
Paracelsus-Bad
Scharnweberstr.
Residenzstr.
Kurt-Schumacher-Platz
Franz-Neumann-Pl.
Tegel TXL
Afrikanische Str.
Osloer Str.
Rehberge
Seestr.
Nauener Platz
Pankstr.
Amrumer Str.
Leopoldplatz
Siemensdamm
Paulsternstr.
Rohrdamm
Halemweg
Beusselstr.
Westhafen
Wedding
Gesundbrunnen
Jakob-Kaiser-Platz
Haselhorst
Jungfernheide
Reinickendorfer Str.
Humboldthain
Zitadelle
Birkenstr.
Schwartzkopffstr.
Nordbahnhof
Altstadt Spandau
Naturkundemuseum
Oranienburger Str.
Mierendorffplatz
Turmstr.
Rathaus Spandau
Spandau
Hauptbahnhof
Oranienburger Tor
Stresow
Ruhleben
Westend
Richard-Wagner-Platz
Bellevue
Bundestag
Friedrichstr.
Pichelsberg
Olympia-Stadion
Neu-Westend
Olympiastadion
Th.-Heuss-Pl.
Sophie-Charlotte-Platz
Deutsche Oper
Tiergarten
Brandenburger Tor
Hansaplatz
Französische
Heerstr.
Kaiserdamm
Messe Nord/ICC
Bismarckstr.
Ernst-Reuter-Platz
Mohrenstr.
Messe ZOB ICC
Wilmersdorfer Str.
Savignyplatz
Mendelssohn-Bartholdy-Park
Potsdamer Platz
Messe Süd
Zoologischer Garten
Anhalter Bhf
Westkreuz
Charlottenburg
Uhlandstr.
Wittenbergplatz
Kurfürstenstr.
Halensee
Adenauerplatz
Kurfürstendamm
Nollendorfplatz
Gleisdreieck
Möckernbrücke
Grunewald
Augsburger Str.
Bülowstr.
Spichernstr.
Hohenzollernplatz
Viktoria-Luise-Platz
Yorckstr.
Konstanzer Str.
Güntzelstr.
Platz der Luftbrücke
Fehrbelliner Platz
Berliner Str.
Kleistpark
Hohenzollerndamm
Blissestr.
Bayerischer Platz
Eisenacher Str.
Paradestr.
Rathaus Schöneberg
Julius-Leber-Brücke
Tempelhof
Heidelberger Platz
Rüdesheimer Platz
Bundesplatz
Innsbrucker Platz
Schöneberg
Südkreuz
Breitenbachplatz
Friedrich-Wilhelm-Platz
Podbielskiallee
Friedenau
Dahlem-Dorf
Walther-Schreiber-Platz
Thielplatz
Schloßstr.
Feuerbachstr.
Priesterweg
Oskar-Helene-Heim
Rathaus Steglitz
Onkel Toms Hütte
Südende
Attilastr.
Schlachtensee
Krumme Lanke
Botanischer Garten
Lankwitz
Marienfelde
Mexikoplatz
Lichterfelde West
Lichterfelde Ost
Nikolassee
Wannsee
Zehlendorf
Sundgauer Str.
Buckower Chaussee
Griebnitzsee
Osdorfer Str.
Babelsberg
Park Sanssouci
Charlottenhof
Potsdam Hbf
Lichterfelde Süd
Teltow Stadt
Blankenfelde (Kr. Teltow-Fläming)
Medienstadt Babelsberg
Rehbrücke
Wilhelmshorst
Michendorf
Seddin
Saarmund
Genshagener Heide
Teltow Großbeeren
Birkengrund
Ludwigsfelde
Thyrow
Wismar
Brieselang
Nauen
Finkenkrug
Falkensee
Seegefeld
Albrechtshof
Rathenow
Elstal
Dallgow-Döberitz
Staaken
Wustermark
Priort
Marquardt
Golm
Brandenburg
Magdeburg
Werder (Havel)
Pirschheide
Caputh-Geltow
Caputh Schwielowsee
Ferch-Lienewitz
Dessau
Jüterbog
Lutherstadt Wittenberg/Falkenberg (Elster)
Elsterwerda
Kremmen
Wittenberge
Stralsund/Rostock
Templin Stadt
Sachsenhausen (Nordb)
Vehlefanz
Bärenklau
Velten (Mark)
Hohen Neuendorf West

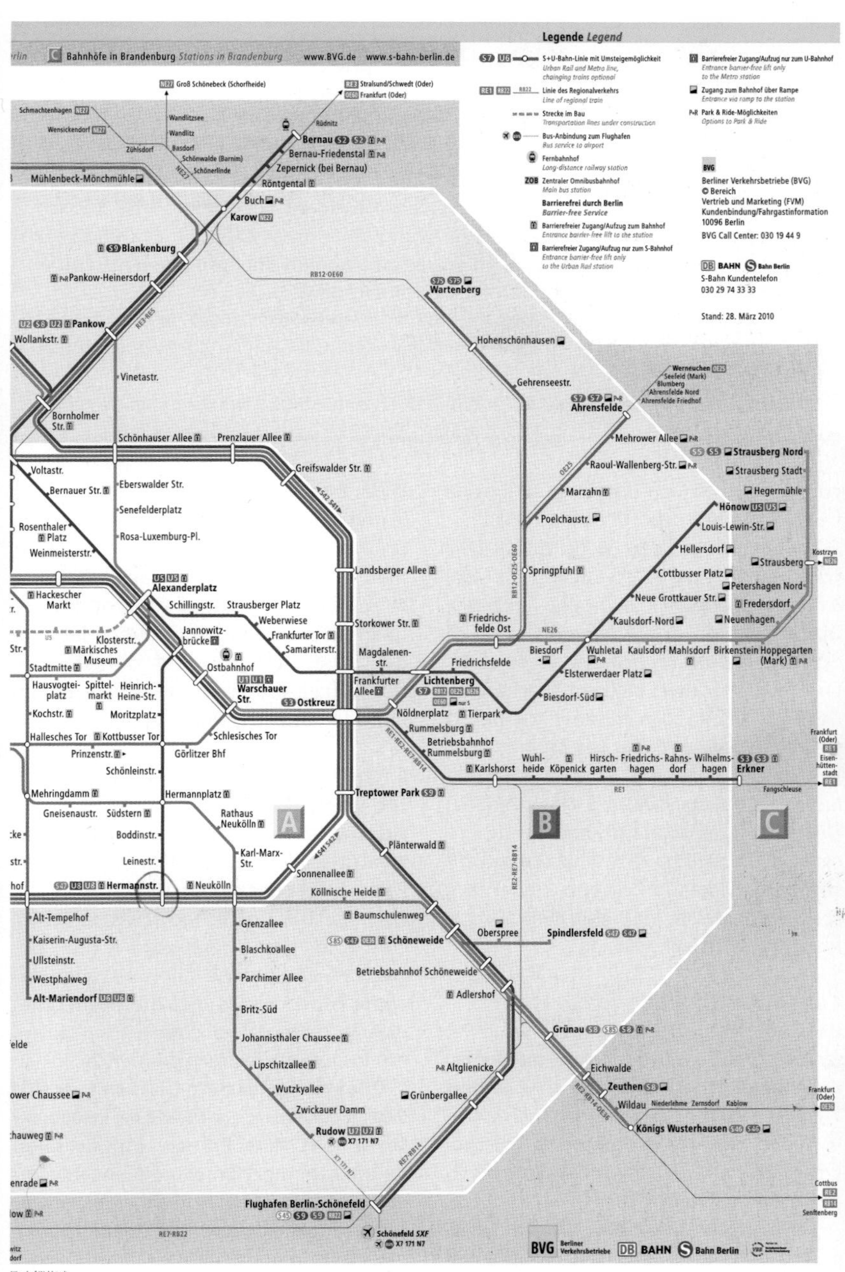
Bahnhöfe in Brandenburg Stations in Brandenburg
www.BVG.de www.s-bahn-berlin.de
Legende Legend
S+U-Bahn-Linie mit Umsteigemöglichkeit
Urban Rail and Metro line, chainging trains optional
Linie des Regionalverkehrs
Line of regional train
Strecke im Bau
Transportation lines under construction
Bus-Anbindung zum Flughafen
Bus service to airport
Fernbahnhof
Long-distance railway station
ZOB Zentraler Omnibusbahnhof
Main bus station
Barrierefrei durch Berlin
Barrier-free Service
Barrierefreier Zugang/Aufzug zum Bahnhof
Entrance barrier-free lift to the station
Barrierefreier Zugang/Aufzug nur zum S-Bahnhof
Entrance barrier-free lift only to the Urban Rail station
Barrierefreier Zugang/Aufzug nur zum U-Bahnhof
Entrance barrier-free lift only to the Metro station
Zugang zum Bahnhof über Rampe
Entrance via ramp to the station
P+R Park & Ride-Möglichkeiten
Options to Park & Ride
BVG
Berliner Verkehrsbetriebe (BVG)
© Bereich
Vertrieb und Marketing (FVM)
Kundenbindung/Fahrgastinformation
10096 Berlin
BVG Call Center: 030 19 44 9
DB BAHN S Bahn Berlin
S-Bahn Kundentelefon
030 29 74 33 33
Stand: 28. März 2010
Groß Schönebeck (Schorfheide)
Stralsund/Schwedt (Oder)
Frankfurt (Oder)
Schmachtenhagen
Wensickendorf
Wandlitzsee
Wandlitz
Zühlsdorf
Basdorf
Schönwalde (Barnim)
Schönerlinde
Rüdnitz
Bernau
Bernau-Friedenstal
Zepernick (bei Bernau)
Röntgental
Buch
Karow
Mühlenbeck-Mönchmühle
Blankenburg
Pankow-Heinersdorf
Pankow
Wollankstr.
Vinetastr.
Bornholmer Str.
Schönhauser Allee
Prenzlauer Allee
Greifswalder Str.
Voltastr.
Bernauer Str.
Eberswalder Str.
Senefelderplatz
Rosenthaler Platz
Rosa-Luxemburg-Pl.
Weinmeisterstr.
Hackescher Markt
Alexanderplatz
Schillingstr.
Strausberger Platz
Weberwiese
Frankfurter Tor
Samariterstr.
Jannowitzbrücke
Klosterstr.
Märkisches Museum
Stadtmitte
Ostbahnhof
Warschauer Str.
Ostkreuz
Hausvogteiplatz
Spittelmarkt
Heinrich-Heine-Str.
Kochstr.
Moritzplatz
Hallesches Tor
Kottbusser Tor
Schlesisches Tor
Prinzenstr.
Görlitzer Bhf
Schönleinstr.
Mehringdamm
Hermannplatz
Gneisenaustr.
Südstern
Rathaus Neukölln
Boddinstr.
Leinestr.
Karl-Marx-Str.
Hermannstr.
Neukölln
Sonnenallee
Köllnische Heide
Alt-Tempelhof
Kaiserin-Augusta-Str.
Ullsteinstr.
Westphalweg
Alt-Mariendorf
Grenzallee
Blaschkoallee
Parchimer Allee
Britz-Süd
Johannisthaler Chaussee
Lipschitzallee
Wutzkyallee
Zwickauer Damm
Rudow
X7 171 N7
Wartenberg
Hohenschönhausen
Gehrenseestr.
Werneuchen
Seefeld (Mark)
Blumberg
Ahrensfelde Nord
Ahrensfelde Friedhof
Ahrensfelde
Mehrower Allee
Raoul-Wallenberg-Str.
Marzahn
Poelchaustr.
Springpfuhl
Strausberg Nord
Strausberg Stadt
Hegermühle
Hönow
Louis-Lewin-Str.
Hellersdorf
Cottbusser Platz
Strausberg
Kostrzyn
Petershagen Nord
Neue Grottkauer Str.
Fredersdorf
Kaulsdorf-Nord
Neuenhagen
Landsberger Allee
Storkower Str.
Friedrichsfelde Ost
Magdalenenstr.
Frankfurter Allee
Lichtenberg
Friedrichsfelde
Biesdorf
Wuhletal
Kaulsdorf
Mahlsdorf
Birkenstein
Hoppegarten (Mark)
Elsterwerdaer Platz
Biesdorf-Süd
Nöldnerplatz
Tierpark
Rummelsburg
Betriebsbahnhof Rummelsburg
Karlshorst
Wuhlheide
Köpenick
Hirschgarten
Friedrichshagen
Rahnsdorf
Wilhelmshagen
Erkner
Fangschleuse
Frankfurt (Oder)
Eisenhüttenstadt
Treptower Park
Plänterwald
Baumschulenweg
Schöneweide
Oberspree
Spindlersfeld
Betriebsbahnhof Schöneweide
Adlershof
Grünau
Altglienicke
Grünbergallee
Eichwalde
Zeuthen
Wildau
Niederlehme
Zernsdorf
Kablow
Königs Wusterhausen
Cottbus
Senftenberg
Flughafen Berlin-Schönefeld
Schönefeld SXF
Owner Chaussee
Wünsdorf-Waldstadt
A
B
C
BVG Berliner Verkehrsbetriebe
DB BAHN
S Bahn Berlin

BERLÍN PARA GAYS Y LESBIANAS

El legendario liberalismo de Berlín ha fomentado la aparición de una de las comunidades homosexuales más grandes, exuberantes y diversas del mundo. La bandera del arco iris ondea con orgullo en Motzstrasse y Fuggerstrasse, en Schöneberg, desde la década de 1920. Prenzlauer Berg alberga la escena gay más de moda del este de Berlín, sobre todo en Greifenhagener Strasse, Gleimstrasse y Schönhauser Allee. Kreuzberg tiene un ambiente más sofisticado (Oranienstrasse, Mehringdamm), mientras que la pequeña pero creciente comunidad de Friedrichshain está dominada por estudiantes.

Mann-O-Meter (**plano pp. 52-53; ☎ 216 8008; Bülowstrasse 106**) Centro de información que también dispone de una línea telefónica para denunciar agresiones homófobas (☎ 216 3336)

Siegessäule (**www.siegessaeule.de**) La biblia de la comunidad homosexual de Berlín.

cócteles de champán. Los jueves acoge una fiesta vespertina (a partir de las 21.00).

Watergate (**plano pp. 72-73; ☎ 6128 0394; www.watergate.de; Falckensteinstrasse 49a, Kreuzberg; ⌚ vi y sa**) Goza de una fantástica ubicación, con un *lounge* con vistas al Spree y una terraza flotante sobre el río. DJs de primer nivel caldean el ambiente de las dos plantas con una enérgica mezcla de *techno, breakbeat, house* y *drum 'n' bass.*

Weekend (**plano p. 64; www.week-end-berlin.de; Am Alexanderplatz 5, Mitte; ⌚ ju-sa**) Discoteca que ocupa un edificio de oficinas de la antigua RDA y ofrece impresionantes vistas, un diseño elegante y sesiones de DJs de renombre como Dixon, Phonique y Tiefschwarz.

CLÁSICA Y ÓPERA

Berliner Philharmonie (**plano pp. 72-73; ☎ 2548 8999; www.berliner-philharmoniker.de; Herbert-von-Karajan-Strasse 1, Tiergarten; entradas 7-150 €**) La mejor sala de música clásica de la ciudad, gracias a su espléndida acústica. Los martes a las 13.00 los conciertos son gratuitos (sep a jun).

Staatsoper Unter den Linden (**plano p. 64; ☎ 2035 4555; www.staatsoper-berlin.org; Unter den Linden 7, recitales en el Schiller Theater, Bismarckstrasse 110; entradas 5-160 €**) Mientras la gran dama de la ópera berlinesa recibe un merecido lavado de cara (probablemente hasta el 2013), hay que desplazarse al Schiller Theater, en Charlottenburg (plano pp. 52-53), para asistir a las producciones de alto calibre dirigidas por Daniel Barenboim. Todas las óperas son en su idioma original.

CABARÉ Y ESPECTÁCULOS DE VARIEDADES

Admiralspalast (**plano p. 64; ☎ 4799 7499; www.admiralspalast.de; Friedrichstrasse 101-102**) Palacio de la década de 1920, restaurado con maestría, que acoge obras de teatro, conciertos y musicales para el gran público en el elegante salón histórico, así como espectáculos más íntimos (comedias, lecturas, danza, conciertos y teatro) en dos escenarios más pequeños.

Chamäleon Varieté (**plano p. 64; ☎ 4000 5930; www.chamaeleon-variete.de; Rosenthaler Strasse 40/41, Mitte**) En este antiguo salón de baile se mezclan el viejo encanto *art nouveau* con la tecnología más avanzada. Acoge espectáculos de variedades que se caracterizan por su aire descarado, sexy y poco convencional.

CINES

Las salas que se listan a continuación proyectan películas en versión original.

Arsenal (plano pp. 72-73; ☎ 2695 5100; Filmhaus, Potsdamer Strasse 2, Sony Center, Tiergarten) Películas independientes de todo el mundo.

Babylon Mitte (plano p. 64; ☎ 242 5969; Rosa-Luxemburg-Strasse 30, Mitte) Películas de arte y ensayo modernas, cine mudo, proyecciones temáticas y lecturas literarias.

Cinestar Original (plano pp. 72-73; ☎ 2606 6260; www.cinestar.de; Potsdamer Strasse 4, Tiergarten) Grandes estrenos de Hollywood.

DE COMPRAS

En la capital alemana, lo más parecido a un eje comercial es Kurfürstendamm y su extensión, Tauentzienstrasse. Para sacar el máximo partido a la oferta comercial de Berlín hay que perderse por los distintos barrios, cada uno con su propia identidad y tiendas que se adaptan a las necesidades, los gustos y los bolsillos de sus habitantes.

KaDeWe (Kaufhaus des Westens; plano pp. 52-53; ☎ 212 10; Tauentzienstrasse 21) Grandes almacenes centenarios que concentran una oferta sumamente amplia, incluido el legendario salón del *gourmet* de la sexta planta.

Alexa (plano p. 64; ☎ 269 3400; Grunerstrasse 20) Gigantesco centro comercial situado cerca de Alexanderplatz.

Flohmarkt am Mauerpark (plano pp. 52-53; Bernauer Strasse 63; 🕑 10.00-17.00 do) Hay todo tipo de vendedores, desde diseñadores de camisetas a familias que han vaciado su armario.

Flohmarkt Strasse des 17 Juni (plano pp. 52-53; 🕑 10.00-17.00 sa y do) Vende objetos relacionados con Berlín, ropa del armario de la abuela y joyas.

Bonbonmacherei (Plano p. 64; ☎ 4405 5243; Oranienburger Strasse 32, Heckmannhöfe, Mitte) Esta tienda (y cocina) situada en un sótano ha retomado con entusiasmo el anticuado arte de elaborar dulces a mano.

Berlinerklamotten (plano p. 64; www.berlinerklamotten.de; Court III, Hackesche Höfe, Mitte) Marca las tendencias de la moda con sus prendas y accesorios urbanos y descarados confeccionados en la ciudad.

Space Hall (plano pp. 72-73; ☎ 6947664; Zossener Strasse 33, Kreuzberg) Paraíso para los aficionados a la música electrónica con todo tipo de géneros, desde *acid* y *techno* hasta *drum'n'bass, neotrance, dubstep* y otros.

CÓMO LLEGAR Y SALIR

AVIÓN

Hay dos aeropuertos: Tegel (TXL; plano pp. 52-53), 8 km al noroeste del centro; y Schönefeld (SFX, fuera de plano pp. 52-53), 22 km al sureste. Para consultar información sobre ambos, se puede visitar www.berlin-airport.de o llamar al ☎ 0180-500 0186.

TREN

Berlín está bien comunicada con otras ciudades alemanas y destinos europeos,

DAVID PEEVERS

Friso de Telefos en el Pergamonmuseum (p. 67).

DAVID PEEVERS

Bar playero en Potsdamer Platz (p. 80).

como Praga, Varsovia y Ámsterdam. Los trenes de larga distancia convergen en la Hauptbahnhof, pero algunos también paran en otras estaciones, como Spandau, Ostbahnhof, Gesundbrunnen y Südkreuz.

CÓMO DESPLAZARSE

A/DESDE LOS AEROPUERTOS

SCHÖNEFELD

El tren AirportExpress sale cada media hora desde la Bahnhof Zoo (30 min), Friedrichstrasse (23 min), Alexanderplatz (20 min) y Ostbahnhof (15 min). Los trenes S9, son más frecuentes pero más lentos (40 min desde Alexanderplatz, 50 min desde la Bahnhof Zoo). La línea S45 va al recinto ferial.

Los trenes paran a unos 400 m de las terminales, a las que se accede en autobuses lanzadera gratuitos que circulan cada 10 minutos. El trayecto a pie dura entre 5 y 10 minutos.

La tarifa para cualquiera de estos trayectos es de 2,80 €.

El trayecto en taxi hasta el centro de Berlín cuesta unos 35 €.

TEGEL

El JetExpressBus TXL (30 min) conecta Tegel con Mitte y el autobús exprés X9 (20 min) hace lo propio con la Bahnhof Zoo, en Charlottenburg. No hay U-Bahn directo a Tegel, pero los autobuses 109 y X9 paran en Jakob-Kaiser-Platz (U7), la estación más cercana al aeropuerto. Todos estos trayectos cuestan 2,10 €.

Un taxi cuesta unos 20 € a la Bahnhof Zoo y 23 € a Alexanderplatz.

TRANSPORTE PÚBLICO

El transporte público está dirigido por **BVG** (**☎ 194 49; www.bvg.de**) y abarca el U-Bahn, S-Bahn, trenes regionales, autobuses y tranvías.

Los conductores de autobús venden billetes sencillos y pases de un día. El resto de billetes se adquieren en las máquinas de color naranja de las estaciones de U-Bahn o S-Bahn y en cualquier quiosco o tienda con un adhesivo de la BVG.

Los billetes deben validarse en la entrada de los andenes. La multa por no llevar un billete válido es de 40 € y se cobra al momento.

Hay tres zonas tarifarias: A, B y C. El billete para trayectos cortos (*Kurzstreckenticket*, 1,30 €) es válido para tres paradas en los U-Bahn y S-Bahn o para seis en cualquier autobús o tranvía. El pase de un día para grupos es para cinco personas que viajen juntas. Los niños de seis a 14 años pagan tarifa reducida *(ermässigt)*, y los menores de seis años viajan gratis.

Los autobuses diurnos circulan con frecuencia de 4.30 a 0.30. Los nocturnos de domingo a jueves cada 30 minutos aproximadamente. Los tranvías solo circulan en los barrios del este. Las rutas M10, N54, N55, N92 y N93 lo hacen toda la noche.

Los trenes S-Bahn son más indicados para trayectos largos. Suelen circular de 4.00 a 00.30, y toda la noche los viernes, sábados y festivos.

El medio de transporte más rápido y eficaz es el U-Bahn, que circula de 4.00 a 0.30 aproximadamente. Abre toda la noche los viernes, sábados y festivos (excepto la U4).

TAXI

La bajada de bandera es de 3,20 €; luego se pagan 1,58 € por kilómetro hasta los 7 km y 1,20 € por cada kilómetro adicional. Se pueden solicitar taxis en los teléfonos ☎ 443 322, 210 202 o 263 000. En los trayectos cortos, se puede optar por la *Kurzstreckentarif* (tarifa de trayectos cortos), que cuesta 4 € y permite hacer una carrera de hasta 2 km. Hay que avisar antes de que el taxista ponga en marcha el taxímetro. Si se superan los 2 km, se aplican las tarifas normales a toda la carrera.

➘ MÚNICH

ÁREA METROPOLITANA DE MÚNICH

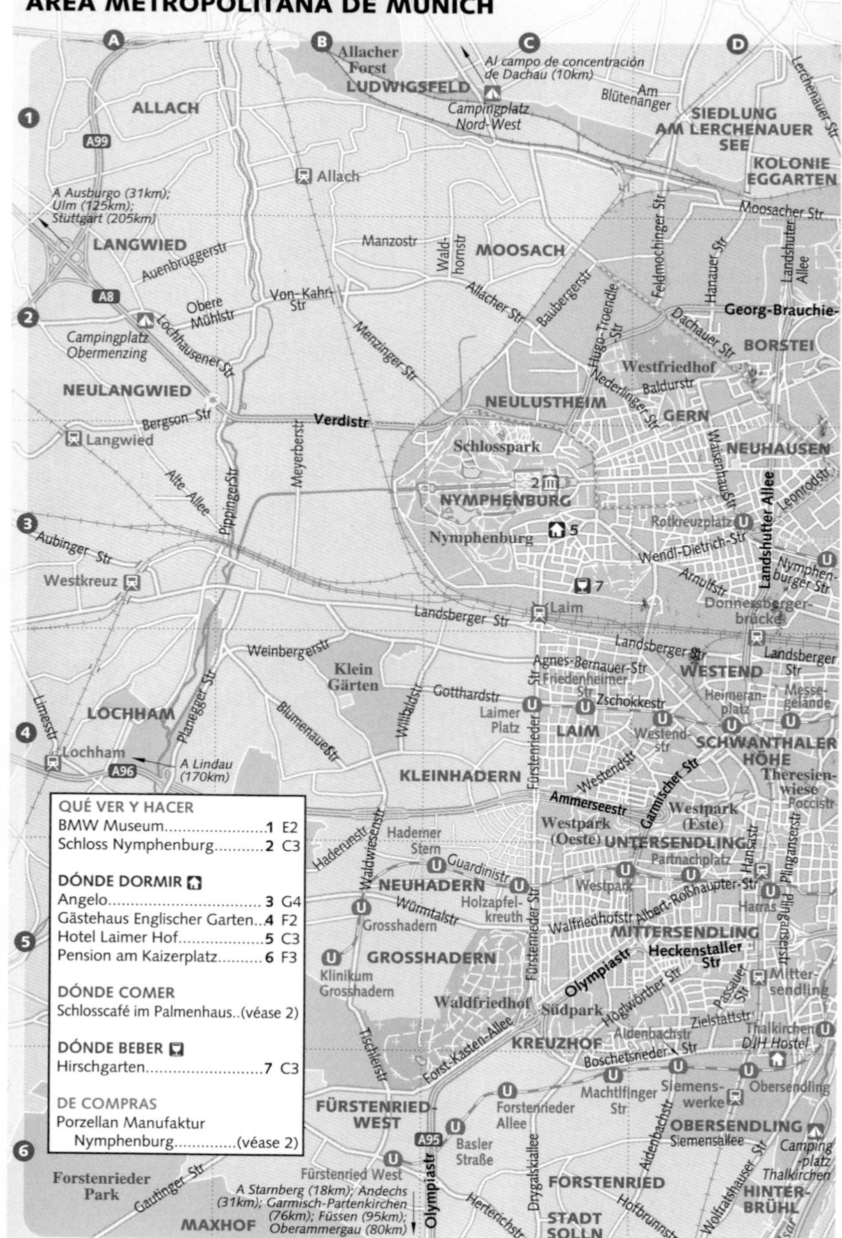

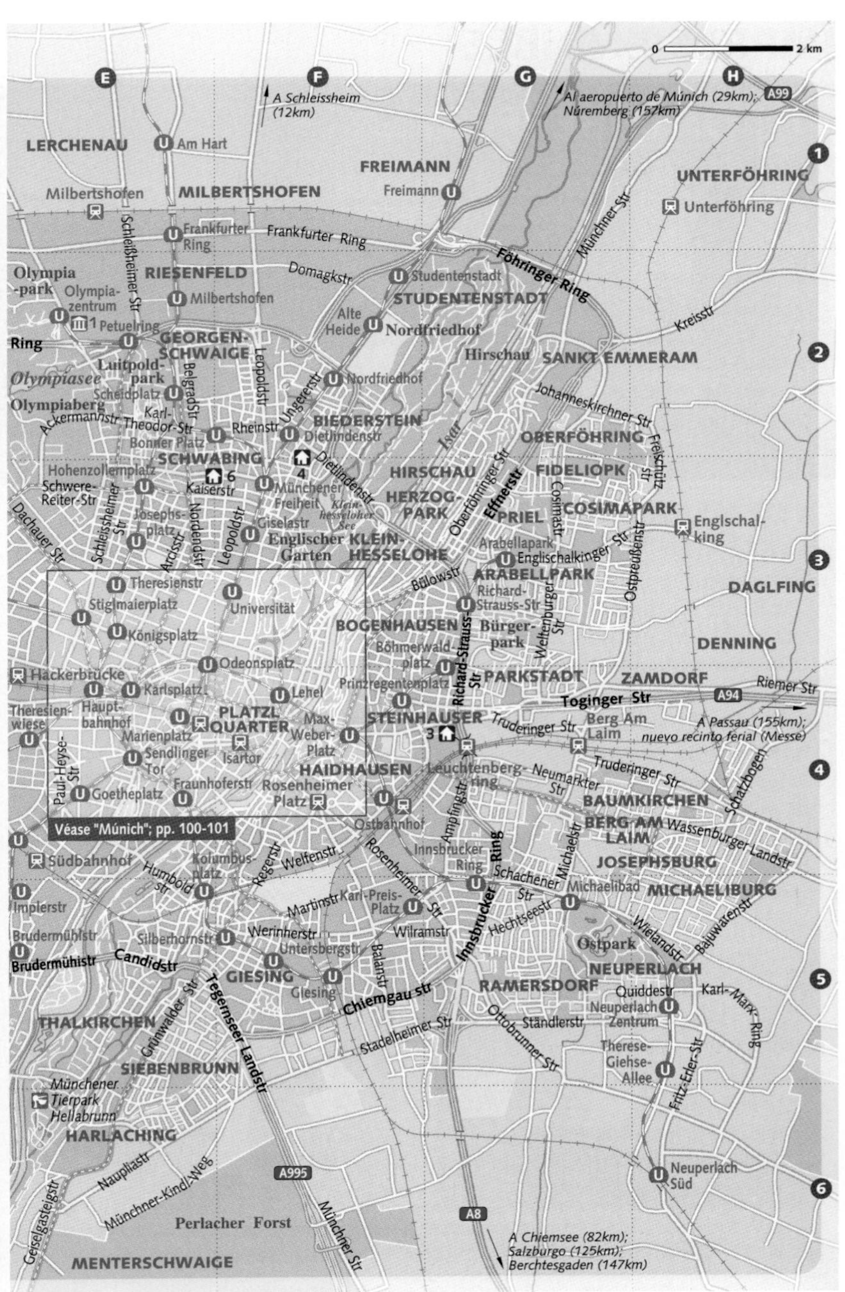
0
2 km
E
F
G
H
1
2
3
4
5
6
A Schleissheim (12km)
Al aeropuerto de Múnich (29km); Núremberg (157km)
A99
LERCHENAU
Am Hart
FREIMANN
Freimann
UNTERFÖHRING
Unterföhring
Milbertshofen
MILBERTSHOFEN
Schleißheimer Str
Frankfurter Ring
Münchner Str
Föhringer Ring
Domagkstr
Studentenstadt
STUDENTENSTADT
Olympiapark
Olympiazentrum
RIESENFELD
Milbertshofen
Alte Heide
Nordfriedhof
Kreisstr
1 Petuelring
Ring
GEORGENSCHWAIGE
Hirschau
SANKT EMMERAM
Luitpoldpark
Olympiasee
Scheidplatz
Olympiaberg
Leopoldstr
Belgradstr
Ungererstr
Johanneskirchner Str
Ackermannstr
Karl-Theodor-Str
Rheinstr
BIEDERSTEIN
Dietlindenstr
Bonner Platz
OBERFÖHRING
SCHWABING
Isar
Freischützstr
Hohenzollernplatz
6
Kaiserstr
4
HIRSCHAU
FIDELIOPK
Schwere-Reiter-Str
Münchener Freiheit
Dietlindenstr
HERZOGPARK
Oberföhringer Str
Effnerstr
Cosimastr
COSIMAPARK
Englschalking
Dachauer Str
Josephsplatz
Giselastr
Kleinhesseloher See
PRIEL
Schleissheimer Str
Arcisstr
Nordendstr
Leopoldstr
Englischer Garten
KLEINHESSELOHE
Arabellapark
Englschalkinger Str
Ostpreußenstr
Theresienstr
Bülowstr
ARABELLPARK
Universität
Richard-Strauss-Str
DAGLFING
Stiglmaierplatz
Königsplatz
BOGENHAUSEN
Bürgerpark
Weltenburger Str
DENNING
Böhmerwaldplatz
Odeonsplatz
Hackerbrücke
Karlsplatz
Lehel
Prinzregentenplatz
Richard-Strauss-Str
PARKSTADT
ZAMDORF
Riemer Str
Theresienwiese
Hauptbahnhof
PLATZL QUARTER
Max-Weber-Platz
STEINHAUSER
Toginger Str
A94
Truderinger Str
Berg Am Laim
A Passau (155km); nuevo recinto ferial (Messe)
Marienplatz
3
Isartor
Sendlinger Tor
HAIDHAUSEN
Leuchtenbergring
Neumarkter Str
Truderinger Str
Paul-Heyse-Str
Goetheplatz
Fraunhoferstr
Rosenheimer Platz
Ampfingstr
BAUMKIRCHEN
Schatzbogen
Véase "Múnich"; pp. 100-101
Ostbahnhof
BERG AM LAIM
Wassenburger Landstr
Südbahnhof
Kolumbusplatz
Welfenstr
Regerstr
Rosenheimer Str
Innsbrucker Ring
Michaelstr
JOSEPHSBURG
Humboldtstr
Schachener Str
Michaelibad
MICHAELIBURG
Implerstr
Martinstr
Karl-Preis-Platz
Hechtseestr
Bajuwarenstr
Brudermühlstr
Silberhornstr
Werinherstr
Wilramstr
Wielandstr
Brudermühlstr
Candidstr
Untersbergstr
Balanstr
Innsbrucker Ring
Ostpark
NEUPERLACH
GIESING
Giesing
Chiemgau str
RAMERSDORF
Quiddestr
Karl-Marx-Ring
Grünwalder Str
Tegernseer Landstr
Neuperlach Zentrum
THALKIRCHEN
Stadelheimer Str
Ottobrunner Str
Ständlerstr
Therese-Giehse-Allee
Fritz-Erler-Str
SIEBENBRUNN
Münchener Tierpark Hellabrunn
HARLACHING
Nauplastr
Münchner-Kindl-Weg
A995
Neuperlach Süd
Geiselgasteigstr
Perlacher Forst
Münchner Str
A8
A Chiemsee (82km); Salzburgo (125km); Berchtesgaden (147km)
MENTERSCHWAIGE

IMPRESCINDIBLE

1 OKTOBERFEST

POR HANS SPINDLER, ORGANIZADOR DE LA OKTOBERFEST Y ORGULLOSO BÁVARO

La Oktoberfest es el acontecimiento del año para los muniqueses y ofrece una buena dosis de cultura bávara a los visitantes. Se celebra junto a millones de compañeros cerveceros, se prueban docenas de tipos de cerveza en diversas carpas y se admiran los desfiles de gente disfrazada, que honran las tradiciones alemanas.

↘LO MEJOR SEGÚN HANS SPINDLER

❶ TRACHTEN- & SCHÜTZENZUG

Hay que tratar de ver el Desfile de Trajes y Fusileros el primer domingo de la Oktoberfest. El recorrido empieza a las 10.00 en **Max-Joseph-Platz** (p. 102) y discurre durante 7 km por el centro hasta la sede de la feria. Brinda una impresionante visión de las arraigadas costumbres de Baviera y otras regiones alemanas e incluye grupos vestidos con trajes regionales guiando a bueyes, "tropas" ataviadas con uniformes históricos, orquestas, fusileros, trompeteros montados a caballo, lanzadores de banderas y carros decorados de cervecerías de Múnich.

❷ BIERZELTE (CARPAS DE CERVEZA)

El ambiente dentro de las carpas es inolvidable. Dentro hay unos 5000 clientes sentados en largas mesas admirando a los camareros vestidos con trajes típicos que desfilan entre las multitudes con cuatro, cinco o más jarras de litro en cada mano. Cada cervecería tiene su carpa y sirve excelentes jarras de espumosa bebida. Pero para codearse con un mon-

En el sentido de las agujas del reloj desde arriba: vista de la Oktoberfest al alba; interior de una carpa de cerveza en el recinto de Theresienwiese; barriles en un vagón de cerveza; desfile de trajes tradicionales; jarras de cerveza.

tón de muniqueses hay que ir a la carpa Augustiner, la favorita de los lugareños.

❸ DE JARANA EN LARGAS MESAS

Una de las cosas más divertidas del festival es sentarse a las largas mesas con desconocidos y amigos y romper a cantar de forma espontánea, meciéndose de un lado a otro. De pronto uno se halla en una mesa llena de nuevos amigos sonrientes, ávidos de exclamar *Prost!* (¡Salud!) con el viajero.

❹ CINCO VUELTAS DE MONTAÑA RUSA

Aparte de beber cerveza, la Oktoberfest es un gran parque de atracciones. Una de mis favoritas es la moderna Olympialooping, una montaña rusa gigante que da nada menos que cinco mareantes vueltas. Para un modo más tradicional de llevarse el estómago a las rodillas, se puede subir a la *Teufelsrad* (Rueda del Diablo), que lleva girando a los lugareños desde 1910 (el objetivo es mantenerse de pie el máximo tiempo posible). Es tan divertido ver el espectáculo como unirse a él.

➘ LO QUE HAY QUE SABER

El mejor consejo Evitar las multitudes y visitarla entre semana. **Precio de las jarras** Una *Mass* (jarra; se pronuncia "maas") de 1 l vale entre 8 y 9 €. **Horario** De 10.00 a 23.30 entre semana (a partir de las 9.00 los fines de semana) pero dejan de servir cerveza una hora antes de cerrar. **Véase la reseña del autor en p. 108.**

IMPRESCINDIBLE

2

LA OKTOBERFEST ALTERNATIVA

Es cierto, nada puede reemplazar a la auténtica, pero si no es posible ir a Múnich durante el festival, se puede hacer lo siguiente: empezar con una visita al **Bier & Oktoberfestmuseum** (p. 102) para aprender cosas acerca de la historia de la cerveza alemana y su famoso evento cervecero. Después se puede tomar una jarra de un litro en una de las mejores cervecerías, como la **Hofbräuhaus** (p. 109) o la (menos turística) **Augustiner-Grossgaststätte** (p. 109).

3

CAMPO DE CONCENTRACIÓN DE DACHAU

Esta inscripción saluda al visitante en el **primer campo de concentración nazi** (p. 113): "Hay un camino hacia la Libertad. Sus pilares son la obediencia, laboriosidad, fidelidad, orden, limpieza, sobriedad, veracidad, sacrificio y amor a la patria". Un circuito conduce a través de fotos y maquetas de oficiales y prisioneros, descripciones de experimentos científicos y exposiciones que incluyen un búnker donde se torturaba a los presos.

4

REPANTIGARSE EN EL ENGLISCHER GARTEN

El enorme parque de Múnich, el **Englischer Garten** (Jardín inglés; p. 105), es una mezcla de contradicciones: la Torre china es una cervecería al aire libre, no hay parterres ingleses y en verano hay cientos de bañistas desnudos con su ropa apilada ordenadamente junto a ellos.

5

MUSEO JUDÍO DE MÚNICH

El **München Jüdisches Museum** (p. 99) se ha esforzado mucho en ofrecer exposiciones sensibles que tratan de encajar la historia del judaísmo en Alemania. Una selección de piezas da una visión de la historia judía de Múnich y de la variedad de identidades judías en la historia cultural del país.

6

GALERÍA DE BELLEZAS

Todas las estancias son suntuosas en **Schloss Nymphenburg** (p. 105), pero la más majestuosa es la **Schönheitengalerie** (Galería de Bellezas), que alberga 38 retratos de mujeres escogidas por su admirador, el rey Luis II. El más famoso es el de Helene Sedlmayr, la hija de un zapatero, que luce un lujoso vestido que el rey le dio para posar.

2 MWI/IMAGEBROKER; 3 HAP/IMAGEBROKER; 4 AFT/IMAGEBROKER; 5 RIK/IMAGEBROKER; 6 ABC/IMAGEBROKER

2 Hofbräuhaus (p. 104); 3 Escultura de Nandor Glid, campo de concentración de Dachau (p. 113); 4 Torre china en el Englischer Garten (p. 105); 5 Jüdisches Museum München (p. 99); 6 Jardines frente a Schloss Nymphenburg (p. 105).

LO MEJOR

GRATUITO

- **Glockenspiel** (p. 98) El carillón de Marienplatz toca dos o tres veces al día.
- **Viktualienmarkt** (p. 99) Para disfrutar de las vistas y olores del alegre mercado de Múnich.
- **Michaelskirche** (p. 103) Admirar el techo en bóveda de cañón de la iglesia más hermosa de la ciudad.

LAS CERVECERÍAS MÁS DIVERTIDAS

- **Hofbräuhaus** (p. 109) Es turística y está hasta los topes, pero es una visita obligada para tomar al menos un litro de poción dorada.
- **Augustiner-Grossgaststätte** (p. 109) Un local tradicional de la vieja escuela para tomar una (o dos, o tres...).
- **Löwenbräukeller** (p. 109) Bandas de metales, cerveza y concursos de levantar piedras.

SITIOS PARA RELAJARSE

- **Schloss Nymphenburg** (p. 105) Para relajarse en sus intrincados jardines.
- **Englischer Garten** (p. 105) El mejor antídoto tras una noche de cata de la soberbia cerveza local.
- **Japanisches Teehaus** (Casa de té japonesa; p. 105) Ceremonias tradicionales de té en verano.

COMIDA BARATA

- **Weisses Bräuhaus** (p. 107) Hay que probar la mejor *Weisswurst* (salchicha de ternera) de Múnich y otras especialidades del sur de Alemania en este agradable espacio.
- **Königsquelle** (p. 107) Mezcla de comida europea y alemana que atrae a las masas.
- **Café Rischart** (p. 107) Vale, es trampa, a este café se viene a comer pastel. Pero, tras una ración en este clásico de Múnich, ya no habrá que cenar.

INT/IMAGEBROKER

Puesto de queso en el Viktualienmarkt (p. 99).

LO QUE HAY QUE SABER

ESTADÍSTICAS

- **Población** 12,5 millones.
- **Mejor época para viajar** Abril-octubre.

ANTES DE PARTIR

- **Un año antes** Si se quiere ir a la Oktoberfest, al igual que otros seis millones de amantes de la cerveza, a menos que el viajero ruegue al primo de Alemania que le deje dormir en su sofá, habrá que reservar alojamiento con mucha antelación.

RECURSOS EN INTERNET

- **www.munichfound.de** Revista con información sobre la ciudad para residentes extranjeros.
- **www.gomuenchen.com** Revista con acontecimientos populares y listados de eventos.
- **www.in-muenchen.de** La mejor fuente de información de ocio de Múnich. Se encontrará gratis en bares, restaurantes y en taquillas de venta de entradas.

URGENCIAS

- **Ambulancia** (☎ 192 22)
- **Policía** (☎ 110)
- **Ludwigs-Apotheke** (☎ 260 3021) Esta farmacia puede resultar práctica tras una noche excesivamente indulgente en una cervecería.

CÓMO DESPLAZARSE

- **U-Bahn** (Plano p. 112) Se puede cruzar la ciudad bajo tierra entre las 4.00 y las 0.30 entre semana (hasta las 1.30 los fines de semana).

ADVERTENCIAS

- **Gente ebria** En la Oktoberfest (p. 108) dos grandes problemas son el crimen y los borrachos, sobre todo en el sur de la Hauptbahnhof a altas horas de la noche. Hay docenas de agresiones todos los años, por lo que se aconseja retirarse temprano o ser muy prudente.
- **Cervezas de un litro** Todas las cervezas de la Hofbräuhaus (p. 109) son de un litro con una excepción: la Münchner Weisse (que se sirve en jarras de 0,5 l).
- **Locura condensada** El *Föhn* (se pronuncia "fúun") es una molestia relacionada con el tiempo, típica del sur de Alemania. El viento condensado ejerce una fuerte presión que se asienta en la ciudad y provoca dolores de cabeza y malestar general, algo parecido a los efectos del mistral en Marsella. Cuando el cineasta Ingmar Bergman visitó Múnich dijo que el *Föhn* hace que "los perros buenos muerdan y los gatos echen relámpagos".
- **Museos** Casi todos cierran los lunes o martes.

DESCUBRIR MÚNICH

Próspera y *Gemütlichkeit* (acogedora), Múnich (München) revela en sí misma sus propias contradicciones. Las antiguas tradiciones se dan la mano con lujosos coches BMW, tiendas de diseño e industrias de alto nivel. Sus museos albergan auténticas obras maestras y su escena cultural compite con Berlín sin complejos.

Los alemanes nostálgicos dicen que Múnich es el mejor sitio para vivir y el viajero descubrirá enseguida sus motivos. Sus balsámicas noches de verano en alguna de sus cafeterías al aire libre hacen que la ciudad parezca Florencia o Milán. La proximidad de paisajes alpinos y lagos de aguas cristalinas. Y en la Oktoberfest los visitantes acuden a la capital bávara por millares para alzar sus copas por esta fascinante urbe.

A pesar de esta sofisticación cultural, se respira un delicioso aire provinciano. Se conservan tradiciones ancestrales y la gente es tranquila: los muniqueses son los primeros en admitir que su "metrópoli" es poco más que un *Weltdorf,* un pueblo del mundo.

INFORMACIÓN

Oficina de turismo Hauptbahnhof (☎ 2339 6500; Bahnhofsplatz 2; 🕑 9.00-20.00 lu-sa, 10.00-18.00 do); Marienplatz (☎ 2339 6500; Neues Rathaus; 🕑 10.00-20.00 lu-vi, hasta 16.00 sa, hasta 14.00 do)

PUNTOS DE INTERÉS

MARIENPLATZ Y ALREDEDORES

El corazón y alma del Altstadt (casco antiguo) es **Marienplatz**, la plaza del barrio viejo. En la esquina noroeste se alza la **Mariensäule** (columna de María), erigida en 1638 para conmemorar la retirada del Ejército sueco y el final de la Guerra de los Treinta Años. Coronada por una escultura de la Virgen que data de 1590, fue una de las primeras columnas marianas que se erigieron al norte de los Alpes.

NEUES RATHAUS

La ennegrecida fachada del neogótico Neues Rathaus (Ayuntamiento Nuevo) está festoneada con gárgolas y estatuas, entre las que destaca, en una esquina, la de un magnífico dragón que trepa por los torreones. En el interior hay seis magníficos patios donde hay actos y festivales durante todo el año.

Grandes multitudes se reúnen en Marienplatz para admirar el Glockenspiel (carillón). En dos de sus tres niveles los autómatas representan la *Schäfflertanz,* una danza que conmemora el final de la peste, y en el otro, el *Ritterturnier,* un torneo celebrado en 1568 con motivo de una boda real. Los personajes entran en acción durante 12 tensos minutos a las 11.00 y a las 12.00 (también a las 17.00 de noviembre a abril). La escena nocturna, que presenta a la *Münchener Kindl* (una niña vestida con un hábito de monje) y el *Nachtwächter* (el vigía nocturno), se inicia a las 21.00.

SANKT PETERSKIRCHE

Frente al Neues Rathaus, en el extremo sur de Marienplatz, se encuentra la **Sankt Peterskirche** (iglesia de San Pedro), de estructura gótica pero con un fastuoso interior barroco. El magnífico altar mayor y las llamativas estatuas de los cuatro Padres de la Iglesia (1732) son de Egid Quirin Asam.

ALTES RATHAUS

El Altes Rathaus (**Ayuntamiento viejo;** 1474), de estilo gótico, fue destruido por los bombardeos y reconstruido posteriormente en un estilo más sobrio, tras la Segunda Guerra Mundial. En la torre sur se encuentra el **Spielzeugmuseum** (**Museo del Juguete; ☎ 294 001; Altes Rathausturm; adultos/niños/familias 3/1,50/7 €; 🕑 10.00-17.30**), que atesora una enorme colección de juguetes europeos y americanos. Destaca la escultura eólica de la entrada, que libera la energía acumulada a través de un gran estruendo de sonidos metálicos.

VIKTUALIENMARKT Y ALREDEDORES

El bullicioso **Viktualienmarkt** es uno de los mercados de comida más grandes de Europa. En verano, está rodeado de las mejores y más caras terrazas urbanas, mientras que en invierno la gente se agrupa para calentarse y tomar aguardiente en los pequeños bares de la plaza. Las mercancías y los alimentos son de la mejor calidad, y los precios suelen ser elevados. Un enorme árbol de **mayo** se adorna con los símbolos de los artesanos y las rayas tradicionales azules y blancas de Baviera. En la parte sur de la plaza se puede ver una estatua de Karl Valentin, el comediante más conocido de Alemania.

STADTMUSEUM

Para celebrar el 850 aniversario de la ciudad en el 2008, el **Stadtmuseum** (**Museo Municipal; 2332 2370; St-Jakobs-Platz; adultos/reducida 4/2 €; 🕑 10.00-18.00, cerrado lu**) reestructuró sus colecciones para crear la exposición *Typisch München* (Típicamente Múnich), donde se condensa el complejo pasado de la ciudad en cinco períodos, con una ruta cronológica a través del extenso edificio.

MÜNCHNER JÜDISCHES MUSEUM

Después de varias décadas de planificación, el **Jüdisches Museum München** (**Museo Judío de Múnich; 2339 6096; www.juedisches-museum-muenchen.de; St-Jakobs-Platz 16;**

MZJ/IMAGEBROKER

Fuente en Marienplatz, frente al Neues Rathaus.

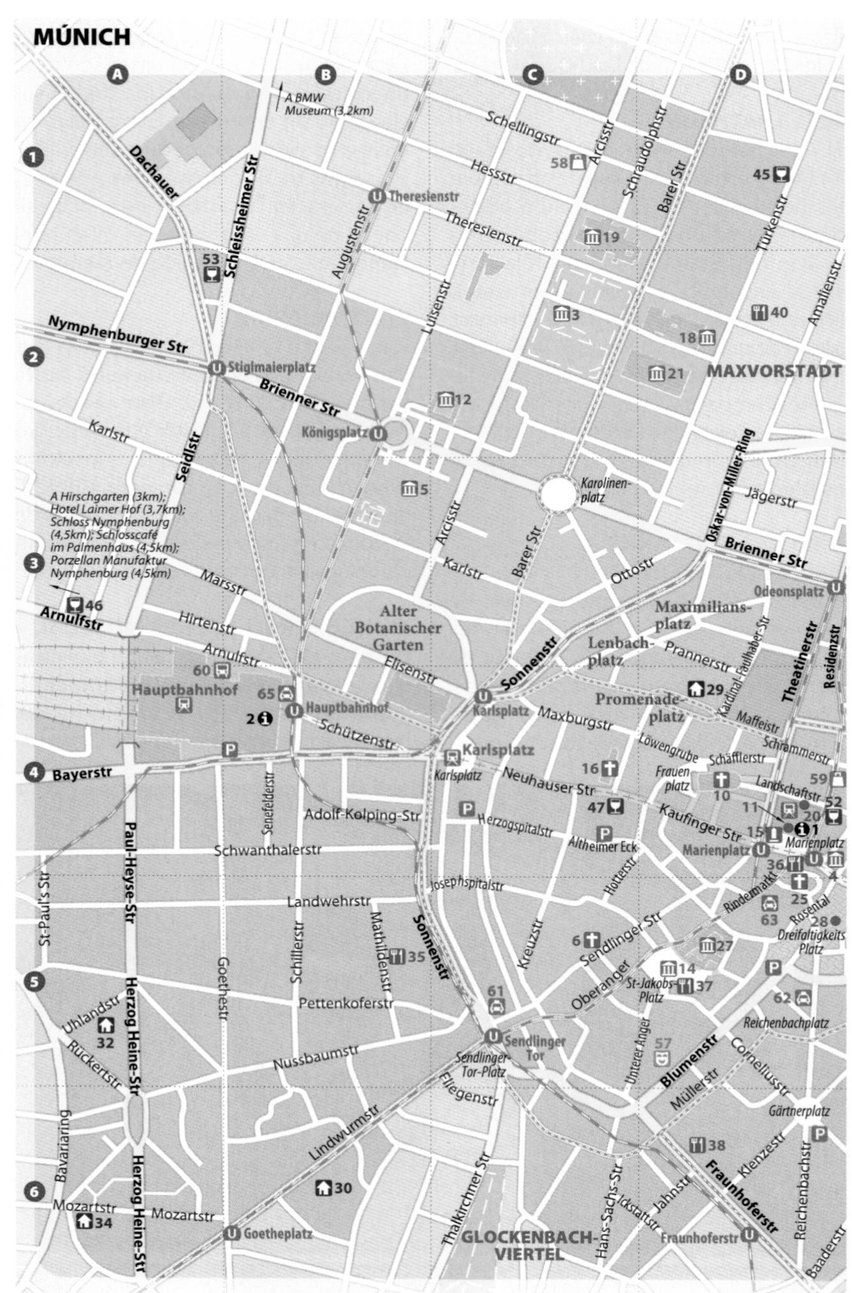

MÚNICH
A BMW Museum (3,2km)
A Hirschgarten (3km); Hotel Laimer Hof (3,7km); Schloss Nymphenburg (4,5km); Schlosscafé im Palmenhaus (4,5km); Porzellan Manufaktur Nymphenburg (4,5km)
MAXVORSTADT
Alter Botanischer Garten
Hauptbahnhof
Karolinenplatz
Königsplatz
Maximiliansplatz
Lenbachplatz
Promenadeplatz
Karlsplatz
Marienplatz
Odeonsplatz
Stiglmaierplatz
Theresienstr
Sendlinger Tor
Goetheplatz
Fraunhoferstr
GLOCKENBACH-VIERTEL
Frauenplatz
Reichenbachplatz
Gärtnerplatz
Dreifaltigkeits Platz
St-Jakobs-Platz
Sendlinger-Tor-Platz
Altheimer Eck
Schellingstr
Hessstr
Theresienstr
Dachauer
Schleissheimer Str
Augustenstr
Luisenstr
Arcisstr
Schraudolphstr
Barer Str
Türkenstr
Amalienstr
Nymphenburger Str
Brienner Str
Karlstr
Seidlstr
Jägerstr
Oskar-von-Miller-Ring
Marsstr
Hirtenstr
Arnulfstr
Elisenstr
Sonnenstr
Ottostr
Prannerstr
Kardinal-Faulhaber-Str
Theatinerstr
Residenzstr
Maffeistr
Schrammerstr
Maxburgstr
Löwengrube
Schäfflerstr
Landschaftstr
Schützenstr
Bayerstr
Neuhauser Str
Kaufinger Str
Herzogspitalstr
Senefelderstr
Adolf-Kolping-Str
Schwanthalerstr
Josephspitalstr
Hotterstr
Rindermarkt
Rosental
Landwehrstr
Mathildenstr
Kreuzstr
Sendlinger Str
Oberanger
Schillerstr
Goethestr
Pettenkoferstr
Paul-Heyse-Str
St-Paul's Str
Uhlandstr
Rückertstr
Herzog Heine-Str
Nussbaumstr
Fliegenstr
Unterer Anger
Blumenstr
Müllerstr
Corneliusstr
Lindwurmstr
Thalkirchner Str
Hans-Sachs-Str
Ickstattstr
Jahnstr
Fraunhoferstr
Klenzestr
Reichenbachstr
Baaderstr
Bavariaring
Mozartstr

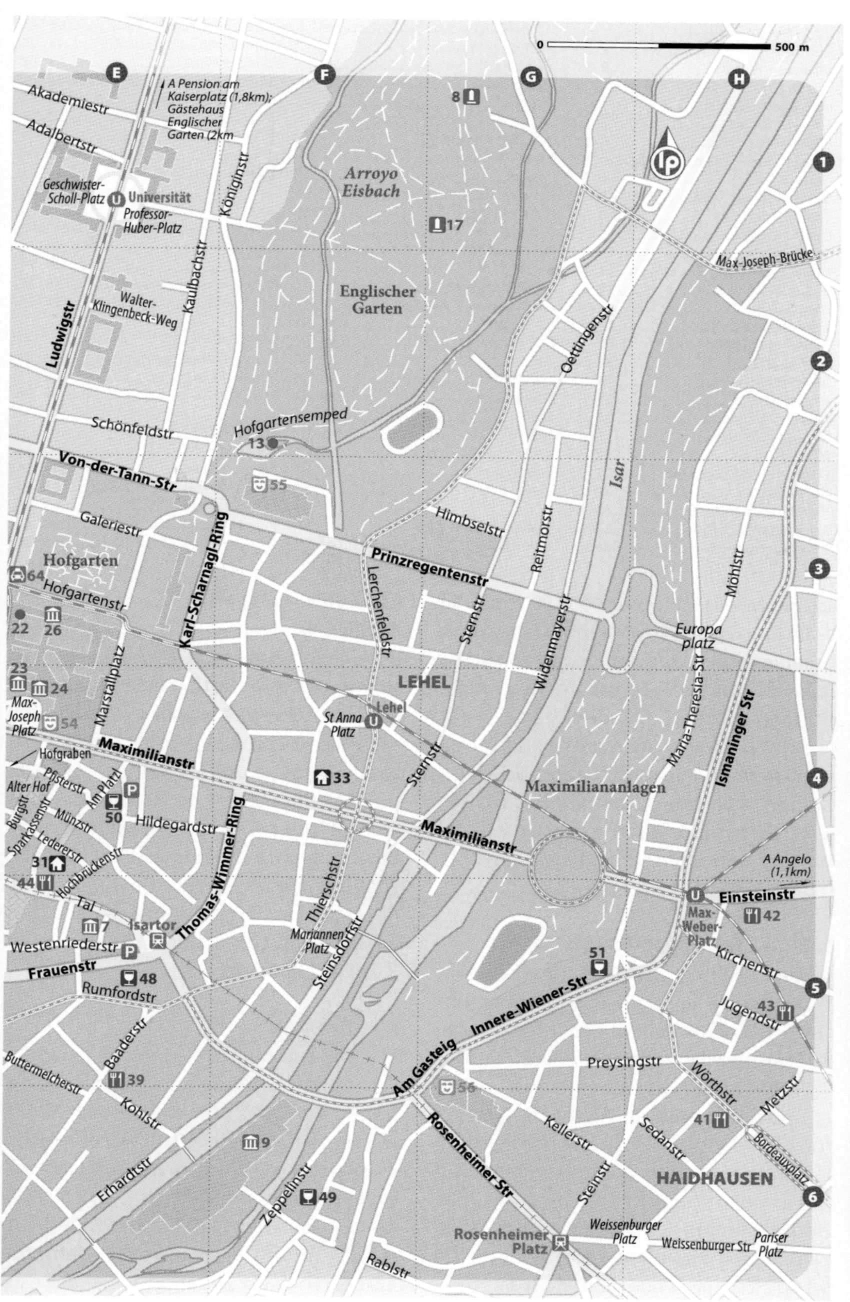
0 500 m
E
F
G
H
1
2
3
4
5
6
A Pension am Kaiserplatz (1,8km); Gästehaus Englischer Garten (2km)
Akademiestr
Adalbertstr
Geschwister-Scholl-Platz
Universität
Professor-Huber-Platz
Königinstr
Kaulbachstr
Walter-Klingenbeck-Weg
Ludwigstr
Arroyo Eisbach
Englischer Garten
Schönfeldstr
Hofgartensemped
Von-der-Tann-Str
Galeriestr
Hofgarten
Hofgartenstr
Karl-Scharnagl-Ring
Prinzregentenstr
Himbselstr
Lerchenfeldstr
Sternstr
Reitmorstr
Widenmayerstr
Oettingenstr
Isar
Max-Joseph-Brücke
Möhlstr
Europa platz
Maria-Theresia-Str
Ismaninger Str
LEHEL
Lehel
St Anna Platz
Marstallplatz
Max-Joseph Platz
Hofgraben
Maximilianstr
Maximiliananlagen
Alter Hof
Pfisterstr
Am Platzl
Burgstr
Sparkassenstr
Münzstr
Ledererstr
Hochbrückenstr
Hildegardstr
Thomas-Wimmer-Ring
Thierschstr
Mariannen Platz
Steinsdorfstr
Tal
Isartor
Westenriederstr
Frauenstr
Rumfordstr
A Angelo (1,1km)
Einsteinstr
Max-Weber-Platz
Kirchenstr
Jugendstr
Innere-Wiener-Str
Am Gasteig
Preysingstr
Wörthstr
Metzstr
Baaderstr
Buttermelcherstr
Kohlstr
Erhardtstr
Zeppelinstr
Rosenheimer Str
Kellerstr
Sedanstr
Bordeauxplatz
Steinstr
HAIDHAUSEN
Rosenheimer Platz
Weissenburger Platz
Weissenburger Str
Pariser Platz
Rablstr
7
8
9
13
17
22
23
24
26
31
33
39
41
42
43
44
48
49
50
51
54
55
56
64

INFORMACIÓN

Oficina de turismo 1 D4
Oficina de turismo 2 B4

QUÉ VER Y HACER

Alte Pinakothek 3 C2
Altes Rathaus 4 D4
Antikensammlungen 5 B3
Asamkirche 6 C5
Bier & Oktoberfestmuseum 7 E5
Chinesischer Turm 8 G1
Deutsches Museum 9 F6
Frauenkirche 10 D4
Glockenspiel 11 D4
Glyptothek 12 C2
Hofbräuhaus (véase 50)
Japanisches Teehaus 13 F2
Jüdisches Museum München 14 D5
Mariensäule 15 D4
Michaelskirche 16 C4
Monopteros 17 G1
Museum Brandhorst 18 D2
Neue Pinakothek 19 C1
Neues Rathaus 20 D4
Pinakothek der Moderne 21 D2
Residenz 22 E3
Residenzmuseum 23 E4
Schatzkammer der Residenz 24 E4
Spielzeugmuseum (véase 4)
St Peterskirche 25 D5
Staatliches Museum Ägyptischer Kunst 26 E3
Stadtmuseum 27 D5
Viktualienmarkt 28 D5

DÓNDE DORMIR

Bayerischer Hof 29 D4
Cocoon 30 B6
Cortiina 31 E4
Hotel Uhland 32 A5
Opera-Garni 33 F4
Pension Westfalia 34 A6

DÓNDE COMER

Café Osteria La Vecchia Masseria 35 B5
Café Rischart 36 D4
Einstein 37 D5
Fraunhofer 38 D6
Königsquelle 39 E5
Nido 40 D2
Taverna Diyar 41 H6
Unionsbräu Haidhausen 42 H5
Wasserwerk 43 H5
Weisses Bräuhaus 44 E5

DÓNDE BEBER

Alter Simpl 45 D1
Augustiner Keller 46 A3
Augustiner-Grossgaststätte 47 C4
Braunauer Hof 48 E5
Chinesischer Turm (véase 8)
Dreigroschenkeller 49 F6
Hofbräuhaus 50 E4
Hofbräukeller 51 G5
Jodlerwirt 52 D4
Löwenbräukeller 53 A2

OCIO

Jazzclub Unterfahrt im Einstein (véase 42)
Nationaltheater 54 E4
P1 55 F3
Philharmonie im Gasteig 56 G5
Registratur 57 D5

DE COMPRAS

Deutsches Museum Shop (véase 9)
Holareidulijö 58 C1
Manufactum 59 D4

TRANSPORTE

BerlinLinienBus 60 A4
Parada de taxi 61 C5
Parada de taxi 62 D5
Parada de taxi 63 D5
Parada de taxi 64 E3
Parada de taxi 65 B4

adultos/reducida 6/3 €; 10.00-18.00, cerrado lu) es un ambicioso proyecto que tiene como objetivo esclarecer uno de los episodios más oscuros de la historia de la ciudad. Ubicado en un cubo modernista de cristal, la exhibición intenta mostrar, de forma equilibrada y sensible, el papel de los judíos en el paisaje cultural de Múnich a lo largo del tiempo, desde la época medieval hasta el horror del Tercer Reich y la lenta regeneración actual.

BIER & OKTOBERFESTMUSEUM

Ubicado en una casa de madera del s. XIV, el pequeño **Bier & Oktoberfestmuseum** **(2423 1607; www.bier-und-oktoberfestmuseum.de; Sterneckerstrasse 2; adultos/reducida 4/2,50 €; 13.00-17.00 ma-sa)** recoge la historia de la bebida favorita de Alemania y de las formas de tomarla. Hay que ver de cerca las antiguas cubas donde se elaboraba la cerveza, fotos históricas y algunas de las primeras condecoraciones de la Oktoberfest. Hay un *pub* abierto desde las 18.00 hasta las 24.00 (cerrado lu).

MAX-JOSEPH-PLATZ

RESIDENZ

En el lado norte de la Max-Joseph-Platz se encuentra la parte más antigua de la **Residenz**, el enorme palacio que albergó a los gobernantes bávaros de 1385 a 1918. Las estatuas de **dos leones** custodian las puertas del palacio en Residenzstrasse; se dice que si se toca uno de sus hombros se gozará de buena salud. Las alas septentrionales se abren a varios jardines interiores (Emperador, Farmacéutico y Fuente) así como a dos más pequeños (Capilla y Zona del Rey).

RESIDENZMUSEUM

Los impresionantes tesoros de la familia Wittelsbach, duques de Baviera, se exponen en el **Residenzmuseum** **(290 671; entrada por Max-Joseph-Platz 3; adultos/reducida/menores de 18 años 6/gratis/8 €, entrada combinada con el Schatzkammer 9/8/gratis €; 9.00-18.00 abr-mediados de oct, 10.00-17.00 mediados de oct-mar)**. El museo tiene aproximadamente 130 estancias y es tan grande que está dividido en dos partes, una abierta por la mañana y otra por la tarde.

En el patio de la Gruta, uno de los primeros lugares que se ven al entrar, se encuentra la magnífica **Perseusbrunnen** (fuente de Perseo). Al lado se halla el famoso **Antiquarium,** una bóveda de cañón suntuosamente decorada y cubierta de frescos, construida para albergar la enorme colección de antigüedades de los Wittelsbach.

SCHATZKAMMER DER RESIDENZ

La entrada al Residenzmuseum conduce asimismo a la Schatzkammer der Residenz (Residence Treasury; ☎ 290 671; entrada desde Max-Joseph-Platz 3; adultos/menores de 18 años con padres/reducida 6/gratis/5 €; 9.00-18.00 abr–med oct, 10.00-17.00 med oct–mar). Exhibe una vasta colección de adornos y objetos preciosos, entre los que figuran altares portátiles, la cruz dorada cuajada de perlas de la reina Gisela de Hungría, las joyas de la corona bávara, y artesanía exótica procedente de Turquía, Irán, México y la India.

DE ODEONSPLATZ A KARLSPLATZ

La mayor concentración de tiendas de Múnich está en Kaufinger Strasse, que se transforma en Neuhauser Strasse hacia el oeste. En esta calle está la **Michaelskirche** (iglesia de San Miguel), una de las iglesias más espectaculares del centro. El techo es una bóveda de cañón de 20 m de ancho sin ningún tipo de soporte.

FRAUENKIRCHE

Visibles desde cualquier lugar del Altstadt, las dos cúpulas gemelas de cobre de la **Frauenkirche** (iglesia de Nuestra Señora) son un emblema de la ciudad. En contraste con su exterior gótico de ladrillo rojo, el interior del templo es un deslumbrante pasillo de luz. La tumba de Luis el Bávaro, custodiada por caballeros y nobles, se encuentra en el coro.

ASAMKIRCHE

Cerca de la **Sendlinger Tor,** una puerta del s. XIV, se llega hasta la pequeña iglesia de San Juan Nepomuceno, más conocida como **Asamkirche** (Sendlinger Strasse 62). Fue construida en el s. XVIII como capilla privada por los hermanos Asam, que vivían en la puerta de al lado. En su recargado interior barroco no hay ni un centímetro de pared o columna sin decorar.

PINAKOTHEKS (PINACOTECAS)

No hay que dejar de visitar la **Alte Pinakothek** (2380 5216; www.pinakothek.de/alte-pinakothek; Barer Strasse 27, entrada por Theresienstrasse; adultos/niños 5,50/4 €, do 1 €;

BAI/IMAGEBROKER
Pasillo de la Residenz.

HLI/IMAGEBROKER

El museo de Brandhorst.

SI GUSTA...

Si gustó el espléndido **panorama museístico** de Múnich, se recomienda ver estas excepcionales obras maestras:

- **Glyptothek** (☎ 286 100; Königsplatz 3; adultos/reducida 3,50/2,50 €, do 1 €, combinada con Antikensammlungen 5,50/3,50 €; 🕑 10.00-17.00, 10.00-20.00 ju, cerrado lu) El museo más antiguo de Múnich es una obra de fantasía griega. Bustos clásicos, retratos de emperadores romanos y esculturas de un templo griego en Egina se hallan entre sus destacadas piezas.
- **Antikensammlungen** (☎ 598 359; Königsplatz 1; adultos/reducida 3,50/2,50 €, do 1 €; 🕑 10.00-17.00, 10.00-20.00 mi, cerrado lu) Una de las mejores colecciones de antigüedades del país. Tiene jarrones, joyas de oro y plata, objetos ornamentales, obras de bronce y esculturas y estatuas griegas y romanas.
- **Museum Brandhorst** (☎ 2380 5118; www.museum-brandhorst.de; Theresienstrasse 35a; adultos/niños 7/5 €, do 1 €; 🕑 10.00-18.00, hasta 20.00 ju, cerrado lu) Este edificio multicolor se construyó para albergar una colección privada de 700 obras de arte moderno y contemporáneo que van desde Udo a Annette Brandhorst. Las piezas estrella son de Picasso, Warhol, Cy Twombly y hasta de Damien Hirst; también guarda obras de artistas menos conocidos.
- **Staatliches Museum Ägyptischer Kunst** (Museo de Arte Egipcio; ☎ 298 546; se entra por Hofgartenstrasse 1; adultos/reducida 6/4 €; 🕑 9.00-17.00 ma-vi, también 17.00-21.00 ma, 10.00-17.00 sa y do) Los exploradores romanos de Oriente Próximo trajeron de vuelta tesoros que acabaron en esta excelente colección de arte egipcio, que data de los imperios Antiguo, Medio y Nuevo (2670–1075 a.C.).

🕑 10.00-18.00, hasta 20.00 ma, cerrado lu), un auténtico tesoro repleto de obras de antiguos maestros europeos. Ubicada en un templo neoclásico construido por el rey Luis I, es una de las colecciones más importantes del mundo.

Al norte de la Alte Pinakothek se halla la **Neue Pinakothek** (2380 5195; www.pinako

thek.de/neue-pinakothek; Barer Strasse 29; adultos/ niños 7/5 €, do 1 €; ⌚ 10.00-18.00, hasta 22.00 mi, ma cerrado). Contiene una gran colección de pinturas y esculturas que abarca del s. XVIII a principios del s. XX, desde el rococó al *Jugendstil* (modernismo).

Abierta en el 2002 después de seis años de construcción, la **Pinakothek der Moderne** (**2380 5360; www.pinakothek.de/ pinakothek-der-moderne; Barer Strasse 40; adultos/ niños 10/7 €, do 1 €; ⌚ 10.00-18.00, hasta 20.00 ju, cerrado lu**) constituye la colección de arte moderno más grande de Alemania. El espectacular interior está dominado por una cúpula similar a un ojo enorme, que distribuye la luz natural por los pasillos blancos a lo largo de cuatro pisos.

ENGLISCHER GARTEN Y ALREDEDORES

El **Englischer Garten** (Jardín inglés) es uno de los jardines más monumentales de la ciudad; mayor incluso que el Hyde Park de Londres o el Central Park de Nueva York. Fue diseñado a finales del s. XVIII por un médico nacido en América, Benjamin Thompson, un consejero del Gobierno bávaro y a la vez su ministro de Guerra. Es un lugar magnífico para pasear, beber o incluso practicar surf, convenientemente localizado junto al río, en el distrito de Schwabing.

El parque alberga varias construcciones de interés arquitectónico. La **Chinesischer Turm** (Torre china), erigida en 1789, se eleva sobre un conjunto de bancos verdes propiedad de la cervecería al aire libre más conocida de la ciudad. Al sur de allí está el muy fotografiado **Monopteros,** un falso templo griego con columnas blanquísimas. La **Japanisches Teehaus** (Casa de Té japonesa) fue construida durante los Juegos Olímpicos de 1972, y organiza auténticas ceremonias del té el segundo y cuarto fin de semana del mes durante el verano, a las 15.00, 16.00 y 17.00.

BMW MUSEUM

Totalmente rediseñado en el 2008, el **BMW Museum** (**plano pp. 90-91; 0180-211 8822; www.bmw-museum.com; Am Olympiapark 2; adultos/niños 12/6 €; ⌚ 9.00-18.00 ma-vi, 10.00-20.00 sa y do**) es totalmente distinto a cualquier otro museo del automóvil. Las siete salas temáticas analizan el desarrollo de toda la línea de productos de BMW. Sin embargo, el diseño interior de este singular edificio, de estilo *retro* y curvilíneo, con puentes futuristas, plazas y enormes paredes retroiluminadas casi eclipsa las piezas expuestas.

SUR DEL ALTSTADT

Se pueden pasar días explorando el **Deutsches Museum** (**☎ 217 91; www.deutsches-museum.de; Museumsinsel 1; adultos/ niños menores de 6 años/reducida/familias 8,50/ gratis/7/17 €; ⌚ 9.00-17.00**), que alberga la que se considera la mayor colección de ciencia y tecnología del mundo.

SCHLOSS NYMPHENBURG

El fabuloso **Schloss Nymphenburg** (**plano pp. 90-91; 179 080; entrada combinada para todas las instalaciones, adultos/reducida 7,50/6 €**) y sus exuberantes jardines están situados 5 km al noroeste del Altstadt. En 1664 se inició su construcción como villa para Adelaida de Saboya, pero el palacio y los jardines se fueron ampliando durante el siglo posterior hasta convertirse en la residencia de verano de la familia real. El duque Francisco de Baviera, heredero de la antigua familia real Wittelsbach, aún ocupa un apartamento dentro del complejo palaciego.

DÓNDE DORMIR

ALREDEDORES DE LA HAUPTBAHNHOF

Cocoon (**☎ 5999 3907; www.hotel -cocoon. de; Lindwurmstrasse 35; i/d 69/89 €;** ⊠ ⁘ 💻 📶)

Ideal para aficionados al diseño *retro*. La recepción está decorada con falsos revestimientos de la década de 1970 y sillas globo de los años sesenta, mientras que las habitaciones son todas idénticas, con tonos naranjas y verdes. Todas tienen televisor de LCD, base para iPod, mesa para el ordenador portátil y el nombre del hotel escrito sobre la cama en letras robóticas de los años ochenta.

Cortiina (**242 2490; www.cortiina.com; Ledererstrasse 8; i 165-270 €, d 225-390 €;** P) Este impresionante hotel ofrece una elegancia moderna. El confortable diseño es sofisticado y minimalista.

ALTSTADT Y ALREDEDORES

Bayerischer Hof (**212 00; www.bayerischerhof.de; Promenadeplatz 2-6; i 221-480 €, d 338-480 €;** P) Disfruta de una localización muy céntrica, una piscina y un club de *jazz*. El mármol, las antigüedades y los óleos abundan, y se puede cenar en cualquiera de sus tres fabulosos restaurantes.

Glockenspiel (p. 98), Neues Rathaus.

SCHWABING

Pension am Kaiserplatz (**plano pp. 90-91; 349 190; fax 339 316; Kaiserplatz 12; i 31-47 €, d 49-59 €**). La fachada de esta villa modernista evoca tiempos más románticos, cuando Schwabing era el centro del arte y la cultura. Las habitaciones (sólo 10, todas con enormes baños) están muy bien decoradas con un toque familiar, y la propia dueña sube el desayuno a la habitación.

Gästehaus Englischer Garten (**plano pp. 90-91; 383 9410; www.hotelenglischergarten.de; Liebergesellstrasse 8; i 65-169 €, d 75-169 €;** P) El graznido de los patos del adyacente Englischer Garten acompaña el despertar en esta acogedora pensión situada en un antiguo molino cubierto de hiedra con un jardín privado donde se sirve el desayuno (9,50 €).

NYMPHENBURG, NEUHAUSEN Y ALREDEDORES

Hotel Laimer Hof (**plano pp. 90-91; 178 0380; www.laimerhof.de; Laimer Strasse 40; i/d desde 69/89 €;** P) Conducida por la pareja bávara posiblemente más agradable del país, esta pequeña y encantadora villa tiene un ambiente de campo relajado, aunque solo esté a cinco minutos andando del Schloss Nymphenburg. De las 23 habitaciones, las que están en la planta alta tienen más carácter y las mejores vistas.

HAIDHAUSEN

Angelo (**Plano pp. 90-91; 189 0860; www.angelo-munich.com; Leuchtenbergring 20; i/d desde 110/130 €;**) El hotel de diseño más nuevo de Múnich es un lugar sofisticado y minimalista, a la par que acogedor y confortable. A pesar de su corta trayectoria, es un firme candidato a convertirse en uno de los mejores de Baviera. El único inconveniente es la ubicación al final de Haidhausen, un tramo sin encanto y con mucho tráfico, aunque a tan sólo cuatro paradas de Marienplatz en el S-Bahn.

Opera-Garni (**Hotel Opéra; ☎ 210 4940; www.hotel-opera.de; St Annastrasse 10; h 190-275 €, ste 285-365 €;** ⊠ 💻) Al entrar, uno sentirá que ha viajado al pasado. El desayuno se sirve en el jardín y las fantásticas habitaciones están decoradas con combinaciones únicas de colores y tejidos, antigüedades, lámparas de araña y alfombras persas.

WESTEND Y LUDWIGSVORSTADT

Pension Westfalia (**☎ 530 377; www.pension-westfalia.de; Mozartstrasse 23; i/d desde 35/50 €;** ❄) Esta imponente mansión de cuatro plantas es una familiar y acogedora pensión, ideal por su cercanía al recinto de la Oktoberfest. La mayoría de las habitaciones tienen baño privado.

Hotel Uhland (**☎ 543 350; www.hotel-uhland.de; Uhlandstrasse 1; i 67-145 €, d 81-190 €;** P ⊠ 💻) A un tiro de piedra del Theresienwiese, esta mansión modernista renovada con estilo ofrece un ambiente relajado. Algunas de las habitaciones más grandes tienen un pequeño balcón, y también hay un pintoresco jardín.

DÓNDE COMER

Café Rischart (**☎ 231 7000; Marienplatz 18; platos 4-8 €**) Esta institución urbana combina una de las mejores vistas de Marienplatz con los mejores pasteles y pastas de Múnich.

Königsquelle (**☎ 220 071; Baaderplatz 2; platos principales 5-16 €; ⏲ cena**) Muy popular por el atento servicio y la barra de madera noble bien surtida, ofrece una cocina sencilla pero preparada con maestría.

EBO/IMAGEBROKER

Interior de la Hofbräuhaus.

↘ HOFBRÄUHAUS

Un viaje a Múnich no es tal sin una visita a la Hofbräuhaus, la cervecería más famosa de Baviera (y posiblemente de todo el mundo). Las hordas de turistas bebedores suelen eclipsar su fabuloso interior, donde flores de delicadas formas adornan sus bóvedas medievales.

Lo que hay que saber: **☎ 221 676; Am Platzl 9**

Weisses Bräuhaus (**☎ 229 9875; Im Tal 10; platos principales 6-15 €**) La *Weisswurst* (salchicha de ternera) que sirven aquí es la mejor de la ciudad. Se aconseja regarla con la excelente Schneider *Weissbier*. De noche sus comedores se llenan de clientes que bailan al ritmo de la enardecedora orquesta.

Wasserwerk (**☎ 4890 0020; Wolfgangstrasse 19; platos principales 6-15 €; ⏲ cena**) Este estrafalario *bistro* lleno de conductos, tuberías y ruedas juega con la decoración y la fontanería consiguiendo efectos espectaculares. Sirven una gran variedad de cocina internacional y deliciosa.

Schlosscafé im Palmenhaus (**plano pp. 90-91; ☎ 175 309; Schloss Nymphenburg; platos principales 7-12 €**) En este invernadero de palmeras, erigido en 1820, Luis II mantenía a la temperatura adecuada sus plantas exóticas en invierno; ahora alberga un agradable café. Está detrás del palacio.

Café Osteria La Vecchia Masseria (☎ 550 9090; Mathildenstrasse 3; platos principales 7-15 €) Es uno de los mejores restaurantes italianos de Múnich, ruidoso pero inequívocamente romántico. Mesas de madera de tonos terrosos, antiguas cubetas de estaño, cestas y planchas se combinan para conformar el ambiente de una granja italiana.

Nido (2880 6103; Theresienstrasse 40; platos principales 7,50-13 €) Este popular local con muchas ventanas de aluminio bruñido es un lugar de moda. Ofrece una carta con sencillos platos de influencia italiana y grandes dosis de sofisticación sin pretensiones.

Fraunhofer (☎ 266 460; Fraunhoferstrasse 9; platos principales 7,50-16 €) Bullicioso restaurante cuyo ambiente y decoración a la antigua (con cabezas disecadas de animales y un retrato de Luis II) contrasta con su menú. Sus frescas versiones de platos clásicos atraen a una clientela moderna de diversas generaciones.

Unionsbräu Haidhausen (☎ 477 677; Einsteinstrasse 42; platos principales 7,50-16,50 €) Sofisticada cervecería que elabora su propia cerveza. Tiene ocho espacios donde se reúne una clientela mixta de lugareños y viajeros que acuden a beber la especialidad de la casa y a comer de sus fuentes de carne.

Taverna Diyar (☎ 4895 0497; Wörthstrasse 10; platos principales 10-18 €) Alcanza su mejor momento cuando se llena de gente a partir de las 21.00 un viernes o un sábado, y cuando la bailarina de la danza del vientre despliega sus encantos. Sirve auténticos platos de pescado, kebabs y cordero a la parrilla con toques curdos y turcos.

Einstein (☎ 202 400 332; St-Jakobs-Platz 18; platos principales 14-23 €; cerrado sa) Se refleja en las ventanas de cristal del Museo Judío

LA OKTOBERFEST

Todo comenzó como un elaborado brindis nupcial y se ha convertido en la borrachera colectiva más grande del mundo. En octubre de 1810 el futuro rey Luis I de Baviera, por aquel entonces príncipe heredero, se casó con la princesa Teresa. Los novios organizaron una gran fiesta a las puertas de la ciudad, que finalizó con una carrera de caballos. Al año siguiente los súbditos de Luis aficionados a la fiesta volvieron a por más. El festival se extendió y, para esquivar el frío del otoño, se trasladó a septiembre. Con el paso de los años, se eliminaron las carreras de caballos y en ocasiones la fiesta tuvo que cancelarse, pero la institución llamada Oktoberfest (www.oktoberfest.de) había llegado para quedarse.

Hoy, dos siglos más tarde, esta extravagancia dura 16 días y atrae a unos seis millones de visitantes anuales. Se elabora una cerveza especial para la ocasión (Wies'nbier), que es negra y fuerte. Los muniqueses acuden al trabajo ataviados con *lederhosen* y *dirndl* para ir directos al festival a la salida.

En el prado denominado Theresienwiese (Wies'n para acortar) se erige una pequeña "ciudad", con puestos de cerveza, diversiones y cabalgatas, ¡justo lo que necesita un bebedor tras varias cervezas espumosas! Todo empieza con la Brewer's Parade a las 11.00 el primer día del festival. El desfile comienza en Sonnenstrasse y se dirige hacia los campos a través de Schwanthalerstrasse. A mediodía, el alcalde se yergue sobre las multitudes sedientas en Theresienwiese y, con gran pompa, golpea el grifo de un barril de cerveza. Mientras fluye la bebida, el alcalde exclama; "O'zapft ist's!" (¡Está abierto!).

y es el único restaurante *kosher* del centro. El trago de enseñar un documento de identidad y el registro del bolso valen la pena por ver sus líneas limpias, modernas mesas y sereno ambiente.

DÓNDE BEBER

ALTSTADT

Hofbräuhaus (☎ **221 676; Am Platzl 9**) Sin duda es la cervecería más conocida y famosa de Baviera, pero suele estar tan llena de turistas achispados que pierde todo su encanto. La mayor parte del día hay una banda que toca música folclórica bávara.

Augustiner-Grossgaststätte (☎ **2318 3257; Neuhauser Strasse 27**) Amplio establecimiento con un ambiente menos estridente y mejor comida. En conjunto, es un ejemplo mucho más auténtico de lo que es una clásica cervecería de Múnich, con sus patios y sus trofeos de caza en las paredes.

Braunauer Hof (☎ **223 613; Frauenstrasse 42**) Esta agradable terraza tiene un laberinto de setos, un mural rarísimo en la pared y un toro dorado que se ilumina por la noche.

Jodlerwirt (☎ **221 249; Altenhofstrasse 4;** 🕑 **desde 18.00 ma-sa**) Uno de los *pubs* más auténticos de Múnich. Tiene un anfitrión que toca el acordeón y un cómico que reparte alegría a la tirolesa en el bar de la planta superior. Al final de la noche el viajero se sorprenderá bailando agarrado del brazo de completos desconocidos.

ENGLISCHER GARTEN

Chinesischer Turm (**383 8730; Englischer Garten 3**) es conocido por todos los muniqueses desde niños. Este bar, muy frecuentado, tiene el aliciente de su decoración, inspirada en una clásica pagoda china; además, una banda de *oompah* toca desde lo alto de la torre.

MSI/IMAGEBROKER

Hirschgarten.

SI GUSTA...

Si gusta el acogedor ambiente de cervecerías como la **Hofbräuhaus** (p. 107), se aconseja visitar estos lugares menos turísticos:

- **Löwenbräukeller** (☎ **526 021; Nymphenburger Strasse 2**) Atrae a los lugareños por su música bávara y sus bailes de taconeo. Durante la *Starkbierzeit* ("temporada de cerveza fuerte" primaveral), organiza sus famosos concursos de levantar piedras. La rodea una terraza al aire libre.
- **Hirschgarten** (**Plano pp. 90-91;** ☎ **172 591; Hirschgartenallee 1**) Frecuentada por lugareños y visitantes entendidos. Esta pintoresca cervecería al aire libre con ciervos al otro lado de la valla, está al sur de Schloss Nymphenburg. Para llegar hay que ir en el S-Bahn hasta Laim.

NEUHAUSEN

Augustiner Keller (☎ **594 393; Arnulfstrasse 52**) Esta arbolada terraza con capacidad para 5000 personas situada unos 500 m al oeste de la Hauptbanhof bulle de actividad con la llegada de la primavera. Se trata de una enorme cervecería al aire libre llena de vegetación, vida y risas. Es un bonito lugar con un ambiente tranquilo, ideal para beber y relajarse.

HAIDHAUSEN

Hofbräukeller (☎ 448 7376; Innere Wiener Strasse 19) Aunque no se debe confundir con su primo más conocido del centro de la ciudad, este restaurante y terraza con mucho ambiente y en plena expansión conserva un toque del s. XX. La gente del lugar, vestida con el *Tracht* (traje tradicional) acude aquí para tomar enormes jarras de espumosa cerveza acompañadas de las especialidades habituales de cerdo asado.

Dreigroschenkeller (489 0290; Lilienstrasse 2). Agradable y laberíntica bodega con decoración basada en la obra de Bertolt Brecht *Die Dreigroschenoper (La ópera de cuatro cuartos)*, que varía desde una celda de cárcel a un salón de satén rojo. Tienen una excelente cerveza y vino, y un amplio menú (en su mayor parte platos alemanes).

SCHWABING

Alter Simpl (☎ 272 3083; Türkenstrasse 57) Este abrevadero ofrece buen *jazz*, un menú a precio razonable (platos principales entre 6 y 13 €) y ambiente de galería de arte. Thomas Mann y Hermann Hesse se reunían aquí a principios del s. XX.

OCIO

CLUBES

P1 (211 1140; Prinzregentenstrasse 1) Es una institución de Múnich y el lugar donde se dejan ver los habituales de la ciudad, con unos porteros de discoteca un tanto exigentes y efectivos, un servicio bastante estirado y alguna celebridad ocasional.

Registratur (2388 7758; Blumenstrasse 4) Sin duda, los polvorientos salones y paneles de la década de 1960 de este antiguo edificio tienen un encanto atemporal. La clientela –que ronda la veintena– acude por la mezcla de ritmos africanos, *rock* y pop de estilo *indie*.

MÚSICA EN DIRECTO

Philharmonie im Gasteig (480 980; www.gasteig.de; Rosenheimer Strasse 5) Como sede de la Orquesta Filarmónica de Múnich, el centro de la vida cultural de la ciudad tiene un horario muy apretado. La

Neues Rathaus y Marienplatz (p. 98).

Symphonieorchester des Bayerischen Rundfunks (Orquesta Sinfónica de la Radio Bávara) también tiene aquí su base, y sus conciertos se llevan a cabo los domingos durante todo el año.

Nationaltheater (taquillas 218 501; www.staatstheater.bayern.de; Max-Joseph-Platz 2) Es la sede de la Bayerische Staatsoper (Ópera Estatal Bávara). También se celebran muchos eventos culturales, en especial durante el Festival de Ópera, en julio. Se pueden comprar entradas en los puntos de venta habituales o en la taquilla.

Jazzclub Unterfahrt im Einstein (448 2794; Einsteinstrasse 42) Quizá sea la sala más conocida de la ciudad, con música en directo desde las 21.00 y actuaciones habituales de artistas internacionales. Los domingos por la noche se organizan *jam sessions* abiertas al público.

DE COMPRAS

Deutsches Museum Shop (2138 3892; Museuminsel 1) Dentro de las tiendas de recuerdos de los museos, sin duda ésta, con numerosos artilugios, maquetas, juegos científicos infantiles, juguetes insólitos, postales en 3D y muchos otros *souvenirs*, es una de las mejores. Hay otra sucursal en Rindermarkt 17.

Holareidulijö (271 7745; Schellingstrasse 81; 🕑 12.00-18.30 ma-vi, 10.00-13.00 sa) La única tienda de ropa tradicional usada de Múnich bien merece una visita, aunque no se tenga intención de comprar.

Manufactum (2354 5900; Dienerstrasse 12) Tienda de visita obligada para los aficionados a los clásicos del diseño alemán de alta calidad. Duraderos enseres para el hogar comparten espacio con juguetes *retro,* lámparas Bauhaus y artículos de escritorio antiguos.

Porzellan Manufaktur Nymphenburg (plano pp. 90-91; 1791 9710; Schloss Nymphenburg; 🕑 10.00-17.00 lu-vi) Este establecimiento ha elaborado porcelana fina para la familia real bávara y otros clientes desde su fundación en 1747. Hay otra tienda más céntrica en Odeonsplatz 1.

STR/IMAGEBROKER

El Monopteros (p. 105) en el Englischer Garten.

CÓMO LLEGAR Y SALIR

AVIÓN

El **aeropuerto internacional de Múnich** (MUC; ☎ 089-975 00; www.munich-airport.de) es el segundo más importante después del de Frankfurt en vuelos internacionales y domésticos.

AUTOBÚS

BerlinLinienBus (☎ 09281-2252; www.berlinlinienbus.de) tiene autobuses diarios entre Berlín y Múnich (ida/ida y vuelta 47/88 €, 9½ h), vía Ingolstadt, Núremberg, Bayreuth y Leipzig.

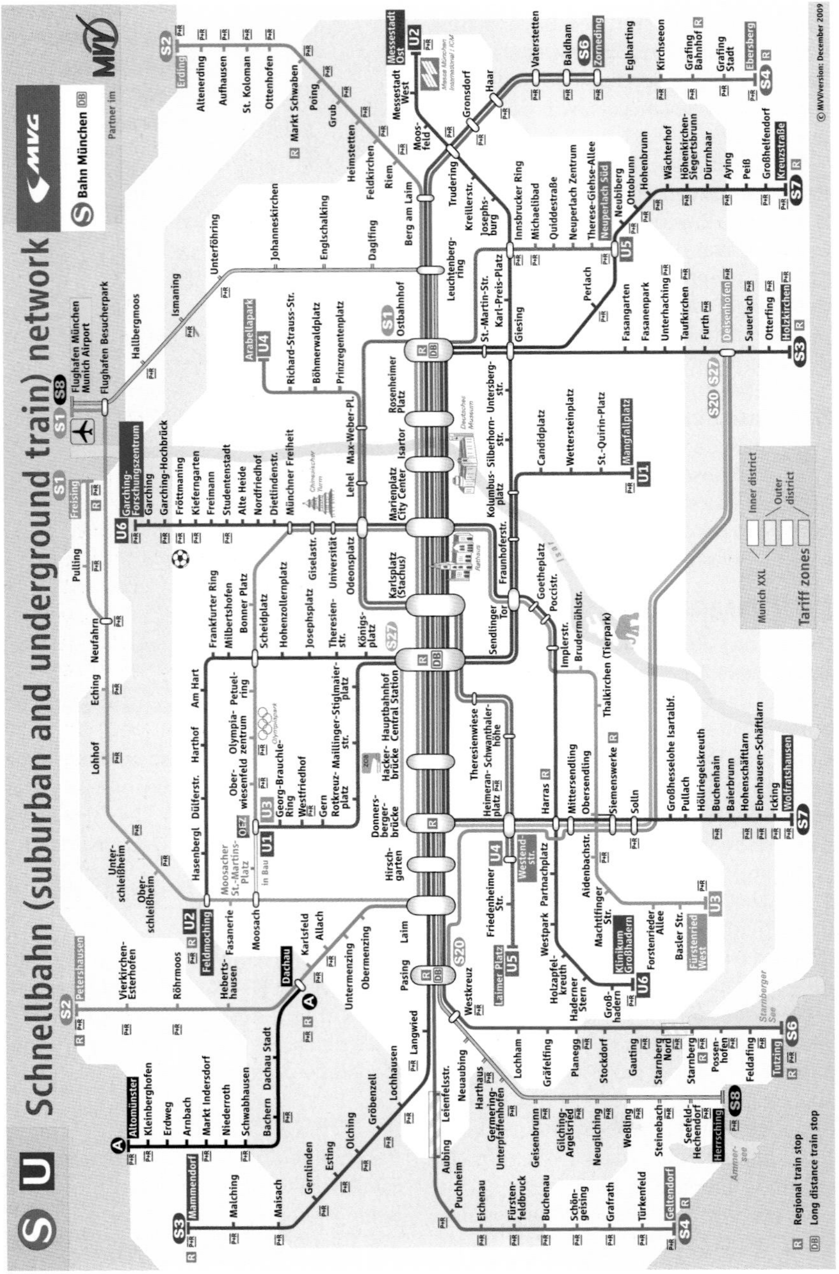

Schnellbahn (suburban and underground train) network

MVG
S-Bahn München DB
Partner im MVV

S1 Freising
Pulling
Neufahrn
Eching
Lohhof
Unterschleißheim
Oberschleißheim
S1 S8 Flughafen München Munich Airport
Flughafen Besucherpark
Hallbergmoos
Ismaning
Unterföhring
Johanneskirchen
Englschalking
Daglfing

S2 Petershausen
Vierkirchen-Esterhofen
Röhrmoos
Hebertshausen
Dachau
Karlsfeld
Allach
Untermenzing
Obermenzing

A Altomünster
Kleinberghofen
Erdweg
Arnbach
Markt Indersdorf
Niederroth
Schwabhausen
Bachern
Dachau Stadt

S3 Mammendorf
Malching
Maisach
Gernlinden
Esting
Olching
Gröbenzell
Lochhausen
Langwied
Pasing
Laim
Hirschgarten
Donnersbergerbrücke
Hackerbrücke
Hauptbahnhof Central Station
Karlsplatz (Stachus)
Marienplatz City Center
Isartor
Rosenheimer Platz
S1 Ostbahnhof
Leuchtenbergring
Berg am Laim

S4 Geltendorf
Türkenfeld
Grafrath
Schöngeising
Buchenau
Fürstenfeldbruck
Eichenau
Puchheim
Aubing
Leienfelsstr.

S8 Herrsching
Seefeld-Hechendorf
Steinebach
Weßling
Neugilching
Gilching-Argelsried
Geisenbrunn
Germering-Unterpfaffenhofen
Harthaus
Neuaubing
Westkreuz
S20

S6 Tutzing
Feldafing
Possenhofen
Starnberg
Starnberg Nord
Gauting
Stockdorf
Planegg
Gräfelfing
Lochham
Ammersee
Starnberger See

U2 Feldmoching
Hasenbergl
Dülferstr.
Harthof
Am Hart
Frankfurter Ring
Milbertshofen
Bonner Platz
Scheidplatz
Hohenzollernplatz
Josephsplatz
Theresienstr.
Königsplatz
S27

U1 in Bau
Moosacher St.-Martins-Platz
Moosach
OEZ
Oberwiesenfeld
Olympiazentrum
Petuelring
U3
Georg-Brauchle-Ring
Westfriedhof
Gern
Rotkreuzplatz
Maillinger-str.
Stiglmaierplatz
Olympiapark
ZOB

U6 Garching-Forschungszentrum
Garching
Garching-Hochbrück
Fröttmaning
Kieferngarten
Freimann
Studentenstadt
Alte Heide
Nordfriedhof
Dietlindenstr.
Münchner Freiheit
Giselastr.
Universität
Odeonsplatz
Lehel
Max-Weber-Pl.
Chinesischer Turm

Arabellapark
U4
Richard-Strauss-Str.
Böhmerwaldplatz
Prinzregentenplatz

Messestadt Ost
U2
Messestadt West
Moosfeld
Messe München International / ICM
Trudering
Kreillerstr.
Josephsburg
Innsbrucker Ring
Michaelibad
Quiddestraße
Neuperlach Zentrum
Therese-Giehse-Allee
Neuperlach Süd
U5

S6 Erding
Altenerding
Aufhausen
St. Koloman
Ottenhofen
Markt Schwaben
Poing
Grub
Heimstetten
Feldkirchen
Riem
Gronsdorf
Haar
Vaterstetten
Baldham
S6 Zorneding
Eglharting
Kirchseeon
Grafing Bahnhof
Grafing Stadt
S4 Ebersberg

Neubiberg
Ottobrunn
Hohenbrunn
Wächterhof
Höhenkirchen-Siegertsbrunn
Dürrnhaar
Aying
Peiß
Großhelfendorf
S7 Kreuzstraße

Perlach
St.-Martin-Str.
Karl-Preis-Platz
Giesing
Fasangarten
Fasanenpark
Unterhaching
Taufkirchen
Furth
Deisenhofen
S20 S27
Sauerlach
Otterfing
S3 Holzkirchen

Rathaus
Deutsches Museum
Isar
Sendlinger Tor
Fraunhoferstr.
Kolumbusplatz
Silberhornstr.
Untersbergstr.
Candidplatz
Wettersteinplatz
St.-Quirin-Platz
U1 Mangfallplatz
Goetheplatz
Poccistr.
Implerstr.
Brudermühlstr.
Thalkirchen (Tierpark)

Theresienwiese
Schwanthalerhöhe
Heimeranplatz
Friedenheimer Str.
U4 Westendstr.
U5 Laimer Platz
Westpark
Partnachplatz
Holzapfelkreuth
Haderner Stern
Großhadern
U6 Klinikum Großhadern
Harras
Mittersendling
Obersendling
Aidenbachstr.
Machtlfinger Str.
Forstenrieder Allee
Basler Str.
U3 Fürstenried West
Siemenswerke
Solln
Großhesselohe Isartalbf.
Pullach
Höllriegelskreuth
Buchenhain
Baierbrunn
Hohenschäftlarn
Ebenhausen-Schäftlarn
Icking
S7 Wolfratshausen

R Regional train stop
DB Long distance train stop

Tariff zones
Munich XXL
Inner district
Outer district

TREN

Hay trenes IC e ICE directos a Berlín (113 €, 6 h), Hamburgo (127 €, 6 h), Frankfurt (89 €, 3¼ h) y Stuttgart (52 €, 2½ h).

CÓMO DESPLAZARSE

A/DESDE EL AEROPUERTO

El **Flughafen Franz-Josef Strauss** (**www.munich-airport.de**) está conectado por el S8 con la Ostbahnhof, Hauptbahnhof (estación central) y Marienplatz (9,20 €). El trayecto hasta la Hauptbahnhof dura unos 40 minutos; los trenes circulan cada 20 minutos aproximadamente de 4.00 a 1.00. Para ir a los barrios del norte y el este, también hay que tomar el S8.

TRANSPORTE PÚBLICO

Los trayectos cortos (cuatro paradas de autobús o tranvía, dos paradas de U-Bahn o S-Bahn) cuestan 1,20 €, mientras que los más largos cuestan 2,30 €. Es más barato comprar una tarjeta de 10 viajes, llamada *Streifenkarte,* por 11 € y validar un viaje por adulto en trayectos de una o dos paradas de tranvía o U-Bahn, o dos viajes por un trayecto más largo.

ALREDEDORES DE MÚNICH

CAMPO DE CONCENTRACIÓN DE DACHAU

Dachau fue el primer campo de concentración nazi, construido por Heinrich Himmler en marzo de 1933 para albergar a prisioneros políticos. En total, fueron "procesadas" más de 200 000 personas, de las cuales murieron al menos 43 000. Hoy en día es un monumento espeluznante. En mayo del 2009 se inauguró un nuevo **centro de información** (**☎ 669 970; www.kz-gedenkstaette-dachau.de; Alte Römerstrasse 75**), que alberga una librería, un café y un mostrador de reserva de circuitos.

Se entra al complejo a través de la **Jourhaus,** originalmente la única entrada. Confeccionado en hierro, el escalofriante cartel "Arbeit macht Frei" (el trabajo libera) impacta al visitante en la puerta.

En el **museo** (**entrada gratis; 🕓 9.00-17.00 ma-do**), situado en el extremo sur del campo, se proyecta un documental en inglés de 22 minutos de duración a las

TJO/IMAGEBROKER

Entrada principal al campo de concentración de Dachau.

KKR/IMAGEBROKER

El Schloss Herrenchiemsee en Herreninsel, inspirado en Versalles.

11.30, 14.00 y 15.30. A ambos lados del pequeño cine hay una exposición que relata la terrible historia del campo. Se muestran fotografías y modelos del campo, sus oficiales y prisiones, y el horror de los "experimentos científicos" llevados a cabo allí por los médicos nazis.

CÓMO LLEGAR Y SALIR

El S2 sale cada 20 minutos de la Hauptbahnhof de Múnich y llega a Dachau en 21 minutos.

CHIEMSEE

☎ 08051

Herreninsel, una isla situada a 1,5 km de Prien, alberga el **Schloss Herrenchiemsee** (**☎ 688 70; adultos/reducida/menores de 18 años 7/6/gratuita; visitas continuadas 9.00-18.00 abr-mediados de oct, 9.40-16.15 mediados de oct-mar**), un palacio encargado por Luis II e inspirado en el de Versalles. Iniciado en 1878, nunca estuvo destinado a ser una residencia real.

Las salas que sí se finalizaron rivalizan en opulencia. La amplia **Gesandtentreppe (escalera del Embajador)**, una escalera doble que lleva a una galería de frescos y está cubierta por un techo de cristal, produce el primer gran impacto visual de la visita guiada, pero palidece comparada con la impresionante Grosse Spiegelgalerie **(gran galería de los Espejos)**. Tiene 52 candelabros y 33 lámparas de araña con 7000 velas, que 70 criados tardaban media hora en encender. Pero la guinda del pastel es la habitación del rey, la Kleines Blaues Schlafzimmer (pequeña habitación azul). Está bañada en una suave luz azul que emana de un globo de cristal a los pies de la cama.

Para llegar al palacio hay que tomar el *ferry* en Prien-Stock (ida y vuelta 6,50 €, 15-20 min) o en Bernau-Felden (8 €, 25 min, may-oct). Desde el muelle de Herreninsel hay que caminar unos 20 minutos a través de unos preciosos jardines. La visita guiada dura 30 minutos.

CÓMO LLEGAR Y DESPLAZARSE

Desde Múnich a Prien y Bernau hay trenes cada hora (15,20 €, 1 h). El autobús RVO nº 9505, que sale cada hora, conecta ambas poblaciones.

➘ BAVIERA

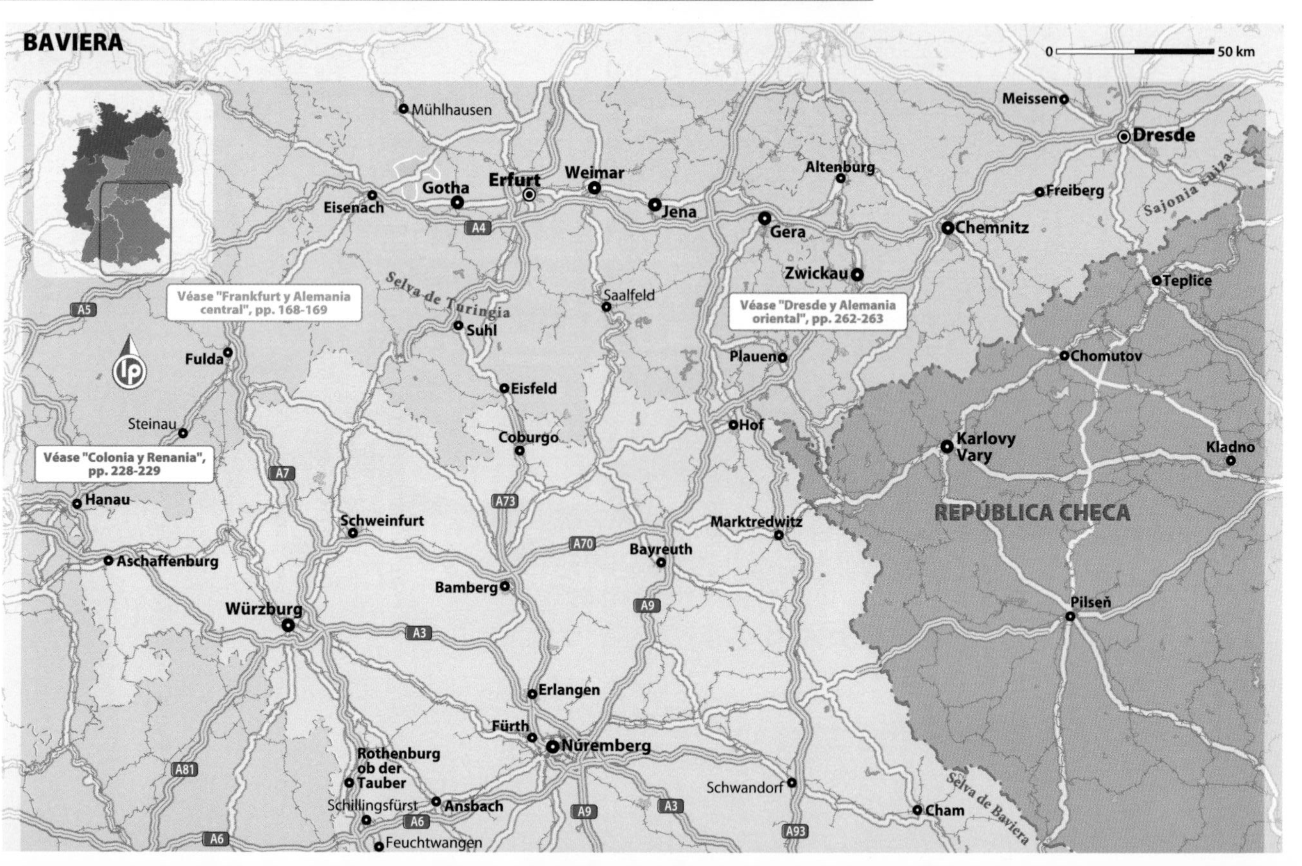
BAVIERA
0
50 km
Mühlhausen
Meissen
Dresde
Eisenach
Gotha
Erfurt
Weimar
Jena
Altenburg
Gera
Freiberg
Chemnitz
Sajonia suiza
Zwickau
Teplice
A5
A4
Véase "Frankfurt y Alemania central", pp. 168-169
Selva de Turingia
Saalfeld
Suhl
Véase "Dresde y Alemania oriental", pp. 262-263
Fulda
Plauen
Chomutov
Eisfeld
Steinau
Hof
Coburgo
Karlovy Vary
Kladno
Véase "Colonia y Renania", pp. 228-229
A7
Hanau
A73
Schweinfurt
Marktredwitz
REPÚBLICA CHECA
A70
Bayreuth
Aschaffenburg
Bamberg
Würzburg
A9
Pilseň
A3
Erlangen
Fürth
Núremberg
Rothenburg ob der Tauber
A81
Schwandorf
Schillingsfürst
Ansbach
Cham
Selva de Baviera
A9
A3
A6
A6
A93
Feuchtwangen

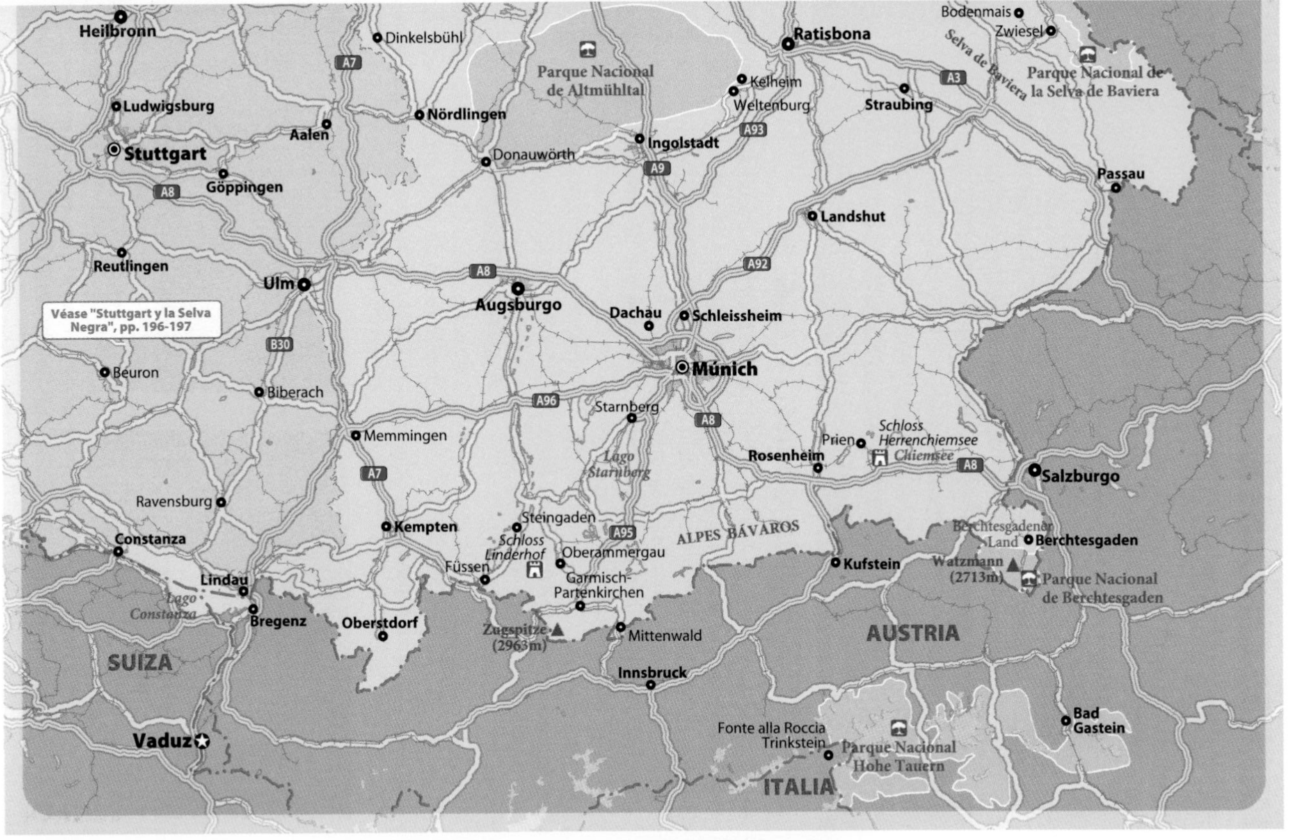
Heilbronn
Dinkelsbühl
A7
Parque Nacional de Altmühltal
Ratisbona
Bodenmais
Zwiesel
Selva de Baviera
Parque Nacional de la Selva de Baviera
A3
Kelheim
Weltenburg
Straubing
Ludwigsburg
Nördlingen
Aalen
Ingolstadt
A93
Stuttgart
Donauwörth
A9
Passau
A8
Göppingen
Landshut
Reutlingen
A92
Ulm
Augsburgo
Dachau
Schleissheim
Véase "Stuttgart y la Selva Negra", pp. 196-197
B30
Múnich
Beuron
Biberach
A96
Starnberg
A8
Memmingen
Schloss Herrenchiemsee
Prien
Chiemsee
Rosenheim
Lago Starnberg
A7
Salzburgo
Ravensburg
Steingaden
Kempten
A95
ALPES BÁVAROS
Constanza
Schloss Linderhof
Oberammergau
Berchtesgadener Land
Berchtesgaden
Kufstein
Watzmann (2713m)
Parque Nacional de Berchtesgaden
Füssen
Garmisch-Partenkirchen
Lindau
Lago Constanza
Bregenz
Oberstdorf
Zugspitze (2963m)
Mittenwald
AUSTRIA
SUIZA
Innsbruck
Bad Gastein
Fonte alla Roccia Trinkstein
Parque Nacional Hohe Tauern
Vaduz
ITALIA

IMPRESCINDIBLE

1 LA MAGIA DE LUIS II

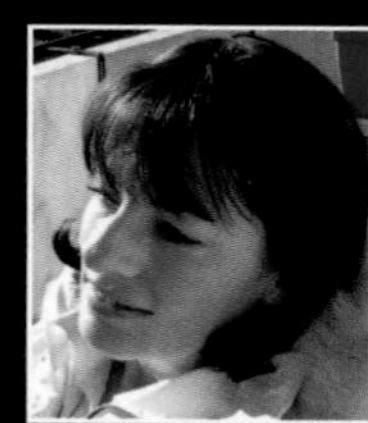

POR CORNELIA ZIEGLER, AUTORA DE UNA PRESTIGIOSA GUÍA SOBRE LUIS II

Hace unos años, mientras contemplaba el Schloss Neuschwanstein desde Marienbrücke (puente de María), comprendí de pronto la genialidad del rey Luis II. Jamás había visto una estructura que se fundiera tan bien con la naturaleza como Neuschwanstein con el espectacular paisaje de Schwangau.

LO MEJOR SEGÚN CORNELIA ZIEGLER

❶ SCHLOSS NEUSCHWANSTEIN

Luis II soñaba con volar y, de hecho, lo declararon loco por ello. Pero, apenas cinco años después de su muerte, Otto Lilienthal inició sus primeros experimentos de vuelo... Suelo recordar esa extraña ironía en el teleférico que lleva a la cima del monte de Tegelberg, contemplando el **castillo** (p. 140).

❷ SCHLOSS LINDERHOF

Al visitar el evocador **palacio** residencial de Luis II (p. 145) no hay que perderse el parque y sus exóticos edificios. Se puede viajar a Oriente en el pabellón morisco, invocar antiguas tribus germánicas en la Hundinghütte o profundizar en un mundo de ensueño wagneriano en la famosa Gruta de Venus, donde el monarca se deslizaba sobre un barco en forma de concha.

❸ LAGO STARNBERG

Todos los años, el domingo siguiente al aniversario de la muerte de Luis II, se celebra un oficio conmemorativo en una capilla de este **lago** (plano pp. 116-117).

En el sentido de las agujas del reloj desde arriba: Schloss Neuschwanstein (p. 140); Schloss Nymphenburg (p. 105); monumento a Luis II, lago Starnberg (p. 142); fuente de Latona, Schloss Herrenchiemsee (p. 114); Schloss Linderhof (p. 145).

Tras ello, se hunde una corona en el lugar donde el rey se ahogó en 1886. No hay mejor sitio para hacerse una idea de la intensa fascinación que este misterioso monarca despierta hasta el día de hoy.

❹ SCHLOSS HERRENCHIEMSEE

Antes o después de visitar el **palacio de Herrenchiemsee** (p. 114) hay que dejarse caer por el Museo de Historia *(Heimatmuseum)* de Prien. Esta granja original del s. XIX alberga un acogedor salón decorado con un retrato del rey. En Herrenchiemsee hay que tomarse tiempo para explorar esta cautivadora isla a pie.

❺ MÚNICH

El **Schloss Nymphenburg** (p. 105) de Múnich es uno de los conjuntos de parque y palacio más hermosos de Europa. Destacan la estancia donde nació Luis II y la magnífica colección de carruajes reales del **Museo Marstall.** En el centro, no hay que perderse el **Teatro Cuvilliés** (en la Residenz, p. 102), joya rococó donde el rey asistía a muchas actuaciones de carácter privado.

↘ LO QUE HAY QUE SABER

Escuchar Música clásica en el Festival de Herrenchiemsee en julio. **Comer en** la taberna de Bleckenau (www.berggasthaus-bleckenau.de), en lo alto de Neuschwanstein. **Leer** *Bayern – auf den Spuren von König Ludwig II* (Bayern: tras las huellas del rey Luis II), de Cornelia Ziegler. **Más información sobre Luis II en p. 142.**

IMPRESCINDIBLE

2

GRANDEZA ALPINA

La Naturaleza ha sido tan prolífica y creativa en los Alpes Bávaros como Picasso en su mejor momento. Este hermoso mosaico de montes, lagos, bosques y prados es capaz de convertir a los adictos al sofá en amantes de la vida al aire libre. **Oberstdorf** (p. 146), **Garmisch-Partenkirchen** (p. 141) y **Berchtesgaden** (p. 146) son excelentes bases de operaciones.

3

BAMBERG: OBISPOS Y CERVEZA

Bisecada por ríos y canales, **Bamberg** (p. 154) goza de una espléndida ubicación sobre siete colinas, con una pintoresca mezcla de sinuosas avenidas, edificios medievales y una silueta urbana tachonada de chapiteles. Una contagiosa energía se desprende de sus numerosas cervecerías, donde hay que probar la única *Rauchbier,* cerveza local ahumada con un siglo de tradición.

4

ROTHENBURG OB DER TAUBER

Una multitud de visitantes invade **Rothenburg** (p. 129), la joya de la Ruta Romántica; sin embargo, se pueden encontrar tranquilos rincones paseando por sus sinuosas calles de adoquines desgastados o admirar la puesta de sol sobre el valle del Tauber desde los jardines que hay tras las puertas de la ciudad.

5

WÜRZBURG RESIDENZ

La **Residenz** (p. 128) fue construida por orden de los príncipes-obispos locales para ser usada como residencia habitual. Balthasar Neumann y Giovanni Tiepolo, entre otros, intervinieron en el diseño y decoración. Es uno de los palacios barrocos más importantes de Alemania y fue declarado Patrimonio Mundial.

6

EL LEGADO DEL TERCER REICH

La pesada herencia del Tercer Reich se observa especialmente en ciudades que jugaron un papel clave en la Alemania Nazi, como Berchtesgaden (p. 146) y Núremberg (p. 150). Es bueno visitarlas para ver cómo tratan este capítulo sombrío de su historia de manera honesta y responsable.

2 Excursionistas en Garmisch-Partenkirchen (p. 141); 3 Altes Rathaus de Bamberg (p. 154); 4 Rothenburg ob der Tauber (p. 129); 5 Hofgarten, Residenz de Wurzburgo (p. 128); 6 Reichsparteitagsgelände (Wurzburgo), Núremberg (p. 153).

LO MEJOR

MERCADOS NAVIDEÑOS

- **Augsburgo** (p. 137) Músicos angelicales y un mágico Ayuntamiento.
- **Núremberg** (p. 150) El mercado más famoso de Alemania.
- **Ratisbona** (p. 160) Tres mercados, incluido uno iluminado por antorchas en el palacio.
- **Rothenburg ob der Tauber** (p. 129) Tenderetes que brillan en un idílico laberinto de calles medievales.

CERVECERÍAS Y JARDINES

- **Klosterschenke Weltenburg** (p. 163) Cervecería monástica en un entorno idílico.
- **Kneitinger, Ratisbona** (p. 163) La cervecería bávara por excelencia.
- **Weib's Brauhaus, Dinkelsbühl** (p. 134) Deliciosas cervezas de una maestra cervecera.
- **Wirtshaus zum Schlenkerla, Bamberg** (p. 156) Para probar su famosa *Rauchbier*.

EXCURSIONES INSPIRADORAS

- **Parque Nacional Forestal de Baviera** (p. 166) Hogar de ciervos y otras criaturas.
- **Eiskapelle** (p. 147) Caverna de hielo cerca de Königssee.
- **Jagdschloss Schachen** (p. 143) Exótico refugio montés del rey Luis II.
- **Partnachklamm** (p. 143) Estrecho barranco con carámbanos y cascadas heladas en invierno.
- **Zugspitze** (p. 143) Solo para excursionistas experimentados.

CURIOSIDADES

- **El muro del eco, Berchtesgaden** (p. 147) El sonido rebota en sus muros rocosos.
- **Felsengänge, Núremberg** (p. 152) Pasajes medievales subterráneos.
- **Käthe Wohlfahrt Weihnachtsdorf, Rothenburg ob der Tauber** (p. 133) Aquí es Navidad todo el año.
- **Walhalla** (p. 163) Templo de mármol dedicado a germánicos ilustres.

MARTIN MOOS

Puesto de corazones de *Lebkuchen* (pan de jengibre) en Christkindlesmarkt (p. 153), Núremberg.

LO QUE HAY QUE SABER

ESTADÍSTICAS

- **Población** 12,5 millones.
- **Superficie** 70 549 km^2.
- **Mejor época para viajar** De abril a octubre para excursiones y actividades al aire libre; de diciembre a marzo para deportes de invierno.
- **Puntos de entrada** Frankfurt am Main, Múnich, lago Constanza.

ANTES DE PARTIR

- **Lo antes posible** Reservar alojamiento en verano, en la Oktoberfest y en diciembre, cuando se celebran los mercados navideños (sobre todo en Núremberg).
- **Una semana antes** Comprar entradas en línea para visitar el Schloss Neuschwanstein (p. 140) y Hohenschwangau (p. 139).
- **Un día antes** Hacer reservas para catas de vino, como, por ejemplo, las de Wurzburgo (p. 128).

RECURSOS EN INTERNET

- **Bayern Tourismus** (www.bayern.by) Oficina regional de turismo.
- **Kinderland Bavaria** (www.kinderland.by) Información sobre viajes en familia.
- **Oficina de turismo de la Ruta Romántica** (☎ 09851-551 387; www.romantische-strasse.de) En Dinkelsbühl (p. 133).

URGENCIAS

- **Bomberos y ambulancia** ☎ 112
- **Policía** ☎ 110

CÓMO DESPLAZARSE

- **Avión** Frankfurt y Múnich son las principales puertas hacia Baviera.
- **Bicicleta** La Ruta Romántica (p. 126) y el Parque Natural de Altmühltal (p. 159) son ideales para recorrerlos en bici.
- **Autobús** Se aconseja informarse acerca del Europabus (véase p. 126) para viajar por la Ruta Romántica.
- **Coche** Es perfecto para viajar por el campo, e indispensable en la remota selva de Baviera (p. 165).
- **Tren** Para pequeños grupos el Bayern-Ticket (28 €; www.bahn.de) es una ganga: cinco adultos pueden hacer viajes ilimitados en trenes regionales de segunda clase cualquier día entre semana o desde las 24.00 a las 3.00 los fines de semana.

ADVERTENCIAS

- **Estancia mínima** Algunos alojamientos exigen una estancia mínima de dos a tres días en temporada alta o, en su defecto, cobran un suplemento.
- **Habitaciones en casas particulares** Las oficinas de turismo buscan alojamiento barato en casas particulares (*Privatzimmer*).
- **Autobuses regionales** El servicio de autobuses públicos acaba a primera hora de la noche y se suspende los fines de semana.
- **Impuestos en complejos turísticos** Muchos complejos y centros de *spa* cobran a sus clientes de una noche una *Kurtaxe*. Las tarifas oscilan entre 2 y 3 € la noche.

ITINERARIOS

LA AVENTURA ALPINA Tres días

Este circuito en coche recorre una sinuosa ruta a los pies de los imponentes Alpes Bávaros. Comienza en **(1) Garmisch-Partenkirchen** (p. 141), el lujoso complejo turístico invernal, donde una ingeniosa combinación de tren y funicular lleva hasta la cima del Zugspitze, la montaña más alta de Alemania. Los amantes del esquí se creerán en el paraíso al explorar sus más de 100 km de descensos en tres pistas. El primer objetivo del segundo día es **(2) Oberammergau** (p. 144), una aldea de increíble belleza –aunque demasiado turística–, célebre por su representación teatral de la Pasión de Cristo (cada 10 años), su tradición de más de 500 años de talla en madera y sus fachadas decoradas con frescos. Después uno puede visitar el **(3) Schloss Linderhof** (p. 145), el palacio más romántico de Luis II, o bien ir derecho al lago Chiemsee para pasear por el más que suntuoso **(4) Schloss Herrenchiemsee** (p. 114), el "Versalles bávaro" del rey.

Durante el tercer día el viajero puede sumergirse en el paisaje de **(5) Berchtesgaden** (p. 146), cuyas visitas obligadas incluyen un viaje en barco al lago verde esmeralda de Königssee, el espectacular ascenso y vistas al Nido del Águila y una parada en el Dokumentation Obersalzberg.

LA RUTA ROMÁNTICA Cinco días

Está hecha a medida para viajeros de carretera y manta. Es la ruta más famosa de Alemania y consiste en una hilera de ciudades amuralladas, antiguas atalayas e imponentes castillos. Hay infinitas posibilidades de hacer paradas, pero a continuación se citan varios lugares destacados. Se puede empezar en **(1) Wurzburgo** (p. 126), una alegre ciudad moldeada por el vino, los obispos y la excelsa arquitectura. Luego se puede ir al sur hasta **(2) Rothenburg ob der Tauber** (p. 129), cuyo aspecto de pueblo de cuento de hadas y cautivadoras calles se combinan en un cóctel irresistible. Después, uno puede sumergirse en **(3) Dinkelsbühl** (p. 133) y **(4) Nördlingen** (p. 136), dos joyas medievales rodeadas de antiguos muros. Seguidamente se puede continuar hasta la enérgica **(5) Augsburgo** (p. 137), a la que dieron forma los romanos y los comerciantes y artesanos medievales. En verano, sus soberbias plazas y callejuelas entretejidas por canales rebosan de *joie de vivre*. De las numerosas iglesias que tachonan la ruta, destaca la diáfana **(6) Wieskirche** (p. 131), composición rococó de proporciones divinas ubicada cerca de la aldea de Steingaden. El circuito acaba en el que muchos consideran lo mejor de la ruta: el castillo de cuento de hadas de Füssen, **(7) Schloss Neuschwanstein** (p. 140), que encarna a un tiempo la genialidad y la tragedia de su creador, el rey Luis II.

LAS MAYORES ATRACCIONES Una semana

Este gran conjunto de puntos de interés bávaros abarca siglos de historia germana, pasando por bulliciosas ciudades, lugares declarados Patrimonio Mundial y poblaciones románticas. La primera parada de esta ruta épica es (1) Bamberg (p. 154), que asombrará al viajero con sus pintorescas callejas y un increíble *collage* de regios edificios medievales. Tras esto hay que ir al oeste hasta (2) Wurzburgo (p. 126), donde la antigua residencia obispal, muestra el esplendor del arte y la arquitectura barrocos. Un breve trayecto en coche hacia el sur conducirá a la bella (3) Rothenburg ob der Tauber (p. 129), que cautivará hasta a los antirrománticos más empedernidos, sobre todo si se quedan de noche, tras la retirada de los autobuses turísticos. Luego se puede ir hasta (4) Núremberg (p. 150), una moderna ciudad que vio nacer tanto al maestro del Renacimiento Alberto Durero como a las concentraciones nazis. No hay que pasar por alto (5) Ratisbona (p. 160), que se alza en un bello entorno sobre el Danubio, con una vibrante mezcla de arquitectura medieval y brío del s. XXI. Después se dejan atrás las ciudades para sumergirse en (6) Berchtesgaden (p. 146), un paisaje de ensueño con montes, prados y lagos como espejos. La última parada es el (7) Schloss Neuschwanstein de Füssen (p. 140), la fantasía del rey Luis II, oculta en las bellas y boscosas faldas de los montes alpinos.

DESCUBRIR BAVIERA

Desde los altos Alpes en el sur hasta la llanura del Danubio y las boscosas colinas de Franconia, la diversa Baviera (Bayern) es el *Land* (estado federal) más extenso del país. Las espléndidas vistas alpinas, ciudades rebosantes de carácter histórico y el conjunto de castillos legados por un excéntrico rey del s. XIX también hacen del "estado libre" del sur uno de los más fascinantes.

Los bávaros viven pegados al ordenador portátil los días laborables pero el fin de semana se enfundan los pantalones de cuero típicos y dan rienda suelta a su afición por la espumosa cerveza local. Múnich es un importante centro financiero, mientras que en el campo el tiempo parece haberse detenido.

El oeste de Baviera está atravesado por la famosa Ruta Romántica. Esta senda de pueblos amurallados y antiguas atalayas culmina en el castillo más célebre del mundo, el Neuschwanstein, encargado por Luis II. Desde allí, el extremo septentrional de los Alpes se extiende a lo largo de 250 km, con montañas nevadas que hacen las delicias de los excursionistas y esquiadores.

RUTA ROMÁNTICA

Dos millones de personas recorren cada año la **Romantische Strasse** (Ruta Romántica), el itinerario turístico más popular del país. Pese a las hordas de visitantes, el viajero no quedará decepcionado. La Ruta Romántica atraviesa la Baviera occidental de norte a sur a lo largo de unos 420 km entre Wurzburgo y Füssen, cerca de la frontera con Austria. Aunque Frankfurt am Main es la puerta de entrada más habitual a la Ruta Romántica, Múnich también es una buena opción.

CÓMO DESPLAZARSE

Lo mejor es viajar en coche, aunque muchos viajeros prefieren tomar el autocar Europabus/Deutsche Touring, que puede llenarse hasta límites insospechados en verano. De abril a octubre hay un autocar diario en cada dirección entre Frankfurt am Main y Füssen (hacia Neuschwanstein); el recorrido completo dura unas 11 h. No se cobra suplemento por dividir el viaje y seguir el día siguiente.

Es posible comprar billetes para tramos cortos, y solo es necesario reservar los fines de semana de temporada alta. Las reservas se pueden realizar a través de **Deutsche Touring** (☎ **069-790 3501; www.touring.de**), **EurAide** (☎ **089-593 889; www.euraide.de**) en Múnich y las oficinas Reisezentrum de Deutsche Bahn que hay en las estaciones de trenes.

WURZBURGO

☎ 0931 / 134 500 hab.

Esta pintoresca ciudad se extiende a ambos lados del río Main y es conocida por su arte, arquitectura y delicados vinos. La nutrida comunidad estudiantil garantiza un ambiente relajado, aunque la diversión también está asegurada gracias a los numerosos bares. Durante siglos los príncipes-obispos del lugar tuvieron un enorme poder y riqueza, y durante su mandato la ciudad creció con gran opulencia. La joya de la corona es la Residenz, una de las mejores edificaciones barrocas de Alemania, declarada Patrimonio Mundial.

INFORMACIÓN

Oficina de turismo Am Congress Centrum (☎ 372 335; Am Congress Centrum; 🕑 8.00-17.00 lu-ju, 8.00-13.00 vi); Marktplatz (☎ 372 398; www.wuerzburg.de; Falkenhaus; 🕑 10.00-18.00 lu-vi, 10.00-14.00 sa abr-dic y do may-oct, 10.00-16.00 lu-vi, 10.00-14.00 sa ene-mar)

PUNTOS DE INTERÉS

FESTUNG MARIENBERG

En la margen izquierda del río Main, la **Festung Marienberg** (fortaleza de Marienberg) ha presidido Wurzburgo desde que el príncipe-obispo de la ciudad encargara un nuevo castillo en 1201. Fue tomada solo una vez por las tropas suecas en la Guerra de los Treinta Años. La encantadora caminata desde la ribera del río a través de la colina plantada de viñedos dura unos 20 minutos; también se puede tomar el autobús nº 9 en Juliuspromenade.

La fortaleza alberga dos museos. El **Fürstenbaumuseum** (☎ 355 1750; adultos/reducida 4/3 €; 🕑 9.00-18.00 ma-do mediados de mar-oct) está dedicado a la historia de la ciudad, mientras que el **Mainfränkisches Museum** (☎ 205 940; adultos/reducida 4/3 €, entrada combinada para ambos museos 5/4 €; 🕑 10.00-19.00 ma-do abr-oct, hasta las 16.00 ma-do nov-mar), situado en el Zeughaus (arsenal) de estilo barroco, alberga una famosa colección de obras del genial escultor del s. XV Tilman Riemenschneider, originario de Wurzburgo. La Kelterhalle, donde antaño se fermentaban las uvas, acoge ahora una exposición sobre la elaboración del vino.

MUSEUM AM DOM Y DOMSCHATZ

Este museo ocupa un bello edificio junto a la catedral. El **Museum am Dom** (386 261; Domerschulstrasse 2; adultos/reducida 3,50/2,50 € entrada conjunta con el Domschatz 4,50 €; 🕑 10.00-18.00 abr-oct; hasta las 17.00 nov-mar, lu cerrado) presenta una colección de arte moderno de temática cristiana. Hay obras de artistas célebres como Joseph Beuys, Otto Dix y

MSI/IMAGEBROKER

El Schlossberg de Wurzburgo, rodeado de parras.

Käthe Kollwitz, así como piezas de maestros del románico, el gótico y el barroco.

En el **Domschatz** (**Tesoro de la Catedral; 3856 5600; Plattnerstrasse; adultos/estudiantes 2/1,50 €; 14.00-17.00 ma-do**) de Wurzburgo se puede contemplar una rica muestra de objetos religiosos desde el s. XI hasta la actualidad.

CIRCUITOS

En el centro de la industria vinícola de Franconia se pueden catar algunos de los mejores caldos de la zona en una visita a las bodegas históricas. Se recomienda reservar.

Bürgerspital Weingut (**350 3403; Theaterstrasse 19; visitas guiadas 6 €; 14.00 sa,**

JAMIE OTTERSTETTER

Paseo cubierto en la Residenz de Wurzburgo.

RESIDENZ

Símbolo de riqueza y prestigio de los obispos de Wurzburgo, la Residenz, declarada Patrimonio Mundial, es uno de los sitios más destacados y atractivos del sur de Alemania.

Justo al entrar se verá la brillante **gran escalera,** a la izquierda. Milagrosamente, el techo abovedado sobrevivió a la guerra y el magnífico fresco de Tiépolo, *Los cuatro continentes* (1750–1753), que, según se dice, es el más grande del mundo sobre una escalera, reluce en toda su gloria. Si se mira atentamente se verá a Balthasar Neumann, arquitecto de la Residenz, con gesto altivo sobre un cañón.

Pero, para opulencia, la residencia imperial del obispo, que rivalizaba con la de los reyes. La **Kaisersaal** (sala Imperial) es una mezcla de mármol, estucado en oro y más frescos increíbles. La **Spiegelsaal** (sala de los Espejos) es la más memorable; su estuco dorado cuelga del techo y sus paredes están forradas de paneles de espejo. En el ala sur está la magnífica **Hofkirche** (iglesia de la Corte; entrada gratis), uno de los primeros ejemplos de la inclinación de Neumann por las ilusiones espaciales.

Lo que hay que saber: 355 170; www.residenz-wuerzburg.de; Balthasar-Neumann-Promenade; adultos/reducida 5/4 €; 9.00-18.00 abr-oct, 10.00-16.30 nov-mar, circuitos en inglés 11.00 y 15.00

mar-oct) En el Bürgerspital Weinstuben; incluye una pequeña botella de vino.

Weingut Juliusspital (393 1400; Julius-promenade 19; circuitos 6-10 €; circuitos en alemán 17.00 vi y sa abr-dic) En el espléndido complejo que también alberga el bar de vinos Juliusspital.

DÓNDE DORMIR

En Wurzburgo el precio del alojamiento es un poco más económico que en otras ciudades bávaras.

Babelfish (304 0430; www.babelfish-hostel.de; Haugerring 2; dc 16-20 €, i/d 40/58 €;) Trasladado recientemente a un elegante edificio frente a la estación de trenes, este flamante hotel ofrece 74 camas dispuestas en dos plantas, una soleada terraza en la azotea, recepción abierta las 24 horas, instalaciones adaptadas para discapacitados y extras como las llaves-tarjeta y la lavandería.

Hotel zum Winzermännle (541 56; www.winzermaennle.de; Domstrasse 32; i 62-75 €, d 92-105 €) Al finalizar la guerra, la familia propietaria de esta antigua bodega la reconstruyó según el diseño original. Hay distintos tipos de habitaciones amuebladas con buen gusto. Está en una zona peatonal, cerca de un aparcamiento.

Hotel Rebstock (309 30; www.rebstock.com; Neubaustrasse 7; i 83-119 €, d 133-169 €; P) Clase, hospitalidad y un toque de nostalgia. Meticulosamente restaurada, esta mansión rococó tiene habitaciones muy bien decoradas y muchas comodidades. Excelente para el descanso.

DÓNDE COMER

Bürgerspital Weinstuben (352 880; Theaterstrasse 19; platos principales 5-10 €) Los agradables recovecos de este laberíntico local de aire medieval figuran entre los lugares para comer y beber más populares de Wurzburgo. Se puede elegir entre una amplia selección de vinos de Franconia y maravillosos platos regionales, incluida la *Mostsuppe,* una deliciosa sopa de vino.

Alte Mainmühle (167 77; Mainkai 1; platos principales 6-25 €) Turistas y lugareños abarrotan esta terraza de dos niveles suspendida sobre el río Main para degustar platos típicos de Franconia con un toque moderno. En verano, las cenas al aire libre van acompañadas de bellas vistas del Festung Marienberg.

Backöfele (590 59; Ursulinergasse 2; platos principales 7-20 €) En este restaurante rústico con patio central se respira una atmósfera increíblemente romántica. La carta incluye platos tradicionales e innovadoras recetas con carne de caza y pescado.

CÓMO LLEGAR Y SALIR

Hay trenes frecuentes a Frankfurt (27 €, 1 h), Bamberg (17,60 €, 1 h) y Núremberg (desde 17,80 €, 1 h). Para ir a Rothenburg ob der Tauber (11,30 €, 1¼ h) hay que cambiar de tren en Steinach.

ROTHENBURG OB DER TAUBER

09861 / 11 200 hab.

Una exquisita joya de la Edad Media, Rothenburg ob der Tauber (su nombre significa “sobre el río Tauber”) es la principal parada turística en la Ruta Romántica. Con su entramado de calles empedradas, sus casas sin orden ni concierto y sus murallas con torres, el pueblo es realmente encantador. Las disposiciones urbanísticas son las más estrictas de Alemania pero todo se olvida por las tardes, cuando la luz amarilla de las linternas embruja a quien se queda tras la retirada de los autobuses turísticos.

INFORMACIÓN

Oficina de turismo (404 800; www.rothenburg.de; Marktplatz 2; 9.00-19.00 lu-vi, 10.00-17.00 sa y do may-oct, 9.00-17.00 lu-vi, 10.00-13.00

sa nov-abr) En el vestíbulo hay un tablón electrónico para reservar habitaciones fuera del horario comercial; también ofrecen conexión gratuita a Internet.

PUNTOS DE INTERÉS

El **Rathaus** (Ayuntamiento) en la Markt (plaza) se inició de acuerdo al estilo gótico en el s. XIV y se acabó en el Renacimiento. Hay que ascender los 220 escalones hasta el **Rathausturm** **(adultos/reducida 2/0,50 €; 9.30-12.30 y 13.00-17.00 abr-oct y dic, 12.00-15.00 nov y ene-mar)** para llegar al mirador y gozar de vistas panorámicas del Tauber.

Al norte de Marktplatz se erige la **Jakobskirche** **(Klingengasse 1; adultos/reducida 2/0,50 €, gratuita durante los servicios; 9.00-17.15 abr-oct, 10.00-12.00 y 14.00-16.00 nov y ene-mar, 10.00-16.45 dic)**, el mayor lugar de peregrinación de Rothenburg. La principal atracción es el **Heilig Blut Altar** (altar de la Sangre Divina), un altar esculpido ubicado en una plataforma elevada en la parte este de la nave. Rememora la última cena con Judas, excepcionalmente en el centro, que recibe pan de Jesucristo. Se dice que el cristal de roca del interior contiene una gota de la sangre de Jesucristo.

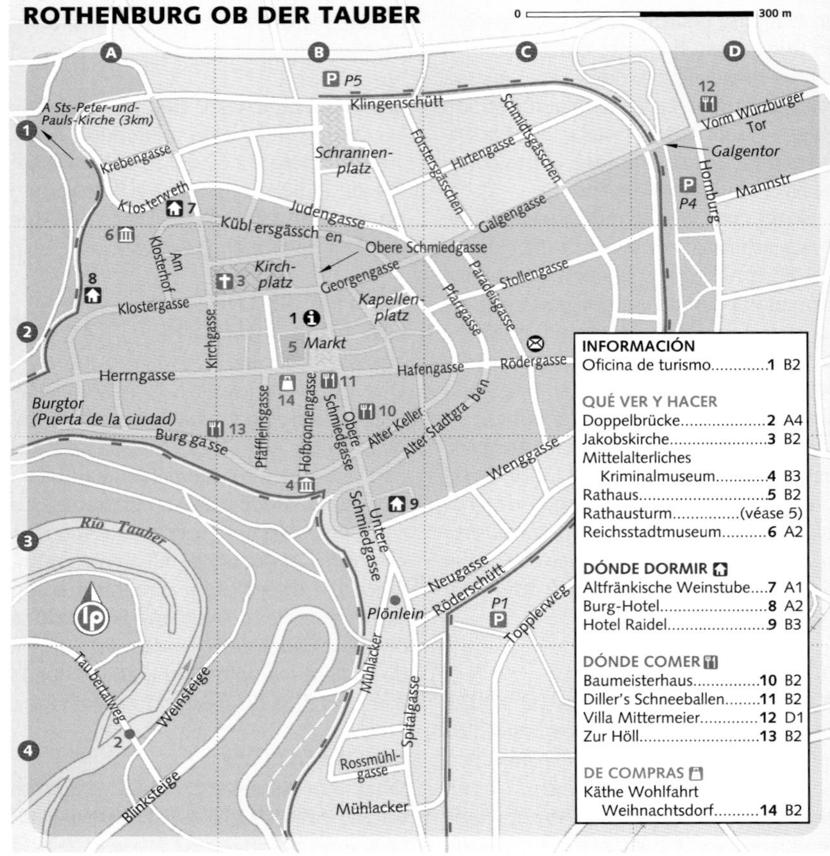

GLENN VAN DER KNIJFF

Interior de la Wieskirche, cerca de Steingaden.

SI GUSTA...

Si la **Würzburg Residenz** (p. 128) despertó el gusto por la arquitectura barroca, las siguientes obras de arte también dejarán pasmado:

- **Wieskirche** (**www.wieskirche.de**) Cerca de la aldea de Steingaden, es la obra magna de Dominikus y Johann Baptist Zimmermann. Aquí acude en peregrinación cerca de un millón de amantes del arte y la espiritualidad.
- **Asamkirche Maria de Victoria** (**☎ 175 18; Neubaustrasse 11/2; adultos/reducida 2/1,50 €; 9.00-12.00 y 13.00-17.00 ma-do mar-oct, 13.00-16.00 nov-feb**) Los hermanos Cosmas Damian y Egid Quirin Asam colaboraron en la construcción de esta gloriosa iglesia, coronada con el fresco más grande del mundo pintado en techo plano. Si uno se sitúa en el pequeño círculo de la losa romboidal cerca de la puerta, el lugar cobrará tres dimensiones. Está en Ingolstadt, unos 80 km al norte de Múnich.
- **Basilika Vierzehnheiligen** (**☎ 09571-950 80; www.vierzehnheiligen.de; entrada gratis; 6.30-19.00 abr-oct, 7.30-anochecer nov-mar**) El arquitecto de la Residenz, Balthasar Neumann, también diseñó esta iglesia para peregrinos del s. XVIII, situada 25 km al sur de Coburgo. Las rotondas ovales, el juego de la luz y el trampantojo del techo crean una ilusión óptica y hacen que el interior parezca más grande de lo que es, además de crear la sensación de constante movimiento. Tiene una cervecería monástica al lado.
- **Neues Schloss Schleissheim** (**☎ 315 8720; www.schloesser-schleissheim.de; Max-Emanuel-Platz 1; adultos/menores de 18 años/reducida 4 €/gratis/3 €; 9.00-18.00 abr-sep, 10.00-16.00 oct-mar, cerrado lu**) Construido a imagen y semejanza de Versalles, está lleno de mobiliario de época y cuadros al óleo, y tiene un techo abovedado con frescos tridimensionales de Cosmas Damian Asam.
- **Basilika Sankt Emmeram** (**www.bistum-regensburg.de**) Otra obra de arte de los Asam, situada en Ratisbona. Tiene dos frescos gigantes en el techo y su cripta guarda los restos de los santos Emmeram, Wolfgang y Ramwold.

En el fascinante **Mittelalterliches Kriminalmuseum** (**Museo Medieval del Crimen; ☎ 5359; Burggasse 3; adultos/reducida 3,80/2,20 €; 11.00-17.00 abr, 10.00-18.00 may-oct, 14.00-16.00 nov, ene y feb, 13.00-16.00 dic**) se exhiben brutales aparatos de tortura de la época medieval. Entre las piezas hay cinturones de castidad, máscaras de castigo para los chismosos, una jaula para panaderos infieles, un yugo para mujeres pendencieras y un barril de cerveza para encerrar a los borrachos.

Para tener mejores vistas hay que ir a la parte oeste del pueblo, donde se divisa todo el valle del Tauber, incluido el **Doppelbrücke**, un puente de dos pisos. También es visible el principio del camino que desciende hasta el valle y lleva a la encantadora **St-Peter-und-Pauls-Kirche** (**☎ 5524; Detwang; adultos/niños 1/0,50 €; 8.30-12.00 y 13.30-17.00 abr-oct; 10.00-12.00 y 14.00-16.00 nov-mar, cerrado lu**), de estilo románico, que contiene otro impresionante altar de Tilman Riemenschneider. A mitad de camino hay una cervecería al aire libre (Unter den Linden).

El museo de arte, cultura e historia local es el **Reichsstadtmuseum** (**Museo de la Ciudad Imperial; 939 043; Klosterhof 5; adultos/reducida 3,50/2 €; 9.30-17.50 abr-oct, 13.00-16.00 nov-mar**), que ocupa un antiguo convento. Destacan la espléndida *Pasión de Rothenburg* (1494) de Martinus Schwarz y las propias estancias del convento, entre ellas una cocina del s. XIV.

DÓNDE DORMIR

Hotel Raidel (**☎ 3115; www.romanticroad.com/raidel; Wenggasse 3; i con/sin baño 39/24 €, d 59/49 €; P**) Para disfrutar del auténtico ambiente de la Ruta Romántica hay que ir a este encantador hotel con vigas de 500 años de antigüedad, un propietario muy simpático y antigüedades por doquier.

Altfränkische Weinstube (**6404; www.romanticroad.com/altfraenkische-weinstube; Am Klosterhof 7; i 58 €, d 64-75 €**) Ubicada en una tranquila calle cerca del Reichsstadtmuseum, esta encantadora pensión tiene habitaciones con mucho ambiente, todas con bañera y varias con camas con baldaquín o dosel. El restaurante (solo abierto para las cenas) sirve buena comida regional.

Burg-Hotel (**☎ 948 90; www.burghotel.rothenburg.de; Klostergasse 1-3; h 100-170 €; P**) Las mejores vistas del pueblo se tienen desde este encantador hotel, construido en las fortificaciones. Sus 15 habitaciones tienen salas de estar privadas y hay un elegante salón con un antiguo piano de media cola.

DÓNDE COMER

La especialidad por excelencia en Rothenburg son unos dulces llamados *Schneeballen*. En **Diller's Schneeballen** (**938 010; Hofbronnengasse 16**) se elaboran unas 23 variedades, pero también se pueden encontrar en otras tiendas del pueblo.

Zur Höll (**☎ 4229; Burggasse 8; platos 6-18 €**) Esta taberna medieval ocupa el edificio más antiguo del pueblo. La carta de especialidades regionales es limitada pero refinada, aunque su vino es lo mejor.

Baumeisterhaus (**☎ 947 00; Obere Schmiedgasse 3; platos principales 9-16 €**) Taberna tradicional con mucho ambiente. La zona de comidas, decorada con madera, se halla alrededor de un interesante patio con emparrados y antiguas reliquias de caza. El menú diario tiene numerosos platos tradicionales.

Villa Mittermeier (**☎ 945 40; Vorm Würzburger Tor; platos principales 28 €**) Elegante establecimiento incluido en la guía Michelin, que sirve exquisitos platos en cinco salas, que incluyen una en blanco y negro llamada "templo", una terraza exterior y una bodega en forma de barril. Los artísticos cocineros confían en la producción local de alimentos, y la lista de vinos (con más de 400 variedades) está entre lo mejor de toda Franconia.

UKR/IMAGEBROKER

Calle adoquinada, Rothenburg ob der Tauber.

DE COMPRAS

Käthe Wohlfahrt Weihnachtsdorf (☎ 4090; Herrngasse 1) En esta tienda la Navidad está presente durante todo el año con una impresionante variedad de adornos. Muchos de los artículos están hechos a mano, con una habilidad e imaginación sorprendentes, lo que se refleja en los elevados precios.

CÓMO LLEGAR Y SALIR

Desde Rothenburg parten trenes en todas direcciones, siempre con parada en Steinach, desde donde hay trenes a Wurzburgo (11,30 €, 1 h). Para los trayectos a/desde Múnich (desde 35 €, 3 h) hay que tomar hasta tres trenes distintos.

CÓMO DESPLAZARSE

Hay cinco aparcamientos en la localidad, en el exterior de la muralla. Todo el centro del pueblo está cerrado al tráfico de los no residentes (a excepción de los clientes de los hoteles) de 11.00 a 16.00 y de 19.00 a 5.00 los días laborables y todo el día los festivos.

DINKELSBÜHL

☎ 09851 / 12 000 hab.

Unos 40 km al sur de Rothenburg está Dinkelsbühl, un pueblo que protege con orgullo su herencia como residencia real fundada por los reyes carolingios en el s. VIII. Salió indemne de la Guerra de los Treinta Años y de los bombardeos de la Segunda Guerra Mundial, y en la actualidad es el pueblo medieval más pintoresco y mejor conservado de la Ruta Romántica. Para tener una buena impresión general del pueblo hay que caminar por las murallas fortificadas, con sus 18 torres y cuatro puertas.

INFORMACIÓN

La **oficina de turismo** (☎ 902 440; www.dinkelsbuehl.de; Altrathausplatz 14; ⏰ 9.00-18.00 lu-vi, 10.00-17.00 sa y do abr-oct, 10.00-17.00 cada día nov-mar) se ha trasladado recientemente a la nueva Haus der Geschichte.

PUNTOS DE INTERÉS

Cerca de la Wörnitzer Tor se repasa exhaustivamente la historia de Dinkelsbühl en la nueva **Haus der Geschichte** (Casa de

la Historia; 902 440; Altrathausplatz 14; adultos/niños 4/2 €; 9.00-18.00 lu-vi, 10.00-17.00 sa y do may-oct, 10.00-17.00 a diario nov-abr), que ocupa el antiguo ayuntamiento. Hay una interesante sección sobre la Guerra de los Treinta Años y una galería con pinturas del pueblo a principios del siglo pasado.

Siguiendo hacia el centro histórico se llega a la **Weinmarkt,** la plaza principal, bordeada por una hilera de espléndidas mansiones renacentistas. El edificio de la esquina es la **Ratsherrntrinkstube,** la antigua casa de pesos y medidas, que a lo largo de los siglos ha acogido a personajes tan ilustres como el emperador Carlos V y el rey Gustavo Adolfo de Suecia.

El **Münster Sankt Georg**, uno de los templos del gótico tardío más puros del sur del país, se alza como un centinela en la Weinmarkt. La fachada es un tanto austera, pero en su interior resplandece un increíble techo abovedado. Una curiosidad es la **ventana Pretzl,** donada por el gremio de panaderos, que ocupa la sección superior de la última ventana de la nave derecha.

BAH/IMAGEBROKER

Münster Sankt Georg y Weinmarkt, Dinkelsbühl.

Tras la puerta oeste, el **Museo de la Tercera Dimensión** (**6336; Nördlinger Tor; adultos/reducida 9/7 €; 10.00-18.00 abr-oct, 11.00-16.00 sa y do nov-mar)** tiene tres plantas de imágenes holográficas, estereoscopios e imágenes en tres dimensiones.

DÓNDE DORMIR Y COMER

Dinkelsbühler Kunststuben (**6750; www.kunst-stuben.de; Segringer Strasse 52; i 50 €, d 55-80 €;**) El trato personal y el enorme encanto de esta casa de huéspedes la convierten en una de las mejores de la Ruta Romántica. El mobiliario está hecho a mano por Voglauer; hay un bonito comedor para el desayuno y la acogedora biblioteca es perfecta para disfrutar de un buen libro.

Haus Appelberg (**582 838; Nördlinger Strasse 40; platos 5-10 €; 18.00-24.00 ma-sa)** Este restaurante es el secreto mejor guardado de Dinkelsbühl. Los propietarios, que también son los chefs, ofrecen platos tradicionales como las carpas de la zona, las salchichas de Franconia y los *Maultaschen* (raviolis de cerdo y espinacas). Los días cálidos se puede cambiar el interior por la terraza.

Weib's Brauhaus (**579 490; Untere Schmiedgasse 13; platos 5-12 €; cerrado ma)** Una experta en la elaboración de cerveza preside las cubas de cobre en este animado *pub*-restaurante. La carta ofrece platos tradicionales, como la popular *Weib's Töpfle* (olla de la mujer), un plato de cerdo con puré de patatas frito; todo se riega, obviamente, con cerveza de la casa.

CÓMO LLEGAR Y SALIR

A pesar de que una línea de ferrocarril atraviesa el pueblo, Dinkelsbühl no recibe trenes de pasajeros. Los autobuses regionales a/desde Nördlingen (6,30 €, 45 min) paran en la Busbahnhof (estación de autobuses). Para llegar a Rothenburg (8,90 €, 2 h) es necesaria mucha paciencia si no se dispone de vehículo privado. Hay que tomar el autobús nº 805, luego cambiar a un tren con destino a Ansbach y finalmente tomar otro tren en Steinach.

MSI/IMAGEBROKER

Niños celebrando Kinderzeche en Dinkelsbühl.

SI GUSTA...

Si gusta la alegría estentórea de la **Oktoberfest de Múnich** (p. 108), también gustará soltarse la melena en estos festivales bávaros:

- **Historisches Festival "Der Meistertrunk"** El Festival Histórico de "El Trago Maestro" conmemora un hecho que salvó a Rothenburg ob der Tauber (p. 129) de la destrucción durante la Guerra de los Treinta Años. El general Tilly se ofreció a perdonar a la ciudad si uno de sus habitantes bebía una enorme jarra de vino de un solo trago. Y el alcalde lo logró. El fin de semana de Whitsuntide (Pentecostés) hay procesiones, bailes, un mercado medieval y una representación de "El Trago Maestro".
- **Kinderzeche** En Dinkelsbühl (p. 133), bajando por la carretera desde Rothenburg, se hallaron los niños que convencieron a las tropas invasoras suecas de que perdonaran a la ciudad de la devastación durante la Guerra de los Treinta Años. Todos los años en julio el Festival de los Niños celebra el evento con un desfile, representaciones, música y demás divertimientos.
- **Gäubodenfest** Durante 11 días de agosto toma la ciudad de Straubing. Es una maratón de beber cerveza que empezó en 1812 como reunión social de los agricultores. Hoy tiene más de un millón de visitantes. Pese a las multitudes, sigue siendo una celebración tradicional menos turística que la de Múnich.
- **Nördlinger Pfingstmesse** Este festival de 10 días se celebra en Whitsuntide en Nördlingen (p. 136). Es una gran fiesta que se apodera del casco viejo con carpas de cerveza, puestos de comida y ocio.

Algunos hoteles alquilan bicicletas, y también se puede ir a **Fahrrad Krauss** (☎ 3495; Wenggasse 42; medio día/1 día 5/10 €).

NÖRDLINGEN

☎ 09081 / 20 100 hab.

Este encantador pueblo medieval ha conservado un aire de autenticidad que se agradece. Se encuentra en la cuenca de Ries, un enorme cráter formado por el impacto de un meteorito hace más de 15 millones de años. Con unos 25 km de diámetro, es uno de los mejor conservados del mundo y ha sido convertido en un "geoparque". La localidad también conserva las murallas originales del s. XIV, que bordean los límites del cráter y forman un círculo casi perfecto.

INFORMACIÓN

Oficina de turismo (☎ 841 16; www.noerdlingen.de; Marktplatz 2; 10.00-18.00 lu-ju, 10.00-16.30 vi, 10.00-14.00 sa Semana Santa-principios de nov, 10.00-14.00 do may-sep, lu-vi solo mediados de nov-Semana Santa) Tiene un vestíbulo abierto fuera del horario comercial con conexión a Internet y folletos.

PUNTOS DE INTERÉS

La maciza **Sankt Georgskirche,** iglesia del gótico tardío, es una de las mayores del sur de Alemania. El órgano y el púlpito, datado en 1499, ambos barrocos, son dignos de ver, pero lo que más destaca es la **torre Daniel** (adultos/reducida 2/1,40 €; 9.00-18.00 abr-jun, sep y oct, hasta las 19.00 jul y ago, hasta las 17.00 nov-mar), de 90 m de altura. Desde lo alto puede verse todo Nördlingen y el suave paisaje del cráter de Ries.

Situado en un antiguo establo, el **Rieskrater Museum** (☎ 273 8220; Eugene-Shoemaker-Platz 1; adultos/niños 4/1,50 €; 10.00-16.30 ma-do) explora la formación de cráteres por impactos de meteoritos y las consecuencias de estas violentas colisiones contra la Tierra. Se exhibe una roca lunar auténtica (préstamo permanente de la NASA), fósiles y otras muestras geológicas.

Una de las mayores colecciones de trenes clásicos de vapor se puede encontrar en el **Bayerisches Eisenbahnmuseum** (Museo Bávaro del Ferrocarril; ☎ 09083-340; www.bayerisches-eisenbahnmuseum.de; Am Hohen Weg; adultos/niños 4/2 €; 12.00-16.00 ma-sa, 10.00-17.00 do may-sep, sa y do sólo mar, abr y oct). Sus

MMI/IMAGEBROKER

Adornos navideños frente al Rathaus de Augsburgo.

100 vehículos antiguos van desde elegantes motores de alta velocidad para transportar pasajeros hasta pequeños y encantadores guardagujas.

DÓNDE DORMIR Y COMER

Kaiserhof Hotel Sonne (☎ 5067; Marktplatz 3; i/d 55-65/75-120 €; P ⊠) Es uno de los mejores hoteles de Nördlingen y data de 1405. Las habitaciones combinan con gusto el encanto tradicional con las comodidades modernas. En el restaurante se sirven platos regionales (5,50-14,50 €).

Sixenbräu Stüble (☎ 3101; Bergerstrasse 17; platos principales 10-17 €; cerrado lu) Este restaurante, toda una institución local, ocupa una bonita casa con gabletes cercana a la Berger Tor; el bar está abierto desde 1545. En la carta de clásicos bávaros dominan los platos de carne, y dispone de un jardín para tomar copas al aire libre.

CÓMO LLEGAR Y SALIR

En los trayectos en ferrocarril a/desde Múnich (25 €, 2 h) y Augsburgo (13,30 €, 1 h) hay que cambiar de tren en Donauwörth.

AUGSBURGO

☎ 0821 / 269 000 hab.

La tercera localidad más grande de Baviera también es una de las más antiguas de Alemania, pues fue fundada por los hijastros del emperador romano Augusto hace más de 2000 años. Desde el s. XIII fue una ciudad-estado independiente, lo que le permitió recaudar sus propios impuestos. Las arcas públicas se llenaron gracias al comercio textil, mientras que familias de banqueros como los Fugger y los Welser llegaron incluso a prestar dinero a reyes y estados. Actualmente esta bonita ciudad salpicada de iglesias y calles adoquinadas se puede visitar en un día desde Múnich o como parte del recorrido por la Ruta Romántica.

INFORMACIÓN

Oficina de turismo (☎ 502 070; www.augsburg-tourismus.de; Rathausplatz; 9.00-18.00 lu-vi, 10.00-17.00 sa, 10.00-14.00 do abr-oct, 9.00-17.00 lu-vi, 10.00-14.00 nov-mar)

PUNTOS DE INTERÉS

RATHAUSPLATZ

Es el corazón de la ciudad, dominada por las agujas gemelas coronadas por cúpulas bulbosas del renacentista **Rathaus** (1615-1620). Culmina el edificio una piña de 4 m de altura, emblema de la ciudad y antiguo símbolo de fertilidad. En el interior, la atracción principal es la **Goldener Saal** (☎ 349 6398; Rathausplatz; entrada 2 €; 10.00-18.00), la sala de reuniones del municipio, restaurada cuidadosamente. Es un espacio asombroso, cubierto con un techo dorado y artesonado, intercalado con frescos.

Para disfrutar de buenas vistas de la ciudad hay que subir a la **Perlachturm** (torre Perlach; Rathausplatz; adultos/reducida 1/0,50 €; 10.00-18.00 abr-nov, 14.00-18.00 vi-do dic), situada junto al Rathaus.

DOM MARIA HEIMSUCHUNG

Al norte de Rathausplatz se encuentra la **Dom Maria Heimsuchung** (Hoher Weg; 10.15-18.00 lu-sa), cuya estructura original data del s. XI. Posteriormente se han realizado añadidos, entre ellos las puertas de bronce del s. XIV, con escenas del Antiguo Testamento. La parte más antigua es la cripta situada bajo el coro oeste, donde se puede ver una Virgen románica. Destacan los frescos medievales, el *Weingartner Altar* de Hans Holbein el Viejo y las *Ventanas de los profetas* (que muestran a Daniel, Jonás, Oseas y Moisés), del s. XII, que se cuentan entre los vitrales más antiguos de Alemania.

ST ANNA KIRCHE

Considerada a menudo la primera iglesia románica de Alemania, la **St Anna Kirche**

(**Annastrasse; entrada gratis**), de aspecto bastante sencillo, contiene numerosos tesoros además de la suntuosa **Fuggerkapelle,** donde están enterrados Jacob Fugger y sus hermanos, y la **Goldschmiedekapelle** (capilla de los Orfebres; 1420), decorada con vistosos frescos. Esta iglesia desempeñó un importante papel durante la Reforma. En 1518, Lutero estaba en la ciudad defendiendo sus creencias ante el legado pontificio y se alojó en lo que entonces era un monasterio carmelita. Sus aposentos se han transformado en el **Lutherstiege,** un pequeño museo sobre la Reforma.

FUGGEREI

Construida para dar cobijo a los católicos pobres, las **Fuggerei** (**☎ 319 8810; adultos/niños 4/2 €; 8.00-20.00 abr-oct, 9.00-18.00 nov-mar**) son las viviendas sociales más antiguas del mundo. Jakob Fugger financió el proyecto en el s. XVI y hoy día sigue siendo el hogar de cientos de personas. Desde hace siglos su alquiler se ha mantenido en un *gilder* renano (1 €) al año, a lo que hay que sumar los suministros y tres oraciones diarias.

En el **Fuggereimuseum** (**Mittlere Gasse 14; entrada gratis con la de Fuggerei; 9.00-20.00 mar-oct, hasta las 18.00 nov-abr**) se puede ver cómo vivían en el pasado los residentes de Fuggerei.

MAXIMILIANSTRASSE

Solo las familias mercantes más ricas podían permitirse vivir en este gran bulevar, tan ancho que podría parecer una larguísima plaza. La antigua residencia de Jakob Fugger, el **Fugger Stadtpalast,** ocupa los nº 36-38. Abarca el Damenhof (patio de las Damas), un excepcional patio interior de estilo renacentista italiano. Un palacio cercano de estilo rococó, el **Schaetzlerpalais** (**☎ 324 4102; Maximilianstrasse 56; adultos/reducida 7/5,50 €; 10.00-20.00 ma, hasta las 17.00 mi-do**), fue construido para un acaudalado banquero entre 1765 y 1770, y hoy en día alberga la **Deutsche Barockgalerie** (Galería del Barroco Alemán) y la **Staatsgalerie** (Galería Estatal de Baviera).

DÓNDE DORMIR

Jakoberhof (**☎ 510 030; www.jakoberhof.de; Jakoberstrasse 41; i 27-74 €, d 39-89 €;**) Este sencillo alojamiento cercano a las Fuggerei ofrece la mejor relación calidad-precio de la ciudad. Dispone de habitaciones sencillas, luminosas y bien ventiladas; las que tienen baño privado son más caras.

Hotel am Rathaus (**☎ 346 490; www.hotel-am-rathaus-augsburg.de; Am Hinteren Perlachberg 1; i 65-98 €, d 98-125 €;**) Ubicado a unos pocos pasos de Rathausplatz, este hotel de lujo tiene una fresca y neutra decoración y una pequeña y soleada sala de desayunos. El elegante restaurante italiano es sorprendentemente bueno.

Steigenberger Drei Mohren Hotel (**☎ 503 60; www.augsburg.steigenberger.de; Maximilianstrasse 40; i/d 90/135 €;**) Es un lugar asombroso donde se alojaron personajes como Mozart y Goethe. Entre sus toques de distinción están los baños de mármol, las obras de arte y una bonita terraza ajardinada; a pesar de la lujosa decoración, es un buen lugar para llevar niños.

DÓNDE COMER

Bayerisches Haus am Dom (**☎ 349 7990; Johannisgasse 4; platos principales 6-10 €**) En este local la clientela se sienta codo con codo en largos bancos de madera para degustar especialidades bávaras y suabas, almuerzos económicos (6 €) o bocadillos. Por la noche, la terraza se llena de clientes ávidos de degustar las cervezas Erdinger y Andechser.

Bauerntanz (**☎ 153 644; Bauerntanzgässchen 1; platos principales 7-14 €**) Un local muy popular que sirve grandes porciones de comida suaba y bávara.

OCIO

Augsburger Puppenkiste (☎ 450 3450; www.augsburger-puppenkiste.de; Spitalgasse 15; entradas 9-22 €) Este célebre teatro de marionetas acoge espectáculos clásicos y modernos que son entretenidos aunque uno no hable alemán. Es imprescindible reservar con tiempo.

CÓMO LLEGAR Y SALIR

Hay trenes regionales cada hora entre Augsburgo y Múnich (11,30 €, 45 min) y cada dos horas a Núremberg (23,30 €, 2 h).

FÜSSEN

☎ 08362 / 17 700 hab.

La última parada de la Ruta Romántica es un bullicioso pueblo enclavado entre imponentes picos alpinos. Se encuentra en el llamado Königswinkel (Rincón Real), que alberga las principales atracciones turísticas de Alemania: los dos castillos de ensueño de Luis II (véase el recuadro en p. 142), Neuschwanstein y Hohenschwangau.

La mayoría de los turistas visitan los castillos como una exhalación en una excursión en autocar. Los que decidan tomarse su tiempo, sin embargo, podrán evitar las aglomeraciones y disfrutar de excelentes rutas de senderismo, bellos paisajes alpinos y preciosos lagos.

ORIENTACIÓN E INFORMACIÓN

Ambos castillos están unos 4 km al este de Füssen por la B17 (Münchener Strasse).

Oficina de turismo de Füssen (☎ 938 50; www.fuessen.de; Kaiser-Maximilian-Platz 1; ⏰ 9.00-18.30 lu-vi, 10.00-14.00 sa, 10.00-12.00 do may-oct, 9.00-17.00 lu-vi, 10.00-14.00 sa nov-abr)

Oficina de turismo de Hohenschwangau (☎ 819 765; www.schwangau.de; Alpestrasse; ⏰ 11.00-19.00 may-oct, hasta las 17.00 nov-abr) Situada en la parada de autobús entre los dos castillos. Dispone de una consigna informal.

NEH/IMAGEBROKER

Vistas del ascenso a Schloss Hohenschwangau.

PUNTOS DE INTERÉS

SCHLOSS HOHENSCHWANGAU

Luis II pasó su infancia en el **Schloss Hohenschwangau** (☎ 930830; adultos/reducida 9/8 €, entrada conjunta con el Neuschwanstein 17/15 €; ⏰ 8.00-17.30 abr-sep, 9.00-15.30 oct-mar), un castillo amarillo brillante construido originalmente por los caballeros de Schwangau durante el s. XII, aunque el padre de Luis II, Maximiliano II, hizo reconstruir las ruinas en estilo neogótico. Mucho menos ostentoso que el de Neuschwanstein, el castillo de Hohenschwangau tiene un aire mucho más calido y todos los muebles son originales. Algunas salas contienen frescos de la historia y de las leyendas germánicas (como la de Lohengrin, el caballero del Cisne de Wagner). Los cisnes son un motivo recurrente en la decoración.

GLENN VAN DER KNIJFF

Schloss Neuschwanstein, cerca de Füssen.

SCHLOSS NEUSCHWANSTEIN

Es el castillo más famoso del mundo, modelo de la ciudadela de Disney, y aparece entre las cimas de los montes como un brumoso espejismo. Lo ideó Luis II de Baviera y brinda una visión fascinante del estado mental del monarca. Se erigió como un castillo medieval romántico. Sus obras empezaron en 1869 y, al igual que muchos de los grandes planes de Luis II, jamás se terminó. Y, pese al dinero que invirtió en él, solo pasó allí 170 días.

Luis II imaginó este palacio como un escenario gigante donde recrear el mundo mitológico alemán de las óperas de Richard Wagner. Su pieza central es la suntuosa **Sängersaal** (sala de los Trovadores), creada para alimentar la obsesión del rey con Wagner y los caballeros medievales. Los frescos de sus paredes representan escenas de la ópera *Tannhäuser*. Todos los años en septiembre acoge varios conciertos.

Otras secciones acabadas incluyen el **dormitorio** del rey, inspirado en *Tristán e Isolda* y dominado por una enorme cama de estilo gótico coronada por agujas de historiada talla; una chillona gruta artificial (otro guiño a *Tannhäuser*), y la bizantina **Thronsaal** (habitación del Trono), con un suelo de mosaico formado por más de un millón de piedras.

Para una vista de postal de Neuschwanstein y de las llanuras tras el mismo hay que caminar 10 minutos hasta **Marienbrücke** (puente de María), que atraviesa el espectacular cañón de Pöllat por encima de una cascada justo encima del castillo.

Lo que hay que saber: **☎ 930 830; adultos/reducida 9/8 €, con Hohenschwangau 17/15 €; 🕑 8.00-17.00 abr-sep, 9.00-15.00 oct-mar**

ENTRADAS Y CIRCUITOS

Ambos castillos pueden verse únicamente mediante una visita guiada, que dura unos 35 minutos (Hohenschwangau suele ser el primero). Las entradas solo se pueden adquirir en el **Ticket Centre** (**☎ 930 830; www.ticket-center-hohenschwangau.de; Alpenseestrasse 12**), a los pies de los castillos. En verano se recomienda llegar a las 8.00 para entrar el mismo día.

Hay que dejar el tiempo suficiente para la empinada ascensión de 30 o 40 minutos entre ambos castillos. Otra opción es gastarse los 4 € que cuesta el recorrido en carruaje, aunque se tarda casi lo mismo.

DÓNDE DORMIR

Pension Kössler (☎ **4069; www.pension-koessler.de; Zalinger Strasse 1; i 35-38 €, d 70-76 €;** Ⓟ) Esta pequeña y agradable pensión sale muy a cuenta. Las habitaciones son sencillas pero cómodas y disponen de baño propio, TV, teléfono y balcón, algunas con vistas a un jardín.

Hotel zum Hechten (☎ **916 00; www.hotel-hechten.com; Ritterstrasse 6; i 46-59 €, d 86-98 €;** Ⓟ ⊠) Es uno de los hoteles más antiguos de Füssen y también uno de los más divertidos. Las zonas comunitarias son de estilo tradicional, pero las habitaciones son espaciosas y se han renovado con estilo.

DÓNDE COMER

Michelangelo (☎ **924 924; Lechhalde 1; platos principales 7-15 €**) Este sofisticado restaurante situado detrás del Rathaus está regentado por un chef italiano que prepara una comida sencilla pero deliciosa, incluidos 38 tipos de *pizzas*. Las mesas en los jardines del viejo monasterio ofrecen unas maravillosas vistas del río.

Franziskaner Stüberl (☎ **371 24; Kemptener Strasse 1; platos principales 10-15 €**) Este pintoresco establecimiento cuenta con especialidades como *Schweinshaxe* (codillo de cerdo) o *schnitzel* preparadas de infinitas maneras. También se puede probar la *Kässpätzle* (pasta con queso) u otros platos sin carne.

CÓMO LLEGAR Y SALIR

Si se quieren visitar los castillos en una excursión de un día desde Múnich hay que empezar temprano. El primer tren sale de Múnich a las 4.57 (22,20 €, 2½ h; cambio de tren en Kaufbeuren) y llega a Füssen a las 7.24.

CÓMO DESPLAZARSE

Los autobuses RVO nº 78 y 73 van desde la Bahnhof (estación de trenes) de Füssen hasta los castillos (ida y vuelta 3,50 €), con parada en la estación del valle del Tegelbergbahn. Un taxi hasta los castillos cuesta 10 € aproximadamente.

ALPES BÁVAROS

Los Alpes Bávaros (Bayerische Alpen), que se extienden desde el suroeste de Alemania hasta la región de Allgäu, cerca del lago Constanza, constituyen la mayor parte del terreno montañoso que marca la frontera con Austria. La región está salpicada de pintorescos pueblos con fachadas pintadas al fresco, balnearios y centros de salud, y para quien tenga tiempo, energía y dinero, ofrece numerosas posibilidades para la práctica del esquí y el *snowboard,* el excursionismo, el descenso de ríos y el parapente.

GARMISCH-PARTENKIRCHEN

☎ 08821 / 26 000 hab.

Destino favorito de los entusiastas de las actividades al aire libre y gente de la alta sociedad, el centro de vacaciones de Garmisch-Partenkirchen ha sido bendecido con un emplazamiento de fábula a un tiro de piedra de los Alpes.

Decir que se han pasado las vacaciones de invierno aquí aún tiene un toque aristocrático, y el área ofrece algunos de los mejores lugares de esquí de la zona, incluidos los que ascienden al punto más alto de Alemania, el Zugspitze (2964 m).

INFORMACIÓN

Oficina de turismo (☎ 180 700; www.gapa.de; Richard-Strauss-Platz 2, Garmisch; 8.00-18.00 lu-sa, 10.00-12.00 do)

PUNTOS DE INTERÉS Y ACTIVIDADES

ZUGSPITZE

Las vistas desde la cumbre más elevada de Alemania son sobrecogedoras, en especial cuando sopla el *Föhn*, momento en que es posible contemplar cuatro países diferentes. Las principales actividades son el esquí y el excursionismo.

El **Zugspitzbahn** (☎ 797 01; www.zugspitze.de; ida y vuelta adultos/niños 36/20 €) tiene estación propia detrás de la Hauptbahnhof (estación central de trenes). Desde allí salen siete trenes diarios que discurren por la falda de la montaña hasta el Eibsee, un lago color esmeralda, antes de seguir su tortuosa ruta por un túnel de montaña y ascender hasta el Schneeferner Glacier (2600 m). Desde allí, un teleférico cubre el tramo final hasta la cima.

Otra opción es el **Eibsee-Seilbahn** (ida y vuelta adultos/niños 36/20 €), un empinado teleférico que llega a la cúspide desde el lago Eibsee en 10 minutos de balanceo continuo (¡no apto para cardíacos!). La mayoría de la gente asciende en tren y toma el teleférico para bajar.

En invierno y gran parte del verano suele haber aglomeraciones.

LUIS II, UN REY DE CUENTO DE HADAS

Cada año, una conmovedora ceremonia tiene lugar en Berg, en la ribera este del lago Starnberg, el 13 de junio. Una pequeña barca se desliza tranquilamente hacia una cruz que hay en la costa y deposita una sencilla corona frente a ella. El sonido de una sola trompeta corta el silencio mientras la barca vuelve de este solemne ritual en honor de Luis II, el rey más querido de todos los tiempos en Baviera.

La cruz marca el lugar donde el monarca murió en extrañas circunstancias en 1886. Su prematura muerte puso fin a la vida de un hombre enfrentado a la dura realidad de un mundo moderno que no necesitaba un monarca romántico e idealista.

Luis fue un líder entusiasta al principio, pero los días de Baviera como estado soberano estaban contados, y se convirtió en un rey títere tras la creación del Reich alemán en 1871 (lo que tenía sus ventajas, ya que Bismarck concedió al monarca una considerable pensión). Éste se dedicó entonces a beber, trazar planos de castillos y ver conciertos y óperas en privado. Su obsesión por la cultura francesa y Luis XIV, el Rey Sol, inspiró los fantásticos palacios de Neuschwanstein, Linderhof y Herrenchiemsee, todos ellos lujosos proyectos que embrujaron su mente.

En enero de 1886, varios ministros y parientes organizaron un precipitado examen psiquiátrico donde se diagnosticó que Luis era mentalmente incapaz de ocupar el trono. Ese mismo mes de junio fue trasladado al Schloss Berg, junto al lago Starnberg. Una tarde, el abatido soltero y su doctor salieron a dar un paseo por la orilla del lago y fueron encontrados ahogados varias horas más tarde.

Nadie sabe con exactitud qué pasó. Las teorías conspirativas abundan. Aquel verano, las autoridades abrieron el Neuschwanstein al público para ayudar a pagar las grandes deudas de Luis. El soberano había fallecido, pero el mito acababa de nacer.

DOUG MCKINLAY

Campos nevados en Zugspitze.

ESQUÍ

Garmisch cuenta con dos terrenos para esquiar: la meseta del Zugspitze (2964 m) y la zona de esquí clásica (Alpspitze, 2628 m; Hausberg, 1340 m; Kreuzeck, 1651 m; bono diario adultos/niños 31/17,50 €). La Happy Ski Card (dos días, adultos/niños 65/39 €) da acceso a todas las pistas, así como a otras estaciones del Zugspitze, incluidas Mittenwald y Ehrwald (que tiene 231 km de pistas y 106 telesillas). Los autobuses locales llegan a todas las estaciones del valle.

EXCURSIONISMO

Solo se puede ascender a la **cumbre del Zugspitze** durante los meses de verano y no es recomendable para los inexpertos. Otra ruta popular es la que va al pabellón de caza del rey Luis II, el **Jagdschloss Schachen** (☎ **290 30; adultos/reducida 4/3 €; jun-oct**), al que se puede llegar por el Partnachklamm en unas cuatro horas. Es una sencilla cabaña de madera con algunas salas sorprendentemente lujosas. La sala Morisca parece sacada de las *Las mil y una noches*.

PARTNACHKLAMM

Una de las principales atracciones turísticas de la zona es el impresionante **Partnachklamm** (☎ **3167; adultos/niños 2/1 €**), un estrecho desfiladero de 700 m de longitud con paredes de hasta 80 m de altura. Un sendero circular tallado en la roca recorre el desfiladero, que es realmente espectacular en invierno, cuando se puede caminar por debajo de los carámbanos y las cascadas heladas.

DÓNDE DORMIR

Gasthof zum Rassen (☎ **2089; www.gasthof-rassen.de; Ludwigstrasse 45; i 32-53 €, d 52-90 €;** Ⓟ ⊠) Este edificio del s. XIV con preciosos frescos ofrece habitaciones luminosas y decoración contemporánea que contrastan con el estilo tradicional de las zonas comunes. El enorme salón de eventos, antaño una fábrica de cerveza, alberga el teatro tradicional más antiguo de Baviera.

Hotel Garmischer Hof (☎ **9110; www.garmischer-hof.de; Chamonixstrasse 10; i/d 59-94/94-136 €;** Ⓟ ⊠) Generaciones de atletas, artistas y entusiastas de la vida al aire libre se han hospedado en esta refinada finca, propiedad de la familia Seiwald desde 1928. Las habitaciones tienen increíbles vistas alpinas, son acogedoras y están decoradas con buen gusto.

Reindl's Partenkirchner Hof (☎ 943 870; www.reindls.de; Bahnhofstrasse 15; i 75-150 €, d 140-200 €, ste 210-600 €; P ✕ 💻 📶) Elegante hotel con tres alas con todas las comodidades, un bar de vinos y un restaurante elegante.

DÓNDE COMER

Bräustüberl (☎ 2312; Fürstenstrasse 23; platos principales 6-16 €) Este local, algo apartado del centro, es típicamente bávaro, con su enorme estufa de carbón esmaltada y sus camareras vestidas con faldas con peto.

Gasthof Fraundorfer (☎ 9270; Ludwigstrasse 24; platos principales 8-16 €; 🕓 cerrado ma) Para vivir una imprescindible experiencia *kitsch* en Ga-Pa hay que unirse a los clientes que abarrotan este peculiar local. La carta en varios idiomas está dominada por la carne y cada noche acoge actuaciones de música bávara, con cánticos de estilo tirolés y animados bailes.

Isi's Goldener Engel (☎ 948 757; Bankgasse 5; platos principales 9-15 €) Uno de los locales favoritos de los lugareños, con un ambiente de refugio de caza y una decoración donde se mezclan frescos, cabezas de ciervo y estuco dorado en el techo. La extensa carta ofrece especialidades como el *Leberkäse* (pastel de carne) y el filete con pimienta y coñac, aunque lo mejor son los generosos platos del día.

GLENN VAN DER KNIJFF

Interior de la Wieskirche (p. 131), cerca de Steingaden.

CÓMO LLEGAR Y SALIR

Hay trenes cada hora desde Múnich (17,60 €, 1½ h), y se puede comprar un paquete especial que combina el viaje de ida y vuelta y un pase de esquí de un día en el Zugspitze. El autobús RVO nº 9606 cubre el trayecto a Oberstdorf, con paradas en la Wieskirche (p. 131), Neuschwanstein, Hohenschwanstein y Füssen.

OBERAMMERGAU

☎ 08822 / 5400 hab.

Este pintoresco pueblo ocupa un extenso valle rodeado de bosques y los picos nevados de los Alpes de Ammergauer. En el centro abundan las tradicionales casas con sus fachadas pintadas con frescos, las tiendas de tallas de madera y los turistas que asisten a la representación de la Pasión, famosa en todo el mundo.

La **oficina de turismo** (☎ 922 740; www.ammergauer-alpen.de; Eugen-Papst-Strasse 9a; 🕓 9.00-18.00 lu-vi, 10.00-14.00 sa, 10.00-13.00 do mediados de jun-mediados de oct, 9.00-18.00 lu-vi, 10.00-13.00 sa mediados de oct-mediados de jun) puede ayudar a encontrar alojamiento.

Mezcla de ópera, ritual y obra épica hollywoodiense, la **representación de la Pasión** ha sido interpretada por los lu-

Ciclistas en Garmisch-Partenkirchen.

NEH/IMAGEBROKER

gareños todos los años acabados en cero desde finales del s. XVII como agradecimiento colectivo por haberse librado de la peste. En el circuito del **Passionstheater** (**923 10; Passionswiese 1; circuitos adultos/reducida 4/1 €; horario irregular, se recomienda llamar**) se pueden admirar los disfraces y los decorados durante todo el año.

El otro gran reclamo de la población son las llamativas fachadas pintadas en un estilo ilusionista llamado **Lüftmalerei** o trampantojo. La joya del conjunto es la increíble **Pilatushaus** (**☎ 923 10; Ludwig-Thoma-Strasse 10; entrada conjunta con la del museo; 13.00-18.00 ma-sa may-oct**), cuyas columnas pintadas parecen tridimensionales según uno se acerca.

Oberammergau también es conocido por sus elaboradas **tallas en madera**. Los talleres abundan por todo el pueblo y fabrican de todo, desde santos hasta sacacorchos que uno no querría ni regalados. Algunas de las obras más logradas pueden verse en el pequeño cementerio parroquial de Pfarrplatz y en el **Oberammergau Museum** (**☎ 941 36; Dorfstrasse 8; adultos/niños 4/1 €; 10.00-17.00 ma-do, cerrado feb y nov**).

Hay trenes cada hora entre Múnich y Oberammergau (transbordo en Murnau, 16,70 €, 1¾ h). El autobús RVO nº 9606 une Oberammergau con Garmisch-Partenkirchen y Füssen prácticamente cada hora.

SCHLOSS LINDERHOF

El **Schloss Linderhof** (**☎ 920 30; adultos/reducida abr-sep 7/6 €, oct-mar 6/5 €; 9.00-18.00 abr-sep, 10.00-16.00 oct-mar**) fue el palacio más pequeño de Luis II, pero también el más suntuoso y el único que pudo ver terminado en vida. Finalizado en 1878, ocupa una escalonada ladera en un fabuloso paisaje de jardines franceses, fuentes y caprichos arquitectónicos.

Las habitaciones incrustadas de joyas y pobladas de mitos de Linderhof son un monumento a los excesos del soberano que tanto alteraban a los gobernadores de Múnich. El **dormitorio privado** es la habitación más grande, muy ornamentada e iluminada por una enorme araña de cristal que pesa 500 kg. Una cascada artificial, construida para refrescar la estancia en verano, resuena fuera de la ventana.

Creado por el famoso paisajista real Carl von Effner, los jardines y los edificios exteriores, abiertos de abril a octubre, son tan fascinantes como el propio castillo. El punto fuerte es el **quiosco morisco** de estilo oriental, donde Luis, vestido con ropas orientales, presidía los entretenimientos nocturnos sentado en un trono azul verdoso.

Linderhof se halla unos 13 km al oeste de Oberammergau y 26 km al noroeste de Garmisch-Partenkirchen. El autobús nº 9622 lleva de Linderhof hasta Oberammergau nueve veces al día. Si se llega desde Garmisch-Partenkirchen, hay que cambiar en Ettal o Oberammergau.

OBERSTDORF

☎ 08322 / 11 000 hab.

Situada en la vertiente oeste de los Alpes Bávaros, la región de Allgäu parece estar muy lejos del resto de Baviera, tanto por su cocina (más tallarines *Spätzle* que empanadillas) como por su dialecto, más parecido al suabo de Baden-Württemberg. El punto clave es el complejo vacacional de Oberstdorf, un gran centro de esquí a poca distancia de Austria en el que no hay coches, que goza de una ubicación espectacular.

Tanto la **oficina de turismo** (☎ **7000; www.oberstdorf.de; Prinzregenten-Platz 1; 🕑 8.30-12.00 y 14.00-18.00 lu-vi, 9.30-12.00 sa**) como su **sucursal** (**700 217; Bahnhof; 🕑 9.00-20.00 lu-sa, 9.00-18.00 may-oct, 9.00-12.00 y 14.00-18.00 nov-abr**) pueden ser útiles para buscar alojamiento.

Oberstdorf está rodeado por altas cumbres y ofrece grandes posibilidades para las excursiones. Para pasar una estupenda jornada se puede tomar el teleférico de Nebelhorn hasta el nivel superior (adultos/niños 20/9,50 €) y luego descender a pie pasando por los **Gaisalpseen,** dos preciosos lagos alpinos; la excursión dura unas seis horas.

Los esquiadores experimentados valoran este lugar por la amabilidad de los lugareños, los bajos precios y la ausencia de multitudes. El pueblo está rodeado por 70 km de pistas de esquí de fondo y tres estaciones de esquí alpino: **Nebelhorn** (**pase de un día/medio día 33/28 €**), **Fellhorn/Kanzelwand** (**pase de un día/medio día 36/31 €**) y **Söllereck** (**pase de un día/medio día 25/20 €**).

DÓNDE DORMIR Y COMER

Weinklause (☎ **969 30; www.weinklause.de; Prinzenstrasse 10; i 55-68 €, d 42-64 €;** Ⓟ ☒) En esta fantástica hostería aceptan encantados a los visitantes de una sola noche. Ofrece todo tipo de habitaciones y apartamentos. El generoso desayuno se sirve en el restaurante, que casi todas las noches acoge actuaciones de música local.

Weinstube am Frohmarkt (☎ **3988; Am Frohmarkt 2; platos principales 7-18 €; 🕑 17.00-1.00 ju-ma**) Bar de vinos de ambiente íntimo donde flota el aroma entre suave y mohoso del vino, el queso y el jamón curado tirolés. Turistas y lugareños llenan el bufé Törggelen de la planta baja, también se puede tomar una copa de vino tranquilamente en la planta superior.

CÓMO LLEGAR Y SALIR

Hay al menos cinco trenes directos desde Múnich (27,80 €, 2½ h) a diario y muchos más si se hace transbordo en Buchloe. Los autobuses RVO nº 81 y nº 9718 comunican tres veces al día Oberstdorf con Füssen (ida/ida y vuelta 10,20/18 €, 2 h)

BERCHTESGADEN Y BERCHTESGADENER LAND

☎ 08652 / 7700 hab.

Encajonado entre el territorio austriaco y bordeado por seis formidables cordilleras, Berchtesgadener Land es un paraje de extraordinaria belleza. En su mayor parte se halla protegido dentro del Parque Nacional de Berchtesgaden, declarado reserva de la biosfera en 1990. La aldea

MARTIN MOOS
Los montes se elevan por encima de Berchtesgaden.

de Berchtesgaden es la base ideal para hacer excursionismo por el parque. Sus mayores atractivos, aparte de los senderos, son el Nido del Águila, refugio en lo alto de un monte construido para Hitler, y el Dokumentation Obersalzberg, museo que recoge el oscuro pasado nazi de la región.

INFORMACIÓN

Oficina de turismo (☎ 9670; www.berchtesgadener-land.info; Königsseer Strasse 2; 8.30-18.00 lu-vi, 9.00-17.00 sa, 9.00-15.00 do may-mediados de oct, 8.30-17.00 lu-vi, 9.00-12.00 sa mediados de oct-abr)

PUNTOS DE INTERÉS

KÖNIGSSEE

Sin duda, una de las actividades imprescindibles es cruzar las prístinas aguas esmeraldas del **Königssee.** Circundado por paredes montañosas y tan solo 5 km al sur de Berchtesgaden, es el lago a mayor altitud del país (603 m). Junto a este se halla el pueblo de Schönau (hay que tomar el autobús nº 839 o 841 en Berchtesgaden), en el que **Bayerische Seen-Schifffahrt** (☎ 963 60; www.seenschifffahrt.de; ida y vuelta adultos/niños 12,50/6,30 €) ofrece circuitos en barco eléctrico durante todo el año a **Sankt Bartholomä,** pintoresca capilla con cúpulas bulbosas situada en la orilla occidental. En un punto, el barco se detiene mientras el capitán toca un *Flügelhorn* (trompeta) en dirección al impresionante **muro del eco,** donde la melodía rebota durante varios segundos. A una hora andando desde el muelle de Sankt Bartholomä está la **Eiskapelle** (capilla de Hielo), una gruta de hielo abovedada formada por el agua del deshielo durante los meses de verano.

DOKUMENTATION OBERSALZBERG

Obersalzberg, un tranquilo retiro de montaña a 3 km al este de Berchtesgaden, se transformó en el cuartel general meridional del Gobierno de Hitler. El fascinante **Dokumentation Obersalzberg** (☎ 947 960; Salzbergstrasse 41; adultos/niños menores de 16 años 3€/gratis; 9.00-17.00 abr-oct, 10.00-15.00 ma-do nov-abr) remueve algunas conciencias. Allí se muestra el antiguo poder de la zona, la vida diaria de la élite nazi y todas las facetas del régimen de terror que instauraron –la apariencia casi mítica de Hitler, su política racial, el movimiento de resistencia y los campos de concentración– con gran exactitud. Una sección del búnker subterráneo está abierta a las visitas.

EL NIDO DEL ÁGUILA

La atracción más siniestra de Berchtesgaden se encuentra en lo alto del monte Kehlstein, un pico de laderas escarpadas en Obersalzberg, donde Martin Bormann, uno de los hombres de confianza de Hitler, empleó a 3000 hombres en la construcción de un lugar de reunión para el 50º cumpleaños del *Führer*. Situado a 1834 m de altitud, este refugio de inocente aspecto (conocido en alemán como Kehlsteinhaus) disfruta de una de las panorámicas más espectaculares del mundo.

De mediados de mayo a octubre, el **Nido del Águila** está abierto a los visitantes. Se puede llegar en coche o tomar el autobús nº 849 desde la Hauptbahnhof hasta la parada de autobuses de Kehlstein, desde donde se continúa en un **autobús** (**www.kehlsteinhaus.de; 15 € por persona; 8.55-16.00**) especial que sube a la montaña (35 min) por una carretera cerrada al tráfico privado. Los últimos 124 m hasta la cumbre se cubren en un lujoso ascensor. Actualmente el Nido del Águila cuenta con un restaurante que dona sus beneficios a obras de caridad.

SALZBERGWERK

Berchtesgaden, antaño un importante centro productor del llamado "oro blanco", ha abierto sus **minas de sal** (**600 20; adultos/niños 14/9 €; 9.00-17.00 may-oct, 11.30-15.00 nov-abr**) para un divertidísimo circuito de 90 minutos. En el flamante recorrido **SalzZeitReise**, inaugurado en el 2007, los visitantes se ponen un traje protector y un tren los conduce hacia las profundidades de la mina. Una vez allí, se cruza un lago iluminado de 100 m de longitud con la misma concentración salina que el mar Muerto. La temperatura suele rondar los 12°C, por lo que conviene llevar un jersey.

DÓNDE DORMIR

Hotel-Pension Greti (**975 297; www.pension-greti.de; Waldhauserstrasse 20, Schönau; i 25-39 €, d 44-72 €; P**) Situado a 15 minutos a pie del Königssee, ofrece habitaciones cálidas y acogedoras con balcón.

Hotel Vier Jahreszeiten (**9520; www.hotel-vierjahreszeiten-berchtesgaden.de; Maximilianstrasse 20; i 52-73 €, d 83-104 €; P**) Para hacerse una idea del pasado de Berchtesgaden hay que quedarse en este hotel alpino tradicional donde hace tiempo se divertía la realeza bávara. Las

EL RETIRO DE MONTAÑA DE HITLER

Berchtesgaden es uno de los pueblos contaminados por el Tercer Reich. Hitler se enamoró del cercano Obersalzberg en la década de 1920, y compró una pequeña casa de campo, más tarde ampliada y convertida en el imponente Berghof.

Tras tomar el poder en 1933, Hitler estableció allí uno de sus cuarteles generales. Se confiscaron terrenos y se destruyeron las granjas para erigir una valla de 7 m de altura. Obersalzberg fue sellada como cuartel general meridional del NSDAP (Partido Nacional Socialista Obrero Alemán).

Poco queda de la fortaleza alpina de Hitler. Los últimos días de la Segunda Guerra Mundial, la Royal Air Force arrasó gran parte de Obersalzberg; aun así, el Nido del Águila, el refugio de alta montaña de Hitler, salió extrañamente indemne.

habitaciones ofrecen vistas panorámicas de las montañas y el restaurante tiene mucho ambiente.

Hotel Rosenbichl (☎ 944 00; www.hotel-rosenbichl.de; Rosenhofweg 24; d 56-68 €; P) Situado en la zona natural protegida, ofrece una excelente relación calidad-precio. La decoración es un tanto hortera, pero las habitaciones son espaciosas.

DÓNDE COMER

Holzkäfer (☎ 621 07; Buchenhöhe 40; platos 4-9 €; 14.00-hasta tarde, ma cerrado; accesible para minusválidos) Si se va con vehículo, este divertido restaurante, emplazado en una cabaña de troncos sobre las colinas de Obersalzberg, es un lugar estupendo. Está lleno de cornamentas, tallas y rarezas, y es famoso por sus asados, su cerveza negra y su carta de vinos.

Bräustübl (☎ 976 724; Bräuhausstrasse 13; platos principales 8-14 €) El salón abovedado de esta recóndita cervecería acoge animados espectáculos bávaros los sábados por la noche.

Gastätte St Bartholomä (☎ 964 937; St Bartholomä; platos principales 8-15 €) Este local a orillas del Königsee solo es accesible en barco. Suele haber muchos turistas, pero sirve una deliciosa cocina elaborada con ingredientes de la zona.

CÓMO LLEGAR Y SALIR

Para viajar en ferrocarril a Berchtesgaden lo más rápido suele ser tomar el tren de Múnich a Salzburgo y hacer transbordo en Freilassing (28,50 €, 3 h).

FRANCONIA

En algún lugar entre Ingolstadt y Núremberg, el acento bávaro se suaviza, los conciertos de música *oompah* son más relajados y el vino es casi tan popular como la cerveza. Esto es Franconia (Franken), la región más septentrional de Baviera, cuyos lugareños, que viven en las colinas boscosas y en las orillas del manso río Main, se apresuran a aclarar que su carácter no tiene nada que ver con el de sus extrovertidos vecinos del sur.

MICHELLE LEWIS

El Nido del Águila de Hitler, Berchtesgaden.

Al noroeste de esta región de viticultores se producen algunos vinos excepcionales que se venden en distintivas botellas en forma de lágrima, las *Bocksbeutel*. Para los entusiastas de las actividades al aire libre, el Parque Natural de Altmühltal ofrece maravillosas excursiones a pie, en bicicleta o en canoa. Pero lo que atrae a los visitantes es la vieja realeza de Franconia y sus increíbles ciudades: Núremberg, Bamberg y Wurzburgo (para más información sobre esta última, véase p. 126).

INFORMACIÓN
Oficina de turismo de Hauptmarkt **1** B2
Oficina de turismo de Königstrasse **2** C4

QUÉ VER Y HACER
Monumento a Alberto Durero **3** B2
Albrecht-Dürer-Haus **4** B1
Altes Rathaus **5** C2
Deutsche Bahn Museum **6** B4
Felsengänge .... (véase 3)
Germanisches Nationalmuseum **7** B3
Hausbrauerei Altstadthof **8** B1
Kaiserburg **9** B1
Kaiserburg Museum .... (véase 9)
Lochgefängnisse .... (véase 5)
Circuitos a pie por el casco antiguo .... (véase 1)
Pfarrkirche Unsere Liebe Frau **10** C2
Schöner Brunnen **11** B2
St Sebalduskirche **12** B2

DÓNDE DORMIR
Hotel Drei Raben **13** C3
Hotel Elch **14** B2
Lette 'm Sleep **15** B4

DÓNDE COMER
Barfüsser Kleines Brauhaus **16** C3
Bratwursthäusle **17** B2
Heilig-Geist-Spital **18** C2
Marientorzwinger **19** D3
Vegan Imbiss **20** C4

NÚREMBERG

☎ 0911 / 500 000 hab.

La segunda ciudad de Baviera y capital extraoficial de Franconia, Núremberg (Nürnberg), es un animado lugar con una intensa vida nocturna y una cerveza negra como el café. Esta urbe es una de las mayores atracciones de Baviera y se convierte en un hervidero de turistas durante el espectacular mercado navideño.

Los nazis vieron en Núremberg un escenario perfecto para sus actividades. Fue aquí donde se celebraron las concentraciones del partido, donde se iniciaron los boicots a los negocios de los judíos y donde se aprobaron las tristemente famosas Leyes de Núremberg, que revocaron la ciudadanía de los hebreos. Tras la Segunda Guerra Mundial, la ciudad fue elegida como sede del Tribunal para los Crímenes de Guerra, y en ella se celebraron los hoy conocidos como Juicios de Núremberg. Los Aliados la bombardearon en enero de 1945 y casi todos su edificios principales se sometieron a una laboriosa reconstrucción con la piedra original, incluidos el castillo y antiguas iglesias del Altstadt (casco antiguo).

INFORMACIÓN

Oficina de turismo (**☎ 233 60; www.tourismus.nuernberg.de**) Hauptmarkt (**Hauptmarkt 18; ⌚ 9.00-18.00 lu-sa, 10.00-16.00 may-sep**); Königstrasse (**Königstrasse 93; ⌚ 9.00-19.00 lu-sa, 10.00-16.00 do**)

PUNTOS DE INTERÉS

HAUPTMARKT

Esta bulliciosa plaza en el centro del Altstadt es el lugar donde se llevan a cabo los mercados, y en particular el famoso Chriskindlesmarkt (mercado navideño). La adornada **Pfarrkirche Unsere Liebe Frau** (1350-1358), iglesia gótica más conocida como Frauenkirche, fue construida en el emplazamiento de una antigua sinagoga como depósito de las joyas de la corona del emperador Carlos IV, quien, temiendo que se las robaran, las envió a su Praga natal para salvaguardarlas.

La **Schöner Brunnen** (Fuente Bella) de 19 m de alto, se yergue en la parte noroeste de la plaza. Es una réplica de la original, del s. XIV, y muestra a un grupo dorado de 40 electores, profetas, héroes judíos y cristianos y otras figuras alegóricas. Una superstición local afirma que si se dan tres vueltas a los pequeños **anillos dorados,** los deseos se hacen realidad.

ALTES RATHAUS Y SANKT SEBALDUSKIRCHE

Bajo el Altes Rathaus (1616-1622), un mastodóntico edificio con un bello interior de estilo renacentista, se encuentra la sangrienta **Lochgefängnisse** (**cárcel medieval; ☎ 231 2690; Rathausplatz 2; circuitos adultos/reducida 3/1,50 €; ⌚ 10.00-16.30 ma-do abr-oct, diario durante el Christkindlesmarkt**). Las 12 pequeñas

MZC/IMAGEBROKER

Vista del Christkindlesmarkt de Núremberg (p. 153).

CHERYL FORBES
Mural en el Altes Rathaus de Bamberg.

celdas y la cámara de tortura se visitan en circuitos guiados (cada media hora) y pueden sentar mal a más de uno.

Enfrente del Altes Rathaus se alza la **Sankt Sebalduskirche,** del s. XIII, la iglesia más antigua de Núremberg. El punto fuerte de su interior es el templo de bronce de **Sankt Sebald,** pieza maestra gótica y renacentista que su creador, Peter Vischer el Viejo, con la ayuda de dos de sus hijos, tardó más de 11 años en completar. Toda la pieza es transportada por unos caracoles gigantes.

FELSENGÄNGE

Justo debajo del **monumento a Alberto Durero,** en Albrecht-Dürer-Platz, se encuentran las cuatro plantas subterráneas de los **Felsengänge** (☎ 227 066; adultos/reducida 4,50/3,50 €; visitas 11.00, 13.00, 15.00 y 17.00, 3 personas mínimo). Excavado en la roca caliza en el s. XIV para albergar una fábrica y bodega de cerveza, también sirvió como refugio antiaéreo durante la Segunda Guerra Mundial. En los túneles, que solo se pueden ver en una visita guiada, hace bastante frío incluso en verano, por lo que conviene llevar una chaqueta. Se pueden comprar las entradas en el *pub* **Hausbrauerei Altstadthof** (Bergstrasse 19).

KAISERBURG

No hay que perderse la Tiergärtnertor, que lleva hasta el inmenso **Kaiserburg** (castillo Imperial; ☎ 2446590; Burg; adultos/reducida 5/4 €, incluido el museo, 6/5 €, solo pozo y torre 3/2 €; 9.00-18.00 abr-sep, 10.00-16.00 oct-mar). La construcción empezó en el s. XII, durante el reinado de los Hohenstaufen, y se prolongó durante 400 años. El complejo incluye los aposentos del káiser, una capilla románica, la sala Imperial, la sala de los Caballeros y la **Sinwellturm** (torre de Sinwell; 113 escalones), así como el asombroso **Tiefer Brunnen** (pozo profundo), de 48 m de profundidad, del que aún se extrae agua potable. El **Kaiserburg Museum** (☎ 200 9540; Burg; adultos/reducida 5/4 €) cuenta la historia del castillo e ilustra sobre las técnicas de defensa medievales. El montículo de hierba en la parte sureste de los jardines del castillo es **Am Ölberg,** un buen lugar para sentarse y mirar los tejados de la ciudad.

ALBRECHT-DÜRER-HAUS

Alberto Durero, el artista más famoso del Renacimiento alemán, vivió y trabajó en la **Albrecht-Dürer-Haus** (☎ 231 2568; Albrecht-Dürer-Strasse 39; adultos/reducida 5/2,50 €; 10.00-17.00 ma-do, hasta las 20.00 ju) desde 1509 hasta su muerte en 1528. Muchos de sus trabajos gráficos originales y copias se exponen aquí, y una versión multimedia de Agnes, su mujer, lleva a los visitantes a través del taller del maestro.

REICHSPARTEITAGSGELÄNDE

Si uno se ha preguntado alguna vez dónde se rodaron las infames imágenes en blanco y negro de exaltados simpatizantes nazis aclamando a su *Führer*, fue aquí en Núremberg. Esta campaña de propaganda se inició ya en 1927, pero después de 1933 Hitler optó por un espacio creado expresamente para ello, el **Reichsparteitagsgelände** (recinto para las concentraciones del partido nazi). Gran parte quedó destruido durante los bombardeos de 1945, pero queda en pie lo suficiente como para hacerse una idea de la megalomanía que lo impulsó.

Para poner estas instalaciones en un contexto histórico, no hay que perderse el **Dokumentationszentrum** (**Centro de Documentación; ☎ 5666; Bayernstrasse 110; adultos/estudiantes 5/2,50 €; 🕑 9.00-18.00 lu-vi, 10.00-18.00 sa-do**), en el ala norte de la Kongresshalle.

SEDE DEL TRIBUNAL DE LOS JUICIOS DE NÚREMBERG

Los criminales de guerra nazis fueron juzgados por crímenes contra la humanidad en el **Schwurgerichtssaal 600** (**juzgado 600; ☎ 231 5666; Fürther Strasse 110**). Llevados a cabo entre 1945 y 1946, los juicios tuvieron como resultado la condena de 22 líderes nazis y 150 suboficiales, y la ejecución de una docena de ellos.

GERMANISCHES NATIONALMUSEUM

El **Germanisches Nationalmuseum** (**☎ 133 10; Kartäusergasse 1; adultos/reducida 6/4 €; 🕑 10.00-18.00 ma-do, hasta las 21.00 mi**), claramente infravalorado, es uno de los museos más importantes de la cultura alemana, con más de 1,3 millones de piezas (no todas expuestas). Tiene colecciones arqueológicas, de armas y armaduras, de instrumentos musicales y científicos y juguetes, pero lo más destacable es la **sección de arte.** Lógicamente, Durero reina en el museo.

DEUTSCHE BAHN MUSEUM

El impresionante **Deutsche Bahn Museum** (**Museo Alemán del Ferrocarril; ☎ 0180-4442233; www.db-museum.de; Lessingstrasse 6; adultos/reducida 4/3 €; 🕑 9.00-17.00 ma-vi, 10.00-18.00 sa y do**) explora la legendaria historia del sistema ferroviario germano. Se puede ver una réplica de una locomotora *Adler,* que iba desde Núremberg hasta la cercana Fürth en 1852. Otras muestras incluyen el dorado carruaje de Luis II (conocido como el "ondulado Neuschwanstein" por su techo con frescos estrellados y su lujosa decoración) y los sobrios vehículos utilizados por Bismarck para sus visitas oficiales. De espacial interés es la demostración, cada hora, de una de las mayores maquetas de tren de Alemania, controlada por una enorme consola de luces parpadeantes y enchufes.

CIRCUITOS

La oficina de turismo organiza **circuitos por el casco antiguo a pie** en inglés (adultos/niños menores de 14 años 9 €/gratis; 🕑 13.00 may-oct). Empiezan en la oficina de Hauptmarkt (vése p. 151) y duran dos horas y media.

FIESTAS Y CELEBRACIONES

Desde finales de noviembre hasta Nochebuena, el Hauptmarkt está invadido por el **Christkindlesmarkt** (**mercado navideño; www.christkindles markt.de**) más famoso de Alemania.

DÓNDE DORMIR

En la época del mercado navideño las plazas hoteleras escasean, igual que cuando se celebra la Feria del Juguete (solo para profesionales), de finales de enero a principios de febrero.

Lette'm sleep (**☎ 992 8128; www.backpackers.de; Frauentormauer 42; dc 16-20 €, d 49 €, ropa de cama 3 €; 💻 📶**) Goza de una ubicación práctica dentro del antiguo muro de la ciudad y está a cinco minutos de la Hauptbahnhof. Es un sitio excelente para dormir y conocer a otros viajeros. Los apartamentos de la azotea cuentan con cocina y son ideales para grupos.

Hotel Elch (☎ 249 2980; www.hotel-elch.de; Irrerstrasse 9; i/d 69/85 €;) Ocupa una casa con entramado de madera del s. XIV cercana al Kaiserburg. Ofrece habitaciones pequeñas a las que se accede por una estrecha escalera medieval. El desayuno se sirve en el pintoresco restaurante de madera, la Schnitzelria, que ofrece varios tipos de cerveza francona y schnitzel, claro.

Hotel Drei Raben (☎ 274 380; www.hotel-drei-raben.de; Königstrasse 63; i y d 100-185 €;) El origen de este hotel de diseño proviene de la leyenda de los tres cuervos posados en las chimeneas de los tejados de Núremberg. Cada una de las 21 habitaciones tiene su propio estilo.

DÓNDE COMER

Barfüsser Kleines Brauhaus (☎ 204 242; Königstrasse 60; platos principales 6-15 €) Toda una institución en la ciudad, ocupa un antiguo almacén de cereales repleto de cubas de cobre, placas publicitarias esmaltadas y otros objetos. El cavernoso sótano abovedado es ideal para gozar de la compañía del *Eichenholzfässchen*, un barril de madera con 5 l de cerveza.

Heilig-Geist-Spital (☎ 221 761; Spitalgasse 12; platos principales 7-17 €) La madera tallada, los trofeos de caza y la romántica luz de las velas hacen de este antiguo hospital uno de los locales más acogedores de la ciudad.

Marientorzwinger (☎ 274 2784; Lorenzerstrasse 33; platos principales 8-17 €) Es el último *Zwinger* (taberna construida entre las murallas interiores y exteriores cuando perdieron su función militar) que se conserva en Núremberg. Se sirven copiosas especialidades franconas y platos vegetarianos en un sencillo comedor con revestimiento de madera o en el frondoso jardín. También se recomienda la cerveza Tucher, elaborada en Fürth.

Vegan Imbiss (Luitpoldstrasse 13; platos 3-6 €; V) Encajonado entre las fachadas de Luitpoldstrasse, este pequeño bar ofrece platos de fideos y arroz con verduras y un toque asiático; no emplean lácteos ni carne.

Bratwursthäusle (☎ 227 695; Rathausplatz 1; platos 5-11 €; do cerrado) Cocinadas sobre una parrilla de madera de haya, las pequeñas maravillas que sirven en esta rústica taberna marcan sin lugar a dudas la media de las *Rostbratwürste* en todo el país.

CÓMO LLEGAR Y SALIR

El **aeropuerto de Núremberg** (☎ 937 00), 5 km al norte del centro, tiene servicios de compañías regionales e internacionales, como Lufthansa, Air Berlin o Air France.

El U-Bahn nº 2 comunica cada pocos minutos la Hauptbahnhof con el aeropuerto (1,80 €, 12 min). Un taxi a/desde el aeropuerto cuesta 16 € aproximadamente.

Hay trenes al menos cada hora a/desde Frankfurt (48 €, 2 h) y Múnich (49 €, 1 h).

BAMBERG

☎ 0951 / 70 000 hab.

Es difícil no quedarse impresionado por Bamberg. Declarada Patrimonio Mundial, es sin duda una de las ciudades alemanas más hermosas. Fue construida por el arzobispado sobre siete colinas, lo que le valió el sobrenombre de "la Roma de Franconia".

La fama que tiene la cerveza de Bamberg también está justificada; hay al menos diez cervecerías en la ciudad, y alrededor de ochenta más en la región.

INFORMACIÓN

Oficina de turismo (☎ 297 6200; www.bamberg.info; Geyerswörthstrasse 3; 9.30-18.00 lu-vi, hasta 14.30 sa y do)

PUNTOS DE INTERÉS

ALTSTADT

El principal encanto de Bamberg radica en la gran cantidad de hermosos edificios históricos, la mezcla de estilos y la escasez de construcciones modernas. La mayoría de los puntos de interés están a orillas del río Regnitz y el monumental **Altes Rathaus** está, en realidad, en medio del río, sobre dos puentes gemelos como un barco en un dique seco (hay que fijarse en la pierna del querubín que sale del fresco en el lado este). Al noroeste se encuentran las preciosas casas con entramado de madera de **Klein Venedig** (Pequeña Venecia), con sus bateas, canales y embarcaderos.

DOM

Los orígenes nobles y eclesiásticos de Bamberg quedan patentes en la Domplatz, en la margen sur del Regnitz. La estructura dominante es, por supuesto, la elevada **Dom** (**8.00-17.00 nov-mar, hasta las 18.00 abr-oct**), producto de un duelo entre el románico y el gótico librado por los arquitectos de la época tras los dos incendios que acabaron con el edificio original durante el s. XII. Destaca el **Lächelnde Engel** (Ángel Sonriente) del pasillo norte, que sonríe socarronamente mientras entrega la corona de mártir a un san Dionisio sin cabeza. En el coro oeste se encuentra la tumba de mármol del papa Clemente II, el único emplazamiento funerario de un pontífice al norte de los Alpes. El elemento más destacado, no obstante, y el mayor misterio de Bamberg, es la estatua del rey-caballero, el **Bamberger Reiter.** Nadie sabe con certeza quién es este atractivo y joven soberano. La teoría más extendida señala a Conrado III, monarca de la familia de Hohenstaufen, enterrado en la catedral.

En la parte sur de la Dom, en un edificio separado del claustro, está el **Diözesan Museum** (**Museo Diocesano; ☎ 502 316; Domplatz 5; adultos/reducida 3/2,50 €; 10.00-17.00 ma-do**). Lo más interesante de su exposición de tesoros eclesiásticos es el abrigo azul con estrellas de Enrique II, que se conserva cerca de las medias de Clemente II.

MARK AVELLINO

Edificios históricos declarados Patrimonio Mundial en Bamberg.

ALREDEDORES DE DOMPLATZ

Al noroeste de la Dom se eleva el **Alte Hofhaltung**, un viejo palacio de los príncipes-obispos que alberga el **Historisches Museum** (☎ **519 0746; Domplatz 7; adultos/reducida 3/2 €; ⌚ 9.00-17.00 ma-do may-oct**). Cruzando la plaza, se llega a la majestuosa **Neue Residenz** (☎ **519 390; Domplatz 8; adultos/reducida 4/3 €; ⌚ 9.00-18.00 abr-sep, 10.00-16.00 oct-mar**), un enorme palacio episcopal que actualmente alberga una importante colección de pintura barroca. El barroco **Rosengarten** (jardín de rosas) tras el palacio tiene unas vistas fabulosas de los techos de tejas rojas del Altstadt.

DÓNDE DORMIR

Brauereigasthof Fässla (☎ **265 16; www.faessla.de; Obere Königstrasse 19-21; i/d 40/60 €; P**) Aquellos que tengan un especial interés en la producción local de cerveza deberían probar esta acogedora casa de huéspedes; las habitaciones, cómodas y modernas, están subiendo las escaleras desde el *pub*. También hay un patio cubierto interior.

Barockhotel am Dom (☎ **540 31; www.barockhotel.de; Vorderer Bach 4; i/d 72/98 €; P ⊠ 💻**) La acaramelada fachada, que recuerda a la de la Dom, y algunos detalles originales en su interior dan un toque patrimonial barroco a este edificio. Las habitaciones tienen grandes vistas de la catedral y de los tejados del Altstadt, y el desayuno se sirve en una cripta del s. XIV.

Hotel Sankt Nepomuk (☎ **6984 20; www.hotel-nepomuk.de; Obere Mühlbrücke 9; i/d 95/145 €; P**) Bautizado en honor al patrón de los puentes, este elegante hotel se encuentra en el corazón del Regnitz. Tiene habitaciones de estilo rústico y un fabuloso restaurante; ofrece alquiler de bicicletas.

DÓNDE COMER

Wirtshaus zum Schlenkerla (☎ **560 60; Dominikanerstrasse 6; platos principales 5-10 €; ⌚ cerrado ma**) Este oscuro y rústico restaurante del s. XVI con grandes mesas de madera es una auténtica leyenda local conocida en todo el país. Sirve deliciosos platos de especialidades de Franconia y su propia y excelente *Rauchbier*, servida directamente del barril de roble.

Ambräusianum (☎ **509 0262; Dominikanerstrasse 10; platos principales 7-15 €**) Esta cervecería abierta recientemente sirve un magnífico desayuno *Weisswurst*, salchicha de ternera aliñada con perejil y servida con un gran *Pretzel* recién horneado y una *Weissbier* (5,50 €). El visitante se puede sentar al lado de su jarra y oír cómo fermenta la cerveza.

Messerschmidt (☎ **297 800; Lange Strasse 41; platos principales 15-24 €**) Ubicado en la casa donde nació el ingeniero aeronáutico Willy Messerschmidt, este elegante restaurante para amantes de la buena mesa está decorado con madera oscura y lino blanco, y tiene un servicio muy formal.

CÓMO LLEGAR Y DESPLAZARSE

Hay trenes RE y RB desde Núremberg (11,45 €, 45-60 min) al menos cada hora, y desde Wurzburgo (17,60 €, 1 h), además de trenes ICE cada dos horas a/desde Múnich (56 €, 2 h) y Berlín (80 €, 4-5 h).

BAYREUTH

☎ 0921 / 75 000 hab.

Incluso sin su relación con Wagner, Bayreuth seguiría siendo un lugar interesante para visitar desde Núremberg o Bamberg por su arquitectura barroca y sus curiosos palacios. Sin embargo, solo el Festival Wagner puede atraer a 60 000 amantes de la ópera a este rincón del mundo para asistir al evento.

INFORMACIÓN

Oficina de turismo (☎ **885 88; www.bayreuth-tourismus.de; Luitpoldplatz 9; ⌚ 9.00-18.00 lu-vi, hasta 14.00 sa**)

PUNTOS DE INTERÉS

CENTRO

Diseñada por Giuseppe Galli Bibiena, arquitecto boloñés del s. XVIII, la **Markgräfliches Opernhaus** (**Ópera de los Margraves; ☎ 759 6922; Opernstrasse; visitas adultos/reducida/menores de 18 años 5/4 €/gratis; ⌚ visitas 9.00-18.00 abr-sep; 10.00-16.00 oct-mar**) es una impresionante obra barroca (hasta 1871 fue la Ópera de mayor tamaño de toda Alemania), con un exuberante interior revestido de mármol y madera tallada dorada.

Más al sur se alza el **Neues Schloss** (**Palacio Nuevo; ☎ 759 6921; Ludwigstrasse 21; adultos/reducida 5/4 €; ⌚ 9.00-18.00 abr-sep, 10.00-16.00 ma-do, oct-mar**) de Guillermina, que se abre al enorme **Hofgarten** (**entrada gratis; ⌚ 24 h**). Esta suntuosa residencia del margrave tras 1753, de estilo rococó, alberga una colección de porcelana del s. XVIII hecha en Bayreuth. También merece la pena ver el **Spiegelscherbenkabinett** (gabinete del Espejo Roto), que está lleno de fragmentos irregulares de espejos rotos; supuestamente son la respuesta de Guillermina a la vanidad de su época.

Para saber más sobre Wagner hay que visitar la Haus Wahnfried, la antigua casa del compositor en la parte norte del Hofgarten. Hoy alberga el **Richard Wagner Museum** (**☎ 757 2816; www.wagnermuseum.de; Richard-Wagner-Strasse 48; adultos/reducida 4/2 €; ⌚ 9.00-17.00, hasta 20.00 ma y ju abr-oct**). En su interior hay una amplia, aunque no muy excitante, exposición de su vida, con documentos, fotografías, ropas y otros objetos personales. El compositor y su esposa Cosima están enterrados en el jardín, en una tumba sin nombre y cubierta de hiedra, cerca de su querido perro *Russ*.

FUERA DEL CENTRO

Al norte de la Hauptbahnhof, el principal escenario del Festival Wagner es la

Altes Rathaus de Bamberg (p. 154).

Festspielhaus (**787 80; Festspielhügel 1-2; adultos/reducida 5/4 €; ⌚ circuitos 10.00 y 14.00 dic-mar, abr-ago si lo permiten los ensayos, 10.00, 11.00, 14.00 y 15.00 sep y oct, cerrado lu y nov**), construida en 1872 con el apoyo de Luis II. La estructura fue especialmente diseñada para albergar los enormes escenarios teatrales de Wagner, con tres almacenes de aparatos mecánicos escondidos bajo el escenario.

Unos 6 km al este del centro está el **Eremitage**, un frondoso parque que alberga el **Altes Schloss** (**759 6937**), la residencia de verano de Federico y Guillermina. El parque también hospeda al **Neues Schloss** (que no debe confundirse con el de la ciudad), un palacio en forma de herradura en cuyo centro hay un impresionante mosaico del templo del Sol con una estatua dorada de Apolo. En los alrededores de ambos palacios hay numerosas grutas y fuentes borboteantes.

Para echar un vistazo al fascinante proceso de fabricación de cerveza hay que ir al enorme **Maisel's Brauerei-und-Büttnerei-Museum** (**fábrica de cerveza de Maisel y Museo de Toneles; ☎ 401 234; Kulmbacher Strasse 40; circuitos adultos/reducida 4/2 €**), al lado de la fábrica de una de las mejores cervezas de cebada de Alemania. El circuito guiado de 90 minutos (14.00), en alemán, lleva hasta las entrañas de una planta del s. XIX, con estancias llenas con 4500 jarras y divertidos artefactos.

FIESTAS Y CELEBRACIONES

El **Festival Wagner** (**www.bayreuther-festspiele.de**) ha sido cita obligada durante más de 130 veranos consecutivos. La demanda de entradas es descabellada; se estima que más de 500 000 aficionados esperan conseguir una de las menos de 60 000 entradas disponibles. No hay que desanimarse, ya que la lista de espera es de cinco a diez años. Las entradas se asignan por sorteo, pero se da preferencia a los patrocinadores y entusiastas de Richard Wagner.

DÓNDE DORMIR

Durante el Festival Wagner, los hoteles están tan solicitados como las entradas.

Hotel Goldener Hirsch (**☎ 1504 4000; www.bayreuth-goldener-hirsch.de; Bahnhofstrasse 13; i 65-85 €, d 85-110 €; P ⊠**) A poca distancia de la estación de trenes, este emblemático edificio tiene el mismo nombre desde 1743, y fue convertido en hotel en 1900. Las habitaciones son espaciosas y acogedoras.

Hotel Goldener Anker (**☎ 650 51; www.anker-bayreuth.de; Opernstrasse 6; i/d 78-128/128-198 €; P ⊠**) Por su refinada elegancia y su cercanía a la Ópera siempre ha atraído a compositores, cantantes y músicos. Muchas habitaciones tienen una decoración propia, muy tradicional, con guirnaldas en las cortinas, madera oscura y detalles antiguos.

DÓNDE COMER

Kraftraum (**☎ 800 2515; Sophienstrasse 16; platos principales 5,50-8 €; V**) Restaurante vegetariano con una amplia y tentadora oferta. Destacan las pastas y las patatas rellenas,

DWH/IMAGEBROKER

Festspielhaus (p. 157), Bayreuth.

así como las fantásticas ensaladas y los entrantes. El *brunch* dominical tiene una legión de seguidores.

Oskar (☎ 516 0553; Maximilianstrasse 33; platos principales 6-15 €) Tanto en el interior revestido de madera como en las mesas de la calle, esta versión actualizada de una cervecería bávara es un hervidero de la mañana a la noche. La carta incluye ensaladas y platos con patatas asadas, pero la especialidad son las bolitas de masa.

Miamiam Glouglou (656 66; Von-Römer-Strasse 28; platos principales 7-20 €) Restaurante de delicioso estilo parisino.

CÓMO LLEGAR Y SALIR

Bayreuth tiene buenas conexiones de ferrocarril con Núremberg (16,70 €, 1 h). Para viajar a Múnich (62 €, 2½ h) y Ratisbona (30 €, 2¼ h) hay que hacer transbordo en Núremberg.

COBURGO

☎ 09561 / 42 000 hab.

Coburgo languideció a la sombra del Telón de Acero durante la Guerra Fría, debido a su encajonamiento en la Alemania Oriental, pero desde la reunificación, ha renacido. Su orgullosa Veste es una de las mejores fortalezas medievales de Alemania. El epicentro de Coburgo es la majestuosa Markt, una plaza repleta de cafés con un colorido encanto aristocrático. El lujoso **Schloss Ehrenburg** (☎ 808 832; Schlossplatz; visitas en alemán adultos/reducida/menores de 18 años 4/3 €/gratis; visitas cada hora, 9.00-17.00 ma-do, abr-sep; 10.00-15.00 ma-do, oct-mar) es la antigua residencia de los duques de Coburgo. La espléndida **Riesensaal** (sala de los Gigantes) tiene un techo barroco apoyado en 28 estatuas de Atlas.

Una fortaleza medieval de cuento se alza por encima de todo. Es la **Veste Coburg** (jardín amanecer-anochecer) y alberga la vasta colección de las **Kunstsammlungen** (☎ 8790; adultos/reducida 5/2,50 €; 9.30-17.00 a diario abr-oct, 13.00-16.00 ma-do nov-mar), con obras de pintores destacados, como Rembrandt, Durero y Cranach El Viejo.

Los lazos de Coburgo con la realeza británica se reflejan en el menú y decoración del **Café Prinz Albert** (☎ 945 20; Ketschengasse 27; platos 3-5 €; 8.00-18.30). El "desayuno del príncipe Alberto" –salchichas, huevos y cruasanes de Bamberg– sería ideal para un consorte de la reina.

Tie (☎ 334 48; Leopoldstrasse 14; platos principales 14,50-18 €; desde 17.00 ma-do; V), un alegre restaurante vegetariano, elabora comida divina (aunque cara) a base de ingredientes orgánicos frescos. Los platos varían desde clásicos hasta otros de inspiración asiática, con algunos platos de pescado o carne para los que todavía no están convencidos.

CÓMO LLEGAR Y SALIR

Los trenes directos a Bamberg (10,30 €, 50 min) y Núremberg (19,90 €, 1¾ h) salen cada dos horas. Para llegar a Bayreuth (13,40 €, 1½ h) hay que hacer transbordo en Lichtenfels.

PARQUE NATURAL DE ALTMÜHLTAL

El **Parque Natural de Altmühltal** es uno de los mayores parques naturales de Alemania y abarca parte de los parajes más hermosos de Baviera. El río Altmühl se desliza suavemente por una región de pequeños valles y colinas antes de unirse al principal canal del Rin y más tarde desembocar en el Danubio. Para obtener información sobre el parque y ayuda para planear los itinerarios, se puede contactar con el **Informationszentrum Naturpark Altmühltal** (☎ 08421-987 60; www.naturpark-altmuehltal.de; Notre Dame 1, Eichstätt; 9.00-17.00 lu-sa, 10.00-17.00 do abr-oct, 8.00-12.00 y 14.00-16.00 lu-ju, 8.00-12.00 vi nov-mar).

El tramo más bonito del río va desde Treuchtlingen o Pappenheim hasta Eichstätt o Kipfenberg, unos 60 km que se pueden recorrer tranquilamente en kayak o canoa en dos o tres días. Se pueden alquilar canoas y kayaks en casi cualquier población del río. Suelen costar entre 15 y 25 € al día por embarcaciones de una/dos plazas, algo más para las de mayor tamaño. Por un suplemento pueden encargarse del traslado del cliente y de más embarcaciones desde o hasta el punto de embarque.

Con unos 3000 km de senderos para caminar y 800 km de pistas para bicicletas, no hay duda de que el excursionismo y el ciclismo son la mejor manera de explorar el parque. El itinerario ciclista más popular es el Altmühltal Radweg, que discurre paralelo al río a lo largo de 160 km. Se pueden alquilar bicicletas en casi cada pueblo del parque; los precios son más o menos iguales.

La Altmühltal-Panoramaweg, que se extiende 200 km de oeste a este entre Gunzenhausen y Kelheim, es una pintoresca ruta de excursionismo que cruza todo el parque.

BAVIERA ORIENTAL

Escasamente poblado, el borde oriental de Baviera queda eclipsado a menudo por las principales atracciones del estado, pero cuenta con numerosos tesoros de interés histórico. Destaca, por encima de todos, Ratisbona, antigua capital y una de las ciudades más hermosas y animadas de Alemania. Desde allí, el Danubio serpentea suavemente hasta la ciudad de Passau, con una marcada influencia italiana. Fuera de las zonas urbanas, la Selva de Baviera es un destino remoto con muchos rincones aún por descubrir.

RATISBONA

☎ 0941 / 130 000 hab.

Ratisbona (Regensburg), un antiguo asentamiento romano finalizado durante el mandato del emperador Marco Aurelio, fue la primera capital de Baviera, residencia de duques, reyes y obispos, y durante 600 años una ciudad imperial libre. Sus dos milenios de historia han dejado como legado un rico patrimonio arquitectónico, como reconoció la Unesco al declararla Patrimonio Mundial en el 2006. La actual Ratisbona es una tranquila y sencilla localidad, así como una excelente base para explorar la región.

INFORMACIÓN

Oficina de turismo (☎ 507 4410; www.tourismus.regensburg.de; Altes Rathaus; 9.00-18.00 lu-vi, 9.00-16.00 sa, 9.30-16.00 do)

PUNTOS DE INTERÉS

DOM SANKT PETER

La **Dom Sankt Peter** (☎ 597 1660; Domplatz; entrada gratis), el punto de interés más importante de Ratisbona, figura entre las mejores catedrales góticas de Baviera. En su interior hay vidrieras caleidoscópicas sobre el coro y en el transepto sur. Otro punto fuerte son un par de encantadoras esculturas (1280) en los pilares al oeste del altar que representan al arcángel Gabriel apareciéndose a la Virgen, en la columna de enfrente, para darle la noticia de su embarazo.

MUSEO Y SCHLOSS THURN UND TAXIS

En el s. XV, Franz von Taxis (1459-1517) se aseguró un lugar en la historia al establecer el sistema postal europeo, que continuó siendo un monopolio hasta el s. XIX. En pago por sus servicios la familia recibió un palacio, el antiguo monasterio benedictino de Sankt Emmeram, desde entonces conocido como **Schloss Thurn**

MANFRED GOTTSCHALK

Crucero por el cañón del Danubio (p. 163).

und Taxis (☎ 504 824; www.thurnund taxis.de; Emmeramsplatz 5; entrada combinada adultos/reducida 11,50/9 €; ⏰ circuitos 11.00, 14.00, 15.00 y 16.00 lu-vi, también 10.00 y 13.00 sa y do abr-oct, solo fines de semana nov-mar). Muy pronto se convirtió en uno de los palacios más modernos de Europa, con lujos como inodoros con cadenas, calefacción central y electricidad.

El complejo palaciego también alberga el **Thurn und Taxis-Museum** (☎ 504 8133; adultos/reducida 4,50/3,50 €; ⏰ 11.00-17.00 lu-vi, 10.00-17.00 sa y do). La joyería, porcelana y preciosos muebles que se exponen aquí pertenecieron durante muchos años a la dinastía más acaudalada de Alemania.

DOCUMENT NEUPFARRPLATZ

En la Edad Media, Ratisbona tuvo una próspera comunidad hebrea establecida en los alrededores de Neupfarrplatz, pero cuando la ciudad sufrió una crisis económica a principios del s. XVI, sus habitantes expulsaron a los judíos y quemaron el barrio, reduciéndolo a cenizas.

Una exposición multimedia, **Document Neupfarrplatz** (☎ 507 3442; circuitos adultos/reducida 5/2,50 €; ⏰ 14.30 ju-sa, también do y lu jul y ago), muestra los acontecimientos que se produjeron en la plaza desde los tiempos antiguos hasta la formación del movimiento de resistencia a los nazis en 1942-1943. Las entradas solo se pueden adquirir en Tabak Götz, en Neupfarrplatz nº 3.

ALTES RATHAUS Y REICHSTAGSMUSEUM

El **Altes Rathaus,** la sede del Reichstag durante casi 150 años, alberga hoy en día a los tres alcaldes de Ratisbona y el **Reichstagsmuseum** (Museo de la Dieta Imperial ☎ 507 3442; Altes Rathaus; adultos/reducida 7,50/4 €; ⏰ circuitos en inglés 15.00 abr-oct, 14.00 nov-mar). Los circuitos llevan al ricamente decorado **Reichssaal** (salón Imperial) y a las originales **cámaras de tortura** de los sótanos. La sala de interrogatorios está llena de elementos como potros de tortura, el "burro español" (un alto tronco de madera en el cual se hacía sentar a los hombres) y sillas con púas.

STEINERNE BRÜCKE

El **Steinerne Brücke** (puente de Piedra) de Ratisbona, increíble logro de ingeniería de la época, fue en su día el único paso fortificado que cruzaba el Danubio.

En la torre sur del Steinerne Brücke se halla el **Brückturm-Museum** (☎ 507 5889; Weisse-Lamm-Gasse 1; adultos/reducida 2/1,50 €; ⏲ 10.00-17.00 abr-oct), con una pequeña exposición sobre la historia del puente. La mayoría de la gente acude para disfrutar de la vista aérea de la ciudad.

DÓNDE DORMIR

Brook Lane Hostel (☎ 690 0966; www.hostel-regensburg.de; Obere Bachgasse 21; dc 15-19 €, i/d/apt 35/45/140 €; ⊠) Ampliado y modernizado en el 2009, el único albergue para mochileros de Ratisbona ofrece dormitorios colectivos y baños nuevos, así como una tienda de alimentación.

Petit Hotel D'Orphée (☎ 596 020; www.hotel-orphee.de; Wahlenstrasse 1; i 35-110 €, d 70-135 €) Detrás de la humilde puerta de este céntrico hotel se esconde un mundo lleno de encanto, extras inesperados y una auténtica atención por el detalle. Dispone de una sucursal más imponente encima del Café Orphée (véase en esta página).

EBO/IMAGEBROKER

Interior de la Dom Sankt Stephan (p. 164), Passau.

Hotel Goldenes Kreuz (☎ 558 12; www.hotel-goldeneskreuz.de; Haidplatz 7; i 75-105 €, d 95-125 €; ⊠) Ofrece la mejor relación calidad-precio de la ciudad. Sus encantadoras habitaciones llevan el nombre de un soberano y son propias de un káiser. Están decoradas con enormes espejos, antigüedades, muebles Bauhaus, camas con dosel, vigas vistas y suelos de parqué que le confieren un aire sofisticado.

Hotel Elements (☎ 941-3819 8600; www.hotel-elements.de; Alter Kornmarkt 3; apt 129-149 €) Este pequeño hotel temático de reciente apertura, que rompe moldes por su imaginativo diseño, es el secreto mejor guardado de Baviera.

DÓNDE COMER

Spaghetteria (Am Römling 12; platos 4,90-8,70 €) Sito en una capilla del s. XVII, ofrece seis tipos de pasta y 23 variedades de salsas.

Dicker Mann (☎ 573 70; Krebsgasse 6; platos principales 6-15 €) Este tradicional restaurante, uno de los más antiguos de la ciudad, ofrece buena cocina bávara, un servicio rápido y un ambiente animado gracias al personal joven y alegre.

Café Orphée (☎ 529 77; Untere Bachgasse 8; platos principales 7-18 €; ⏲ 9.00-1.00) Encantadora *brasserie* decorada con terciopelo rojo, madera oscura y abundantes espejos. La apetitosa carta francesa ofrece patés, tentempiés, café y comidas ligeras.

Rosenpalais (☎ 599 7579; Minoritenweg 20; platos principales bistró 11-20 €, platos principales restaurante 20-32 €; ⏲ cerrado do) Sofisticado restaurante situado junto a Dachauplatz. La clientela adinerada se dirige al elegante restaurante del piso superior, mientras que los *gourmets* con presupuestos ajustados se quedan en la planta baja.

DÓNDE BEBER

Kneitinger (**☎ 524 55; Arnulfsplatz 3; ⌚ 9.00-23.00**) De estilo típicamente bávaro, este *pub* elabora su propia cerveza y es el lugar ideal para disfrutar de una copiosa cocina casera (platos principales 5,80-15 €), deliciosas cervezas de la casa y animados bailes locales.

Spitalgarten (**847 74; St Katharinenplatz 1**) Esta maraña de sillas plegables y mesas junto al Danubio es uno de los mejores lugares de la ciudad para comer al aire libre. Dice elaborar cerveza (la actual Spital) desde 1350.

CÓMO LLEGAR Y SALIR

Ratisbona tiene servicio de tren directo con Frankfurt (63 €, 3 h), Múnich (23,30 €, 1½ h), con parada en Landshut (11,30 €, 50 min), Núremberg (17,60 €, 1-2 h) y Passau (desde 20,50 €, 1-2 h).

ALREDEDORES DE RATISBONA

KLOSTERSCHENKE WELTENBURG

Cuando se está tan cerca de la fábrica de cerveza monástica más antigua del mundo no hay excusa para perdérsela. **Klosterschenke Weltenburg** (**☎ 09441-675 70; www.klosterschenke-weltenburg.de; Asamstrasse 32; ⌚ 8.00-19.00 abr-nov, cerrado lu-mi mar**) lleva elaborando su deliciosa cerveza negra desde 1050. Actualmente es una moderna fábrica y una de las excursiones preferidas de los lugareños y los visitantes, por lo que su bonita cervecería al aire libre puede estar atestada los fines de semana y los días festivos.

Pero no todo el mundo acude solo por la cerveza, ya que el complejo también incluye una magnífica iglesia, la **Klosterkirche Sts Georg und Martin,** diseñada por Cosmas Damian y Egid Quirin Asam.

La manera más bonita de llegar a Weltenburg es en barco desde Kelheim (alrededor de 30 km al suroeste de Ratisbona por la B16) a través del **desfiladero del Danubio,** un tramo del río muy espectacular en el que el agua se abre paso entre abruptos despeñaderos y curiosas formaciones rocosas. De mediados de marzo a octubre varias empresas ofrecen cruceros por el desfiladero por 4,60/8,20 € ida/ida y vuelta; el transporte de bicicletas cuesta 2,10/4 € más.

WALHALLA

Inspirado en el Partenón de Atenas, el **Walhalla** (**adultos/niños 4/3 €; ⌚ 9.00-17.45 abr-sep, 10.00-11.45 y 13.00-17.45 oct-mar**) es un impresionante monumento de Luis I dedicado a los gigantes alemanes del pensamiento y la literatura. Los escalones de mármol se elevan desde la ribera del Danubio hasta su sensacional salón, también de mármol, con una galería de 127 héroes.

Para llegar hay que seguir la carretera comarcal del valle del Danubio (sin número) durante 10 km desde Ratisbona hacia el este, hasta el pueblo de Donaustauf, y luego seguir las indicaciones. Otra opción es apuntarse a un crucero de **Schifffahrt Klinger** (**☎ 521 04; ida/ida y vuelta 7,50/10,50 €; ⌚ 10.00 y 14.00 abr-mediados de oct; 2 h**), que incluye una parada de una hora en el Walhalla.

BEFREIUNGSHALLE

Colgado en una colina sobre el Danubio, hay un edificio semejante a una jarra de cerveza de color mostaza; se trata de la **Befreiungshalle** (**sala de la Liberación; ☎ 09441-682 0710; Befreiungshallestrasse 3; adultos/reducida 3/2,50 €; ⌚ 9.00-18.00 abr-sep, hasta las 16.00 oct-mar**). Erigida en 1863, es una escandalosa muestra del nacionalismo bávaro encargada por el rey Luis I para conmemorar las victorias sobre Napoleón (1813-1815). Su interior alberga un verdadero templo guardado por ángeles blancos de mármol inspirado en la diosa romana de la Victoria.

PASSAU

☎ 0851 / 51 000 hab.

Situada en la confluencia de tres ríos, Danubio, Inn e Ilz, Passau estaba predestinada a ser un poderoso nudo de comercio. El bello centro urbano tiene un cierto aire italiano, con sinuosos senderos medievales, túneles y pasajes abovedados.

INFORMACIÓN

Oficina de turismo Altstadt (☎ **955 980; www.passau.de; Rathausplatz 3; 8.30-18.00 lu-vi, 9.00-16.00 sa y do, horario reducido med oct-Semana Santa**); Hauptbahnhof (☎ **955 980; Bahnhofstrasse 28; 9.00-17.00 lu-vi, 10.30-15.30 sa y do Semana Santa-sep, horario reducido oct-Semana Santa**)

PUNTOS DE INTERÉS

VESTE OBERHAUS

Esta fortaleza del s. XIII, construida por los príncipes-obispos con finalidad defensiva, se alza pomposamente sobre la ciudad. Las vistas son espléndidas, tanto desde la torre del castillo (1 €) como desde el **Battalion Linde**, un mirador que es el único punto desde donde se tiene una visión aérea de la confluencia de los tres ríos.

En el interior del bastión se halla el **Oberhausmuseum** (☎ **4933 5012; Oberhaus 125; adultos/reducida 5/4 €; 9.00-17.00 lu-vi, 10.00-18.00 sa-do, mar-nov**). Algunas de las piezas expuestas desvelan los misterios de la construcción de castillos medievales y los ritos de iniciación de los caballeros.

DOM SANKT STEPHAN

Las bulbosas cúpulas verdes de la **Dom** (**6.30-19.00**), la catedral de Passau, dominan serenamente la silueta de la ciudad. Hubo una iglesia emplazada en este mismo lugar ya desde el s. V, pero adquirió su aspecto barroco actual tras un devastador incendio en 1662. El interior fue obra de un grupo de artistas italianos, entre ellos el arquitecto Carlo Lurago y el maestro estucador Giovanni Carlone. Los frescos muestran fascinantes escenas religiosas, pero la auténtica obra maestra es el órgano de la iglesia, uno de los mayores del mundo, gracias a sus 17 974 tubos. Los días laborables se celebran recitales de órgano a las 12.00, y los jueves a las 19.30 de mayo a octubre (adultos/niños 3/1 € mediodía, 5/3 € tarde).

PASSAUER GLASMUSEUM

Si uno se pregunta por qué los rótulos de Passau están en alemán y checo, debe visitar el **Passauer Glasmuseum** (**Museo del Cristal de Passau;** ☎ **350 71; Hotel Wilder Mann, Am Rathausplatz; adultos/reducida 5/4 €; 13.00-17.00**), el museo de cristal checo más grande del mundo y un imán para los visitantes eslavos. Aunque se recorra a toda prisa esta impresionante colección de más de 30 000 objetos expuestos en 380 vitrinas, hace falta una hora para ver las 36 salas llenas de piezas barrocas, clásicas, modernistas y *art déco*. Hay que asegurarse de conseguir un plano pues es fácil perderse.

DÓNDE DORMIR

Pension Rössner (☎ **931 350; www.pension-roessner.de; Bräugasse 19; i/d 35/60 €;** Ⓟ) Ocupa una mansión restaurada en el extremo este del Altstadt, está inmaculada y sale muy a cuenta. Las habitaciones tienen baño propio y, en muchos casos, vistas de la fortaleza. El desayuno tiene un suplemento de 7 €.

Hotel Wilder Mann (☎ **350 71; www.wilder-mann.de; Am Rathausplatz; i/d 50-60/80-140 €;** Ⓟ) Realeza y famosos, desde Sissi hasta Mijaíl Gorbachov y Henry Kissinger, se han alojado en este histórico hotel. Las habitaciones intentan recuperar una grandeza perdida y algunas de las camas de madera esculpida son realmente bellas.

ESH/IMAGEBROKER

Parque Nacional de la Selva de Baviera (p. 166).

DÓNDE COMER Y BEBER

Diwan (☎ 490 3280; planta superior, Stadtturm, Niebelungenplatz 1; platos principales 3-7 €) Un ascensor de alta velocidad conduce a este café-*lounge* de moda, que ofrece inmejorables vistas.

Scharfrichter Haus (☎ 359 00; Milchgasse 2; platos principales 7,40-16,50 €; 12.00-14.00 y 18.00-1.00) Mezcla de café, restaurante y club de *jazz,* este local es toda una institución. La clientela disfruta de los platos de temporada antes de desplazarse al íntimo teatro de cabaré y beber una copa de vino austriaco.

Heilig-Geist-Stiftsschänke (☎ 2607; Heilig-Geist-Gasse 4; platos principales 10-19 €; cerrado mi) La comida tradicional se prepara con brillantez, y se sirve tanto en los comedores con paredes de nogal como en la terraza ajardinada. La bodega iluminada con velas está abierta desde las 18.00.

CÓMO LLEGAR Y SALIR

Passau está en la principal línea de tren a Núremberg (de 32,90 a 43 €, 2 h) y Ratisbona (de 20,50 a 26 €, 1 h). También hay trenes directos a Múnich (30,20 €, 2½ h). El viaje a Zwiesel (19 €, 1½ h) y otras localidades de la Selva de Baviera requieren un cambio en Plattling.

SELVA DE BAVIERA

Junto con la Selva de Bohemia, al otro lado de la frontera checa, la Selva de Baviera (Bayerischer Wald) forma la mayor extensión forestal de Europa. Es un paisaje de colinas sin fin y montañas cubiertas de árboles con pequeños valles recónditos y bosques vírgenes donde habitan muchas especies que desaparecieron hace tiempo del resto de la región. Una gran parte de esta superficie está protegida: es el agreste Parque Nacional de la Selva de Baviera (Nationalpark Bayerischer Wald).

Su centenaria industria del soplado de vidrio se mantiene activa en muchas de las poblaciones de la **Glasstrasse** (Ruta del Vidrio), una ruta turística de 250 km que conecta Waldsassen con Passau. Se pueden visitar talleres, fábricas y tiendas, y comprar magníficas piezas.

INFORMACIÓN

Oficina de turismo de Grafenau (☎ 08552-962 343; www.grafenau.de; Rathausgasse 1; 8.00-17.00 lu-ju, 8.00-13.00 vi, 10-11.30 sa)

Oficina de turismo de Zwiesel centro del pueblo (☎ **09922-840523; www.zwiesel-tourismus.de; Stadtplatz 27;** 🕑 **8.30-17.00 lu-vi, 10.00-13.00 sa**); Zwiesel-Süd (🕑 **10.00-12.00 lu-vi**) Esta última está situada fuera del pueblo, en la carretera principal hacia Regen.

PUNTOS DE INTERÉS

El **Glasmuseum** (☎ **09926-941 020; Am Museumspark 1; adultos/niños 5/2,50 €;** 🕑 **9.00-17.00 lu-vi, 10.00-16.00 sa y do**) de Frauenau cubre cuatro milenios de trabajo del vidrio, desde el Antiguo Egipto hasta los vidrios modernos de todo el mundo.

En el extremo sur de la Selva de Baviera, en Tittling, se encuentra el **Museumsdorf Bayerischer Wald** (☎ **08504-8482; Herrenstrasse 11; adultos/niños 4 €/gratis;** 🕑 **9.00-17.00 abr-oct**). Este museo al aire libre de 20 Ha comprende 150 edificios típicos de la Selva de Baviera, desde el s. XVII al XIX. También se muestran vestidos, muebles, cerámica, aperos y herramientas.

PARQUE NACIONAL DE LA SELVA DE BAVIERA

Este parque es un paraíso para los amantes de las actividades al aire libre. Ocupa 24 250 Ha junto a la frontera checa, desde Bayerisch Eisenstein, en el norte, hasta Finsterau, en el sur. Su frondoso bosque, poblado en su mayor parte de píceas, está atravesado por cientos de kilómetros de pistas para excursiones a pie, en bicicleta o sobre esquís. Alrededor de 1 km al noreste del pueblo de Neuschönau se erige la **Hans-Eisenmann-Haus** (☎ **08558-961 50; www.nationalpark-bayerischer-wald.de; Böhmstrasse 35, Neuschönau;** 🕑 **9.00-17.00**), el principal centro de visitantes del parque nacional.

DÓNDE DORMIR Y COMER

Alojarse en la zona es una verdadera ganga; Zwiesel y Grafenau tienen la mayor oferta.

Hotel-Gasthaus Zum Kellermann (☎ **08552-967 10; www.hotel-zum-kellermann.de; Stadtplatz 8, Grafenau; i/d 37/60 €;** 🕑 **cerrado mi;** **P**) Esta sencilla casa de huéspedes en Grafenau es una buena opción, con habitaciones frescas y bien ventiladas. Alberga una bonita terraza y un restaurante (platos principales 6-12 €) donde se sirve apetitosa comida local.

Hotel Hubertus (☎ **08552-96490; www.hubertus-grafenau.de; Grüb 20, Grafenau; i/d 47-58/78-104 €;** **P**) Ofrece una inmejorable relación calidad-precio al fatigado viajero. Las habitaciones son espaciosas y con estilo, y la mayoría disponen de balcón. Los clientes pueden disfrutar de la sauna y del delicioso bufé.

Hotel Zur Waldbahn (☎ **09922-8570; www.zurwald bahn.de; Bahnhofplatz 2, Zwiesel; i 55-62 €, d 88-96 €;** **P**) La tradición y las modernas comodidades se combinan perfectamente con una buena ubicación, frente a la Hauptbahnhof. Las cálidas habitaciones revestidas de madera están amuebladas con gusto, dispone de una magnífica piscina y el restaurante es excelente.

Dampfbräu (☎ **09922-605 30; Stadtplatz 6, Zwiesel; platos principales 8-15 €**) La taberna con más personalidad del pueblo ofrece rústicas mesas talladas con madera de los bosques circundantes, murales donde se ilustran las industrias locales, ingredientes locales convertidos en apetitosos platos y grandes jarras de cerveza elaborada en la zona.

CÓMO LLEGAR Y SALIR

Desde Múnich, Ratisbona o Passau se puede llegar a Zwiesel por ferrocarril vía Plattling. El Waldbahn conecta directamente Zwiesel con Bodenmais y Grafenau.

También hay una red de autobuses regionales, aunque el servicio puede ser poco frecuente. El Igel-Bus circula por el parque nacional siguiendo cuatro rutas.

↘ FRANKFURT Y ALEMANIA CENTRAL

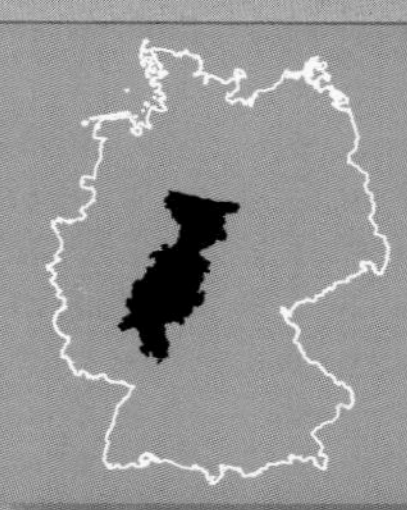

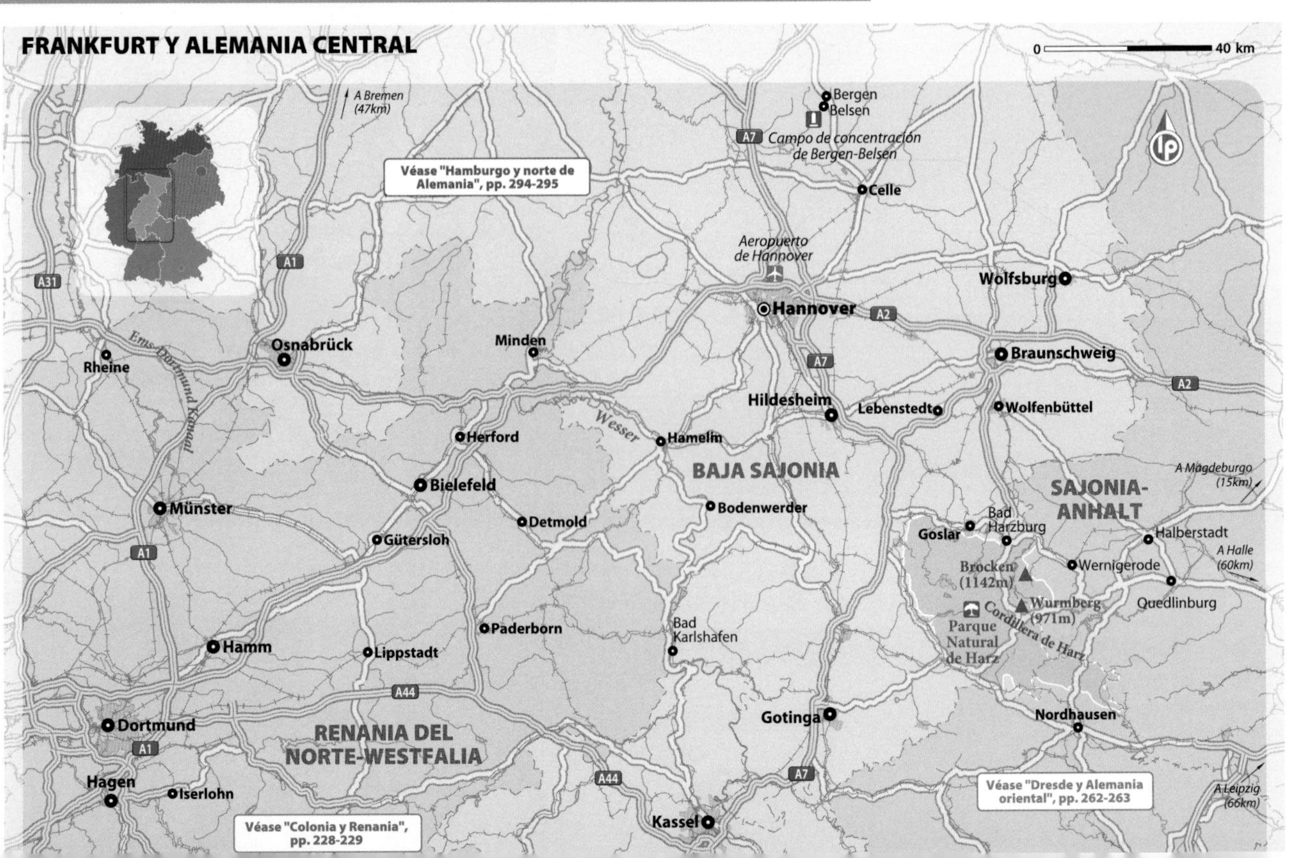

FRANKFURT Y ALEMANIA CENTRAL
0
40 km
A Bremen (47km)
Véase "Hamburgo y norte de Alemania", pp. 294-295
Bergen
Belsen
Campo de concentración de Bergen-Belsen
Celle
Aeropuerto de Hannover
Wolfsburg
Hannover
A31
A1
A2
A7
Rheine
Ems-Dortmund Kanaal
Osnabrück
Minden
Braunschweig
Hildesheim
Lebenstedt
Wolfenbüttel
Herford
Wesser
Hamelin
BAJA SAJONIA
A Magdeburgo (15km)
SAJONIA-ANHALT
Bielefeld
Münster
Detmold
Bodenwerder
Bad Harzburg
Goslar
Halberstadt
Gütersloh
A Halle (60km)
Brocken (1142m)
Wernigerode
Quedlinburg
Wurmberg (971m)
Cordillera de Harz
Parque Natural de Harz
Paderborn
Bad Karlshafen
Hamm
Lippstadt
A44
Gotinga
Nordhausen
Dortmund
RENANIA DEL NORTE-WESTFALIA
Hagen
Iserlohn
Véase "Dresde y Alemania oriental", pp. 262-263
A Leipzig (66km)
Véase "Colonia y Renania", pp. 228-229
Kassel

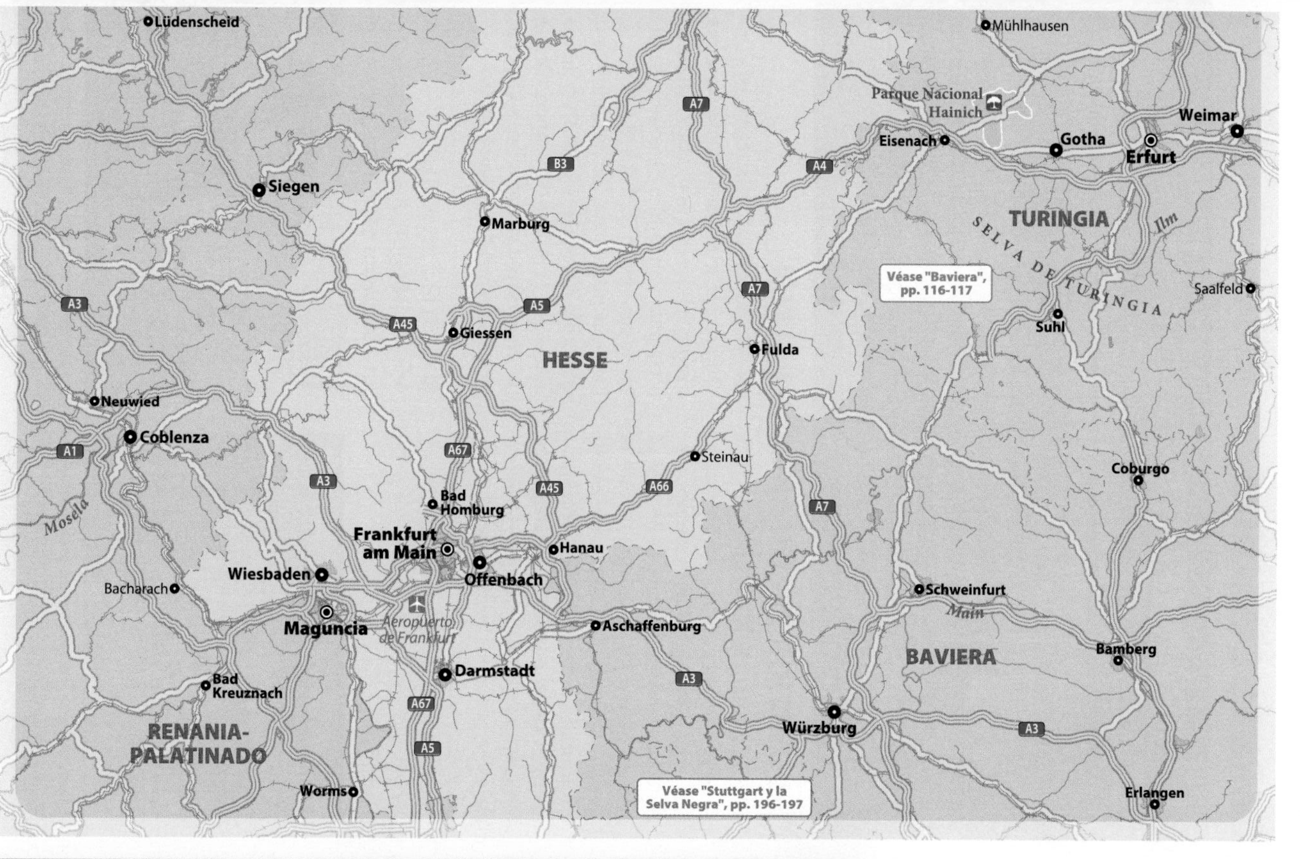
Lüdenscheid
Mühlhausen
Parque Nacional Hainich
A7
Weimar
Eisenach
Gotha
Erfurt
B3
A4
Siegen
Marburg
TURINGIA
Ilm
SELVA DE TURINGIA
Véase "Baviera", pp. 116-117
A3
A7
Saalfeld
A5
A45
Giessen
Suhl
Fulda
HESSE
Neuwied
Coblenza
A1
A67
Steinau
Coburgo
A3
A45
A66
A7
Bad Homburg
Mosela
Frankfurt am Main
Hanau
Wiesbaden
Offenbach
Bacharach
Schweinfurt
Main
Maguncia
Aeropuerto de Frankfurt
Aschaffenburg
BAVIERA
Bamberg
Darmstadt
A3
Bad Kreuznach
A67
Würzburg
A3
RENANIA-PALATINADO
A5
Worms
Véase "Stuttgart y la Selva Negra", pp. 196-197
Erlangen

IMPRESCINDIBLE

1 FRANKFURT

POR ANGELA CULLEN, EDITORA FINANCIERA Y RESIDENTE EN FRANKFURT DESDE HACE 18 AÑOS

Hay que hurgar un poco para dar con los tesoros de Frankfurt. Sus callejas están llenas de facetas ocultas. Aquí se goza de una gran calidad de vida. Abundan los espacios verdes y es una ciudad compacta y fácil de recorrer, pero también es muy internacional y sus museos exponen arte de talla mundial.

LO MEJOR SEGÚN ANGELA CULLEN

❶ SUBIR AL EBBELWEI EXPRESS

Es algo turístico, pero el **Ebbelwei Express** (☎ **2132 2425; www.ebbelwei-express.com; adultos/menores de 14 años 6/3 €**), un tranvía histórico que recorre la ciudad, brinda un modo entretenido e informativo de descubrirla. Pasa por los principales puntos de interés, pero también por barrios tradicionales, y muestra todas las facetas de la urbe. Tal y como indica su propio nombre, asimismo ofrece probar la bebida por excelencia de Frankfurt, el vino de manzana.

❷ EL STÄDEL PARA NIÑOS

Tengo hijos y una de las cosas que más me gusta hacer los domingos es llevarlos a los talleres infantiles de arte del **Städel Museum** (p. 181). Recientemente les hicieron pintar con los métodos de la época de Botticelli mientras yo me paseaba por el museo. Un sábado al mes también ofrece circuitos especiales para niños de entre 8 y 13 años.

❸ DESDE LAS ALTURAS

Admirar Frankfurt desde las alturas, con sus escarpados rascacielos y abundan-

En el sentido de las agujas del reloj desde arriba: reflejos en el río Main, Frankfurt am Main (p. 178); silueta de Frankfurt; *jazz* en directo en Jazzkeller (p. 183); obras de arte en el Städel Museum (p. 181); *Ebbelwei Express.*

tes zonas verdes, resulta impresionante. Una alternativa a la cara **Main Tower** (p. 178) es subir a la torre de madera de 43 m de altura **Goethe Turm** (**Sąhsenhäuser Landwehrweg**) en Sachsenhausen, desde donde se obtiene una vista panorámica de la ciudad, incluido el edificio *Bleistift* (lápiz; p. 178). El **Goetheruh Cafe** (☎ **686 830**), situado en la planta baja, es una delicia en verano.

❹ UN POCO DE 'JAZZ'

Frankfurt tiene excelentes locales de *jazz*. Mi favorito es el **Jazzkeller** (p. 183), que lleva abierto desde 1952 y continúa siendo el lugar preferido de los amantes de este género musical. Es un fabuloso y pintoresco sótano de piedra que ofrece una mezcla ecléctica de bandas europeas y locales. Los viernes se transforma en un divertido local de baile, con ritmos latinos y *funk*.

LO QUE HAY QUE SABER

El mejor consejo Evitar viajar en octubre: todo está lleno porque es la Feria del Libro. **Mi favorito** En los últimos años han hecho una verdadera limpieza del paseo fluvial a orillas del Main. **Ebbelwei** El vino de manzana es un gusto adquirido; hay que probarlo un par de veces e irá gustando cada vez más. **Véase la reseña de la autora en p. 178.**

IMPRESCINDIBLE

2

CAMPO DE CONCENTRACIÓN DE BERGEN-BELSEN

A diferencia de Auschwitz, en Polonia, en Bergen-Belsen (p. 191), el campo de concentración más infame en suelo alemán, no se conserva ningún edificio original. Sin embargo, sus vastos y serenos espacios de tierra herbosa –que se cubre de un hermoso brezo lila en verano– desvelan enseguida su verdadera identidad como tumbas colectivas. Varios carteles dan una cifra aproximada de la gente que yace enterrada en cada una: 1000, 5000, cifra desconocida...

3

LA RUTA DE LOS CUENTOS DE HADAS

Los hermanos más famosos de Alemania se inspiraron en los serenos bosques y pueblos que alfombran esta región, y una larga lista de cuentos de hadas se sitúan en poblaciones de la zona. La Ruta de los Cuentos de Hadas (p. 176) es un viaje a través de los recuerdos de la infancia sobre Rumpelstiltskin hilando paja y el largo cabello de Rapunzel (Verdezuela), y pasa por pueblos tan memorables como el del flautista de Hamelín, con su vasta colección de estatuas de ratas.

4

HERRENHÄUSER GÄRTEN

Una obra de arte de verdor y flores, el **Herrenhäuser Gärten** (p. 185), los grandes jardines reales de Hannover, brinda un bello ejemplo de los primeros jardines barrocos. Su Grosse Gärten de 1666 es el mayor del conjunto, con un laberinto multidireccional de rosas y flores de la Baja Alemania y toques rococó y barrocos franceses.

5

GOSLAR

La antigua ciudad hanseática de **Goslar** (p. 192), a los pies del macizo del Harz (el sistema montañoso más alto del norte de Alemania), tiene más de 1000 casas con entramado de madera en sus calles del s. XIII, aunque hay quien dice que su lugar favorito es el reloj que se alza en el centro, con su espectáculo de mineros mecánicos tres veces al día.

6

EL HOGAR DE VOLKSWAGEN

En **Wolfsburgo** (p. 191) juegan sobre seguro: un símbolo gigante con las letras VW saluda orgulloso desde lo alto de la sede de la compañía. Aquí están todas las marcas de VW, como Bentley y Lamborghini, pero el imán que atrae a las masas es el Beetle (Escarabajo), icono del milagro económico de la posguerra o *Wirtschaftswunder* (véase p. 348).

2 Campo de concentración de Bergen-Belsen (p. 191); 3 Ornamentación de un edificio, Hamelín (p. 188); 4 Herrenhäuser Gärten (p. 185), Hannover; 5 Markt, Goslar (p. 192); 6 VW 1200 en la Autostadt (p. 191), Wolfsburgo.

LO MEJOR

GRATUITO

- La **sinagoga** de Celle (p. 191), una bella casa de madera, ofrece servicios frecuentes.
- De octubre a marzo, el **Herrenhäuser Gärten** (p. 185) de Hannover no cobra entrada, pero sigue siendo espectacular.
- **Goethe Turm** (p. 171) Hay que ascender por ella para gozar de una espléndida vista de la ciudad.

MÁS QUE BARES

- **Markthalle** (p. 187) El mercado cubierto de Hannover es excelente para picar algo o para comprar exquisiteces. Las noches de los viernes lo visitan los trabajadores de los alrededores para beber y celebrar el comienzo del fin de semana.
- **Jazzkeller** (p. 183) Copas, *jazz* y a veces hasta baile en uno de los locales favoritos de Frankfurt.
- **Wein-Dünker** (p. 183) ¿Ahíto de cerveza? Siempre se pueden probar los excelentes rieslings en esta agradable vinatería de Frankfurt.

SITIOS PARA NIÑOS

- Ir en busca del flautista y los símbolos de ratas en el antiguo terreno de caza del protagonista del cuento, **Hamelín** (p. 188).
- Admirar cómo el trompetero de Celle asciende a la torre y toca su trompeta en la **Stadtkirche** (p. 191).
- Pensar en los tirabuzones de Rapunzel en el **Brüder Grimm-Museum** (Museo de los Hermanos Grimm; p. 185) en Kassel.

MUSEOS FUERA DEL RADAR

- **Kunstmuseum** (p. 191) Excelente colección de arte alemán de Celle.
- **Jüdisches Museum** (p. 181) La vida judía en Frankfurt desde la Edad Media en adelante.
- **Goslarer Museum** (p. 194) Cubre la historia del macizo del Harz.

MMX/IMAGEBROKER

Tren de alta velocidad en la estación de trenes del aeropuerto de Frankfurt.

LO QUE HAY QUE SABER

ESTADÍSTICAS

- **Población** Frankfurt 659 000; Hesse 6 millones; Baja Sajonia 8 millones.
- **Porcentaje de población extranjera en Frankfurt** 26%.
- **Puntos de entrada** Aeropuertos de Frankfurt y Hannover.
- **Mejor época para viajar** Abril-octubre.

ANTES DE PARTIR

- **Seis meses antes** El viajero debería comprobar si hay grandes convenciones que coincidan con su visita (como la Feria del Libro de Frankfurt, en octubre). Si se cuece algo gordo, habrá que reservar el hotel ahora mismo.
- **Dos semanas antes** Hacerse con uno de los cuentos de los hermanos Grimm para leerlo durante el viaje.

RECURSOS EN INTERNET

- **www.frankfurtexpat.de** Web de listados locales en inglés, escrita por residentes extranjeros.

URGENCIAS

- **Bomberos y ambulancia** (☎ 112)
- **Policía** (☎ 110)

CÓMO DESPLAZARSE

- **Tren** Es cómodo, eficaz y tranquilo; no hay motivo alguno para alquilar un coche. Además, aparcar en ciudades como Frankfurt es caro. Se puede planificar el viaje y reservar billetes con antelación en www.bahn.de.
- **U-Bahn y S-Bahn en Frankfurt** (p. 184) Circulan desde las 4.00 hasta las 0.30 (hasta la 1.00 los fines de semana). Es tan eficaz que se compromete a devolver el dinero del billete si se retrasa más de 10 min –esto se llama la *10-Minuten Garantie* (Garantía de los 10 minutos).

ADVERTENCIAS

- **Cerca de la estación de trenes** El área al noreste de la Hauptbahnhof es una base del comercio del sexo y las drogas ilegales. Se aconseja, en especial a las mujeres, evitar la zona de Elbestrasse y Taunusstrasse, núcleo del barrio chino. Patrullas de policía y empresas de seguridad vigilan la zona de la estación con frecuencia y el cercano Bahnhofsviertel mantiene las cosas bajo control, pero siempre es mejor poner en práctica la prudencia que exige una gran ciudad.

ITINERARIOS

FRANKFURT EN POCO TIEMPO Tres días

El viajero puede establecer su base en Frankfurt y explorarla en profundidad, con una excursión de un día que incluye Kassel. Y es que este moderno centro financiero tiene algo más que una bolsa.

Hay que alquilar una habitación en **(1) Frankfurt** (p. 181) y dar una vuelta en el **(2) Ebbelwei Express** (p. 170), que llevará por los principales puntos de interés y brindará una buena idea de la ciudad. Rematar el día probando el **(3) Handkäse** (queso hecho a mano; p. 184) para cenar. Al día siguiente, se puede comprobar la programación de los impresionantes **(4) Städel Museum** (p. 181), el **(5) Museum für Angewandte Kunst** (p. 181) y la **(6) Liebieghaus** (p. 181). Todos gozan de una práctica ubicación en fila en el *Museumsufer* (zona de museos a orillas del río Main). Se puede visitar la **(7) Goethe-Haus** (p. 180), donde nació el legendario escritor, y acabar el día con algo de comida turca en **(8) Manolya** (p. 183), seguido de unas relajantes melodías en el **(9) Jazzkeller** (p. 183). A continuación, hay que hacer una excursión de un día a **(10) Kassel** (p. 184), para explorar el fabuloso **(11) Brüder Grimm-Museum** (p. 185).

LA RUTA DE LOS CUENTOS DE HADAS Cinco días

Tanto adultos como niños disfrutarán en este bucólico entorno. Hay que alquilar un coche y empezar visitando la ciudad universitaria de los hermanos Grimm, **(1) Kassel** (p. 184) para ver el **(2) Brüder Grimm-Museum** (p. 185). Luego hay que seguir hacia el norte hasta **(3) Hamelín** (p. 188) y quedarse allí unas cuantas noches –se necesitará tiempo para seguir el legado del flautista por toda la localidad y dar con todos esos símbolos de ratas. Desde allí, se puede hacer una excursión de un día al **(4) Münchhausen Museum** (p. 190), en Bodenwerder, para admirar a uno de los personajes más embusteros de la historia, el barón Hieronymous von Münchhausen. Después, hay que dirigirse al norte hacia la **(5) ciudad de Bremen** (p. 318), cuya estatua de los **(6) Músicos de Bremen** (p. 319) saludará al viajero con un extraño silencio.

PEQUEÑA CIUDAD, GRAN CIUDAD Una semana

Este itinerario puede hacerse en tren y llevará al viajero desde una pequeña ciudad infravalorada hasta el centro financiero internacional de Alemania. **(1) Hannover** (p. 185) es una encantadora y pequeña urbe que ofrece un sinfín de excursiones. Se pueden pasar cinco noches allí y empezar con una visita a su célebre **(2) Herrenhäuser Gärten** (p. 185), un conjunto de tres impresionantes jardines que rivaliza con el de Versalles. A continuación, se pueden ver las esculturas **(3) Die Nanas** (p. 186), las voluptuosas y coloridas esculturas de *Sophie*,

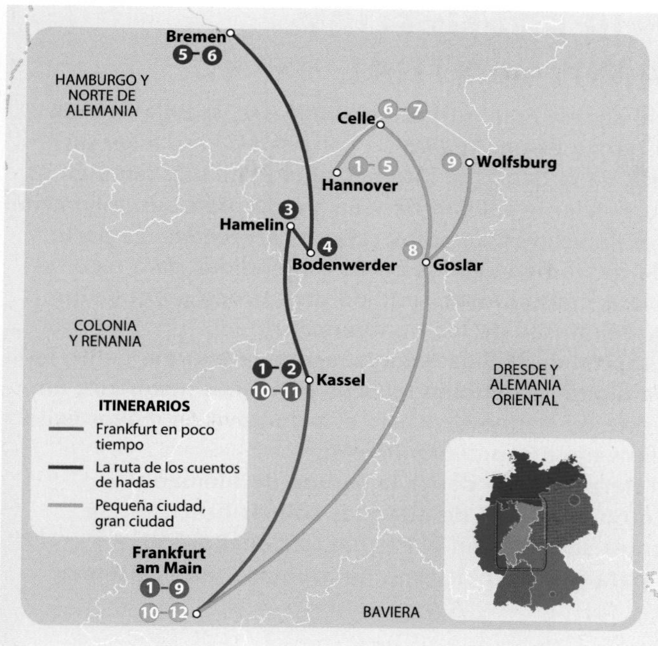

Charlotte y *Caroline,* orgullo de la ciudad. Se puede pasear por el Altstadt (casco antiguo) e ir a la gótica **(4) Marktkirche** (p. 187) antes de subir a un autobús (nº 131) en dirección a Maschsee para cenar en **(5) Pier 51** (p. 187), uno de los mejores restaurantes de Hannover. Hay que dar una vuelta por la histórica **(6) Celle** (p. 190) y explorar su **(7) Schloss** (p. 191) de varias plantas y sus casas con entramado de madera. El día siguiente se visita **(8) Goslar** (p. 192), la tranquila ciudad declarada Patrimonio Mundial, flanqueada por el macizo del Harz, y, para cambiar de aires, se puede ir al **(9) Autostadt** (p. 192) de Wolfsburgo y ver cómo se hizo el Volkswagen Beetle (Escarabajo). Tras esto ya será hora de ir a **(10) Frankfurt** (p. 178), para comenzar con un viaje en el tranvía **(11) Ebbelwei Express** (p. 170) y acabar con una visita a la clásica **(12) taberna de Sachsenhausen** (p. 184).

DESCUBRIR FRANKFURT Y ALEMANIA CENTRAL

Alemania central abarca Frankfurt am Main, Hesse, la Baja Sajonia y el macizo del Harz y es una región de contrastes. Pese a ser un centro neurálgico de la banca, la internacional Frankfurt también es conocida por su excelente calidad de vida, verdes parques, animación nocturna y calles llenas de tranquilos cafés y cervecerías. La parte septentrional de Hesse tiene varias zonas espléndidas para recorrer a pie o en bicicleta, como Kassel, sede de un barroco parque sito en una ladera y del museo de los Hermanos Grimm.

Hannover, la capital de la Baja Sajonia, acoge la enorme CeBit, feria de la tecnología digital, y también museos y jardines históricos. En Wolfsburgo, al este de Hannover, nació el automóvil de mayor éxito mundial, el Volkswagen *Escarabajo (Beetle)*.

El macizo del Harz se eleva desde la llanura de Alemania septentrional como una "isla" de elevadas colinas boscosas. Se hallarán excelentes senderos en el Parque Nacional del Harz y oportunidades para practicar ciclismo de montaña y de carretera.

HESSE

FRANKFURT AM MAIN

Orgullosa de sus rascacielos, que le han valido el sobrenombre de "Mainhattan", Frankfurt am Main (se pronuncia tal como se lee) es distinta de cualquier otra ciudad alemana. Núcleo de una zona urbana con más de 5 millones de habitantes, es una auténtica capital de los negocios y las finanzas, sede de una de las bolsas más grandes del mundo y del Banco Central Europeo (www.ecb.int). Sin embargo, es también una de las urbes más agradables para vivir, con una rica colección de museos (por detrás únicamente de Berlín), numerosos parques y zonas verdes, un animado panorama estudiantil, excelente transporte público, buenos restaurantes y mucha actividad nocturna.

INFORMACIÓN

Oficina de turismo (☎ **2123 8800, para reservas de hoteles 2123 0808; www.frankfurt-tourismus.de**) Altstadt (**Römerberg 27, dentro de Römer; 9.30-17.30 lu-vi, 9.30-16.00 sa y do; Dom/Römer**); Hauptbahnhof (**8.00-21.00 lu-vi, 9.00-18.00 sa y do; Frankfurt Hauptbahnhof**) Detrás de la vía 13.

PUNTOS DE INTERÉS Y ACTIVIDADES

ALTSTADT

Un buen sitio donde empezar a hacerse una idea de la ciudad es el mirador ubicado en lo alto (200 m) de la Main Tower (☎ **3650 4777; www.maintower-restaurant.de; Neue Mainzer Strasse 52-58; Alte Oper; ascensor adultos/estudiantes y sénior 5/3,50 €; 10.00-21.00 do-ju, 10.00-23.00 vi y sa fin mar-fin oct, 10.00-19.00 do-ju, 10.00-21.00 vi y sa fin oct-fin mar, cuando el tiempo lo permite**). Al oeste está la torre de 256 m de altura Messeturm, que los lugareños llaman *Bleistift* (lápiz).

La Frankfurter Dom (**catedral; www.dom-frankfurt.de; Dom/Römer; horario oficial**

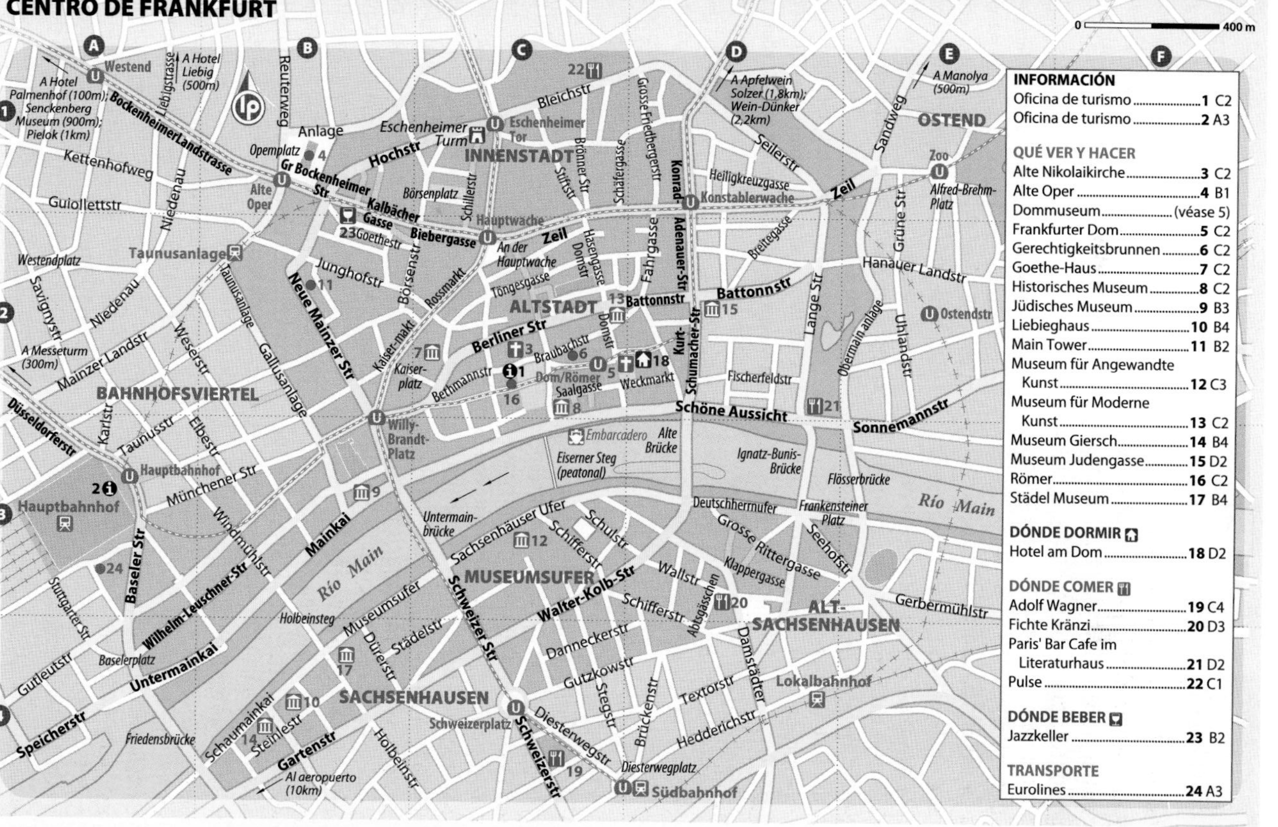
CENTRO DE FRANKFURT
0 400 m
INFORMACIÓN
Oficina de turismo 1 C2
Oficina de turismo 2 A3
QUÉ VER Y HACER
Alte Nikolaikirche 3 C2
Alte Oper 4 B1
Dommuseum .... (véase 5)
Frankfurter Dom 5 C2
Gerechtigkeitsbrunnen 6 C2
Goethe-Haus 7 C2
Historisches Museum 8 C2
Jüdisches Museum 9 B3
Liebieghaus 10 B4
Main Tower 11 B2
Museum für Angewandte Kunst 12 C3
Museum für Moderne Kunst 13 C2
Museum Giersch 14 B4
Museum Judengasse 15 D2
Römer 16 C2
Städel Museum 17 B4
DÓNDE DORMIR
Hotel am Dom 18 D2
DÓNDE COMER
Adolf Wagner 19 C4
Fichte Kränzi 20 D3
Paris' Bar Cafe im Literaturhaus 21 D2
Pulse 22 C1
DÓNDE BEBER
Jazzkeller 23 B2
TRANSPORTE
Eurolines 24 A3
A Hotel Palmenhof (100m); Senckenberg Museum (900m); Pielok (1km)
A Hotel Liebig (500m)
A Apfelwein Solzer (1,8km); Wein-Dünker (2,2km)
A Manolya (500m)
A Messeturm (300m)
Al aeropuerto (10km)
Westend
Bockenheimer Landstrasse
Liebigstrasse
Reuterweg
Anlage
Opernplatz
Gr Bockenheimer Str
Alte Oper
Kettenhofweg
Guiollettstr
Niedenau
Taunusanlage
Westendplatz
Savignystr
Mainzer Landstr
BAHNHOFSVIERTEL
Düsseldorferstr
Karlstr
Taunusstr
Elbestr
Weserstr
Gallusanlage
Neue Mainzer Str
Junghofstr
Hauptbahnhof
Münchener Str
Baseler Str
Windmühlstr
Wilhelm-Leuschner-Str
Stuttgarter Str
Baselerplatz
Gutleutstr
Untermainkai
Speicherstr
Friedensbrücke
Mainkai
Río Main
Holbeinsteg
Eschenheimer Turm
Eschenheimer Tor
Hochstr
Kalbächer Gasse
Biebergasse
Goethestr
Börsenplatz
Schillerstr
Hauptwache
An der Hauptwache
Zeil
Börsenstr
Rossmarkt
Kaiser-markt
Kaiserplatz
Willy-Brandt-Platz
INNENSTADT
Bleichstr
Brönner Str
Stiftstr
Schäfergasse
Grosse Friedbergerstr
Hasengasse
Domstr
Töngesgasse
ALTSTADT
Berliner Str
Bethmannstr
Braubachstr
Dom/Römer
Saalgasse
Weckmarkt
Battonnstr
Fahrgasse
Konrad-Adenauer-Str
Konstablerwache
Kurt-Schumacher-Str
Heiligkreuzgasse
Breitegasse
Seilerstr
Schöne Aussicht
Embarcadero
Alte Brücke
Eiserner Steg (peatonal)
Untermain-brücke
Sachsenhäuser Ufer
Schulstr
Schifferstr
MUSEUMSUFER
Walter-Kolb-Str
Museumsufer
Städelstr
Dürerstr
SACHSENHAUSEN
Schaumainkai
Steinlestr
Gartenstr
Holbeinstr
Schweizer Str
Schweizerplatz
Diesterwegstr
Diesterwegplatz
Südbahnhof
Danneckerstr
Gutzkowstr
Stegstr
Brückenstr
Textorstr
Hedderichstr
Damstädter
Abtsgässchen
Wallstr
Klappergasse
Grosse Rittergasse
Deutschherrnufer
Ignatz-Bunis-Brücke
Fischerfeldstr
Lange Str
Obermainanlage
Flösserbrücke
Frankensteiner Platz
Seehofstr
ALT-SACHSENHAUSEN
Lokalbahnhof
Gerbermühlstr
Sonnemannstr
Uhlandstr
Ostendstr
Hanauer Landstr
Grüne Str
Sandweg
OSTEND
Zoo
Alfred-Brehm-Platz

HOLGER LEUE

Fachadas de Römerberg, Frankfurt.

RÖMERBERG

Römerberg, una larga manzana al oeste de la Dom, es la antigua plaza central de Frankfurt, donde edificios de los ss. XIV y XV restaurados durante la posguerra, como la iglesia protestante de principios del gótico Alte Nikolaikirche, ofrecen una visión de la belleza que en su día exhibió esta ciudad. En el centro se alza la Gerechtigkeitsbrunnen (fuente de la Justicia); en 1612, durante la coronación de Matías, manó vino de la misma.

El antiguo Ayuntamiento, o Römer, situado en la esquina noroeste de Römerberg, consiste en tres casas con gabletes escalonados a semejanza de las del s. XV. En tiempos del Sacro Imperio Romano Germánico fue la sede de celebraciones durante la elección y coronación de los emperadores. Hoy es la oficina de registro y alberga la oficina del alcalde de Frankfurt. El interior de la Kaisersaal está decorado con retratos de 52 gobernantes.

Lo que hay que saber: Römerberg (**Dom/Römer**); Kaiseraal (**sala Imperial; ☎ 2123 4814; adultos/estudiantes 2/1 €; 10.00-13.00 y 14.00-15.00, cerrado durante la celebración de eventos**) **9.00-12.00 y 14.30-18.00, pero suele abrir más temprano, cerrar más tarde y abrir a mediodía**), uno de los pocos edificios que sobrevivieron al bombardeo de 1944, está dominada por una elegante torre (95 m) de estilo gótico que empezó a construirse en la década de 1400 y se acabó en la de 1860.

El Dommuseum (**museo de la catedral; ☎ 1337 6816; www.dommuseum-frankfurt.de; adultos/estudiantes 3/2 €; 10.00-17.00 ma-vi, 11.00-17.00 sa, do y festivos**) tiene una colección de preciosos objetos litúrgicos y vende entradas para los circuitos de la Dom (**en alemán; adultos/estudiantes 3/2 €; 15.00 ma-do**).

El prestigioso Museum für Moderne Kunst (**Museo de Arte Moderno; ☎ 2123 0447; www.mmk-frankfurt.de; Domstrasse 10; adultos/estudiantes y sénior 8/4 €; 10.00-18.00 ma-do, hasta 20.00 mi; Dom/Römer**), apodado "pedazo de tarta" por su inconfundible planta triangular, se centra en el arte europeo y americano desde la década de 1960 hasta la actualidad, y ofrece exposiciones temporales con frecuencia.

Los amantes de la Ilustración y de la literatura alemana quizá quieran visitar la Goethe-Haus (**☎ 138 800; www.goethehaus-frankfurt.de; Grosser Hirschgraben 23-25; adultos/estudiantes 5/2,50 €; 10.00-18.00 lu-sa, hasta 17.30 do; Willy-Brandt-Platz**), cuna de Johann Wolfgang von Goethe (1749-1832). El mobiliario consiste básicamente en reproducciones, pero entre las piezas originales se cuenta el escritorio de la abuela de Goethe y el teatro de títeres de la infancia del escritor.

Inaugurada en 1880, la Alte Oper (Antigua Ópera) de estilo renacentista se quemó en 1944, se libró por los pelos de ser arrasada y sustituida por los cubos de la década de 1960 y finalmente se reconstruyó (1976–1981) a imagen y semejanza de la original, con la fachada adornada con estatuas de Goethe y Mozart.

El **Jüdisches Museum** (☎ **2123 5000; www.jewishmuseum.de; Untermainkai 14-15; adultos/estudiantes 4/2 €; 10.00-17.00 ma-do, hasta 20.00 mi; Willy-Brandt-Platz**), en la orilla norte del Main, en la antigua residencia de la familia Rothschild, está consagrado a la historia de la comunidad judía en la ciudad desde la Edad Media en adelante y a los judíos célebres de Frankfurt perseguidos por los nazis.

En el borde noroeste de Sachsenhausen, los museos pueblan la orilla sur del Main en el Museumsufer (ribera de los museos). De oeste a este, se incluyen los siguientes:

Liebieghaus (☎ **650 0490; www.liebieghaus.de; Schaumainkai 71; adultos/menores de 12 años/estudiantes y sénior/ familias 8/gratis/6/14 €; 10.00-18.00 ma y vi-do, hasta 21.00 mi y ju; Schweizerplatz**) Su soberbia colección incluye obras griegas, romanas, medievales, renacentistas y barrocas, además de una sección recién remodelada de arte egipcio y varias piezas del este de Asia.

Museum für Angewandte Kunst (**Museo de Artes Aplicadas; ☎ 2123 4037; www.an gewandtekunst-frankfurt.de; Schaumainkai 17; adultos/reducida 5/2,50 €; 10.00-17.00 ma y ju-do, hasta 21.00 mi; Schweizerplatz**) Exhibe muebles, telas, piezas de metal, cristal y cerámica de Europa y Asia. Se halla ubicado en unos exquisitos jardines y tiene una moderna cafetería con terraza al aire libre.

Städel Museum (☎ **605 0980; www.staedelmuseum.de; Schaumainkai 63; adultos/menores de 12 años/estudiantes y sénior/familias 10/gratis/8/18 €, audioguía 4 €; 10.00-18.00 ma y vi-do, hasta 21.00 mi y ju; Schweizerplatz**) Esta institución, fundada en 1815, tiene una colección de arte de talla mundial con obras de pintores de los ss. XIV a XX, como Botticelli, Durero, Van Eyck, Rembrandt, Renoir, Rubens, Vermeer y Cézanne, además de nativos de Frankfurt, como Hans Holbein.

DÓNDE DORMIR

Hotel am Dom (☎ **138 1030; www.hotelamdom.de; Kannengiessergasse 3, Altstadt; i/d/apt 90/120/130 €; Dom/Römer**) Tiene 30 habitaciones inmaculadas, apartamentos con pequeñas cocinas y suites para cuatro personas a unos pasos de la catedral.

RICHARD I'ANSON

Edificios históricos en Römerberg, Frankfurt.

Hotel Liebig (☎ 2418 2990; www.hotelliebig.de; Liebigstrasse 45, Westend; i 112-170 €, d 138-205 €, c 360 €, fines de semana i/d/c desde 95/115/295 €, d durante ferias hasta 295 €; P ⊠; Westend) Sito en el verde Westend, este hotel italiano regentado por una familia tiene 19 luminosas estancias con suelos de madera y elegantes baños. El precio

Museo Giersch, Frankfurt.

SI GUSTA...

Si gusta el excepcional **panorama museístico,** habrá que visitar estas espléndidas exposiciones sobre historia de Frankfurt, vida judía e historia natural:

- **Historisches Museum** (☎ 2123 5599; www.historisches-museum.frankfurt.de; Saalgasse 19; adultos/reducida 4/2 €; 10.00-18.00 ma-do, hasta 21.00 mi; Dom/Römer) Exhibe la larga y fascinante historia de Frankfurt. Está previsto su traslado al otro lado de la plaza donde ocupará varias casas antiguas.
- **Museum Judengasse** (☎ 297 7419; Kurt-Schumacher-Strasse 10; adultos/estudiantes 2/1 €, incl. entrada para el mismo día al Jüdisches Museum 5/2,50 €; 10.00-17.00 ma-do, hasta 20.00 mi; Konstablerwache) Situado en la frontera noreste de las fortificaciones de la ciudad antigua. Se pueden ver los restos excavados de casas y baños rituales del gueto judío, gran parte del cual quedó destruido por un bombardeo francés en 1796.
- **Senckenberg Museum** (☎ 754 20; www.senckenberg.de; Senckenberganlage 25; adultos/estudiantes/sénior/familias 6/3/5/15 €, audioguía 3 €; 9.00-17.00 lu, ma, ju y vi, hasta 20.00 mi, hasta 18.00 sa, do y festivos; Bockenheimer Warte) Este sólido edificio neobarroco de principios de la década de 1900 alberga el hermoso Museo de Historia Natural de Frankfurt, que tiene reproducciones a tamaño natural de dinosaurios a la entrada –estupendos para los niños– y, en su interior, piezas sobre paleontología, biología y geología.
- **Museum Giersch** (☎ 6330 4128; www.museum-giersch.de, en alemán; Schaumainkai 83; adultos/estudiantes 5/2,50 €; 12.00-19.00 ma-ju, 12.00-17.00 vi, 11.00-17.00 sa y do; Schweizerplatz) Este favorito de los lugareños sito en el Museumsufer ofrece exposiciones especiales de obras de artistas poco conocidos de Hesse del s. XIX y principios del XX.

incluye el desayuno únicamente los fines de semana.

Hotel Palmenhof (☎ 753 0060; www.palmenhof.com; Bockenheimer Landstrasse 89-91, Westend; i 119-149 €, d 159-175 €, fines de semana i 75-90 €, d 85-100 €, desayuno 16 €; Ⓟ ⊠ 🖳; Ⓤ Westend o Bockenheimer Warte) Fue erigido en 1890 y tiene 45 habitaciones subestimadas pero de buen gusto con mobiliario clásico.

Villa Orange (☎ 405 840; www.villa-orange.de; Hebelstrasse 1, Nordend; i/d desde 128/158 €, fines de semana 90/99 €, en ferias hasta 255/275 €; Ⓟ ⊠ 🖳; Ⓤ Musterschule) Ofrece tranquilidad, un diseño alemán moderno y las comodidades de un pequeño hotel (como una tranquila biblioteca). Sus 38 habitaciones son amplias. Sirve un desayuno a base de productos orgánicos.

DÓNDE COMER Y BEBER

Eckhaus (☎ 491 197; Bornheimer Landstrasse 45; platos principales 8-17,50 €; 🕓 17.00-24.00 lu-ju, 17.00-1.00 vi, 10.00-1.00 sa, 10.00-24.00 do; Ⓤ Merianplatz) Lleva más de 100 años sirviendo su plato estrella, el *Kartoffelrösti* (crep de patata picada; 9 €).

Pielok (☎ 776 468; www.restaurant-pielok.de; Jordanstrasse 3; platos principales 8,20-15,30 €; 🕓 11.30-14.30 y 17.30-22.30 lu-vi y durante ferias comerciales do, 17.30-22.30 sa; Ⓥ; Ⓤ Bockenheimer Warte) Lo regenta la misma familia desde 1945 y lo frecuentan fieles clientes habituales, estudiantes y trabajadores que acuden por su comida alemana *bürgerlich* (buena y sencilla) a precios razonables.

Manolya (☎ 494 0162; Habsburger Allee 6; platos principales 9,50-18,50 €; 🕓 17.00-1.00 lu-ju, 11.00-2.00 vi y sa, 11.00-24.00 do; Ⓤ Höhenstrasse) Este buen restaurante turco abrió en 1992. Tiene un ambiente agradable y sitio al aire libre.

Pulse (☎ 1388 6802; www.pulse-frankfurt.de/page; Bleichstrasse 38a; platos principales 11,50-14,50 €; 🕓 10.00-1.00 do-ju, hasta 4.00 vi y sa; Ⓤ Konstablerwache) Tranquilo restaurante, bar y discoteca, todo en uno. Es oficialmente gay pero acaba siempre con una clientela muy variada, sobre todo los fines de semana.

Paris' Bar Café im Literaturhaus (☎ 2108 5985; www.paris-literaturhaus.de, en alemán; Schöne Aussicht 2; platos principales 15-23 €; 🕓 11.00-24.00 lu-vi, 18.00-24.00 sa, 11.00-18.00 do; Ⓤ Dom/Römer) Imponente local lleno de columnas que acoge eventos literarios. Es un restaurante semiformal que ofrece carne y pescado excelentes, como su soberbio filete de churrasco (19 €).

Wein-Dünker (☎ 451 993; Berger Strasse 265; copa de vino desde 2,10 €; 🕓 12.00-2.00 o 3.00 lu-sa, 18.00-2.00 o 3.00 do; Ⓤ Bornheim Mitte) Esta mohosa y pequeña bodega, a la derecha según se entra al patio, no es retro, es real. Hay que bajar y probar algunos de los mejores vinos de Alemania.

Jazzkeller (☎ 288 537; www.jazzkeller.com; Kleine Bockenheimer Strasse 18a, Innenstadt; entrada 5-20 €; 🕓 21.00-2.00 ma-ju, 22.00-3.00 vi y sa, 20.00-2.00 do; Ⓤ Hauptwache) Excelente local de *jazz* lleno de ambiente. No es fácil dar con este sitio oculto en un sótano bajo una callejuela que se cruza con Goethestrasse en ángulo oblicuo.

CÓMO LLEGAR Y SALIR

AVIÓN

El **aeropuerto de Frankfurt** (FRA; ☎ 01805-372 4636; www.frankfurt-airport.com; Ⓤ Flughafen), 12 km al suroeste de la ciudad, es el que recibe más tráfico del país y el tercero de Europa en cifras de pasajeros (tras el londinense Heathrow y el parisino Charles de Gaulle).

AUTOBÚS

Los autobuses de larga distancia salen desde el lado sur de la Hauptbahnhof, donde opera **Eurolines** (☎ 790 3253; www.eurolines.eu; Mannheimer Strasse 15; 🕓 7.30-19.30 lu-vi, 7.30-14.00 sa, 7.30-13.00 do; Ⓤ Frankfurt

EBBELWEI Y HANDKÄSE MIT MUSIK

Las delicias de Frankfurt se saborean mejor en sus tabernas tradicionales, que sirven Ebbelwei (*Ebbelwoi; Apfelwein* en el dialecto de Frankfurt, es decir, vino de manzana) junto con otras especialidades locales, como *Handkäse mit Musik* (queso hecho a mano con música).

Handkäse mit Musik es la clase de nombre que solo podría hallarse en Alemania. Describe un queso redondo hecho a mano, marinado en aceite y vinagre con cebollas, que se sirve con pan y mantequilla y sin tenedor. Esta potente mezcla suele provocar una saludable dosis de aires, cuya liberación aporta la parte "musical".

He aquí unos cuantos establecimientos pintorescos (casi todos ubicados en Sachsenhausen) que sirven Ebbelwei y platos locales:

Adolf Wagner (☎ **612 565; www.apfelwein-wagner.com, en alemán; Schweizerstrasse 69, Sachsenhausen; Ⓤ Schweizerplatz**) Cálido y forrado de madera.

Apfelwein Solzer (☎ **452 171; www.solzer-frankfurt.de; Berger Strasse 260, Bornheim; Handkäse 2,60 €; ⏲ 18.00-24.00 lu-sa, 13.00-22.00 do may-oct, desde 17.00 a diario en invierno; Ⓤ Bornheim Mitte**) Tiene paredes con paneles de madera y un patio cubierto.

Fichte Kränzi (☎ **612 778; www.fichtekraenzi.de; Wallstrasse 5, Sachsenhausen; ⏲ 17.00-24.00; Ⓢ Lokalbahnhof**) Con murales manchados de humo y un gran ambiente.

Hauptbahnhof), que tiene servicios a casi todos los destinos europeos.

TREN

La Hauptbahnhof, al oeste del centro, tiene más tráfico que cualquier otra estación de Alemania, lo que significa que hay trenes a casi cualquier parte, incluida Berlín (111 €, 4 h).

Los servicios de larga distancia desde el aeropuerto de Frankfurt incluyen los trenes ICE a Hamburgo (107 €, 4 h), Hannover (81 €, 2½ h) y Stuttgart (56 €, 1¼ h) cada dos horas; a Colonia (60 €, 1 h) y Dortmund (81 €, 2¼ h) dos o tres veces cada hora; y al sur hacia Basilea (70 €, 3 h, cada hora).

CÓMO DESPLAZARSE

A/DESDE EL AEROPUERTO

Las líneas de S-Bahn S8 y S9 unen el aeropuerto y el centro (ida 3,70 €, 15 min), con paradas en la Hauptbahnhof, Hauptwache y Konstablerwache, así como en Wiesbaden y Maguncia.

TRANSPORTE PÚBLICO

La excelente red de transporte de Frankfurt, que opera traffiQ (☎ **01805-069 960; www.traffiq.de**), integra todas las líneas de autobús, tranvía, S-Bahn y U-Bahn (en general el U-Bahn es subterráneo solo en el centro).

KASSEL

Situada a orillas del Fulda, dos horas al norte de Frankfurt, tiene una ingente cantidad de feos edificios de la década de 1950, fruto de la reconstrucción de posguerra. Con todo, el viajero hallará un glorioso parque barroco y varios museos sorprendentemente interesantes, incluido uno dedicado a los hermanos Grimm.

INFORMACIÓN

Kassel Tourist Estación de trenes de Kassel-Wilhelmshöhe (☎ **340 54; www.kassel-tourist.de; ⏲ 9.00-18.00 lu-vi, hasta 13.00 sa**); Rathaus (☎ **707 707; Obere Königsstrasse 8; ⏲ 9.00-18.00 lu-vi, hasta 14.00 sa**)

PUNTOS DE INTERÉS

El **Museum Fridericianum** (707 2720; www.fridericianum-kassel.de; Friedrichsplatz 18) y, al sureste, al otro lado de Friedrichsplatz, la impresionante **documenta Halle** (707 270; www.documentahalle.de, en alemán; Du-Ry-Strasse 1) acogen exposiciones temporales de arte contemporáneo.

Wilhelm y Jakob Grimm empezaron a recopilar relatos populares cuando vivían en Kassel. Sus vidas y cuentos, hoy disponibles en casi 200 idiomas, constan en el **Brüder Grimm-Museum** (Museo de los Hermanos Grimm; 103 235; www.grimms.de; Schöne Aussicht 2; adultos/estudiantes 1,50/1 €; 10.00-17.00, hasta 20.00 mi), frente a la Neue Galerie.

CÓMO LLEGAR Y SALIR

Los destinos ferroviarios desde Kassel Hauptbahnhof y/o Kassel-Wilhelmshöhe (Fernbahnhof) incluyen Marburgo (17,60 €, 1¼ h) y Frankfurt del Main (RE/ICE 30,70/48 €, 125/80 min).

BAJA SAJONIA

HANNOVER

Para casi todo el mundo Hannover es célebre por su enorme feria de tecnología digital y comunicaciones CeBit, pero esta ciudad también tiene hectáreas de zonas verdes, y sus espectaculares y barrocos Herrenhäuser Gärten (jardines), como un Versalles en miniatura, incluyen una centelleante gruta de Niki de Saint Phalle. Su compacto centro, reconstruido solo en parte en su estilo medieval tras los bombardeos de la Segunda Guerra Mundial, se junta en el este con el bosque de Eilenreide. Además, alberga buenos museos de camino al lago meridional de Maschsee.

INFORMACIÓN

Hannover Tourismus (información 1234 5111, reserva de habitaciones 123 4555; www.hannover.de, www.hannover-tourism.de; Ernst-August-Platz 8; 9.00-18.00 lu-vi, hasta 14.00 sa, también 9.00-14.00 do abr-sep)

PUNTOS DE INTERÉS

Un modo excelente de hacerse una idea del lugar es visitando el Neues Rathaus (construido en 1901–1913) y ascender sus 98 m en el **ascensor curvo** (adultos/reducida 2,50/2 €; 9.30-18.00 lu-vi, 10.00-18.00 sa y do abr-nov) dentro de su cúpula verde.

El **Herrenhäuser Gärten** (1684 7576, 1234 5333; www.herrenhaeuser-gaerten.de; 9.00-puesta de sol; 4 o 5 a Herrenhäuser Gärten), hecho a imagen y semejanza de los jardines de Versalles, es una de las mayores atracciones de Hannover. Por un lado, el Grosser Gärten (Gran jardín), el Berggarten (Jardín montés) y el Georgengarten (Jardín

ANDREA SCHULTE-PEEVERS

Una de las *Die Nanas* de Niki de Saint Phalle (p. 186).

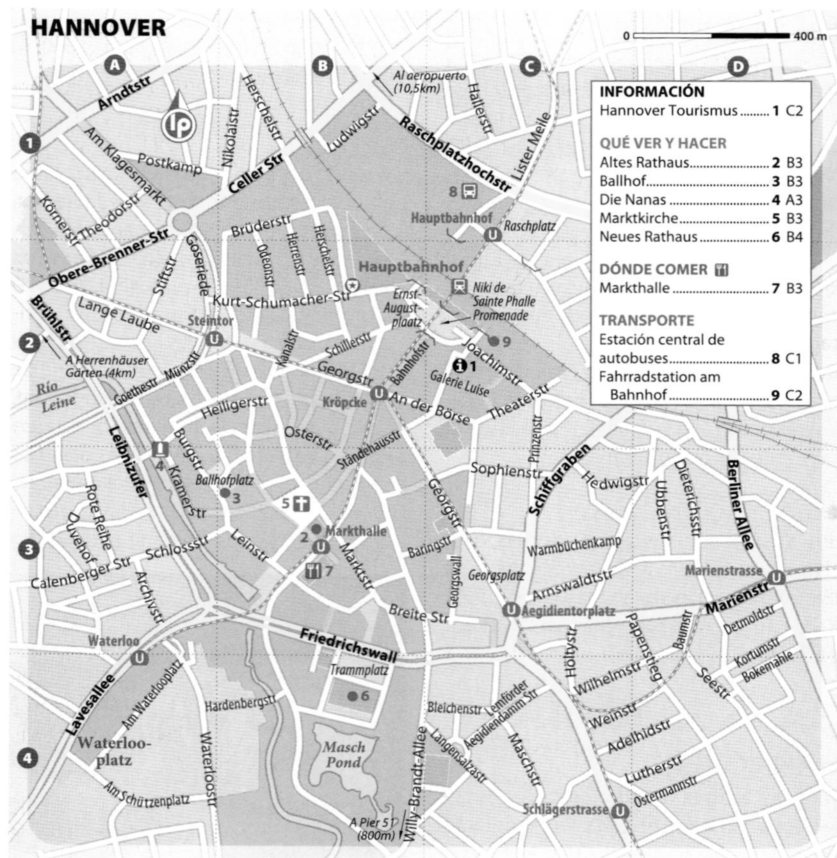

georgiano) son soberbios ejemplos de por qué Hannover se autodenomina la "ciudad de verde". Por otro, las estatuas, fuentes y muros de coloridos azulejos de la **gruta de Niki de Saint Phalle** (inaugurada tras su muerte en 2002) ofrecen un escaparate mágico de la obra de esta artista.

Con sus fuentes, delicados parterres, recortados setos y cuidado césped, el **Grosser Garten** (**entrada 3 €, incl. entrada a Berggarten 4 €, niños gratis, Grosser Garten gratis med oct-mar**), de 300 años, es la pieza central de la visita. Hay un laberinto cerca de la entrada norte, mientras que la **Grosse Fontäne** (Gran fuente, la más alta de Europa), sita en el extremo sur, lanza agua a 80 m de altura. En verano se sincronizan las fuentes y hay **Wasserspiele** (**juegos acuáticos; 11.00-12.00 y 15.00-17.00 lu-vi, 11.00-12.00 y 14.00-17.00 sa y do abr-fin oct**).

En 1974, cuando se instalaron junto al río Leine las tres esculturas femeninas de la artista francesa Niki de Saint Phalle, el Gobierno municipal recibió cerca de 20 000 cartas de quejas. Hoy, las voluptuosas **Die Nanas** se hallan entre los símbolos más reconocibles y amados de la ciudad y han hecho famosa a Saint Phalle.

Los admiradores de su obra gustarán del viaje directo hasta Leibnizufer (parada del U-Bahn de Markthalle Landtag).

Pese al bombardeo de la Segunda Guerra Mundial, el restaurado Altstadt (casco antiguo) de Hannover conserva su pintoresco atractivo. La iglesia gótica de ladrillo rojo **Marktkirche**, en la plaza del mercado, tiene elementos originales, al igual que el **Altes Rathaus** (cuyas obras empezaron en 1455), al otro lado del mercado, y la cercana **Ballhof** (1649–1664), sala que se construyó para los juegos de bádminton o similares en el s. XVII.

DÓNDE DORMIR Y COMER

Loccumer Hof (**☎ 126 40; www.loccumerhof.de; Kurt-Schumacher-Strasse 14/16; i/d 99/129 €;** Ⓟ ⊠ 💻 📶) Algunas de sus estilosas y bonitas estancias se han decorado de forma temática o según los dictámenes del *feng shui*. Otras son para personas con alergias, y el arte de sus paredes (que no está a la venta) es obra de su propietario, quien ha abierto el que es probablemente el hotel más interesante de Hannover. Además de estas tarifas, suele haber un descuento de un tercio si se reserva con antelación.

Markthalle (**☎ 341 410; Kamarschstrasse 49; platos 3,50-8 €; 🕑 7.00-20.00 lu-mi, hasta 22.00 ju y vi, hasta 16.00 sa;** ⊠ Ⓥ) Este enorme mercado de puestos de comida y *delicatessen* es fabuloso para tomar un bocado rápido, tanto carnívoro como vegetariano.

Pier 51 (**☎ 807 1800; Rudolf von Bennigsen Ufer 51; entrantes 9-13 €, platos principales 21-23 €; 🕑 12.00-24.00;** ⊠) Es uno de los restaurantes con más encanto de Hannover, muy romántico al anochecer. Sus paredes de cristal se adentran en el lago Maschsee. En su menú abunda el pescado, aunque también hay platos de pasta y carne. En verano tiene un "Piergarten" al aire libre, sobre el lago.

CÓMO LLEGAR Y SALIR

AVIÓN

El **aeropuerto de Hannover** (**HAJ; ☎ 977 1223; www.hannover-airport.de**) tiene muchas conexiones, incluida la de **Lufthansa** (**☎ 0180-380 3803**) y la de las líneas de bajo coste **Air Berlin** (**☎ 01805-737 800; www.airberlin.**

DAVID PEEVERS

Uno de los muchos parques de Hannover.

com) a/desde el londinense aeropuerto de Stansted y TuiFly (☎ **01805-757 510; www.tuifly.com)** a/desde Newcastle, Gran Bretaña.

El S-Bahn (S5) tarda 18 minutos desde el aeropuerto a la Hauptbahnhof (2,80 €).

TREN

Hannover es un nudo ferroviario importante con frecuentes trenes ICE a/desde Hamburgo (40 €, 1¼ h), Múnich (116 €, 4¼ h) y Berlín (61 €, 1¾ h), entre otros destinos.

HAMELÍN

Si se tiene fobia a las ratas, tal vez se prefiera eludir esta pintoresca ciudad junto al río Weser. Según el cuento *El flautista de Hamelín*, en el s. XIII su protagonista *(Der Rattenfänger)* fue contratado por el pueblo de Hamelín para atraer los roedores al río. Pero cuando los habitantes se negaron a pagarle, tomó su flauta y se llevó a los niños tras su son, mientras las ratas se hacían de nuevo con el lugar. Hoy los roedores son de peluche o madera, e incluso otras pequeñas figuras adornan los puntos de interés de la ciudad.

INFORMACIÓN

Información turística de Hamelín (☎ **957 823, 0180-551 5150; www.hameln.de; Diesterallee 1; 9.00-18.30 lu-vi, 9.30-16.00 sa, 9.30-13.00 do may-sep, 9.00-18.00 lu-vi, 9.30-13.00 sa y do oct y abr)**

PUNTOS DE INTERÉS Y ACTIVIDADES

Las calles están llenas de figuras de ratas y postes con información (en la actuali-

LA RUTA DE LOS CUENTOS DE HADAS

La Märchenstrasse **(www.deutsche-maerchenstrasse.de)**, de 600 km, es una de las rutas turísticas más populares de Alemania. Conecta ciudades, pueblos y aldeas de cuatro estados federales (Hesse, Baja Sajonia, Renania del Norte-Westfalia y Bremen), muchos de ellos asociados con las obras de Wilhelm y Jakob Grimm. Para más información, se puede pinchar en las ciudades en la web. El transporte público está diseñado para ir y venir del trabajo, de modo que no estaría mal alquilar un coche.

Los hermanos Grimm viajaron mucho por Alemania central a principios del s. XIX para recopilar sus obras populares. Su colección de *Cuentos para la infancia y el hogar* se publicó por vez primera en 1812 y enseguida obtuvo el reconocimiento internacional. Incluye clásicos de los cuentos de hadas como *Hansel y Gretel, Cenicienta, El flautista de Hamelín, Rapunzel* y muchos otros.

La ruta tiene más de 60 paradas. Entre las principales se cuentan (de sur a norte): Hanau, unos 15 km al este de Frankfurt, cuna de Jakob (1785–1863) y Wilhelm (1786–1859); Steinau, donde los hermanos Grimm pasaron su juventud; Marburgo, en cuya universidad estudiaron durante un breve período de tiempo; Kassel (p. 184), con un museo dedicado a los Grimm; Gotinga, en cuya universidad trabajaron como profesores antes de ser expulsados en 1837 por sus ideas liberales; Bad Karlshafen, una aldea barroca y blanca meticulosamente planificada; Bodenwerder, cuyo laberíntico Münchhausen Museum está dedicado al legendario barón de Münchhausen, famoso por contar relatos escandalosos (véase p. 190); Hameln (Hamelín; véase esta misma página), por siempre vinculado a la leyenda del flautista, y Bremen (p. 318).

dad solo en alemán) sobre la historia de Hamelín y su arquitectura restaurada de los ss. XVI y XVIII.

El ornamental estilo renacentista de Weser, que prevalece en el Altstadt, tiene una fuerte influencia italiana. El mejor ejemplo es la **Rattenfängerhaus** (**Casa del cazador de ratas; Osterstrasse 28**), que data de 1602, con su puntiagudo hastial de historiada decoración. Caminando por Osterstrasse hacia la Markt (plaza), se pasará por la **Leisthaus** en el nº 9. Se construyó para un comerciante de grano patricio en 1585–1589 al estilo renacentista de Weser y hoy alberga el **Hamelin City Museum** (**☎ 202 1215; Osterstrasse 8-9**).

En la esquina de Markt y Osterstrasse se verá la **Hochzeitshaus** (1610–1617), donde funcionan las oficinas municipales y la comisaría de policía. El **Rattenfänger Glockenspiel,** en el extremo más alejado del edificio, suena a diario a las 9.35 y las 11.35, y el **carrusel de las figuras del flautista** gira a las 13.05, 15.35 y 17.35.

El corazón de Hamelín es la Markt (plaza) y su prolongación septentrional, **Pferdemarkt** (Plaza Ecuestre), donde en la Edad Media los caballeros se batían en torneos.

DÓNDE DORMIR Y COMER

Hotel La Principessa (**☎ 956 920; www.laprincipessa.de; Kupferschmiedestrasse 2; i 72 €, d 90-99 €;** P ⊠ ≋) Barandillas de hierro forjado, suelos embaldosados y bonitos tonos ocre y pastel toscanos hacen de este hotel un sitio original y distinguido donde alojarse. En la parte de atrás hay varias ratas gigantes para deleite de los niños.

Rattenfängerhaus (**☎ 3888; Osterstrasse 28; platos principales 9-22 €; almuerzo y cena lu-ju, 10.00-22.00 vi-do;** ⊠) Los restaurantes tradicionales de Hamelín estén enfocados descaradamente a los turistas, como esta bonita taberna de madera con especialidades a base de colas de "rata" flambeadas en la mesa (por fortuna, se trata de cerdo). También hay *schnitzels*, arenques, platos vegetarianos y su licor de hierbas o "matarratas".

DENNIS JOHNSON

Lápida de Ana Frank, Bergen-Belsen (p. 191).

CÓMO LLEGAR Y SALIR

Hay frecuentes trenes S-Bahn (S5) a Hamelín desde la Hauptbahnhof de Hannover (10,30 €, 45 min). Muchos trenes directos conectan el aeropuerto de Hannover con Hamelín (13,30 €, 1 h).

BODENWERDER

Si el hijo más célebre de Bodenwerder hubierna descrito su pequeño pueblo natal, probablemente lo habría pintado como una enorme y animada metrópolis junto al río Weser. Pero el barón Hieronymous von Münchhausen (1720–1797) fue uno de los más grandes embusteros de la historia. De hecho, dio su nombre a una aflicción psicológica, el síndrome de Münchhausen, la compulsiva exageración de la enfermedad física, e inspiró la película del cómico británico Terry Gilliam, *Las aventuras del barón de Munchausen.*

La principal atracción de Bodenwerder es el **Münchhausen Museum** (**☎ 409 147; Münchhausenplatz 1; adultos/niños 2/1,50 €; ⌚ 10.00-17.00 abr-oct**), dedicado a transmitir el caos y la diversión vinculados al "mentiroso barón", quien gustaba relatar sus aventuras en Crimea, afirmando, por ejemplo, que en una ocasión cabalgó alrededor de una mesa preparada para cenar sin romper una sola pieza de la vajilla.

CELLE

Con 400 casas con entramado de madera y un palacio ducal que se remontan al s. XIII, Celle se halla entre los pueblos más bellos de la zona. El palacio, blanco y rosado, es su pieza central. Se halla en unos pequeños jardines y contrasta contra el ultramoderno Kunstmuseum ubicado enfrente, y que de noche se ilumina para convertirse en un museo permanente que crea una interesante mezcla de nuevo y antiguo en este pequeño pero fascinante pueblo.

INFORMACIÓN

Tourismus Region Celle (**☎ 1212; www.region-celle.com; Markt 14-16; ⌚ 9.00-18.00 lu-vi, 10.00-16.00 sa, 11.00-14.00 do may-sep, 9.00-17.00 lu-vi, 10.00-13.00 sa oct-abr**)

PUNTOS DE INTERÉS

Con hileras de ornamentadas casas de madera, decoradas con rollos de pergamino y figuras alegóricas, Celle es un lugar perfecto para pasear. Hasta la oficina de turismo está situada en un edificio imponente, el **Altes Rathaus** (1561–1579), que tiene un maravilloso hastial puntiagudo de estilo renacentista de Weser, coronado por el escudo de armas ducal y una veleta dorada. Una manzana al sur de la oficina de turismo, en la esquina de Poststrasse y Runde Strasse, se alza uno de los más

ANDREA SCHULTE-PEEVERS

El Schloss de Celle.

magníficos edificios de Celle, la historiada **Hoppener Haus** (1532).

El **Schloss** (**palacio ducal; ☎ 123 73; Schlossplatz; adultos/reducida 5/3 €, entrada combinada a Residenzmuseum, Bomann Museum y Kunstmuseum 8/5 €; 10.00-17.00 ma-do**) de Celle es como un pastel de bodas. Fue construido en 1292 por Otto Der Strenge (Otto *El Estricto*) como fortaleza urbana, y en 1378 se amplió y se convirtió en una residencia.

El **Kunstmuseum** de Celle (**Museo de arte; ☎ 123 55; www.kunst.celle.de; Schlossplatz 7; adultos/reducida incl. Bomann Museum 5/3 €; 10.00-17.00 ma-do**), situado al otro lado de la calle, frente al Schloss, está dedicado a los artistas alemanes contemporáneos. En el edificio antiguo que hay al lado está el museo de historia regional **Bomann Museum** (**☎ 125 44; www.bomann-museum.de; Schlossplatz 7; adultos/reducida incl. Kunstmuseum 3/2 €; 10.00-17.00 ma-do**). Allí, entre otras cosas, se puede pasear por salas decoradas al estilo del s. XIX.

Al oeste del Rathaus está la **Stadtkirche** (**☎ 7735; www.stadtkirche-celle.de; torre adultos/reducida 1/0,50 €; 10.00-18.00 ma-sa abr-dic, hasta 17.00 ene-mar, torre 10.00-11.45 y 14.00-16.45 ma-sa abr-oct**), una iglesia del s. XIII. Vale la pena subir los 235 escalones de la torre de la iglesia para gozar de una vista de la ciudad o para admirar cómo su trompetero asciende los 220 escalones hasta la torre blanca bajo el chapitel para ofrecer una fanfarria a los cuatro vientos. El ascenso es a las 9.30 y a las 17.30 a diario.

La **sinagoga** (**☎ 124 59; Im Kreise 24; entrada gratis; 12.00-17.00 ma-ju, 9.00-14.00 vi, 11.00-16.00 do**) data de 1740 y es la más antigua del norte de Alemania. Quedó parcialmente destruida durante la Noche de los Cristales Rotos (véase recuadro en p. 348) y por fuera parece una casa cualquiera de madera, pero en 1997 se formó una nueva congregación judía y ofrece servicios con frecuencia.

CÓMO LLEGAR Y SALIR

Hay varios trenes cada hora a Hannover que tardan entre 20 minutos (IC; 10,50 €) y 45 minutos (S-Bahn; 8,40 €) en llegar.

BERGEN-BELSEN

Visitar un campo de concentración en Alemania es conmovedor, y **Bergen-Belsen** (**☎ 05051-6011; www.bergenbelsen.de; Lohheide; entrada gratis; 9.00-18.00 abr-sep, hasta 17.00 oct-mar**) no es una excepción. La mera fuerza de su ambiente ya propina un horrible puñetazo en el estómago. En total, 70 000 judíos, soldados soviéticos, presos políticos y demás prisioneros murieron en él. Entre ellos, Ana Frank, cuyo diario, publicado póstumamente, se convirtió en un clásico moderno.

Su remodelado **Centro de Documentación** es hoy uno de los mejores de su clase y trata con sensibilidad y de forma emotiva las vidas de la gente encarcelada aquí antes, durante y después de su cautiverio. La exposición sigue un orden cronológico y dedica más atención al papel de Bergen-Belsen en los primeros años como campo de prisioneros de guerra destinado sobre todo a soviéticos.

CÓMO LLEGAR Y SALIR

En transporte público es mejor hacer este trayecto entre semana, cuando se puede tomar el autobús 1-15 a las 10.00 desde Schlossplatz en Celle, que lleva directo al campo de concentración de Bergen-Belsen (5,60 €, 48 min). A las 15.04, un autobús directo regresa a Celle. Hay otros autobuses pero hay que hacer transbordo a otro autobús que lleva a Bergen.

WOLFSBURGO

Al llegar a Wolfsburgo en tren lo primero que se verá es un enorme emblema con las letras VW en un edificio sito en un escenario propio de *Metrópolis,* el film clásico de Fritz Lang. Se trata de la sede nacional de la compañía Volkswagen. Wolfsburg es una ciudad obrera con un ambiente trabajador y sencillo que la distingue de otras urbes de la región.

PUNTOS DE INTERÉS

La **Autostadt** (**Ciudad del Automóvil; ☎ 0800-288 678 238; www.autostadt.de; Stadtbrücke; adultos/niños/reducida/familias 15/6/12/38 €; 9.00-18.00**) ocupa 25 Ha y es una celebración de todo lo relacionado con VW.

Arranca con una amplia visión de la ingeniería y el diseño automovilísticos en el Konzernforum, mientras que la vecina Zeithaus conduce por la historia del Beetle (*Escarabajo*) y otros modelos de VW. A continuación, en diversos pabellones exteriores se puede aprender más acerca de otras marcas del grupo, como Audi, Bentley, Lamborghini, Seat o Skoda. Muchas exposiciones son interactivas y casi todas tienen explicaciones en inglés.

El precio de la entrada incluye un viaje de 45 minutos a la vecina fábrica de Volkswagen, que es más grande que Mónaco y cuenta con la mayor planta automovilística del mundo.

El más modesto **AutoMuseum** (**☎ 520 71; Dieselstrasse 35; adultos/reducida/familias 6/3/15 €; 10.00-18.00 vi-do, cerrado 24 dic-1 ene**) tiene una colección que incluye un vehículo que se usó en la película *Ahí va ese bólido*, un Beetle de madera, el Cabriolet original de 1938 que se presentó a Adolf Hitler en su 50º aniversario y el peculiar "See-Golf", un Golf Cabriolet de 1983 con pontones hidráulicos que se abren hacia fuera y lo convierten en un vehículo anfibio.

El edificio de cemento y cristal que alberga el centro científico **Phaeno** (**☎ 0180-106 0600; www.phaeno.de; Willy Brandt-Platz 1; adultos/niños/reducida/familias 12/7,50/9/26,50 €; 9.00-17.00 ma-vi, 10.00-18.00 sa y do, última admisión 1 h antes del cierre**) destaca por sus líneas estilizadas y su aire futurista.

CÓMO LLEGAR Y SALIR

Hay servicios frecuentes de trenes ICE a Berlín (44 €, 1 h). Los trenes IC a Hannover (17 €, 30 min) son más baratos y apenas más lentos que los ICE.

EL MACIZO DEL HARZ

GOSLAR

La población más turística del Harz occidental tiene un bonito Altstadt medieval que, junto con su histórica mina Rammelsberg, son Patrimonio Mundial.

Goslar fue fundada por Enrique I en 922, y su importancia inicial se centraba en la abundacia del mineral de plata y en la Kaiserpfalz, sede de los reyes sajones entre 1005 y 1219. Pero, tras un segundo período de prosperidad en los ss. XIV y XV, reflejo de las fortunas del Harz en su conjunto, cayó en declive y perdió su mina frente a Braunschweig en 1552, y luego su alma ante Prusia en 1802.

INFORMACIÓN

Información turística (**☎ 780 60; www.goslar.de; Markt 7; 9.15-18.00 lu-vi, 9.30-16.00 sa, 9.30-14.00 abr-oct, 9.15-17.00 lu-vi, 9.30-14.00 sa nov-mar**)

PUNTOS DE INTERÉS

Una de las mejores cosas que se pueden hacer en Goslar es pasear por las calles históricas que rodean la Markt. El **Hotel Kaiserworth** se erigió en 1494 para albergar al gremio textil y tiene figuras prácticamente de tamaño natural en su fachada naranja. El impresionante **Rathaus**, de estilo gótico tardío, muestra todo su esplendor de noche, cuando la luz pasa a través de sus vidrieras de colores e ilumina la plaza de piedra.

La **fuente del mercado**, coronada por una desgarbada águila que simboliza el estatus de Goslar como ciudad imperial libre, data del s. XIII. El águila es una copia; la original está expuesta en el Goslarer Museum. Frente al Rathaus está el **Glockenspiel**, un reloj que toca cada hora y representa cuatro escenas de minería de la zona.

OGE/IMAGEBROKER

Reserva natural de Teufelsmauer, cerca de Quedlinburg.

SI GUSTA...

Si ha gustado **Goslar** (p. 192), probablemente gustará también **Quedlinburg** (**www.quedlinburg.de**), otra aldea declarada Patrimonio Mundial embutida en el macizo del Harz, con un Altstadt (casco antiguo) intacto y más de 1400 casas de madera de hace seis siglos:

- **Rathaus** Construido en 1320, el Ayuntamiento fue ampliado con los años y adornado con una fachada renacentista en 1616. Dentro, la bella Festsaal está decorada con frescos que representan la historia de Quedlinburg. La **estatua de Roldán** (1426) que hay a la entrada data del año en que Quedlinburg se unió a la Liga hanseática.
- **Marktkirche Sankt Benedikti** Detrás del Rathaus, esta impresionante iglesia del gótico tardío tiene una pequeña casa en su torre que usaron los vigías hasta 1901.
- Hay varios edificios de madera preciosos cerca de Marktkirche, pero posiblemente el más espectacular es el de 1612 llamado **Gildehaus zur Rose**, situado en Breite Strasse 39, con un interior ricamente tallado y forrado de paneles.
- **Schlossmuseum** (**☎ 905 681**) Schlossberg, una bonita colina con una meseta de 25 m de altura por encima de Quedlinburg, fue agraciada por vez primera con una iglesia y residencia bajo el gobierno de Enrique *El Pajarero*. El atual Schloss renacentista es un museo remodelado que contiene piezas fascinantes de la dinastía sajona que datan de 919 a 1056.
- **Stiftskirche Sankt Servatius** (**☎ 709 900**) Esta iglesia del s. XII es una de las más importantes del período románico del país. Su tesoro incluye valiosos relicarios y Biblias antiguas.

EWR/IMAGEBROKER

El Aldstadt medieval de Goslar.

Pero el orgullo de Goslar es su reconstruido palacio románico del s. XI, el Kaiserpfalz (☎ 311 9693; Kaiserbleek 6; adultos/reducida 4,50/2,50 €; 🕒 10.00-17.00 abr-oct, hasta 16.00 nov-mar). Tras siglos de decadencia, el edificio se reconstruyó en el s. XIX y su interior se adornó con frescos interiores de escenas históricas. En el lado sur está la capilla de Sankt Ulrich, que alberga un sarcófago con el corazón de Enrique III. Bajo el Kaiserpfalz se halla la recién restaurada Domvorhalle, que exhibe el Kaiserstuhl del s. XI, trono de los emperadores de las dinastías Salia y Hohenstaufen.

Situado justo al este del Zinnfiguren-Museum, el Goslarer Museum (☎ 433 94; Königstrasse 1; adultos/reducida 4/2 €; 🕒 10.00-17.00 ma-do abr-oct, hasta 16.00 nov-mar) ofrece una buena visión de la historia natural y cultural de Goslar y el macizo del Harz. El Mönchehaus Museum (☎ 295 70; Mönchestrasse 3; adultos/reducida 5/1,50 €; 🕒 10.00-17.00 ma-sa), en una casa de madera del s. XVI, tiene exposiciones temporales de arte moderno, incluidas obras del ganador más reciente del prestigioso premio de arte Kaiserring –entre los ganadores pasados se hallan Henry Moore, Joseph Beuys y Rebecca Horn.

CÓMO LLEGAR Y SALIR

Los trenes que viajan entre Bad Harzburg y Hannover suelen parar aquí, al igual que los de la línea Braunschweig–Gotinga (Göttingen).

STUTTGART
Y LA SELVA NEGRA

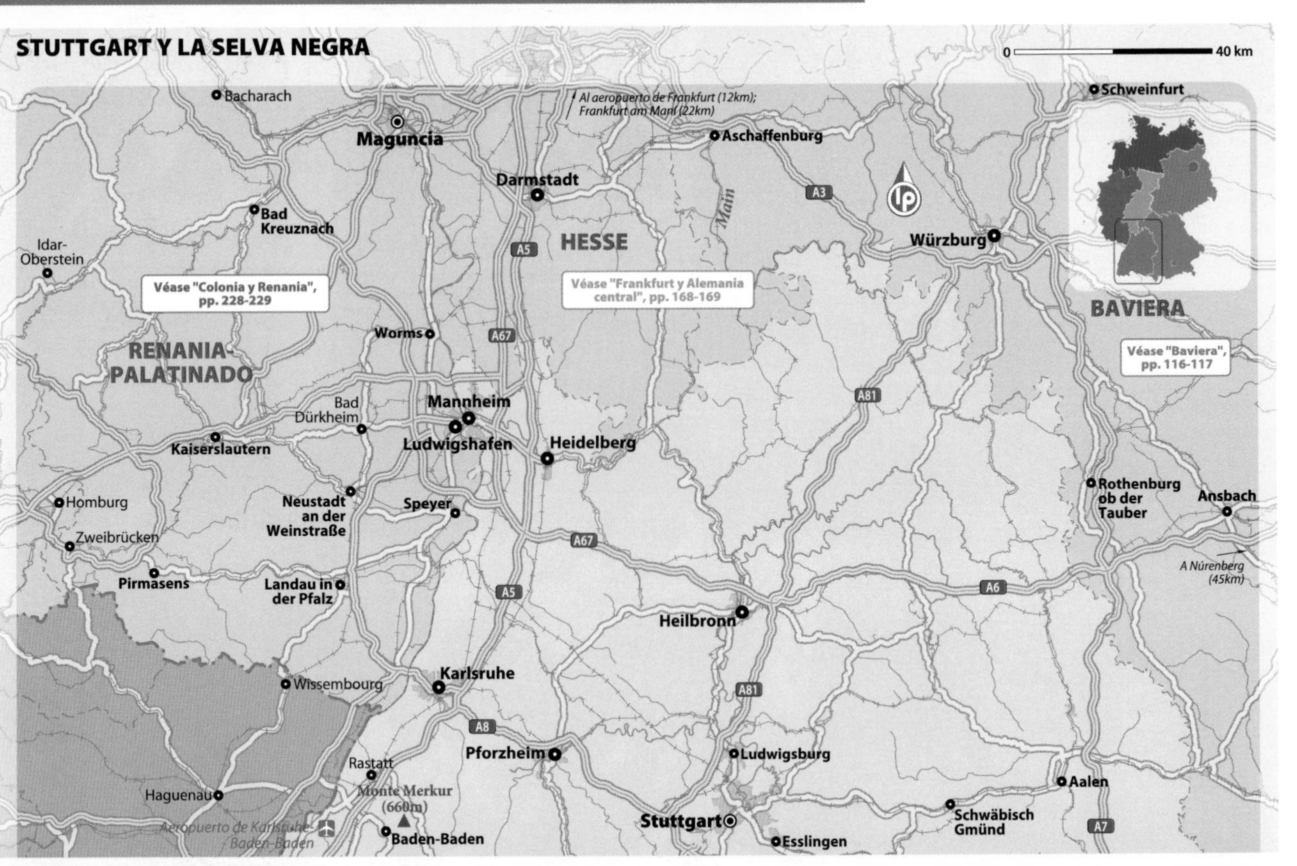
STUTTGART Y LA SELVA NEGRA
0
40 km
Schweinfurt
Bacharach
Maguncia
Al aeropuerto de Frankfurt (12km);
Frankfurt am Main (22km)
Aschaffenburg
Darmstadt
A3
Main
Bad
Kreuznach
Idar-
Oberstein
A5
HESSE
Würzburg
Véase "Colonia y Renania",
pp. 228-229
Véase "Frankfurt y Alemania
central", pp. 168-169
BAVIERA
Worms
A67
RENANIA-
PALATINADO
Véase "Baviera",
pp. 116-117
A81
Bad
Dürkheim
Mannheim
Ludwigshafen
Heidelberg
Kaiserslautern
Homburg
Neustadt
an der
Weinstraße
Speyer
Rothenburg
ob der
Tauber
Ansbach
Zweibrücken
A67
A Núrenberg
(45km)
Pirmasens
Landau in
der Pfalz
A6
A5
Heilbronn
Karlsruhe
Wissembourg
A81
A8
Pforzheim
Ludwigsburg
Rastatt
Haguenau
Monte Merkur
(660m)
Aalen
Aeropuerto de Karlsruhe-
Baden-Baden
Baden-Baden
Stuttgart
Schwäbisch
Gmünd
Esslingen
A7

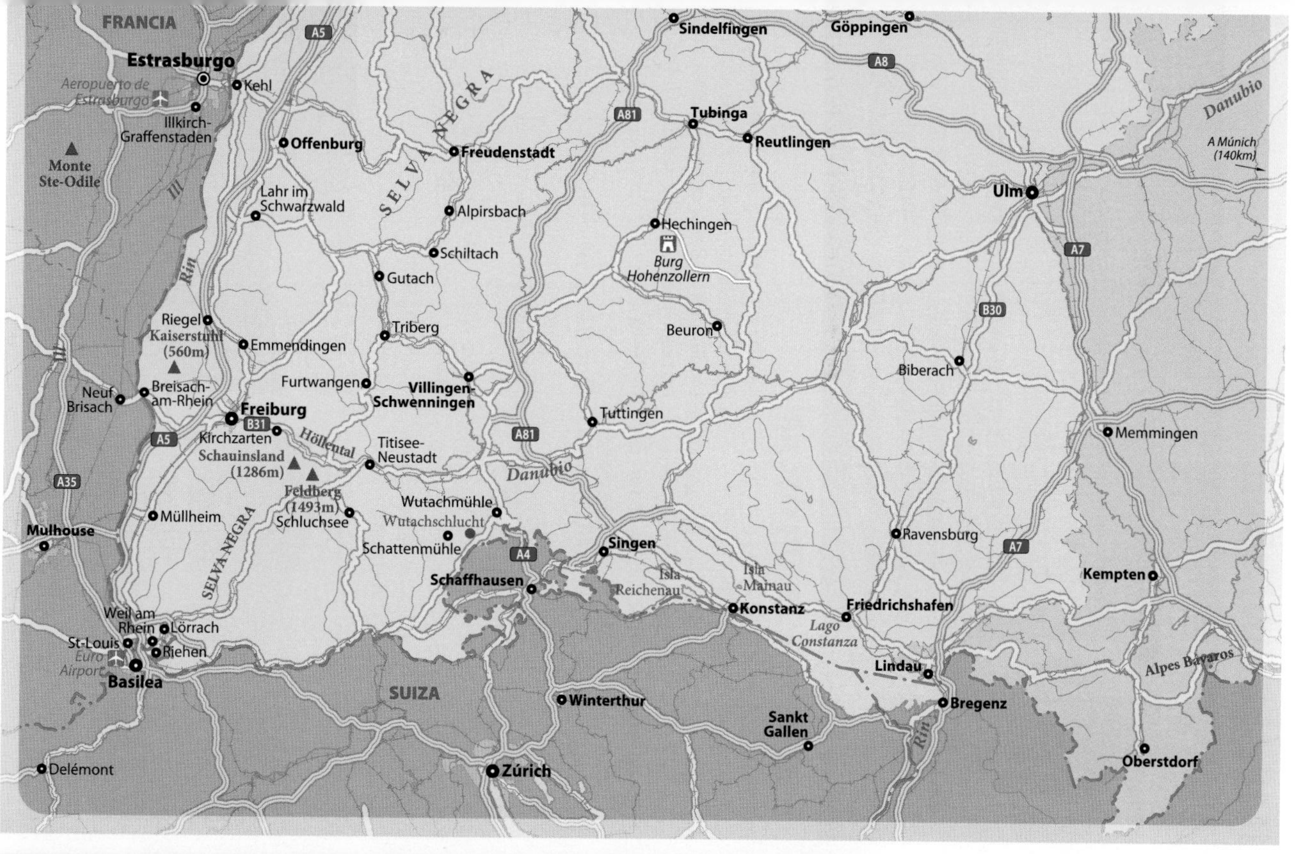
FRANCIA
Estrasburgo
Aeropuerto de Estrasburgo
Kehl
Illkirch-Graffenstaden
Monte Ste-Odile
Ill
Offenburg
Freudenstadt
SELVA NEGRA
Lahr im Schwarzwald
Alpirsbach
Schiltach
Gutach
Rin
Riegel
Kaiserstuhl (560m)
Emmendingen
Triberg
Furtwangen
Villingen-Schwenningen
Neuf Brisach
Breisach-am-Rhein
Freiburg
B31
Kirchzarten
Höllental
Titisee-Neustadt
Schauinsland (1286m)
Feldberg (1493m)
Schluchsee
A5
A35
Müllheim
Mulhouse
SELVA NEGRA
Wutachmühle
Wutachschlucht
Schattenmühle
A4
Schaffhausen
Weil am Rhein
Lörrach
St-Louis
Riehen
Euro Airport
Basilea
SUIZA
Delémont
Zúrich
Winterthur
Sankt Gallen
Sindelfingen
Göppingen
A8
A81
Tubinga
Reutlingen
Hechingen
Burg Hohenzollern
Beuron
Tuttingen
Danubio
Singen
Isla Reichenau
Isla Mainau
Konstanz
Friedrichshafen
Lago Constanza
Lindau
Bregenz
Rin
Ulm
A7
B30
Biberach
Ravensburg
Memmingen
Kempten
Alpes Bávaros
Oberstdorf
Danubio
A Múnich (140km)

IMPRESCINDIBLE

1 LA SELVA NEGRA

POR ÓSCAR HERNÁNDEZ CABALLERO, GUÍA DE UN PARQUE NATURAL DEL CENTRO-NORTE EN LA SELVA NEGRA

Siempre me quedo atónito ante la profundidad y angostura de los valles, y el suave paisaje de verdes prados acompañado de una cultura preñada de tradiciones y una arquitectura bien conservada. Me encanta pasear los días de niebla por un bosque de abetos, antiguo, oscuro y mágico.

LO MEJOR SEGÚN ÓSCAR

❶ PASEAR POR EL WUTACHSCHLUCHT

Tomarse un día para pasear por el cañón del río Wutach, conocido como **Wutachschlucht** (p. 222), en el sur. Es el tramo mejor conservado de la Selva Negra y uno de los pocos sitios con piedra caliza.

❷ DESCENDER DESDE SCHAUINSLAND

Desde la cima de **Schauinsland** (p. 220), cerca de Friburgo, se puede bajar por un sendero. Hay que tomar el funicular para subir y dar la vuelta en la cima. Las vistas desde la torre son impresionantes. Basta con preguntar en la estación del funicular y allí informarán de todo.

❸ MUSEO AL AIRE LIBRE

Se puede visitar este museo en **Vogtsbauernhof** (p. 217). Allí se hallará toda una serie de clásicas granjas de la Selva Negra del s. XVI y se verá cómo vivía la gente antes de la electricidad y los automóviles. Hasta se puede probar comida típica, como jamón ahumado

En el sentido de las agujas del reloj desde arriba: cascada cerca de Triberg (p. 221); vieja casa en el valle de Rötenbachschlucht; ciclistas en la Schauinsland (p. 220); Mummelsee (p. 222); paisaje de la Selva Negra, cerca de Wutach (p. 217).

y pastel de la Selva Negra en el restaurante (y, si se pide, incluso se enseña cómo se hace este último).

❹ CONDUCIR UN POCO

Recomiendo encarecidamente el tramo de Freudenstadt a Baden-Baden de la **Schwarzwald-Hochstrasse B500** (véase recuadro en p. 222). Es especialmente pintoresco, y no hay que perderse la parte caótica (pero interesante) que aún muestra las huellas del huracán Lothar de 1999. Otra de mis rutas favoritas por carretera es la **Deutsche Uhrenstrasse** (véase recuadro en p. 222), que pasa por la zona central de la cordillera y la tierra de los relojes de cuco.

LO QUE HAY QUE SABER

El mejor consejo Evitar los días festivos escolares (agosto, finales de octubre, Semana Santa, Carnaval y Pentecostés) **Dejar que guíe un guía** Ellos conocen los rincones más bellos de la cordillera, además de la historia local, la naturaleza y las costumbres.

IMPRESCINDIBLE

2 HEIDELBERG

POR LA DOCTORA ELISABETH SÜDKAMP, HISTORIADORA DEL ARTE Y GUÍA OFICIAL DE HEIDELBERG

Con su castillo en ruinas, la universidad más antigua de Alemania y las colinas del bosque de Odenwald, Heidelberg fascina por su historia, naturaleza y vibrante vida moderna. Es un sitio mágico con un ambiente romántico e internacional. Pero es imposible explicar su verdadera "magia". Hay que verlo.

LO MEJOR SEGÚN LA DOCTORA ELISABETH SÜDKAMP

❶ ALTE BRÜCKE

Junto con los chapiteles de las iglesias y el castillo en ruinas, el **Puente antiguo** (p. 212), con sus nueve elegantes arcos, forma parte de la clásica vista de Heidelberg. Cerca de su puerta está el moderno "mono del puente" de bronce. Se dice que el que toque su espejo se hará rico; si se toca la pata, se volverá a Heidelberg.

❷ VISTAS INSPIRADORAS

Uno de mis paseos favoritos es el hermoso **Philosophenweg** (Paseo de los Filósofos, p. 212), que brinda bellas vistas del casco viejo y el castillo. Caminando por allí es fácil comprender por qué tantos artistas, filósofos y profesores de la época romántica hallaron inspiración en Heidelberg.

❸ VIAJAR POR LAS ALTURAS

Una excursión divertida es la que lleva en el **Bergbahn** (funicular, p. 211) hasta la cima del monte Königstuhl, por encima del castillo. Sus históricos vagones de madera siguen usándose en el último tramo. En lo alto se hallarán bonitos senderos para hacer caminatas y preciosas vistas del valle.

De izquierda a derecha, desde arriba: la Marktplatz de Heidelberg (p. 212); el Alte Brücke (p. 212) sobre el río Neckar; el Schloss Heidelberg (p. 211); ciclistas en el Alte Brücke; vista de Philosophenweg (p. 212).

❹ DULCES

La especialidad culinaria más famosa de Heidelberg es el **Studentenkuss** (Beso de estudiante), un dulce de turrón, barquillos y chocolate que se derrite en la boca. Lo creó el propietario de una cafetería, Fridolin Knösel, a finales de la década de 1800 para ayudar a su clientela de estudiantes masculinos a expresar su admiración por las bellas –aunque siempre acompañadas– damas que frecuentaban el café, ofreciéndolo como un galante presente.

❺ MARKTPLATZ

Dos días excelentes para visitar la **Marktplatz** (p. 212) son el miércoles o el sábado, cuando el mercado de agricultores rebosa de fruta y verdura frescas. En primavera, en cuanto asoman los primeros rayos de sol, los restaurantes, bares y cafés ponen sus mesas fuera para que la gente disfrute de su comida o de una copa de noche al fresco. Las estrechas calles de los alrededores están llenas de tiendas antiguas, *pubs* estudiantiles y pequeños museos.

LO QUE HAY QUE SABER

Dónde comer Degustar la cocina alemana en un entorno pintoresco Haus zum Ritter (www.ritter-heidelberg.de). **Ecofloat** Navegar por el río Neckar en un barco propulsado con energía solar (www.hdsolarschiff.com). **Relajarse** Seguir los pasos de Mark Twain en los históricos *pubs* estudiantiles Sepp'l o Roter Ochse. **Para más información sobre Heidelberg, véase p. 210.**

IMPRESCINDIBLE

3

ZEPPELIN MUSEUM

Este **museo** (p. 225) cuenta todo sobre los zepelines que volaron por vez primera en 1900 bajo el mando del conde Ferdinand von Zeppelin. Guarda una maqueta a tamaño real de un fragmento de 33 m del *Hindenburg,* el zepelín más grande jamás construido. Medía nada menos que 245 m de largo, y se decoró con tanto lujo como un transatlántico. Pero estaba lleno de hidrógeno y, desgraciadamente, explotó en llamas matando a 36 personas al aterrizar en 1937.

4

COCHES RÁPIDOS

Los amantes de los coches se volverán locos en Stuttgart, hogar de dos **museos del automóvil** (p. 209). En el museo Mercedes-Benz se verán leyendas como el Reitwagen ("vehículo montable") de Daimler de 1888, el primer vehículo del mundo con motor de gasolina. El museo de Porsche muestra la historia de estas joyas mecánicas desde sus inicios en 1948. Hay que echar un vistazo al 911 GTI que ganó las 24 horas de Le Mans de 1998.

PASTEL Y RELOJES DE CUCO

Para deleitarse con el original *Schwarzwälder Kirschtorte* (pastel de la Selva Negra) y escuchar el piar del reloj de cuco más grande del mundo en **Triberg** (p. 221). No hay que perderse a su rival, algo más arriba en la misma calle. Ambos se consideran los más grandes del planeta, pero solo uno consta en el *Libro Guinness de los Récords.*

RELAJARSE EN LAS AGUAS

Tras escalar esos altos picos el viajero merece descansar, dar un respiro a sus músculos y tomarse un momento de relajo en **Baden-Baden** (p. 215), la elegante ciudad balneario que cura cuerpo y mente. Aquí se pueden olvidar los problemas, cerrar los ojos y dejar que sus aguas curativas ablanden músculos y problemas en las aguas más famosas de Alemania.

ALEGRE FRIBURGO

Es difícil decir con exactitud por qué **Friburgo** (p. 217) tiene un aire tan divertido y relajante. Tal vez sea su numerosa población estudiantil, o quizá sus preciosos, balsámicos y omnipresentes edificios de arenisca roja, sobre todo el gótico de la Münster, sito en la plaza. Hay que contemplarlo en uno de los bonitos abrevaderos de Friburgo.

3 Zeppelin Museum (p. 225), Friedrichshafen; 4 Mercedes-Benz Museum (p. 209), Stuttgart; 5 Uno de los relojes de cuco más grandes del mundo (p. 221), Triberg; 6 Kurhaus (p. 215), Baden-Baden; 7 Konviktstrasse, Friburgo (p. 217).

LO MEJOR

GRATUITO

- **Schlossgarten** (p. 208) Los jardines del palacio de Stuttgart son un destacado santuario de verdor.
- Hay que visitar la **Casa de los 1000 Relojes** (p. 221) de Triberg.
- **Trinkhalle** (sala del Surtidor; p. 216) Debe llevarse una botella y llenarla con agua mineral medicinal en Baden-Baden.

CAMINATAS PARA BOMBEAR EL CORAZÓN

- **Winzerweg** (Sendero del viticultor; p. 221) Unos 15 km de bosques y viñedos.
- El sendero de 13 km desde **Schattenmühle a Wutachmühle** (p. 223) es el mejor sitio para ver el imponente cañón de Wutachschlucht.
- El circuito de 55 km **Kaiserstuhltour** (p. 221) es solo para excursionistas muy curtidos.

TRAYECTOS DE PLACER

- Hay que subir al **Kaiserstuhlbahn** (tren de Kaiserstuhl; p. 221) para dar una relajada vuelta por las colinas volcánicas.
- Ascender los 3,6 km del **Schauinslandbahn** (teleférico; p. 220) para gozar de vistas fabulosas de la Selva Negra.
- Subir hasta la colina de **Königstuhl** en Heidelberg (p. 211) en un antiguo ferrocarril.

PLATOS REGIONALES

- **Calwer-Eck-Bräu** (p. 210) sirve la contundente *Maultaschensuppe* (sopa de ravioli).
- **Englers Weinkrügle** (p. 219) ofrece pesca y vino locales y otras especialidades que harán la boca agua.
- **Café Schäfer** (p. 222) para un decadente trozo (o dos) de *Schwarzwälder Kirschtorte* (pastel de la Selva Negra) hecho según la receta original.

JKI/IMAGEBROKER

La Trinkhalle de Baden-Baden (sala del Surtidor; p. 216).

LO QUE HAY QUE SABER

ESTADÍSTICAS

- **Población** 10,75 millones (Baden-Württemberg).
- **Puntos de entrada** Aeropuertos de Stuttgart, Friburgo, Friedrichshafen y Basilea-Mulhouse (Suiza/Francia).
- **Mejor época para viajar** Abril-octubre.

ANTES DE PARTIR

- **Un mes antes** Reservar un guía para hacer una excursión inolvidable por la Selva Negra. Contactar con las oficinas regionales de turismo para averiguar nombres y direcciones.
- **Una semana antes** No olvidar poner ropa de abrigo, botas de montaña y botellas de agua en la maleta.

RECURSOS EN INTERNET

- **www.schwarzwaldverein.de** El Schwarzwaldverein es el primer club de excursionistas de Alemania.
- **www.tourismus-bw.de** Oficina Estatal de Turismo. Stuttgart y la Selva Negra están en el estado federal de Baden-Württemberg.

TARJETAS DE DESCUENTO

- La **Bodensee Erlebniskarte** (adultos/6-15 años 69/37 €, *ferries* no incl. 39/21 €) de tres días permite viajar gratis en casi todos los barcos y funiculares del lago Constanza y alrededores, y entrar gratis a unos 180 museos y puntos de interés turístico. Para más información, visítese una oficina de turismo.
- En la mayor parte de la Selva Negra, los hoteles y las casas de huéspedes facilitan a sus clientes la práctica **Schwarzwald-Gästekarte** (tarjeta de visitante), que ofrece descuentos o regalos en museos, telesillas, eventos y atracciones. Con las tarjetas que tienen el símbolo de Konus se puede acceder de forma gratuita al transporte público.
- Casi todas las oficinas de turismo de la Selva Negra venden la **SchwarzwaldCard** de tres días (adultos/4-11 años/familia 32/21/99 €), que da acceso a unas 150 atracciones de la Selva Negra, incluidos museos, telesillas, viajes en barco, *spas* y piscinas. En la página web www.blackforest-tourism.com se pueden ver más detalles de las tarjetas.

CÓMO DESPLAZARSE

- **www.bodenseeschifffahrt.at** y **www.bsb-online.com** Dos compañías de *ferries* que unen los puertos del lago Constanza.
- **www.der-katamaran.de** Un estilizado catamarán lleva de Costanza a Friedrichshafen en 50 minutos.

ITINERARIOS

UN POCO DE BOSQUE Tres días

La Selva Negra es vasta y oscura. Si solo se tienen unos días, se aconseja visitar la animada ciudad universitaria de Friburgo y hacer unas cuantas excursiones a las colinas para explorar la ruidosa exportación de la selva: el reloj de cuco. Se puede dormir en **(1) Friburgo** (p. 217), admirar la **(2) Schwabentor** (p. 218), la impresionante puerta de la ciudad, y abrirse paso hasta el cercano sendero que asciende sinuoso por el verde **(3) Schlossberg** (p. 218). Su bonita atalaya brinda una primera vista de los profundos colores de la circundante Selva Negra. A continuación, se puede alquilar un coche, tomar el funicular hasta **(4) Schauinsland** (p. 220) y explorar la ciudad de **(5) Triberg** (p. 221), con sus dos enormes relojes de cuco, ambos considerados los más grandes del mundo. Se puede ponderar cuál es más grande mientras se saborea un trozo pastel de Selva Negra en el **(6) Café Schäfer** (p. 222), que lo hornea según la receta original.

DE LA CIUDAD AL LAGO Cinco días

El viaje desde el núcleo urbano de la Alemania suroccidental a la Riviera Bávara se puede hacer por entero en tren. Arranca en **(1) Stuttgart** (p. 208), ciudad que ostenta una relajada prosperidad y un agudo sentido del estilo. Se puede visitar uno de sus museos del automóvil y sacar una foto en el **(2) Museo Mercedes-Benz** (p. 209) o el **(3) Museo Porsche** (p. 210) y pasear por **(4) Mittlerer Schlossgarten** (p. 208), donde uno podrá relajarse con un refresco en su serena **(5) Biergarten im Schlossgarten** (p. 210).

Desde Stuttgart se puede ir a **(6) Ulm** (p. 214), cuna de Albert Einstein. Allí puede contemplarse su impresionante **(7) Münster** (p. 215) y la **(8) fuente** (p. 215) más famosa de la ciudad, con un Einstein de pelo alborotado. A continuación hay que ir a **(9) Tubinga** (p. 214) para admirar sus hastiales y dar una vuelta por el museo de arqueología que alberga su elevado castillo, **(10) Schloss Hohentübingen** (p. 214). Después hay que seguir hasta **(11) Constanza** (p. 223) para hacer un alto y descansar junto al lago. Después, tomar el *ferry* para la mediterránea aldea de **(12) Lindau** (p. 224), donde se puede pasar el día y preguntarse si uno sigue en Alemania.

BOSQUES Y CASTILLOS Una semana

Se puede pasar una semana en las ciudades universitarias más célebres del país, salir para visitar un *spa* y acabar en Friburgo, la mejor base para explorar la selva más negra que se haya visto jamás. Mark Twain escribió *Un vagabundo en el extranjero,* que en parte se sitúa en esta región, tras pasar tres meses en la ciudad universitaria de

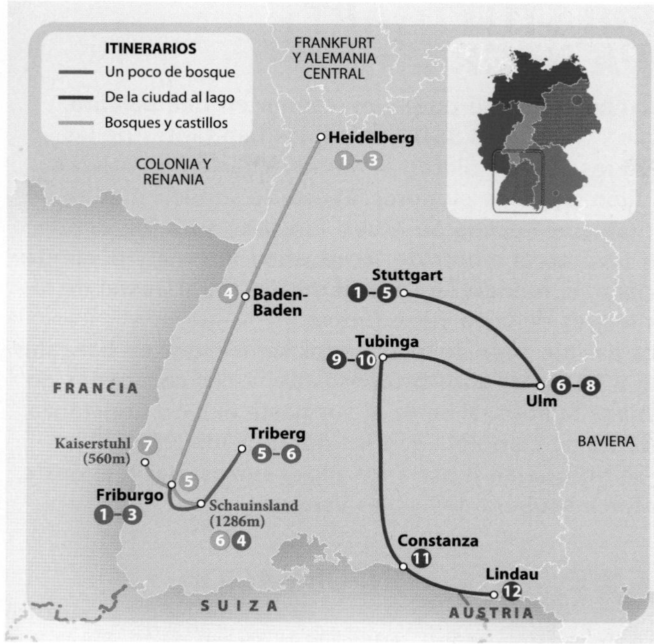

(1) Heidelberg (p. 210). Se puede explorar su magnífico (2) Schloss (p. 211) y adentrarse en su terraza para gozar de las espectaculares vistas del río Neckar, para luego cruzar el (3) Alte Brücke (p. 212) y echar un vistazo a su infame mono de latón.

Seguidamente hay que ir al sur hasta la ostentosa ciudad balneario de (4) Baden-Baden (p. 215) para darse un chapuzón en sus famosas aguas. Tras una pausa reconstituyente, hay que ir al extremo opuesto: (5) Friburgo (p. 217), otra animada ciudad universitaria al sur de Alemania. Se puede pasar un día admirando su arquitectura de arenisca roja y empezar a explorar la Selva Negra más allá de los límites de la ciudad. Es una base fantástica para hacer excursiones a (6) Schauinsland (p. 220), un mosaico de bosque y prados, o a (7) Kaiserstuhl (p. 221), alto pico embutido entre los Vosgos franceses y la Selva Negra alemana.

DESCUBRIR STUTTGART Y LA SELVA NEGRA

Si Stuttgart y la Selva Negra se pudieran resumir en una palabra, esta sería "ingenio". Hace unos 35 000 años, los habitantes de las cavernas de los Alpes Suabos dieron al mundo el arte figurativo e inauguraron un filón de actos pioneros. El estado situado más al suroeste de Alemania es la cuna de Albert Einstein; aquí fue donde Gottlieb Daimler inventó el motor de combustión interna y el conde Ferdinand el zepelín. El mundo no sería el mismo sin el pastel de la Selva Negra, los relojes de cuco y los *Brezeln*.

Este cautivador paisaje pasa de los viñedos sembrados en bancales entre Heidelberg y Stuttgart a los brumosos peñascos coronados de castillos de los Alpes Suabos. Si se va al sur hasta el lago Constanza, esta imagen bucólica se completa con los dorados maizales y los humedales que se bosquejan junto a los Alpes suizos. Hacia el oeste, la Selva Negra ofrece exuberantes valles verdes.

STUTTGART

Si se le pide a los alemanes su opinión sobre los habitantes de Stuttgart, muchos dirán cosas del tipo: son personas hábiles que conducen Mercedes a toda velocidad por la autopista; son urbanitas que llevan trajes de diseño y tienen acento suabo; son personas caseras y tacañas que se desloman todo el día trabajando. Y después se habla de estereotipos.

El verdadero Stuttgart, que tiene la suerte de disfrutar de un ambiente próspero, de estar a la última en tecnología y de profesarle un cariñoso amor a la naturaleza, hace que estas ideas preconcebidas se tambaleen de inmediato. De pronto uno está visitando museos de automóviles futuristas y al momento se está abrochando las botas para caminar por los viñedos, degusta su gastronomía (galardonada con estrellas Michelin) o baila junto a veinteañeros supermodernos en los bares de Theodor-Heuss-Strasse.

INFORMACIÓN

Oficina de turismo (☎ 222 80; www.stuttgart-tourist.de; Königstrasse 1a; 9.00-20.00 lu-vi, 9.00-18.00 sa, 11.00-18.00 do)

PUNTOS DE INTERÉS

Al este de la estación, el **Mittlerer Schlossgarten** (Jardín Medio de Palacio), salpicado de fuentes, atrae en verano a las multitudes sedientas a su magnífica **cervecería al aire libre** (p. 210). El **Unterer Schlossgarten** (Jardín Bajo de Palacio) es una franja verde que se extiende al noreste hasta el río Neckar y el **Rosensteinpark**, donde se encuentra el zoo. Hacia el sur, el **Oberer Schlossgarten** (Jardín Alto de Palacio) está rodeado de atractivos edificios históricos como el **Staatstheater** (Teatro Nacional) y el ultramoderno **Landtag** (Parlamento del estado) acristalado.

Más al este, el estilo neoclásico se funde con el contemporáneo en la **Staatsgalerie** (Galería Nacional; ☎ 470 400; www.staatsgalerie-stuttgart.de; Konrad-Adenauer-Strasse 30-32; adul-

tos/reducida 5,50/4 €, exposiciones temporales 10/ 7 €; 🕒 10.00-18.00 ma-do, hasta 20.00 ma y ju), un característico edificio de vivos colores y formas curvas del arquitecto británico James Stirling. Además de exposiciones de artistas de renombre, la galería alberga una espléndida colección de arte donde pueden verse obras de Rembrandt, Monet, Dalí figuras del *Pop art* como Warhol y Lichtenstein.

La respuesta del duque Karl Eugen von Württemberg a Versalles fue el exuberante **Neues Schloss** (**Nuevo Palacio**), una residencia real de tres alas y estilo entre barroco y neoclásico que ahora es la sede de varios ministerios. Una estatua de bronce del emperador Guillermo I mira con elegancia los movimientos de su corcel cerca de **Karlsplatz**.

MUSEOS DEL AUTOMÓVIL

En medio del paisaje urbano surge la estructura futurista del flamante **Mercedes-Benz Museum** (**☎ 173 0000; www.museum-mercedes-benz.com; Mercedesstrasse 100; adultos/reducida 8/4 €; 🕒 9.00-18.00 ma-do; Gottlieb-Daimler-Stadion**), que recorre cronológicamente el emporio de Mercedes.

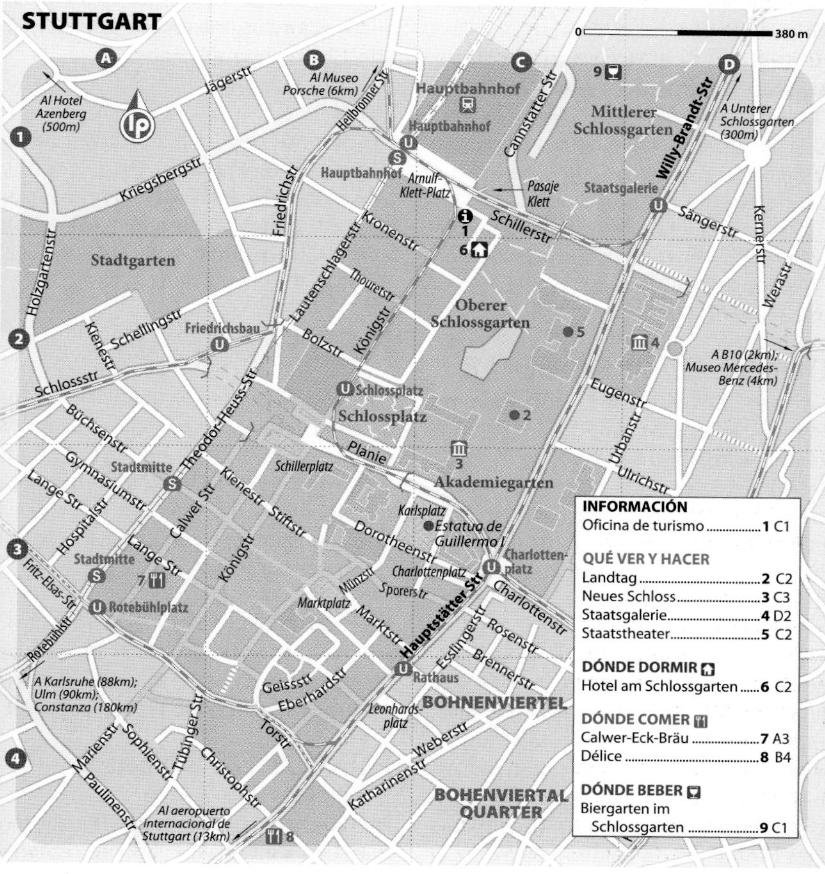

Como si fuera una nave espacial nacarada preparada para despegar, el transgresor **Porsche Museum** (☎ 9112 0911; www.porsche.com; Porscheplatz 1; adultos/reducida 8/4 €; 9.00-18.00 ma-do; Neuwirtshaus) es el sueño de todos los niños.

DÓNDE DORMIR

Hotel Azenberg (☎ 225 5040; www.hotelazenberg.de, en alemán; Seestrasse 114-116; i 85-145 €, d 105-165 €; P) Refugio familiar con lujosas habitaciones decoradas con diferentes temas y piscina. Se llega rápido subiendo a pie o en un corto trayecto del autobús nº 43 desde Stadtmitte hasta Hölderlinstrasse.

Hotel am Schlossgarten (☎ 202 60; www.hotelschlossgarten.com; Schillerstrasse 23; i 120-141 €, d 164-184 €; P) Muy próximo al Schloss, tiene habitaciones elegantes con pequeños detalles como periódicos y chocolate; las que dan al parque son las más tranquilas. Los sibaritas se disputan las mesas del restaurante Zirbelstube, que cuenta con una estrella Michelin (platos principales 28-52 €).

DÓNDE COMER Y BEBER

Calwer-Eck-Bräu (☎ 2224 9440; Calwer Strasse 31; platos principales 9-18,50 €; 11.00-24.00 lu-ju, hasta 1.00 vi y sa, 10.00-24.00 do) La madera oscura y los bancos de cuero crean una atmósfera acogedora en este *pub*-cervecería ubicado en una primera planta. Sirven copiosos platos suabos y bávaros que combinan de maravilla con sus cervezas.

Délice (☎ 640 3222; www.restaurant-delice.de; Hauptstätter Strasse 61; 18.30-24.00 lu-vi) No hay que perderse la cena (si es que se ha reservado con antelación) en este restaurante abovedado con una estrella Michelin. El chef vienés Friedrich Gutscher elabora sus deliciosos platos con productos de cultivo ecológico. El sumiller ayuda a orientarse entre la galardonada selección de Rieslings.

Biergarten im Schlossgarten (☎ 226 1274; Mittlerer Schlossgarten; 10.00-1.30 may-oct) Nada como celebrar el verano con cerveza y *Brezeln* en la mejor cervecería de Stuttgart. Ubicada en el centro del Schlossgarten, tiene capacidad para 2000 personas y ofrece conciertos de música en directo.

CÓMO LLEGAR Y SALIR

AVIÓN

El **aeropuerto internacional de Stuttgart** (STR; ☎ 01805-948 444; www.stuttgart-airport.com), uno de los centros neurálgicos de **Germanwings** (www.germanwings.com), está 13 km al sur de la ciudad.

TREN

Los destinos de IC e ICE incluyen Berlín (126 €, 5½ h), Frankfurt (56 €, 1¼ h) y Múnich (46-52 €, 2¼ h). Hay servicios regionales frecuentes a Tubinga (11,30 €, 1 h), a la estación Hessental de Schwäbisch Hall (13,30 €, 70 min) y a Ulm (16,70 €, 1 h).

HEIDELBERG

Da igual que se visite para seguir los pasos de Mark Twain, o para ver la luz de los cuadros de William Turner en el Altstadt (casco antiguo) y el río Neckar, o para recorrer los *pubs* como Goethe en busca de una explicación, esta ciudad de postal complacerá a cualquiera.

INFORMACIÓN

Oficina de turismo (☎ 194 33; www.heidelberg-marketing.de; 9.00-19.00 lu-sa, 10.00-18.00 do y fest abr-oct, 9.00-18.00 lu-sa nov-mar)

PUNTOS DE INTERÉS

KÖNIGSTUHL

Para conseguir buenas vistas del valle hay que subir a uno de los vagones centena-

El Schloss de Heidelberg.

BKR/IMAGEBROKER

↘ EL SCHLOSS DE HEIDELBERG

Asoma por encima del Altstadt contra un escenario de colinas boscosas. Este palacio de arenisca roja en estado semirruinoso es el rompecorazones de Heidelberg. Príncipes palatinos, suecos en estampida, reformistas protestantes, devastadores incendios y rayos. Esta fortaleza de estilo gótico renacentista ha visto de todo. Su tumultuosa historia, aspecto de cuento y diversos cambios han inspirado las plumas de escritores de la talla de Mark Twain y Victor Hugo.

Con una capacidad de más de 220 000 l, la **Grosses Fass** (Gran cuba), del s. XVIII, es el barril de vino más grande del mundo. Se hizo con la madera de 130 robles. Mark Twain lo describió como "tan grande como una casita de campo", lamentó que estuviera vacío y reflexionó sobre sus posibles funciones como pista de baile y gigante batidora de nata.

Para llegar al castillo se puede subir a pie por la escarpada y adoquinada **Burgweg** en unos 10 minutos o tomar el **Bergbahn** desde la estación de Kornmarkt.

Lo que hay que saber: Schloss (☎ 538 431; www.schloss-heidelberg.de; adultos/reducida 3/1,50 €, jardines gratis; 🕑 8.00-17.30); Bergbahn (funicular; www.bergbahn-heidelberg.de; adultos/6-14 años ida 3/2 €, ida y vuelta 5/4 €; 🕑 cada 10 min)

rios que hacen el recorrido entre el castillo y la **Königstuhl**, de 550 m. La tarifa de ida y vuelta con parada en el Schloss es de 8 €.

UNIVERSIDAD

Pese a los ingeniosos relatos de duelos de estudiantes y embriaguez, en su novela *Un vagabundo en el extranjero,* de 1880, Mark Twain señala que los "alumnos ociosos no son la norma" en Heidelberg. De hecho, la universidad más antigua de Alemania, **Ruprecht-Karls-Universität** (www.uni-heidelberg.de), que fundó en 1386 el conde palatino Roberto, tiene un aire muy solemne y célebres ex alumnos,

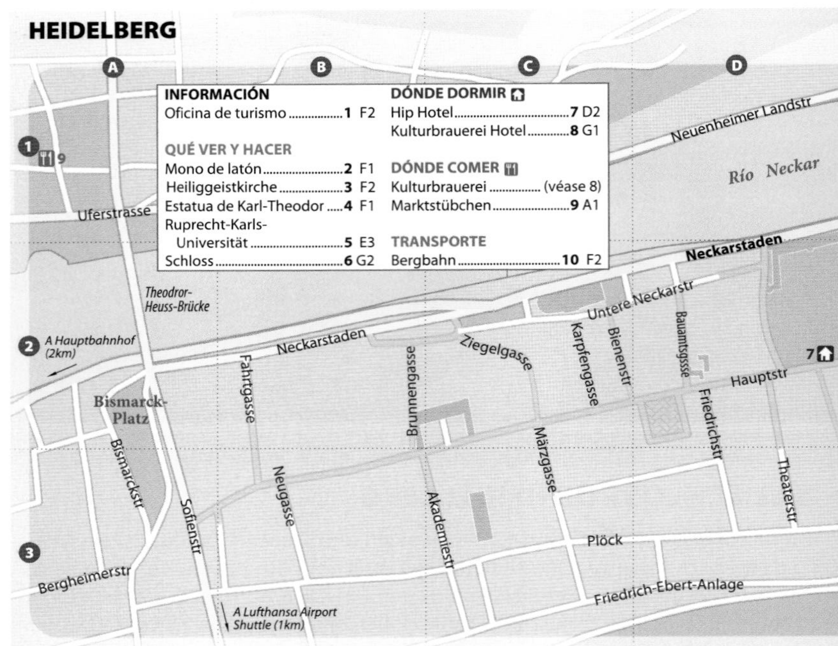

como el compositor Robert Schumann y el excanciller Helmut Kohl.

MARKTPLATZ

Después del Schloss hay que visitar la **Heiliggeistkirche** (construida entre 1398 y 1441). Es una imponente iglesia gótica de color ocre situada en Marktplatz. En la fachada se pueden ver las marcas de finales de la época medieval que se utilizaban para garantizar que los *Brezeln* tenían la forma y el tamaño necesarios. Desde la **aguja de la iglesia** (**adultos/estudiantes 1/0,50 €; ⏲ 11.00-17.00 lu-sa, 13.00-17.00 do med de mar-oct, 11.00-15.00 vi y sa, 12.30-15.00 do nov-med de mar**) se consiguen unas fotos magníficas de Heidelberg.

ALTE BRÜCKE

En el lado del puente que da al Altstadt está la estatua de un **mono de latón** que sujeta un espejo y está rodeado de ratones. Dicen que quien toque el espejo tendrá riqueza, el que toque los dedos extendidos volverá a Heidelberg y quien toque los ratones tendrá muchos hijos. Y hablando de fertilidad, la **estatua de Karl-Theodor** que hay en el puente alude a la leyenda de que el príncipe tuvo casi 200 hijos ilegítimos.

PHILOSOPHENWEG

Para alejarse del mundanal ruido, nada mejor que pasear por el **Philosophenweg** (paseo de los Filósofos), en el monte que se alza al norte del río Neckar. El sendero, que serpentea entre los viñedos de las laderas y los árboles frutales, ofrece unas vistas maravillosas del Altstadt y el Schloss. El panorama es cautivador al atardecer, cuando la ciudad se tiñe de un brillo rojizo. El camino también es un rincón para los enamorados; se dice que

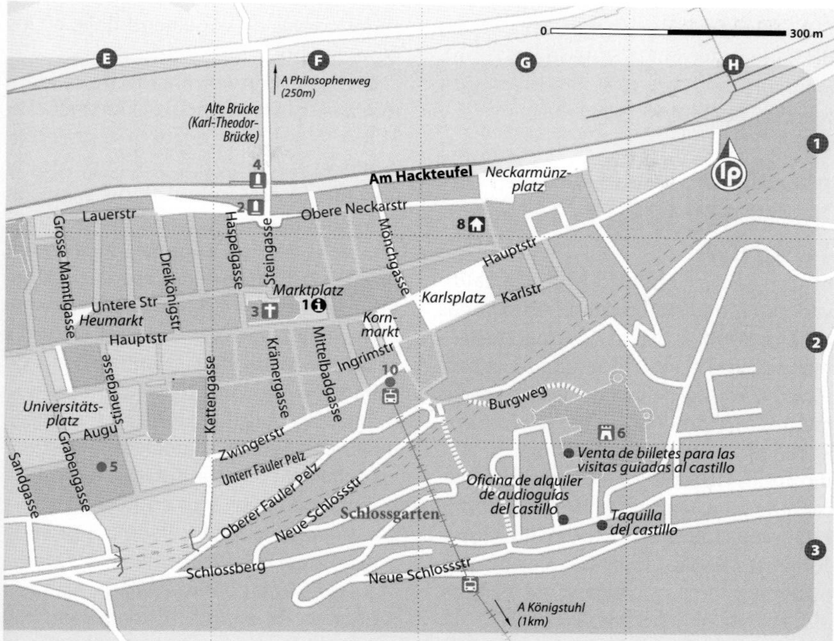

muchos jóvenes locales perdieron su corazón (y su virginidad).

DÓNDE DORMIR

Kulturbrauerei Hotel (☎ 502 980; www.heidelberger-kulturbrauerei.de; Leyergasse 6; i 111-140 €, d 121-160 €; P) Hotel y microcervecería famoso por su cerveza y su comida. Las habitaciones, decoradas con tonos crema, tienen brillantes suelos de parqué y grandes ventanales.

Hip Hotel (☎ 208 79; www.hip-hotel.de; Hauptstrasse 115; i 135-180 €, d 150-210 €; 💻) Realmente innovador, sigue la tendencia de los hoteles temáticos. La atención por el detalle y la pasión viajera de la familia Kischka está presente por todas partes.

DÓNDE COMER Y BEBER

Marktstübchen (☎ 653 0893; Marktplatz, Neuenheim; comidas ligeras 6-9 €) Los niños pasan zumbando en sus triciclos mientras sus padres brindan con cerveza fría y crujientes *Flammkuchen* (*pizzas* alsacianas) en el patio de este restaurante de estilo alsaciano de Neuenheim.

KulturBrauerei (☎ 502 980; Leyergasse 6; platos principales 9,90-19,80 €) Microcervecería de techos altos con lámparas de araña y frescos deslucidos por el paso del tiempo. Un entorno ideal para hincarle el diente a un *Schäufele* (paletilla de cerdo) con *Sauerkraut* o saborear las cervezas artesanales en la terraza.

CÓMO LLEGAR Y SALIR

El **Lufthansa Airport Shuttle** (☎ 0621-651 620; www.lufthansa-airportbus.de) conecta el Crowne Plaza Hotel (Kurfürstenanlage 1-3), tres manzanas al suroeste de Bismarckplatz, con el aeropuerto de Frankfurt (20 €, 1¼ h, casi cada hora).

Hay trenes al menos cada hora a/desde Baden-Baden (15,20-26 €, 1-1½ h), Frankfurt (15,20-25,50 €, 1-1½ h) y Stuttgart (19,60-35 €, 40 min-1½ h).

ALPES SUABOS Y ALREDEDORES

TUBINGA

Es fácil sentir debilidad por esta cautivadora ciudad suaba, cuyas empinadas calles adoquinadas ascienden serpenteando hasta el castillo, rematado con un torreón. Aquí se cultivaron algunas de las mentes más prodigiosas del país. Joseph Ratzinger, el actual papa Benedicto XVI, dio clases de teología a finales de la década de 1960. Fue aquí, también, donde Friedrich Hölderlin estudió literatura, Johannes Kepler, los movimientos planetarios, y Johann Wolfgang von Goethe, el fondo de un vaso de cerveza.

INFORMACIÓN

Oficina de turismo (**☎ 913 60; www.tuebingen-info.de; An der Neckarbrücke 1; ⌚ 9.00-19.00 lu-vi, 10.00-16.00 sa, 11.00-16.00 do may-sep)**

PUNTOS DE INTERÉS Y ACTIVIDADES

En su enclave de cuento de hadas, el **Schloss Hohentübingen** (**Burgsteige 11**), del s. XVI, ofrece unas vistas inmejorables de los tejados rojos del Altstadt. Una ornamentada puerta renacentista da paso al patio y al laboratorio donde Friedrich Miescher descubrió el ADN en 1869. En el interior, el **museo de arqueología** (**☎ 297 7384; adultos/reducida 4/3 €; ⌚ 10.00-18.00 mi-do may-sep, 10.00-17.00 oct-abr**) atesora las estatuillas de Vogelherd que, con 35 000 años, son las obras de arte más antiguas del mundo. Estas miniaturas de mamuts y leones talladas en marfil se descubrieron en las cuevas de Vogelherdhöhle, en los Alpes Suabos.

Las casas con entramado de madera rodean la plaza principal del Altstadt, **Am Markt**, el lugar de encuentro preferido de los estudiantes. En medio se alza el **Rathaus (Ayuntamiento)**, del s. XV, con una extravagante fachada barroca y un reloj astronómico. Enfrente, cuatro estatuas femeninas que representan las estaciones adornan la **fuente de Neptuno.**

Frente a la fachada oeste de la iglesia se halla la **Cottahaus**, la antigua casa de Johann Friedrich Cotta, el primero que publicó las obras de Schiller y Goethe. El mujeriego Goethe se dedicó a investigar en detalle los *pubs* de Tubinga durante la semana que pasó aquí en 1797. Hay una placa conmemorativa en su honor en la que se puede leer: *Hier wohnte Goethe* (aquí vivió Goethe). En la pared de la sucia residencia de estudiantes de al lado hay una inscripción más perspicaz: *Hier kotzte Goethe* (aquí vomitó Goethe).

CÓMO LLEGAR Y SALIR

Es un destino de la Selva Negra al que se llega fácilmente en tren desde Stuttgart (11,30 €, 45-60 min, al menos dos cada hora) y Villingen (17,80-22,50 €, 1½-2 h, cada hora).

ULM

En Ulm están la casa más torcida (según el *Libro Guinness de los Récords*) y una de las más estrechas (4,5 m de ancho), la escultura zoomórfica más antigua del mundo (30 000 años) y la aguja catedralicia más alta (161,5 m de altura); también es el lugar de nacimiento del eminente físico Albert Einstein.

INFORMACIÓN

Oficina de turismo (**☎ 161 2830; www.tourismus.ulm.de; Stadthaus, Münsterplatz 50; ⌚ 9.00-**

RICHARD I'ANSON

Vista invernal de Heidelberg (p. 210).

18.00 lu-sa, 11.00-15.00 do abr-oct, 9.00-18.00 lu-vi, 9.00-16.00 sa nov-mar)

PUNTOS DE INTERÉS

La enorme e imponente **Münster** (**catedral; Münsterplatz; entrada gratis; 9.00-16.45 ene y feb, hasta 17.45 mar y oct, hasta 18.45 abr-jun y sep, hasta 19.45 jul y ago**) es famosa por su aguja de 161,5 m de altura, la más alta del mundo. La primera piedra de esta mastodóntica catedral se puso en 1377 y su construcción terminó 500 años más tarde. En cada piedra hay **inscripciones** grabadas por los canteros, a los que se les pagaba por sillar.

El **Rathaus**, del s. XIV, domina Marktplatz con su ornamentada fachada renacentista y un **reloj astronómico** dorado. En el interior puede verse una réplica de la **máquina voladora de Berblinger**. Enfrente se alza la **Fischkastenbrunnen**, una fuente donde los pescadores conservaban vivas sus capturas los días de mercado.

La **fuente** de bronce de Jürgen Goertz muestra a un Albert Einstein de cabello alborotado con la lengua fuera (el físico nació en Ulm pero se fue cuando contaba un año). Esta creación está delante del *Zeughaus* (arsenal), del s. XVI. Cerca de aquí, en el nº 14 de Zeughaus, hay una piedra con la inscripción *Ein Stein* (una piedra).

CÓMO LLEGAR Y SALIR

Ulm está bien comunicada por los trenes ICE y algunos de los destinos más importantes son Stuttgart (16,70-24 €, 1 h, varios cada hora) y Múnich (24,80-34 €, 1½-2 h, varios cada hora).

BADEN-BADEN

No puede negarse el atractivo que Baden-Baden ejerce en la realeza, los ricos y famosos –como Obama y Bismarck, la reina Victoria o Victoria Beckham. Es una de las ciudades más refinadas de Baden-Württemberg, y deslumbra con sus cursis *boutiques*, modernas cafeterías con terrazas en la calzada y cuidados jardines con fuentes cuyas aguas danzan y brillan, además de sus lugareños paseando a sus cachorros con peinados de peluquería.

JKI/IMAGEBROKER

Casas de madera en el centro de Schiltach.

Emplazada entre la Selva Negra y Francia, esta gran dama de los *spas* alemanes sigue atrayendo las miradas con sus elegantes villas de la época dorada, su suntuoso casino y sus baños termales, que hicieron que se añadiera la palabra *Baden* (baño) a Baden.

INFORMACIÓN

Oficina principal de turismo (☎ 275 200; www.baden-baden.com; Schwarzwaldstrasse 52; ⌚ 9.00-18.00 lu-sa, hasta la 13.00 do)

PUNTOS DE INTERÉS Y ACTIVIDADES

KURHAUS Y CASINO

Columnas corintias y un friso de criaturas mitológicas adornan la fachada de la monumental **Kurhaus** (☎ 353 202; www.kurhaus-baden-baden.de; Kaiserallee 1), rodeada por unos jardines muy bien cuidados. Una alameda de castaños, flanqueada por dos hileras de *boutiques*, une la Kurhaus con Kaiserallee.

En el frondoso parque que hay al norte se halla la **Trinkhalle** (terma; Kaiserallee 3), donde se puede pasear por el pórtico de 90 m de longitud decorado con frescos y leyendas locales del s. XIX. Algunos dicen que el elixir de la juventud de Baden-Baden es el agua mineral con propiedades curativas que mana de un grifo (10.00-2.00, hasta 3.00 vi y sa) conectado a los manantiales subterráneos. En la cafetería venden vasos de plástico por 0,20 €, pero también se puede llevar una botella vacía para llenarla gratis.

BALNEARIOS

Hay que probar las aguas del suntuoso **Friedrichsbad** (☎ 275 920; www.roemisch-irisches-bad.de; Römerplatz 1; ⌚ 9.00-22.00, última entrada 19.00) del s. XIX. El pudor, los dolores reumáticos y la desnudez de los demás bañistas se olvidan en cuanto uno toma el **baño romano-irlandés** (entrada 21 €, masaje con jabón y cepillo incl. 31 €), un circuito que incluye baños de vapor, limpiezas y duchas frías y calientes. Con su cúpula, sus mosaicos y una piscina rodeada de columnas, la casa de baños parece un palacio neorrenacentista.

Los más pudorosos pueden ir a la acristalada **Caracalla-Therme** (☎ 275 940; www.caracalla.de; Römerplatz 11; 2/3/4 h 13/15/17 €; ⌚ 8.00-22.00, última entrada 20.00). Aquí hay que llevar bañador en todas las instalaciones, excepto en las saunas de la planta superior.

DÓNDE DORMIR Y COMER

Heiligenstein (☎ 961 40; www.hotel-heiligenstein.de, en alemán; Heiligensteinstrasse 19a, Neuweier; i 75-79 €, d 110-115 €; P 💻) Vale la pena alejarse un kilómetro más (o siete) para ir a este agradable hotel con vistas a los viñedos de Neuweier. Las habitaciones tienen mucho estilo y balcones. Además hay un *spa* y jardines para relajarse.

Rizzi (☎ **258 38; Augustaplatz 1; platos principales 15-24 €; 🕑 12.00-1.00)** Gran villa rosa muy frecuentada en verano con un patio arbolado delante de Lichtentaler Allee. Los platos italianos combinan a la perfección con los vinos Riesling locales.

CÓMO LLEGAR Y SALIR

El **aeropuerto de Karlsruhe-Baden-Baden** (**parque aéreo de Baden; www.badenairpark.de**), 15 km al oeste de la población, está conectado con Londres y Dublín por Ryanair.

Baden-Baden se encuentra en uno de los principales corredores ferroviarios que van de norte a sur. Cada dos horas salen trenes a destinos como Friburgo (17,80-27 €, 45-90 min) y Karlsruhe (9,50-14,50 €, 15-30 min).

SCHILTACH

Da la sensación de que Schiltach haya salido de un cuento de hadas por su emplazamiento entre frondosos bosques y a orillas de los ríos Kinzig y Schiltach. Las casas con entramado de madera, magníficamente restauradas, se llenan de geranios color carmesí en verano. Se recomienda dejar a un lado los mapas y dejarse llevar en el que, probablemente, es el pueblo con más magia del valle del Kinzig.

INFORMACIÓN

La **oficina de turismo** (☎ **5850; www.schiltach.de; Marktplatz 6; 🕑 9.00-12.00 y 14.00-17.00 lu-ju, 9.00-12.00 vi)** del Rathaus puede ayudar a encontrar alojamiento y, además, ofrece acceso gratuito a Internet. Delante hay un indicador que señala las rutas de excursionismo.

PUNTOS DE INTERÉS Y ACTIVIDADES

La triangular **Marktplatz**, construida sobre una cuesta y con una fuente en el centro, es la mejor imagen de Schiltach. Enfrente, los frescos del **Rathaus** (s. XVI) representan escenas de la historia local. Subiendo hacia el sur se encuentra **Schlossbergstrasse**, donde se pueden ver unas placas que indican los oficios de los antiguos residentes, como el *Strumpfstricker* (tejedor de medias) del nº 6, y los tejados inclinados donde los curtidores secaban las pieles. Desde el punto más alto se ven los tejados rojos de Schiltach con las montañas de fondo.

Museum am Markt (☎ **5875; Marktplatz 13; entrada gratis; 🕑 11.00-17.00 abr-oct)** recorre la historia de la localidad con exposiciones que incluyen desde ruecas antiguas hasta trajes de estilo Biedermeier.

WUTACH

Vale la pena desviarse 4 km al sur del valle del Kinzig para visitar el **Schwarzwälder Freilichtmuseum** (**Museo al Aire Libre de la Selva Negra; ☎ 935 60; www.vogtsbauernhof.org; adultos/6-17 años/reducida/familias 6/3/5/13 €; 🕑 9.00-18.00 finales de mar-principios de nov, hasta las 19.00 ago**), que gira en torno a la Vogtsbauernhof, una granja agrícola de principios del s. XVII. Las casas de labranza, desplazadas de su ubicación original, se han reconstruido concienzudamente con techumbres de paja y paneles para crear este auténtico caserío agrícola y conservar las tradiciones de la época dorada de la Selva Negra.

FRIBURGO

Es un retablo de cuento con casas con tejados a dos aguas, calles estrechas y plazas adoquinadas, donde el final feliz lo ponen los 22 000 estudiantes, que aportan a esta mezcla medieval frescura, afición a comer al aire libre y una animada vida nocturna.

El boscoso paisaje que rodea Friburg es la esencia de la Selva Negra, aunque su espíritu es deliciosamente sureño.

INFORMACIÓN

Oficina de turismo (☎ 388 1880; www.freiburg.de; Rathausplatz 2-4; ⌚ 8.00-20.00 lu-vi, 9.30-17.00 sa, 10.00-12.00 do jun-sep, 8.00-18.00 lu-vi, 9.30-14.30 sa, 10.00-12.00 do oct-may)

PUNTOS DE INTERÉS

La **Münster** de Friburgo es la reina de las catedrales, un gigante gótico de arenisca roja que hace que Münsterplatz parezca pequeña a su lado. Sus múltiples agujas adoptan tintes escarlata al anochecer. Entre las numerosas **gárgolas**, cabe destacar una en el lado sur que en su día sacaba agua por la parte trasera.

Frente a la fachada sur y adornada con torrecillas cubiertas de azulejos de colores está la **Historisches Kaufhaus**, una casa de comerciantes de ladrillo rojo y con arcadas del s. XVI. Los escudos de armas de los miradores y las cuatro figuras que hay sobre el balcón simbolizan la lealtad de Friburgo a la Casa de Habsburgo.

Cruzando el Gewerbekanal, en el **Museum für Neue Kunst** (Museo de Arte Moderno; ☎ 201 2583; Marienstrasse 10; adultos/reducida 2/1 €; ⌚ 10.00-17.00 ma-do) destaca el arte expresionista y abstracto del s. XX e incluye emotivas obras de Oskar Kokoschka y Otto Dix.

Siguiendo el canal que discurre en dirección oeste y cruza el antiguo barrio de pescadores de **Fischerau** se llega a **Martinstor** (Kaiser-Joseph-Strasse), una de las dos puertas de la ciudad que aún siguen en pie. Un poco más al norte, la fuente de **Bertoldsbrunnen** marca el lugar donde se cruzan las calles principales de la urbe desde su fundación, en 1091.

Al este del Museum für Neue Kunst se llega a **Schwabentor**, la otra puerta (s. XIII), que presenta un mural de san Jorge matando al dragón. Los senderos de los aledeedores ascienden sinuosos por el boscoso **Schlossberg**, rematado por una torre vigía, la **Aussichtsturm**, con forma de cucurucho, desde donde se tienen vistas panorámicas.

Rathausplatz, a la sombra de los castaños, es un popular punto de encuen-

SIR/IMAGEBROKE

Interior de la Münster, Friburgo.

tro. En el lado oeste, el **Neues Rathaus** (Nuevo Ayuntamiento) ocupa dos casas renacentistas con arcadas que conducen a un patio adoquinado. El **carillón** de la torre suena todos los días a mediodía.

El **Altes Rathaus** (Antiguo Ayuntamiento; 1559), de color rojo, que alberga la oficina de turismo, está unido al Neues Rathaus por una pasarela. Un poco al oeste, en Turmstrasse se encuentra el edificio más antiguo de Friburgo, el **Gerichtslaube**, de principios del s. XIV.

DÓNDE DORMIR Y COMER

Hotel Schwarzwälder Hof (**☎ 380 30; www.schwarzwaelder-hof.eu; Herrenstrasse 43; i 45-70 €, d 75-105 €;** 💻) Bajando la calle adoquinada y subiendo una escalera de hierro forjado se llega a unas habitaciones bien conservadas. Las hay "básicas" (bastante decentes) y "modernas" con suelos de madera oscura, televisores planos y vistas al Altstadt. La taberna rústica (platos principales 8,80-16,50 €) sirve comida y vinos de la región.

Hotel Oberkirch (**☎ 202 6868; www.hotel-oberkirch.de; Münsterplatz 22; i 95-118 €, d 139-161 €;** Ⓟ 💻) Los lectores alaban este hotel de 250 años con contraventanas verdes y magníficas vistas de la Münster. Habitaciones rústicas con decoración floral y baños resplandecientes.

Tacheles (**☎ 319 6669; Grünwälderstrasse 17;** *schnitzel* **7,50 €; 🕑 11.30-2.00 lu-ju, hasta las 5.00 vi y sa, hasta la 1.00 do**) Bar tranquilo con un patio para disfrutar comiendo *Schnitzel*. El menú tiene 300 variedades de ternera empanada.

Englers Weinkrügle (**☎ 383 115; Konviktstrasse 12; platos principales 8-13,50 €; 🕑 11.00-14.00 y 17.30-24.00 ma-do**) *Weinstube* (taberna tradicional) típica de Baden rodeada de glicinias que sirve sabrosos platos regionales, entre ellos diferentes preparaciones de trucha.

EL SÚPER RETRETE

Quien haya dejado de impresionarse con los relojes gigantes de cuco o con la tarta de cerezas de la Selva Negra, puede que quiera ir a visitar el váter más grande del mundo. Solo hay que conducir un par de minutos al sur de Wutach por la B33 hasta Hornberg y ahí, en todo su esplendor escatológico, se encuentra el titánico aseo ideado por Philippe Starck. Aunque uno no tenga un interés especial por los urinarios de diseño o los *jacuzzi*, vale la pena visitar el **Duravit Design Centre** (**☎ 07833-700; www.duravit.de; Werderstrasse 36, Hornberg; 🕑 8.00-19.00 lu-vi, 12.00-16.00 sa**) por las espectaculares vistas de la Selva Negra que hay desde los 12 m de altura de este váter de cerámica.

DÓNDE BEBER

Alte Wache (**☎ 202 870; Münsterplatz 38; 🕑 10.00-19.00**) Para probar tinto Pinot mientras se admiran las gárgolas de la catedral en la terraza adoquinada de un cuartel del s. XVIII convertido en una animada vinatería.

Schlappen (**☎ 334 94; Löwenstrasse 2; 🕑 11.00-1.00 lu-ju, 11.00-3.00 vi y sa, 15.00-1.00 do**) Local original empapelado de pósteres que atrae a un público variado. Algunos acuden por las *Flammkuchen* (pizza alsaciana), otros a probar los diferentes tipos de absenta y algunos para ver el estrambótico urinario de hombres (en el espejo se ve cómo corre el agua).

CÓMO LLEGAR Y SALIR

AVIÓN

Friburgo comparte el **EuroAirport** (**www.euroairport.com**) con Basilea (Suiza) y

Mulhouse (Francia). Desde aquí easyJet y Ryanair vuelan a destinos como Londres, Berlín, Roma y Alicante.

TREN

Friburgo está en un importante corredor ferroviario que va de norte a sur con salidas frecuentes hacia destinos como Basilea (14,10-21,80 €, 45-65 min) y Baden-Baden (17,80-27 €, 45 min-1½ h). También es el extremo más occidental del trayecto de Höllentalbahn a Donaueschingen que pasa por Titisee-Neustadt (4,80 €, 38 min, 2 cada hora).

ALREDEDORES DE FRIBURGO

SCHAUINSLAND

Friburgo parece cada vez más pequeño a medida que uno se eleva sobre la ciudad y su tapiz de prados y bosques en el ascenso de 3,6 km del **Schauinslandbahn** (**teleférico; adultos/6-14 años/reducida ida y vuelta 11,50/7/10,50 €, ida 8/5/7,50 €; 9.00-17.00, hasta 18.00 jul-sep**) hasta el **pico de Schauinsland** (**www.bergwelt-schauinsland.de**), de 1284 m de altura. Es una manera rápida de trasladarse desde Friburg a las montañas de la Selva Negra.

Arriba hay una torre de vigilancia con nas vistas asombrosas del valle del Rin los Alpes, además de rutas ciclistas y de xcursionismo. Otra opción interesante s la ajetreada **ruta en "scooter"** (**14.00 17.00 do may-jun, sa y do jul y sep, mi-do ago**), le 8 km, que cuesta 18 € con equipo inluido. Para llegar a Schauinslandbahn lesde Friburgo hay que tomar el tranvía º 4 hasta Günterstal y, después, el autoús nº 21 hasta Talstation.

AISERSTUHL

ntre la Selva Negra y los Vosgos francees, estas modestas **montañas volcánicas** n el valle del Alto Rin producen algunos inos muy dignos, como las variedades frutadas *Spätburgunder* (pinot noir) y *rauburgunder* (pinot gris).

La calidad de las uvas se debe a un miroclima único, el más cálido y soleado lel país, y al fértil suelo de *loess* (arcillas limos) que mantiene el calor durante la oche. Los entusiastas de la naturaleza uizá logren ver lagartos ágiles, mantis eligiosas y abejarucos europeos.

La oficina de turismo de Breisach ofrece nformación sobre visitas a bodegas, catas e vinos, rutas ciclistas como el circuito de 5 km de **Kaiserstuhltour** y rutas como **Vinzerweg** (Ruta de los Viticultores), una mbriagadora excursión de 15 km que va e Achkarren a Riegel.

El **Kaiserstuhlbahn** hace un recorrido or la zona de Kaiserstuhl. Algunas de las aradas (donde es posible que haya que acer transbordo) son Sasbach, Endingen, iegel y Gottenheim.

RIBERG

sta población tiene la cascada más alta e Alemania, conserva la receta original e la tarta de la Selva Negra y es la indisutible capital de los relojes de cuco más randes del mundo. Fue aquí donde en los crudos inviernos de antaño la gente se apiñaba en las casas aisladas por la nieve para tallar los relojes; y donde en un momento de lucidez la cascada se utilizó para suministrar energía a los primeros faroles eléctricos del país, en 1884.

INFORMACIÓN

Oficina de turismo (**☎ 866 490; www.triberg.de, en alemán; Wahlfahrtstrasse 4; 10.00-17.00 nov-abr, hasta las 18.00 may-oct**) Dentro del Schwarzwald-Museum, subiendo 50 m desde el río.

PUNTOS DE INTERÉS

No son las del Niágara, pero sí las **cataratas** (**☎ 2724; adultos/8-16 años/familia 3/1,50/7 €; mar-principios de nov, 25-30 dic**) más altas de Alemania. El río Wutach alimenta los siete tramos de la cascada, que tiene una caída total de 163 m. Vale la pena pagar para verlo. En el sendero que asciende por el boscoso desfiladero hay grupos de ardillas rojas en busca de las bolsas de frutos secos (1 €) que se venden en la entrada.

Triberg es la capital indiscutible del reloj de cuco. El **reloj de cuco más grande del mundo** (**☎ 4689; Untertalstrasse 28; adultos/6-10 años 1,20/0,60 €, 9.00-12.00 y 13.00-18.00**), que tiene las de perder, muestra su maquinaria en un acogedor chalé de Schonach, subiendo la colina 1 km. Su **rival** (**☎ 962 20; www.uhren-park.de; Schonachbach 27; entrada 1,50 €; 9.00-18.00 lu-sa, 10.00-18.00 do Semana Santa-oct, 9.00-17.30 lu-sa, 11.00-17.00 do nov-Semana Santa**), que le saca más partido comercial y figura en el *Libro Guinness de los Récords,* se halla en el otro extremo de la población, en la B33 entre Triberg y Hornberg.

Un carillón toca melodías y un cuco saluda a sus seguidores puntualmente con un graznido auténtico en la **Haus der 1000 Uhren** (Casa de los 1000 Relojes;

LAS MEJORES CARRETERAS

Además de ser pintorescas, muchas de estas rutas ponen de relieve un tema concreto, como la amistad franco-alemana, la fabricación de relojes o la viticultura. Las oficinas de turismo locales facilitan información y folletos.

- **Schwarzwald-Hochstrasse** (carretera de la Selva Negra) Sigue la B500 y conecta Baden-Baden con Freudenstadt, 60 km al sur. Ofrece vistas panorámicas del valle del Alto Rin y de los Vosgos, en Alsacia (Francia). La ruta bordea varios lagos, como Mummelsee, rodeado de pinos.
- **Badische Weinstrasse** (carretera de los vinos de Baden) Una delicia para los enólogos. Desde Baden-Baden a Lörrach, al sur, esta ruta de 160 km serpentea por los viñedos de uvas tintas de Ortenau, de pinot noir de Kaiserstuhl y de Tuniberg, y de vino blanco de Markgräflerland.
- **Schwarzwald-Tälerstrasse** (carretera del valle de la Selva Negra) Serpentea a lo largo de los 100 km que hay de Rastatt a Freudenstadt ofreciendo vistas de vertiginosos valles (de Murgtal y del Kinzig), frondosos bosques, precipicios de granito y riachuelos. Lo más destacado son las casas con entramado de madera de Gernsbach, el puente de Forbach y la cerveza de Alpirsbach.
- **Deutsche Uhrenstrasse** (carretera del reloj alemán) Una ruta de 320 km que empieza en Villingen-Schwenningen y gira en torno a la historia de la fabricación de relojes en la Selva Negra. Algunas de las paradas son Furtwangen y Triberg, la capital de los relojes de cuco.
- **Grüne Strasse** (carretera verde) Comunica la Selva Negra con el valle del Rin y los Vosgos, en Francia. Esta ruta de 160 km, popular entre excursionistas y ciclistas, pasa por Kirchzarten, Friburgo, Breisach, Colmar y Munster.

(**☎ 963 00; Hauptstrasse 81; 🕑 10.00-17.00**). En el interior hay relojes de todo tipo, desde clásicos hasta modernos.

DÓNDE COMER

Café Schäfer (**☎ 4465; www.cafe-schaefer-triberg.de; Hauptstrasse 33; 🕑 9.00-18.00 lu-vi, 8.00-18.00 sa, 11.00-18.00 do, mi cerrado**) La tarta Selva Negra de Claus Schäfer es única: la ligerísima *Kirschtorte* de esta cafetería con solera se elabora siguiendo la receta original.

CÓMO LLEGAR Y SALIR

La línea ferroviaria Schwarzwaldbahn va al sureste hasta Constanza (21,50 €, 1½ h, cada hora) y al noroeste hasta Offenburg (10,30 €, 40 min, cada hora).

El autobús nº 7150 va hacia el norte hasta llegar a Offenburg. El autobús nº 7265 sale hacia el este hasta Villingen y pasa por Sankt Georgen. Los autobuses locales comunican la Bahnhof con Marktplatz, así como con la cercana población de Schonach (cada hora).

WUTACHSCHLUCHT

El tortuoso y rápido **Wutach** (literalmente "río iracundo") talló este salvaje cañón de escarpadas paredes casi verticales. El río nace casi en la cima del Feldberg y desemboca en el Rin cerca de Waldshut, en la frontera suiza. Los observadores de la naturaleza querrán tener unos prismáticos a mano en esta **reserva natural** en la que abundan las orquídeas y los helechos gracias a su microclima, y es hábitat de aves raras como los agateadores norteños y de innumerables especies de mariposas, escarabajos y lagartos.

Para apreciar la Wutachschlucht en todo su esplendor se puede hacer una excursión de 13 km desde **Schattenmühle** hasta **Wutachmühle** (o viceversa). Si aún quedan fuerzas, merece la pena recorrer los 2,5 km de la exuberante **Lotenbach-Klamm** (la garganta de Lotenbach). La mejor época para caminar es de mayo a septiembre. Hay que llevar provisiones.

En Bonndorf, 15 km al este de Schluchsee, está la **oficina de turismo** (☎ 07703-7607; www.bonndorf.de; Martinstrasse 5; 9.00-12.00 y 14.00-18.00 lu-vi, 10.00-12.00 sa may-oct, 9.00-12.00 y 14.00-17.00 lu-vi excepto mi tarde nov-abr), que ofrece información sobre excursiones, mapas y una lista de alojamientos.

El autobús nº 7258 hace el recorrido entre Bonndorf y la estación de trenes de Neustadt (4 €, 40 min, cada hora lu-sa, cada 2 horas do). El autobús nº 7344 conecta Bonndorf con Schattenmühle y Wutachmühle (2,90 €, 27 min, cada hora o cada 2 horas, lu-vi).

LAGO CONSTANZA

CONSTANZA

Emplazada en la orilla noroeste del lago Constanza, al borde de la frontera suiza, es una maravilla natural surcada por el Rin y enmarcada por los Alpes. En el s. XV, con el Concilio de Constanza, emperadores romanos, comerciantes medievales y obispos dejaron su impronta en esta población de tejados rojos que se libró de los bombardeos de la Segunda Guerra Mundial que arrasaron otras ciudades alemanas.

Cuando sale el sol, Constanza (Konstanz) es una población universitaria agradable, muy animada y con un jovial ambiente de bares, sobre todo en el adoquinado Altstadt y en el puerto, donde gira la voluptuosa *Imperia*. En verano, los habitantes, conocidos como *Seehasen* (liebres lacustres), salen a patinar por el arbolado paseo frente al lago y a disfrutar de los días libres en los centros de deportes acuáticos.

INFORMACIÓN

Oficina de turismo (☎ 133 030; www.konstanz.de/tourismus; Bahnhofplatz 13; 9.00-18.30 lu-vi, 9.00-16.00 sa, 10.00-13.00 do y festivos abr-oct, 9.00-12.30 y 14.00-18.00 lu-vi nov-mar)

PUNTOS DE INTERÉS

En cuanto hay un rayo de sol, el arbolado **paseo frente al lago**, salpicado de

WER/IMAGEBROKER

Paseo junto al lago Constanza.

MKL/IMAGEBROKER

Meersburg, lago Constanza.

KKR/IMAGEBROKER

Puerto y Mangturm (antiguo faro) de Lindau.

SI GUSTA...

Si al viajero le gusta el **lago Constanza**, hay que aventurarse hasta **Lindau** (**www.lindau.de**), el jardín del Edén germano y la Riviera Bávara:

- En verano el paseo junto al puerto, o **Seepromenade,** tiene un aire mediterráneo, con sus palmeras, sus barcas meciéndose en el agua y sus acaudalados turistas tostándose al sol en las terrazas de los cafés.
- A la entrada del puerto, mirando a los Alpes, se halla el icono de 33 m de Lindau, el **Neuer Leuchtturm** (nuevo faro) y, por si el viajero había olvidado en qué estado estaba, se alza también una estatua del león bávaro. El **Mangturm** (antiguo faro), del s. XIII, con su techo cuadrado de azulejos, guarda el extremo norte del resguardado puerto.
- La mayor joya de Lindau es el **Altes Rathaus** (Bismarckplatz), el antiguo Ayuntamiento con su hastial escalonado del s. XV, su fantasía de frescos y querubines, y sus alegres juglares y galeones. Al lado está el barroco y rosado **Neues Rathaus,** donde un *glockenspiel* toca a diario a las 11.45.
- Leones y voluptuosas damas bailan en el trampantojo de la fachada de la barroquísima **Haus zum Cavazzen**. En su interior, el **Stadtmuseum** (**☎ 944 073; Marktplatz 6; adultos/reducida 3/1,50 €; 🕒 11.00-17.00 ma-vi y do, 14.00-17.00 sa**) muestra una bella colección de muebles, armas y cuadros.

esculturas, se llena de patinadores, ciclistas y paseantes.

Al final del espigón y dándole la bienvenida a los *ferries* desde un pedestal giratorio se alza la **Imperia** de Peter Lenk. Es una escultura de 9 m de una voluptuosa prostituta que, según se dice, hizo el agosto en los tiempos del Concilio de Constanza. En sus manos sostiene unas divertidas esculturas del papa Martín V desnudo y de Segismundo, emperador del Sacro Imperio Romano, que simbolizan el poder religioso e imperial.

Cerca de aquí, el **monumento de Zeppelin** muestra al inventor del dirigible, el conde Ferdinand von Zeppelin, en una pose digna de Ícaro. El conde nació en 1838 en **Insel**, un islote situado al norte y al que se llega con un corto paseo que pasa por el florido parque de **Stadtgarten**, donde hay un **parque infantil**.

Al norte de Insel, el **Rheinbrücke** une el Altstadt con los barrios más nuevos al otro lado del Rin. En la otra orilla se halla Seestrasse, con una hilera de bonitas **villas modernistas**.

En Münsterplatz destaca la **Münster** (**9.00-18.00 lu-sa, 10.00-18.00 do**). Esta catedral de arenisca, mezcla de estilos románico, gótico y barroco, fue la iglesia de la diócesis de Constanza hasta 1821. Cabe destacar el **Schnegg** (s. XV), una escalera de caracol muy decorada en el crucero norte. A su izquierda hay una puerta que conduce a la **cripta**, de 1000 años de antigüedad. Desde la colorida capilla que hay en esta última se entra en el sublime **claustro gótico**.

Al sur de la Münster, en Kanzleistrasse, se encuentra el renacentista **Rathaus** decorado con llamativos frescos. Dentro hay un tranquilo patio porticado.

La mejor forma de explorar el núcleo histórico de Constanza es a pie. Niederburg se extiende al norte desde la Münster hasta el Rin. Este laberinto de calles adoquinadas flanqueadas de casas con entramado de madera esconde galerías, tiendas de antigüedades y el **Kloster Zoffingen** (**Brückengasse 15**), del s. XIII. Es el único convento que queda en Constanza y sigue siendo propiedad de las monjas dominicas.

DÓNDE DORMIR Y COMER

Villa Barleben (**942 330; www.hotel-barleben.de; Seestrasse 15; i 95-215 €, d 165-265 €**) Elegante villa del s. XIX con habitaciones y pasillos luminosos sembrados de antigüedades y arte étnico. Los laberínticos jardines frente al lago son ideales para dormitar en una *Strandkörb* (tumbona de playa) o para disfrutar comiendo en la terraza.

Brauhaus Johann Albrecht (**250 45; Konradigasse 2; platos principales 8-16 €**) Bar-cervecería que combina cervezas ligeras con comida muy pesada como carne de cerdo con *Sauerkraut*. En verano ponen terraza.

CÓMO LLEGAR Y SALIR

Constanza es el principal centro de operaciones de los *ferries* del lago homónimo; la Hauptbahnhof es la estación terminal del sur del pintoresco Schwarzwaldbahn, que recorre la Selva Negra uniendo Offenburg con poblaciones como Triberg y Villingen (sale cada hora). Para llegar a la orilla norte del lago generalmente hay que hacer transbordo en Radolfzell. Desde la Schweizer Bahnhof salen trenes hacia destinos de toda Suiza.

FRIEDRICHSHAFEN

Cerca del extremo oriental del paseo marítimo de Friedrichshafen, Seestrasse, se halla el **Zeppelin Museum** (**380 10; www.zeppelin-museum.de; Seestrasse 22; adultos/reducida/familia 7,50/3/17 €; 9.00-17.00 ma-do may-oct, 10.00-17.00 ma-do nov-abr, también lu jul y ago**), que ocupa la antigua Hafenbahnhof de estilo Bauhaus, construida en 1932.

CÓMO LLEGAR Y SALIR

Ryanair vuela desde Londres-Stansted al **aeropuerto de Friedrichshafen** (**www.fly-away.de**), que tiene conexiones frecuentes con el centro mediante los autobuses nº 7586 y 7394. **InterSky** (**www.intersky.biz**) vuela principalmente a destinos de Alemania e Italia.

El horario de los *ferries* se anuncia en el muelle, a las puertas del Zeppelin Museum.

De lunes a viernes, siete veces al día, el autobús nº 7394 va a Constanza (1¼ h) pasando por Meersburg (30 min). A Birnau y

DWH/IMAGEBROKER

Barcas en el lago Constanza.

SI GUSTA...

Si al viajero le gusta el hermoso entorno del **lago Constanza,** habrá que disfrutar de las actividades acuáticas que ofrece:

- Para diversión rica en ozono hay que ponerse el bañador e ir a **Strandbad Horn** (☎ 635 50; Eichhornstrasse 100; entrada gratis; ⌚ todo el año), 4 km al noreste del centro. En la playa frente al lago hay un trecho de césped para broncearse, una piscina para niños, un parque infantil, pistas de voleibol y una zona naturista.
- Si se prefiere navegar por el lago, se puede alquilar un patín a pedales en **Bootsvermietung Konstanz** (☎ 218 81; 8 €/h; ⌚ 11.00-puesta de sol Semana Santa–med oct).
- **La Canoa** (☎ 959 595; www.lacanoa.com, en alemán; Robert-Bosch-Strasse 4; canoa/kayak 11/16 €/h, 28/39 €/día; ⌚ 10.00-18.00 lu-vi, hasta 16.00 sa) alquila canoas y kayaks de gran calidad en Constanza y otros sitios del lago, incluidos Lindau y Friedrichshafen.

Meersburg también va cada hora el autobús nº 7395.

Friedrichshafen se halla en la línea ferroviaria Lago Constanza/Bodensee-Gürtelbahn, que bordea la orilla norte del lago desde Radolfzell hasta Lindau. También hay servicios frecuentes de la línea Bodensee-Oberschwaben-Bahn, que va a Ravensburg (3,65 €, 21 min) y Ulm (17,80 €, 1¼ h).

COLONIA Y RENANIA

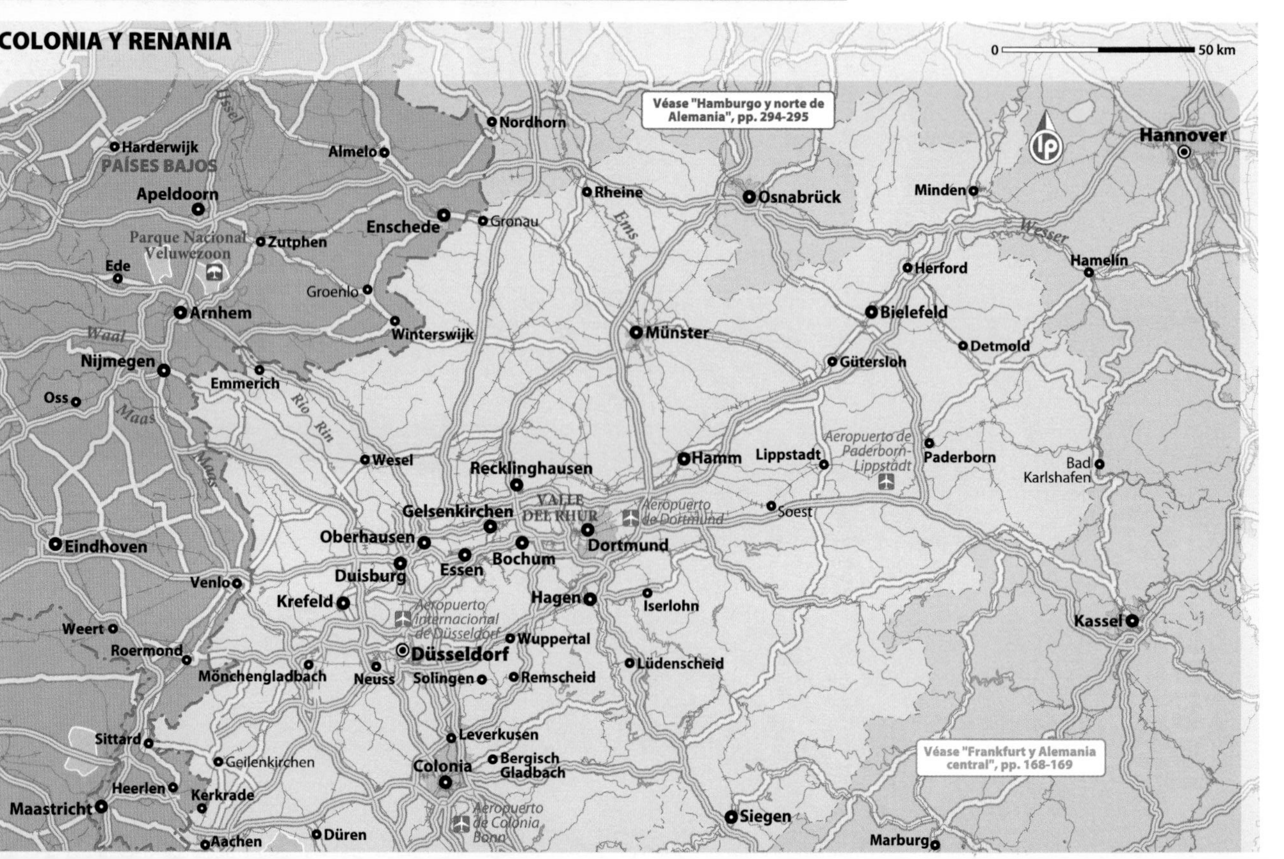
COLONIA Y RENANIA
0
50 km
Véase "Hamburgo y norte de Alemania", pp. 294-295
Véase "Frankfurt y Alemania central", pp. 168-169
Harderwijk
PAÍSES BAJOS
Almelo
Nordhorn
Hannover
Apeldoorn
Rheine
Osnabrück
Minden
IJssel
Enschede
Gronau
Ems
Wesser
Parque Nacional Veluwezoon
Zutphen
Ede
Herford
Hamelín
Groenlo
Arnhem
Bielefeld
Winterswijk
Münster
Waal
Detmold
Nijmegen
Gütersloh
Emmerich
Oss
Maas
Río Rin
Aeropuerto de Paderborn-Lippstadt
Paderborn
Wesel
Hamm
Lippstadt
Bad Karlshafen
Recklinghausen
VALLE DEL RUHR
Aeropuerto de Dortmund
Soest
Gelsenkirchen
Oberhausen
Dortmund
Eindhoven
Bochum
Duisburg
Essen
Venlo
Krefeld
Hagen
Iserlohn
Aeropuerto Internacional de Düsseldorf
Kassel
Weert
Wuppertal
Düsseldorf
Roermond
Lüdenscheid
Mönchengladbach
Neuss
Solingen
Remscheid
Leverkusen
Sittard
Geilenkirchen
Bergisch Gladbach
Colonia
Heerlen
Kerkrade
Maastricht
Aeropuerto de Colonia Bonn
Siegen
Aachen
Düren
Marburg

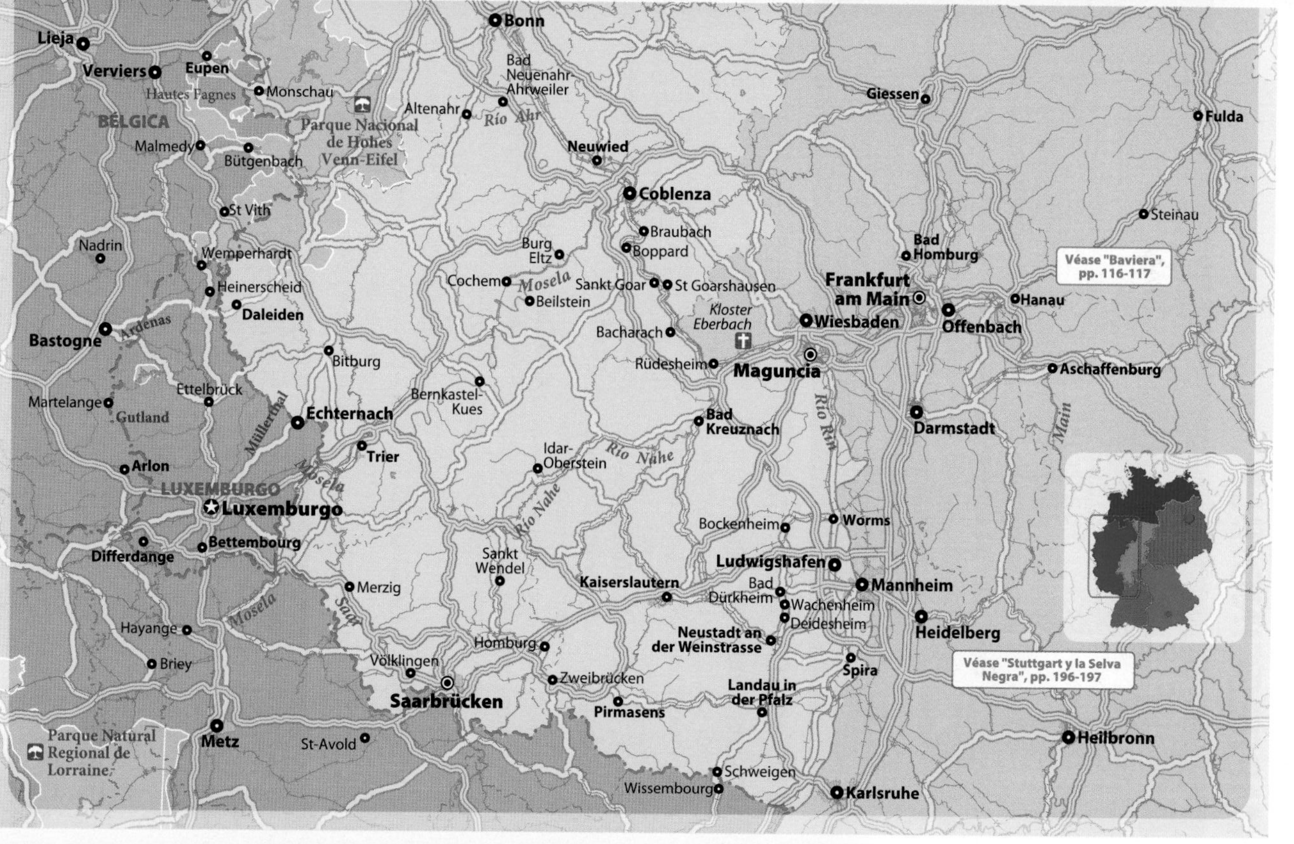

Lieja
Verviers
Eupen
Hautes Fagnes
Monschau
BÉLGICA
Malmedy
Bütgenbach
Parque Nacional de Hohes Venn-Eifel
Altenahr
Río Ahr
Bad Neuenahr-Ahrweiler
Bonn
Neuwied
Coblenza
Braubach
Boppard
Burg Eltz
Cochem
Mosela
Beilstein
Sankt Goar
St Goarshausen
Kloster Eberbach
Bacharach
Rüdesheim
St Vith
Nadrin
Wemperhardt
Heinerscheid
Daleiden
Bastogne
Ardenas
Bitburg
Ettelbrück
Martelange
Gutland
Müllerthal
Echternach
Bernkastel-Kues
Trier
Arlon
LUXEMBURGO
Luxemburgo
Bettembourg
Differdange
Merzig
Saar
Hayange
Briey
Völklingen
Saarbrücken
Parque Natural Regional de Lorraine
Metz
St-Avold
Idar-Oberstein
Río Nahe
Sankt Wendel
Homburg
Zweibrücken
Pirmasens
Kaiserslautern
Bad Kreuznach
Bockenheim
Worms
Ludwigshafen
Bad Dürkheim
Wachenheim
Deidesheim
Neustadt an der Weinstrasse
Landau in der Pfalz
Schweigen
Wissembourg
Karlsruhe
Spira
Mannheim
Heidelberg
Frankfurt am Main
Bad Homburg
Wiesbaden
Maguncia
Río Rin
Offenbach
Darmstadt
Hanau
Aschaffenburg
Main
Giessen
Fulda
Steinau
Véase "Baviera", pp. 116-117
Véase "Stuttgart y la Selva Negra", pp. 196-197
Heilbronn

IMPRESCINDIBLE

1 KÖLNER DOM

POR MATTHIAS DEML, HISTORIADOR DEL ARTE DEL TALLER DE LA CATEDRAL

La catedral de Colonia es mucho más que un icono urbano. Se erigió como la más grande de Europa central y acabó siendo la máxima expresión del estilo arquitectónico gótico con raíces en la Francia medieval. Refleja la larga historia del país mejor que cualquier otro edificio de Alemania.

↘ LO MEJOR SEGÚN MATTHIAS DEML

❶ DREIKÖNIGENSCHREIN

La catedral de Colonia es un tesoro con magníficas obras de arte de más de diez siglos, pero una de sus mayores joyas es, sin duda, el **santuario de los Reyes Magos**. Es uno de los relicarios medievales más grandes e historiados del mundo y el motivo de que Colonia se convirtiera en la tercera sede de peregrinaje más visitada de Europa tras Roma y Santiago de Compostela.

❷ VIDRIERAS DE COLORES

Otro rasgo destacado es la preciosa colección de **vidrieras**. La más antigua, de 1260, está en la capilla de los Reyes Magos, situada al fondo del coro. La más reciente, en el crucero meridional, la creó en el 2007 Gerhard Richter, uno de los mejores artistas vivos de Alemania.

❸ GEROKREUZ

Este **crucifijo de madera** es la escultura monumental más antigua que se conserva en Europa central desde la Antigüedad. Se talló a finales del s. X y muestra a Cristo en la cruz. Lo donó el arzobispo de la época, Gero. Se dice que tiene poderes milagrosos.

De izquierda a derecha, desde arriba: dos aspectos distintos de la Kölner Dom; centro de Colonia; vidrieras de colores; santuario de los Reyes Magos.

❹ VISTAS

El perfil más famoso de la catedral de Colonia es el de la fachada occidental, con sus elaborados portales y torres gemelas. Para tener la mejor vista del coro, que es la parte más antigua, hay que ir al andén 1 de la estación central de trenes. Para ver cómo encaja en la silueta urbana, se ha de ir a la orilla opuesta del Rin.

❺ EL LADO ESPIRITUAL

No hay que olvidar que la catedral de Colonia no es un monumento muerto, sino un templo activo de oración. El ambiente alcanza su clímax espiritual antes de las 9.00, cuando hay menos visitantes y la luz del sol se filtra suavemente a través de sus vidrieras de colores. Naturalmente, también se puede asistir a un servicio o a la oración diaria de las 12.00 h, o bien visitarla en verano, cuando suena el gran órgano en sus frecuentes conciertos gratuitos.

↘ LO QUE HAY QUE SABER

Unirse a un circuito guiado para aprovechar la visita al máximo. **Maravillarse** ante el arte de los objetos religiosos del tesoro de la cripta. **Quedarse** sin aliento mientras se admira el increíble paisaje urbano tras ascender los 509 escalones de la torre de la catedral. **Véase la reseña del autor en p. 238.**

IMPRESCINDIBLE

2

UN SINFÍN DE CASTILLOS

El **Rin Romántico** (p. 252), el tramo más bello de río entre Coblenza y Rüdesheim, es una tierra mágica cuyas aldeas de casas de madera conviven con castillos medievales. La naturaleza y la historia han colaborado para crear un delicioso paisaje de gran belleza y complejidad. Los destacados encantos de la región no pasaron desapercibidos a la Unesco, que la declaró Patrimonio Mundial en el 2002.

3

AFAMADAS UVAS

Algunas de las mejores cosechas de Alemania crecen junto a los valles fluviales del **Rin** (p. 252) y el **Mosela** (p. 256). Viñedos en bancales ascienden hacia el cielo en hileras simétricas y protegen las vides de vientos feroces, mientras que su suelo rico en pizarra conserva la energía solar, condiciones ideales para la noble uva Riesling. Hay que probar su vino en las acogedoras tabernas o en las antiguas fincas vinícolas.

4

↘ CASCO ANTIGUO DE DÜSSELDORF

El laberinto de calles que forma el **Altstadt** de Düsseldorf (p. 243) es conocido como el "bar más largo del mundo". Hay una miríada de bares modernos, animadas discotecas, cafés ribereños y *lounges* chic, pero, para empaparse del auténtico espíritu renano, hay que probar la *Altbier* (cerveza local) en una cervecería clásica.

5

↘ LA AQUISGRÁN DE CARLOMAGNO

Al compartir frontera con Bélgica y Holanda, **Aquisgrán** (Aachen, p. 248) rezuma un aire internacional cuyas raíces se remontan al s. VIII, cuando Carlomagno la convirtió en la capital de su vasto Imperio franco. Se puede aprender todo acerca del "padre de Europa" y de su impacto en la Ruta de Carlomagno (www.route-charlemagne.eu).

6

↘ RAÍCES ROMANAS DE TRÉVERIS

Se originó como campamento militar romano en el s. I a.C., cuando el Rin y el Mosela formaban la frontera septentrional del Imperio romano. Hoy **Tréveris** (Trier, p. 257), la ciudad más antigua de Alemania, cuenta con uno de los restos romanos mejor conservados de Europa, incluida una puerta, un anfiteatro y baños termales.

2 Rüdesheim (p. 255), en el Rin Romántico; 3 Valle del Mosela (p. 256); 4 Rheinuferpromenade (p. 243), Düsseldorf; 5 Markt, Aquisgrán (p. 248); 6 Porta Nigra (p. 257), Tréveris (Trier).

LO MEJOR

ALTURAS CELESTIALES

- **Festung Ehrenbreitstein** (p. 252) Poderoso castillo suspendido por encima del Rin y el Mosela.
- **Kölner Dom** (p. 238) Lo último en ejercicio es subir a esta torre.
- **Niederwald Denkmal** (p. 255) Unirse a Germania en la contemplación de sus dominios sobre Rüdesheim.
- **Rheinturm** (p. 244) Disfrutar del atardecer en la torre de Düsseldorf.
- **Vierseenblick** (p. 254) Vistas únicas desde las colinasen Boppard.

TABERNAS TRADICIONALES

- **Am Knipp** (p. 250) Sirve copiosos platos en Aquisgrán desde 1698.
- **Päffgen** (p. 242) Lleva más de un siglo sirviendo la cerveza *Kölsch* de Colonia.
- **Weinstube Hottum** (p. 251) Ricos vinos y especialidades de Maguncia.
- **Zum Gequetschten** (p. 248) Un remanso carnívoro en Bonn.

FANTASÍAS DE CUENTO DE HADAS

- **Bacharach** (p. 255) Vuelta al Medievo con casas de madera y vinaterías.
- **Beilstein** (p. 259) Caótica aldea apodada "Bella Durmiente del Mosela".
- **Burg Eltz** (p. 259) Belleza de torres arrullada en un denso bosque.
- **Risco de Lorelei** (p. 255) Hogar de la legendaria dama cuya hermosura atraía a los marineros a sus muertes.

CASTILLOS EN LAS COLINAS

- **Burg Rheinfels** (p. 254) La guarida del magnate desaprensivo lleno de túneles secretos.
- **Festung Ehrenbreitstein** (p. 252) Una de las mayores fortalezas de Europa.
- **Marksburgo** (p. 253) El único castillo del Rin que jamás fue destruido.
- **Reichsburgo** (p. 259) Pastiche neogótico del s. XIX.

SLU/IMAGEBROKER

Medienhafen (Puerto de los medios de comunicación; p. 244) y Rheinturm (Torre del Rin; p. 244), Düsseldorf.

LO QUE HAY QUE SABER

ESTADÍSTICAS

- **Población** 22 millones.
- **Mejor época para viajar** Mayo-octubre.
- **Puntos de entrada** Aeropuertos de Colonia, Düsseldorf, Frankfurt am Main y Frankfurt/Hahn.

ANTES DE PARTIR

- **Lo antes posible** Reservar alojamiento en Colonia, Düsseldorf o Maguncia en Carnaval, o en las aldeas vinícolas del Mosela y el Rin en verano.
- **Un mes antes** Reservar entradas para conciertos en la Tonhalle (p. 245) de Düsseldorf o en la Kölner Philharmonie (p. 242) de Colonia.

RECURSOS EN INTERNET

- **Nordrhein-Westfalen Tourismus** (www.nrw-tourismus.de) Consejo regional de turismo del estado de Renania del Norte-Westfalia.
- **Rheinland-Pfalz Tourismus** (www.rlp-info.de) Oficina regional de turismo del estado de Renania-Palatinado.
- **Valle del curso medio del Alto Rin** (www.welterbe-mittelrheintal.de) Información exhaustiva sobre el Rin Romántico, declarado Patrimonio Mundial.
- **Vinos alemanes** (www.deutscheweine.de) Información muy completa sobre las zonas de viñedos de Alemania.

CÓMO DESPLAZARSE

- **Bicicleta** Ideal para recorrer los senderos a tal fin junto a las orillas ribereñas, pero estresante en las ciudades.
- **Barcos** Unen aldeas del Rin y el Mosela de abril a octubre. El principal operador es Köln-Düsseldorfer (www.k-d.com), pero casi cada ciudad tiene compañías locales. Se puede combinar un viaje en una dirección con la vuelta en bici o tren.
- **Coches** Son un incordio en las ciudades, pero útiles, aunque no esenciales, para explorar los valles fluviales del Rin y el Mosela, si bien el tráfico puede ser un problema en verano.
- **Transporte público** Es omnipresente.
- **Trenes** Estupendos para desplazarse en casi cualquier destino de este capítulo. Se aconseja consultar www.bahn.de para ofertas como el Rheinland-Pfalz Ticket y el Nordrhein-Westfalen Ticket.

ADVERTENCIAS

- Las aldeas del Rin y el Mosela están casi desiertas de noviembre a febrero.
- Las habitaciones escasean y los precios se disparan en toda la región durante las grandes ferias comerciales de Colonia y Düsseldorf.

ITINERARIOS

TRÍO ARTÍSTICO Tres días

El "trío" en cuestión lo forman las ciudades vecinas de Düsseldorf, Colonia y Bonn, cuyos museos de nivel mundial ofrecen un buen ejemplo del arte occidental de los últimos 700 años. Los trenes regionales S-Bahn unen las tres poblaciones varias veces cada hora. En Düsseldorf hay que empezar en la **(1) K20** (p. 244) para admirar arte del s. XX de Picasso a Pollock, luego pasar a la **(2) K21** (p. 244) donde Andreas Gursky, Tony Cragg (hoy director de la prestigiosa academia de arte de la ciudad) y Nam June Paik son figuras principales. Al día siguiente, en Colonia, no hay que perderse el **(3) Wallraf-Richartz-Museum** (p. 240), cuyas paredes están agraciadas con viejos maestros como Rembrandt, destacados impresionistas como Monet y pesos pesados del Romanticismo como Caspar David Friedrich. Entretanto, en el cercano **(4) Museum Ludwig** (p. 240), el acento se pone en el arte posmoderno, sobre todo en el *pop art* americano. El tercer día se puede pasar en Bonn, donde el **(5) Kunstmuseum Bonn** (p. 246) tiene importante arte alemán de s. XX a cargo de Macke, Beuys y Kiefer. Cerca se puede ver el último grito en exposiciones, en la **(6) Kunst-und Ausstellungshalle der Bundesrepublik Deutschland** (p. 246).

PASEOS ROMÁNTICOS cinco días

Pocos ríos han captado la imaginación de artistas y viajeros como el Rin. Se entiende subiendo en teleférico a la imponente **(1) Festung Ehrenbreitstein** (p. 252) de Coblenza y admirando el estrecho valle tachonado de castillos y alfombrado de viñedos junto al poderoso arroyo. Casi todos los castillos están en ruinas, pero uno se conserva casi intacto: el de **(2) Marksburgo** (p. 253) en Braubach. Si se tiene vehículo propio, se puede tomar un desvío hasta **(3) Burg Eltz** (p. 259), que goza de una espectacular ubicación, antes de continuar al sur por el Rin hasta Sankt Goar, dominado por el laberíntico **(4) Burg Rheinfels** (p. 254), con sus túneles defensivos subterráneos. Luego se puede subir a un barco y cruzar por el mítico **(5) risco de Lorelei** (p. 255) y muchos otros castillos hasta la pintoresca población de madera de **(6) Bacharach** (p. 255). Otra visita obligada es el trayecto en funicular por encima de los viñedos hasta **(7) Niederwald Denkmal** (p. 255) para gozar de sus fabulosas vistas y de una vuelta por **(8) Kloster Eberbach** (p. 255). El viaje se puede rematar en **(9) Maguncia** (p. 256).

DIVERSIÓN PARA GASTRÓNOMOS una semana

Hay que empezar en la taberna del Altstadt de Düsseldorf **(1) Zum Uerige** (p. 245) con una copa o dos de la autóctona y ámbar *Altbier,* y luego recobrar el equilibrio cerebral con una contundente

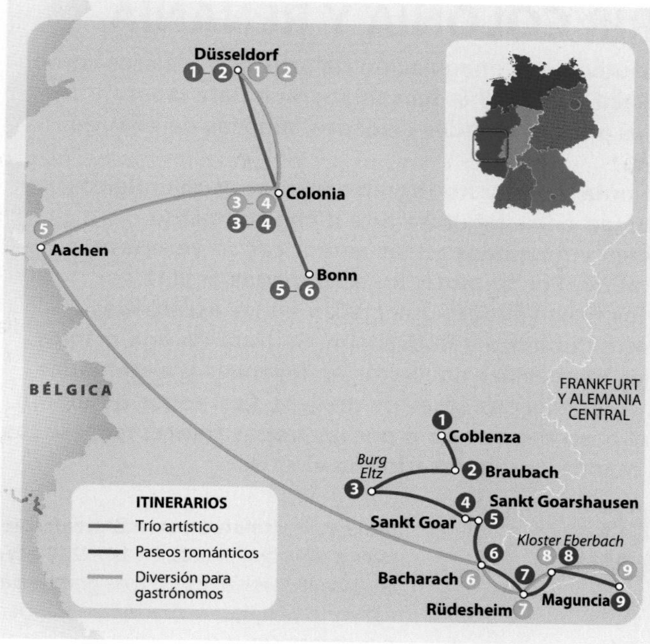

Schweinshaxe (pierna de cordero asada) en el bullicioso *gastropub* **(2) Brauerei im Füchschen** (p. 244). Al día siguiente se puede ir al sur hasta Colonia y probar su cerveza, la pálida *Kölsch* con sabor a lúpulo, en una clásica cervecería como **(3) Päffgen** (p. 242). Los golosos deben ir al divertido **(4) Schokoladen Museum** (Museo del Chocolate; p. 240) antes de seguir hacia el oeste hasta Aquisgrán, cuna de las famosas *Printen,* unas crujientes galletas con especias bañadas con chocolate o glaseadas. El antiguo café **(5) Leo van den Daele** (p. 250) es perfecto para probar dicha especialidad. Según se viaja al sur, hay que cambiar la cerveza por el vino en las románticas aldeas junto al Rin y el Mosela. Se puede ir de excursión por los viñedos y apuntarse a una cata, por ejemplo, en la hermosa **(6) Bacharach** (p. 255), brindar por Baco en **(7) Rüdesheim** (p. 255) o disfrutar del famoso Riesling de Rheingau en **(8) Kloster Eberbach** (p. 255). Se puede rematar el "gastrocircuito" en Maguncia, donde habrá que probar la clásica especialidad palatina llamada *Saumagen* (sí, estómago de oveja relleno; sabe mucho mejor de lo que suena) en un acogedor restaurante como **(9) Weinstube Hottum** (p. 251). Con la salvedad de Kloster Eberbach, todas las ciudades de este itinerario están bien surtidas de trenes.

DESCUBRIR COLONIA Y RENANIA

Pocos ríos han cautivado la imaginación de artistas y viajeros como el Rin. La naturaleza y la historia han colaborado para crear deliciosos paisajes junto a grandes ciudades, muchas de ellas de época romana.

Düsseldorf, Colonia, Bonn y Aquisgrán son centros neurálgicos donde los días pasan entre fabuloso arte e impresionante arquitectura, o bien empapados en las auténticas cervecerías y terrazas junto al río. Por su parte, los aficionados al vino se enamorarán de los ricos *vintages* que crecen en las escarpadas orillas del Rin entre Coblenza y Rüdesheim. Se trata de una mágica tierra con castillos medievales envueltos en leyendas y aletargadas aldeas vinícolas con delicadas casas de madera. Casi todos quedaron arruinados por el paso del tiempo o por las tropas francesas, pero los reyes prusianos mandaron restaurarlos en el s. XIX.

CIUDADES DE RENANIA

COLONIA

☎ 0221 / población: 995 500

Tiene una antigua muralla romana, un sinfín de iglesias medievales, insulsos edificios de posguerra, edificios vanguardistas y un barrio posmoderno nuevo junto al mismo Rin. Colonia (Köln) ofrece a los visitantes una gran cantidad de atracciones, encabezadas por su famosa catedral, cuyas agujas gemelas con filigrana dominan la silueta del Altstadt. El paisaje museístico de Colonia está muy fuerte en arte pero también brinda sorpresas a los aficionados al chocolate, los deportes y la historia.

INFORMACIÓN

Oficina de turismo (plano p. 239; ☎ 2213 0400; www.koelntourismus.de; Kardinal-Höffner-Platz 1; ⌚ 9.00-20.00 lu-sa, 10.00-17.00 do)

PUNTOS DE INTERÉS

KÖLNER DOM (CATEDRAL DE COLONIA)

El corazón geográfico y espiritual de Colonia –y su mayor atracción turística– es la magnífica **Kölner Dom** (catedral de Colonia; plano p. 239; ☎ 1794 0200; ⌚ 6.00-22.00 may-oct, hasta 19.30 nov-abr). Es la más grande de Alemania y hay que rodearla para apreciar por entero sus dimensiones. Sus historiados chapiteles y arbotantes crean una sensación de ligereza y fragilidad pese a su masa y altura. La suave luz se filtra por las relucientes **vidrieras de colores,** incluida la nueva y espectacular de Gerhard Richter en el crucero, un calidoscopio de 11 500 cuadrados en 72 colores.

Entre sus numerosos tesoros, la *pièce de résistance* es el **santuario de los Reyes Magos,** situado tras el altar mayor, un sarcófago dorado y ornamentado con joyas que se dice alberga los restos de los tres reyes que siguieron la estrella hasta el establo de Belén, donde nació Jesús. Otros elementos destacados son el **crucifijo de Gero** (970), notable por su monumental tamaño y por la intensidad emocional que rara vez se aprecia en estas obras de principios de la Edad Media; las **sillas del coro** de 1310, de rica talla en roble, y el **cuadro del altar** del artista local Stephan Lochner, de 1450 aproximadamente.

Se pueden subir los 509 escalones de la **torre sur** (**adultos/reducida 2,50/1,50 €; ⌚ 9.00-18.00 may-sep, hasta 17.00 mar-abr y oct, hasta 16.00 nov-feb**) hasta la base del chapitel, el más alto de Europa hasta que fue superado por la torre Eiffel parisina.

RÖMISCH-GERMANISCHES MUSEUM

Nadie mínimamente interesado en historia romana puede perderse el extraordinario **Römisch-Germanisches Museum** (**Museo Romano-Germano; plano en esta página; ☎ 2212 4438; Roncalliplatz 4; adultos/reducida 8/**

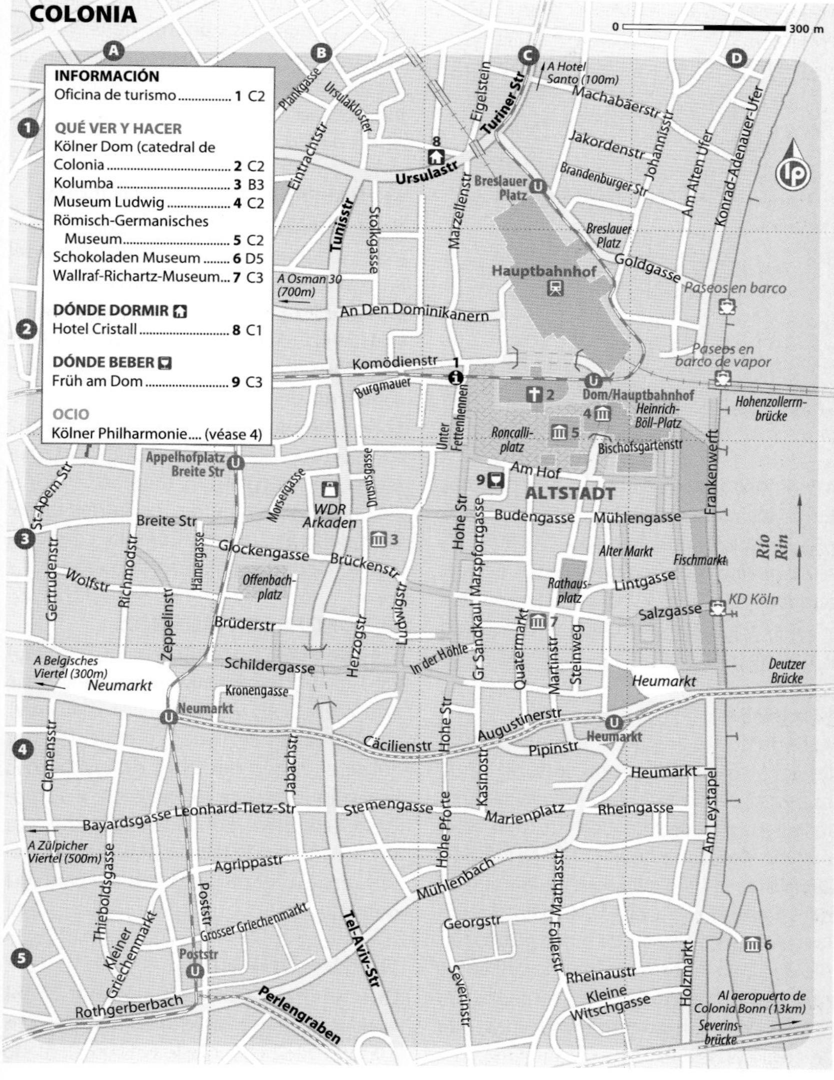

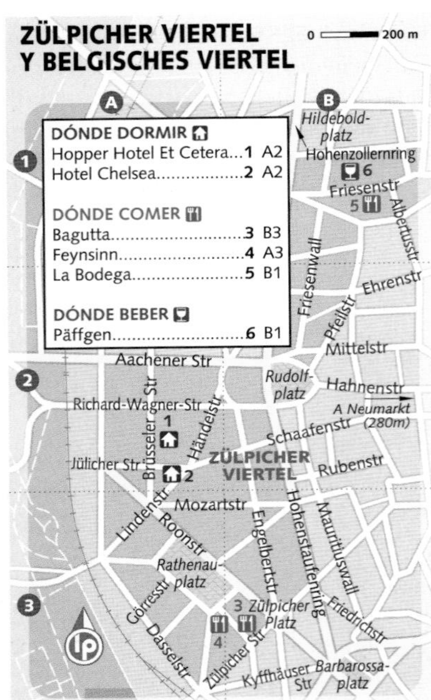

4 €; 10.00-17.00 ma-do), junto a la catedral. Entre sus piezas más notables se halla la gigante **tumba de Poblicio** (30–40 d.C.), el magnífico **mosaico de Dioniso** del s. III, alrededor del cual se construyó el museo, y varias piezas de cristal que se conservan a la perfección.

KOLUMBA

Arte, historia, arquitectura y espiritualidad forman un armonioso tapiz en la nueva sede de la colección de tesoros religiosos de la archidiócesis de Colonia. El edificio **Kolumba** (**plano p. 239; ☎ 933 1930; Kolumbastrasse 4; adultos/menores de 18 años/reducida 5 €/gratis/3 €; 12.00-17.00 mi-lu**) alberga las ruinas de la iglesia de estilo gótico tardío de Sankt Kolumba, capas de cimientos que se remontan a tiempos romanos y la capilla de la Virgen entre las ruinas, que se erigió en 1950.

MUSEO LUDWIG

Su inconfundible fachada y poco ortodoxo tejado indican que el **Museum Ludwig** (**plano p. 239; ☎ 2212 6165; Heinrich-Böll-Platz; adultos/reducida/familias 9/6/18 €, audioguía 3 €; 10.00-18.00 ma-do**) no es un museo ordinario. Se considera la meca del arte posmoderno y tiene una colección de los principales géneros del s. XX. Hay mucho *por art* estadounidense, incluidas las *Brillo Boxes* de Andy Warhol, una extensa colección de Picasso y muchas obras de Sigmar Polke.

EL WALLRAF-RICHARTZ-MUSEUM Y LA FUNDACIÓN CORBOUD

Con su famosa colección de cuadros del s. XIII al XIX, el **Wallraf-Richartz-Museum** (**plano p. 239; ☎ 2212 1119; Obenmarspforten; entrada 6-9 €; 10.00-18.00 ma, mi y vi, 10.00-22.00 ju, 11.00-18.00 sa y do**) ocupa un cubo posmoderno diseñado por el desaparecido O. M. Ungers. Sus obras se presentan de forma cronológica. Las más antiguas ocupan la primera planta, y entre sus cuadros destacados se cuentan brillantes ejemplos de la Escuela de Colonia, conocida por su inconfundible uso del color.

SCHOKOLADEN MUSEUM

El **Museo del Chocolate** (**plano p. 239; ☎ 931 8880; Am Schokoladenmuseum 1a; adultos/reducida/familias 7,50/7/21 €; 10.00-18.00 ma-vi, 11.00-19.00 sa y do**) muestra exposiciones sobre el origen del "elixir de los dioses", como lo llamaban los aztecas, y el proceso de cultivo del cacao seguidas por un circuito por la fábrica actual y una parada en una fuente de chocolate para una degustación.

DÓNDE DORMIR

Hotel Chelsea (**plano en esta página; ☎ 207 150; www.hotel-chelsea.de; Jülicher Strasse 1; i 61-122 €, d 90-235 €; P**) En este autoproclamado "hotel different", los cuadros originales de artistas internacionales adornan sus zonas comunitarias y 38 habitaciones y suites.

Hotel Cristall (**plano p. 239; ☎ 163 00; www.hotelcristall.de; Ursulaplatz 9-11; i 72-184 €, d 90-235 €; P ⊠ ❄ Wi-Fi**) Este elegante hotel-*boutique* hace un excelente uso del color, mobiliario personalizado e intensidad de la luz. Las habitaciones no son muy espaciosas; se aconseja escoger una alejada de la bulliciosa calle.

Hotel Santo (**fuera del plano p. 239; ☎ 913 9770; www.hotelsanto.de; Dagobertstrasse 22-26; i 95-140 €, d 120-160 €; U Ebertplatz; P ⊠ Wi-Fi**) Pese a su anodina ubicación cerca de la Hauptbahnhof (estación central de trenes), este hotel-*boutique* de 69 habitaciones es una isla de atrevida sofisticación. Tiene un aire moderno y urbano moderado por efectos de luz, colores suaves y materiales naturales.

Hopper Hotel Et Cetera (**plano p. 240; ☎ 924 400; www.hopper.de; Brüsseler Strasse 26; i 80-270 €, d 120-295 €; P ⊠ 💻**) Un monje de cera da la bienvenida a este antiguo monasterio, cuyas 49 habitaciones tienen suelos de eucalipto, mobiliario de cerezo y baños de mármol.

DÓNDE COMER

La Bodega (**plano p. 240; ☎ 257 3610; Friesenstrasse 51; tapas 2,20-5,70 €; 🕑 17.00-1.00 do-ju, hasta 3.00 vi y sa**) Frecuentada cantina que siempre está de fiesta. Tiene una acogedora bodega de techo abovedado y un romántico patio. Se puede engullir jamón, pimientos rellenos, queso de cabra con frutos secos y demás tapas auténticas, o ir a por todas y pedir una paella en toda regla.

Feynsinn (**plano p. 240; ☎ 240 9210; Rathenauplatz 7; almuerzo 7,50 €, platos principales cena 10-17 €; 🕑 10.00-1.00**) Lo que antaño fue un café famoso por su excéntrica lámpara de araña se ha convertido en un respetable restaurante que sirve sabrosos platos con ingredientes orgánicos. Los dueños han empezado a criar cerdos y ganado.

Bagutta (**plano p. 240; ☎ 212 694; Heinsbergstrasse 20a; platos principales alrededor de 20 €, menú de 3/4/5 platos 32/37/42 €; 🕑 18.00-23.00 mi-lu**) Fieles lugareños mantienen en

DAVID PEEVERS

Wallraf-Richartz-Museum, Colonia.

ALFREDO MAIQUEZ

Kölner Dom (p. 238), Colonia.

plena ebullición a este delicioso sitio. Se ha de descartar el menú y pedir al chef Stefan Bierl que confeccione un "menú sorpresa".

Osman 30 (**fuera del plano p. 239; ☎ 5005 2080; Im Mediapark 8; menú de 3 platos 44 €; 🕒 18.00-1.00 lu-ju, 18.00-3.00 vi y sa, 11.00-19.00 do; Ⓢ Christoph-Strasse/Mediapark**) El entorno de este restaurante, ubicado en la 30ª planta de la KölnTurm, es espectacular, y su comida mediterránea está a la altura de las vistas.

DÓNDE BEBER

La cerveza es la reina suprema de Colonia, donde más de 20 cervecerías elaboran la variedad local *Kölsch,* que se sirve en los largos vasos *Stangen.* A fin de no perder la cabeza, se puede escoger entre una selección de contundentes platos renanos para acompañarla.

Früh am Dom (**plano p. 239; ☎ 261 30; Am Hof 12-14**) Esta cervecería es como una madriguera. Está cerca de la catedral, encarna la sensatez de Colonia y es famosa por sus copiosos desayunos (entre 4 y 13 €, platos principales de 4 a 20 €).

Päffgen (**plano p. 240; ☎ 135 461; Friesenstrasse 64-66; 🕒 10.00-24.00**) Este local lleno, ruidoso y bullicioso lleva sirviendo *Kölsch* desde 1883. También hay comida (platos principales de 6,50 a 17 €).

OCIO

Kölner Philharmonie (**plano p. 239; ☎ 280 280; www.koelner-philharmonie.de; Bischofsgartenstrasse 1**) La famosa Kölner Philharmoniker es la "banda de la casa" de esta regia y moderna sala de conciertos bajo el Museum Ludwig.

CÓMO LLEGAR Y SALIR

Unos 18 km al sureste del centro, el **aeropuerto de Köln Bonn** (**aeropuerto de Colonia Bonn; fuera del plano p. 239; ☎ 02203-404 001; www.airport-cgn.de**) tiene vuelos directos a 130 ciudades y en él operan 50 líneas aéreas, incluidas compañías de bajo coste como Germanwings, Air Berlin e easyJet. El tren S13 conecta el aeropuerto con la Hauptbahnhof cada 20 minutos (2,40 €, 15 min). Los taxis cuestan unos 25 € aproximadamente.

Las líneas de U-Bahn U16 y U18 y los trenes regionales (6,50 €, 30 min) ofrecen servicios entre Colonia y Bonn varias veces cada hora.

DÜSSELDORF

☎ 0211 / 585 000 hab.

Düsseldorf deslumbra por su extrema arquitectura, entusiasta vida nocturna y escenario artístico, que rivaliza con el de muchas grandes ciudades. Es una elegante y moderna metrópolis que a primera vista parece encorsetada en el mundo de los negocios. Sin embargo, bastan unas horas de bar en bar por su Altstadt (casco antiguo), el barrio histórico junto al Rin, para cambiar de opinión. Tal vez el Altstadt sea el "bar más largo del mundo", pero ha entrado en competición con Medienhafen, remodelada zona portuaria con arquitectura vanguardista internacional.

INFORMACIÓN

Oficina de turismo del Altstadt (☎ 1720 2840; Marktstrasse esq. Rheinstrasse; ⌚ 10.00-18.00)

Oficina de turismo de la Hauptbahnhof (☎ 1720 2844; Immermannstrasse 65b; ⌚ 9.30-18.30 lu-sa)

PUNTOS DE INTERÉS

ALTSTADT

El Altstadt, una red de calles en su mayor parte peatonales que se entrelazan hasta el Rin, es merecidamente famoso por su frenética vida nocturna. También rebosa de rincones bonitos y tranquilos, unos cuantos museos y puntos de interés histórico, y buenas compras. Burgplatz señala el principio del **Rheinuferpromenade**

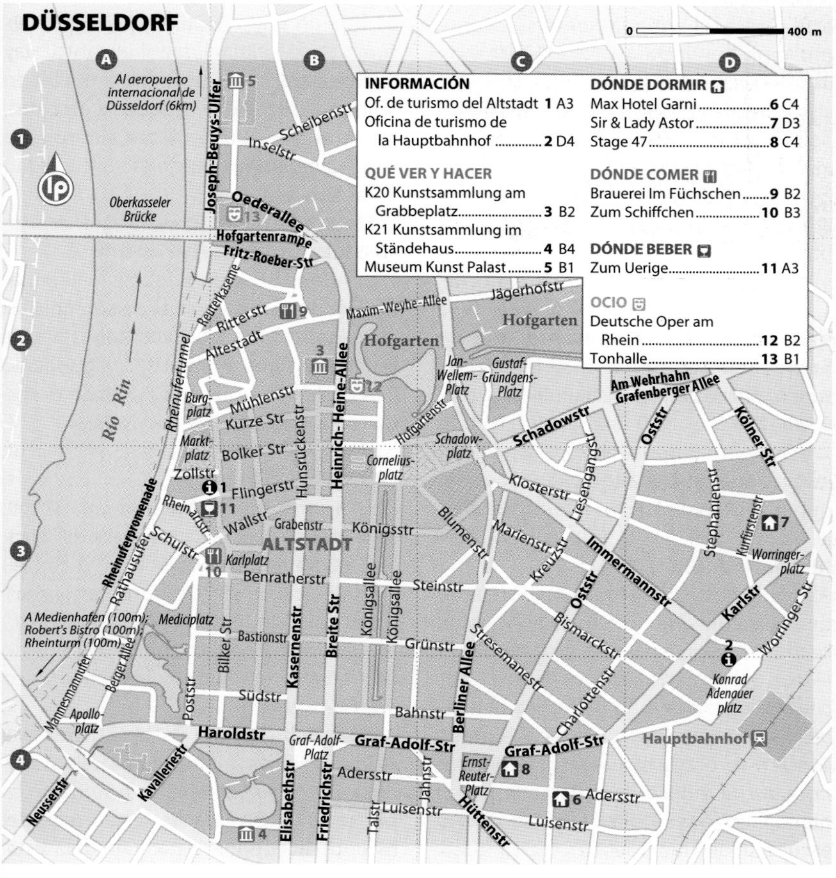

(paseo ribereño), cuyas cafeterías y bancos se llenan de gente con el buen tiempo, lo que le da un aire casi mediterráneo. Sigue al Rin en su camino al Rheinpark y la **Rheinturm** (torre del Rin; Stromstrasse 20; ascensor adultos/niños 3,50/1,90 €), con 240 m de altura, un mirador y restaurante giratorio a 172 m.

MUSEOS DE ARTE

Una colección que abarca la visión artística del s. XX al completo confiere a la **K20 Kunstsammlung am Grabbeplatz** (☎ 838 1130; www.kunst sammlung.de; Grabbeplatz 5) un envidiable puesto en el mundo del arte. Cerca, el antiguamente sofocante **museum kunst palast** (☎ 899 0200; www.museum-kunst-palast.de; Ehrenhof 5; adultos/reducida/familias 8/6,50/18 €; 11.00-18.00 ma-do) adopta hoy un enfoque poco convencional para presentar su prestigiosa colección. Viejos maestros se contraponen a jóvenes artistas contemporáneos y a obras no occidentales.

Un regio edificio del parlamento del s. XIX forma la incongruente sede de la modernísima **K21 Kunstsammlung im Ständehaus** (☎ 838 1630; Ständehausstrasse 1; www.kunstsammlung.de; adultos/reducida/familias 6,50/4,50/15 €; 10.00-18.00 ma-vi, 11.00-18.00 sa y do), rebosante de lienzos, fotografías, instalaciones y videoarte creados tras 1980 por un elenco de artistas internacionales.

MEDIENHAFEN

Al sur del Altstadt, el Medienhafen (Puerto de los medios de comunicación) es un barrio de oficinas forjado a partir de los restos del antiguo puerto. Pese a unos cuantos restaurantes modernos y tiendas de diseño, aún tiene poca vida, aunque destaca su osada arquitectura contemporánea. El edificio más llamativo es el combado **Neuer Zollhof,** típico diseño escultural de Frank Gehry.

DÓNDE DORMIR

Max Hotel Garni (☎ 386 800; www.maxhotelgarni.de; Adersstrasse 65; i/d/tr 70/82/99 €;) Este bonito hotel es uno de los favoritos de los autores de esta guía. Tiene 11 estancias de buen tamaño decoradas en tonos claros y madera cálida. La recepción no siempre está atendida, por lo que hay que llamar para acordar una hora de llegada.

Sir & Lady Astor (☎ 173 370; www.sir-astor.de; Kurfürstenstrasse 18 y 23; i 83-170 €, d 95-240 €;) Si se pasa por alto su anodina ubicación en una calle residencial cerca de la Hauptbahnhof se verá un hotel-*boutique* único que rezuma clase, originalidad y encanto. Hay que registrarse en Sir Astor, amueblado con un estilo entre escocés y africano, mientras que el Lady Astor, al otro lado de la calle, tiende más a la suntuosidad floral francesa.

Stage 47 (☎ 388 030; www.stage47.de; Graf-Adolf-Strasse 47; i/d desde 160/180 €;) Tras su gris exterior, el *glamour* cinematográfico se cruza con el diseño chic en este hotel-*boutique* urbano. Las estancias llevan nombres de famosos, algunos de los cuales se han alojado en este entorno de tonos negros, blancos y grises.

DÓNDE COMER

Brauerei im Füchschen (☎ 137 470; www.fuechschen.de; Ratinger Strasse 28; aperitivos 3 €, platos principales 5-14 €; 9.00-1.00) Es bullicioso, está siempre lleno y rezuma colorido local. El "Pequeño zorro", en el Altstadt, es lo que se espera de una cervecería renana, y elabora un rico *Schweinshaxe.*

Zum Schiffchen (☎ 132 421; www.brauerei-zum-schiffchen.de; Hafenstrasse 5; platos principales 7-19 €; 11.30-24.00) La historia brota por cada rincón de este restaurante del Altstadt, acogedor hasta la médula y especializado en copiosa comida alemana y renana.

Robert's Bistro (☎ 304 821; Wupperstrasse 2; platos principales 10-22 €; ⌚ 11.30-24.00 ma-vi, 10.00-24.00 sa) Las mesas están muy juntas en este restaurante *très* francés de Medienhafen. Hay que venir con apetito de grandes platos galos (se recomienda la sopa de pescado) y paciencia, pues no acepta reservas y siempre hay cola.

DÓNDE BEBER

La bebida por excelencia es la *Altbier*, una cerveza oscura y semidulce típica de Düsseldorf.

Zum Uerige (☎ 866 990; Berger Strasse 1; ⌚ 10.00-24.00) Esta cavernosa cervecería es el mejor sitio para beberla. Fluye tan deprisa de las cubas gigantes de cobre que los camareros –o *Köbes*– llevan enormes bandejas cargadas todo el tiempo y sirven el vaso si lo ven vacío.

OCIO

El repertorio de Mozart a Monteverdi es el pan de cada día de la célebre Ópera de Düsseldorf, la **Deutsche Oper am Rhein** (☎ 892 5211; www.rheinoper.de; Heinrich-Heine-Allee 16a; entradas 15-68 €), mientras que la imponente **Tonhalle** (☎ 899 6123; www.tonhalle-duesseldorf.de; Ehrenhof 1; entrada variable), con su cúpula, se halla en un planetario remodelado de la década de 1920 y es la sede de la Düsseldorfer Symphoniker (Orquesta Sinfónica de Düsseldorf).

CÓMO LLEGAR Y SALIR

Muchas compañías nacionales e internacionales operan en el **aeropuerto internacional de Düsseldorf** (☎ 4210; www.duesseldorf-international.de). S-Bahns, trenes regionales RE y trenes de larga distancia lo conectan con la Hauptbahnhof, y con otras ciudades, cada pocos minutos. Un taxi al centro cuesta 16 € aproximadamente.

BONN

☎ 0228 / 311 000 hab.

Cuando esta simpática y serena ciudad del Rin se convirtió en la capital "provisional" de Alemania Occidental en 1949 muchos se quedaron atónitos, incluidos sus habi-

WER/IMAGEBROKER

Pubs en el Rheinuferpromenade, Düsseldorf.

tantes. Y cuando en 1991 el Gobierno alemán unificado decidió trasladar la capital a Berlín, escandalizó a muchos, sobre todo a sus habitantes. La cuna de Beethoven tiene mucho que ofrecer, entre otras cosas, la casa donde nació el compositor, prestigiosos museos, un delicioso entorno ribereño y el aire nostálgico del antiguo barrio gubernamental.

INFORMACIÓN

Oficina de turismo (**☎ 775 000; www.bonn.de; Windeckstrasse 1; 🕒 9.00-18.30 lu-vi, 9.00-16.00 sa, 10.00-14.00 do) Para informarse antes de partir, visítese www.bonn-region.de.**

PUNTOS DE INTERÉS

ALTSTADT

Un buen sitio donde empezar a explorar el centro histórico es la Münsterplatz, donde la icónica **Münster Basilica** (**☎ 985 880; www.bonner-muenster.de; entrada gratis; 🕒 7.00-19.00**) se construyó sobre las tumbas de los dos soldados mártires romanos que después serían nombrados patrones de la ciudad. Adoptó su estilo gótico a finales del s. XIII, pero conserva muy bien sus orígenes románicos en el antiguo claustro (abierto hasta las 17.00). En la plaza a sus puertas, un palacio barroco amarillo (Palais; hoy sede de la oficina de correos) brinda el fotogénico fondo del **monumento a Beethoven** (1845).

El célebre compositor vio la luz por vez primera en 1770 en la **Beethoven Haus** (**casa de Beethoven; ☎ 981 7525; www.beethoven-haus-bonn.de; Bonngasse 20; adultos/reducida/familias 4/3/10 €; 🕒 10.00-18.00 lu-sa, 11.00-18.00 do abr-oct, hasta 17.00 nov-mar**). Hoy es el hogar de una colección de cartas, partituras, instrumentos y cuadros. La entrada para visitarla sirve para profundizar sobre el músico en un archivo digital y para la contigua **Digitales Beethoven-Haus,** donde se apreciará el genio del compositor durante un psicodélico espectáculo multimedia interactivo en tres dimensiones.

MUSEUMSMEILE

La **Museumsmeile** de Bonn, uno de los mejores conjuntos museísticos del país, se alza frente al barrio del Gobierno, en la cara occidental de la B9. La **Haus der Geschichte der Bundesrepublik Deutschland** (**Foro de Historia Alemana Contemporánea; ☎ 916 50; www.hdg.de; Willy-Brandt-Allee 14; entrada gratis; 🕒 9.000-19.00 ma-do**) nos ofrece una visita inteligente y emotiva por la historia reciente alemana que arranca al finalizar la Segunda Guerra Mundial.

Pasado su deslumbrante vestíbulo, el **Kunstmuseum Bonn** (**☎ 776 260; www.kunstmuseum-bonn.de; Friedrich-Ebert-Allee 2; adultos/reducida/familias 5/2,50/10 €; 🕒 11.00-18.00 ma, ju-do, hasta 21.00 mi**) alberga obras del s. XX, sobre todo de August Macke y de otros expresionistas renanos, y de vanguardistas como Beuys, Baselitz y Kiefer.

Al lado, la **Kunst- und Ausstellungshalle der Bundesrepublik Deutschland** (**Sala de Arte y Exposiciones de la República Federal de Alemania; ☎ 917 1200; www.bundeskunsthalle.de; Friedrich-Ebert-Allee 4; adultos/reducida/familias exposiciones 8/5/14 €, todas las exposiciones 14/9/24,50 €; 🕒 10.00-21.00 ma y mi, hasta 19.00 ju-do**) es otro sitio increíble que acoge exposiciones del mundo entero.

DÓNDE DORMIR

Hotel Pastis (**☎ 969 4270; www.hotel-pastis.de; Hatschiergasse 8; i/d 60/95 €**) Pequeño hotel y restaurante francés. Tras una cena de cocina *gourmet* acompañada de excelentes vinos, el viajero dormirá como un niño en sus cómodas estancias.

Domicil (**☎ 729 090; www.domicil-bonn.bestwestern.de; Thomas-Mann-Strasse 24/26; i/d desde 85/120 €; P ⊠ wifi**) Hotel con clase distribuido en varios edificios alrededor de un patio. Para algo especial, hay que reservar

KNÖLL KNÖLL/PHOTOLIBRARY

Kaiserdom de Speyer.

SI GUSTA…

Si el viajero se quedó atónito ante la magnificencia de las **catedrales** de **Aquisgrán** (p. 248), **Colonia** (p. 238) y **Maguncia** (p. 250), los autores de esta guía creen que también debería ver los siguientes templos de oración:

- **Worms** Unos 45 km al sur de Maguncia, su silueta está dominada por la catedral de San Pedro y San Pablo, de estilo románico tardío. En su interior, sus dimensiones colosales impresionan tanto como el suntuoso altar mayor con palio (1742) del maestro barroco Balthasar Neumann.
- **Speyer** En el 1030 el emperador Conrado II puso la piedra angular de la románica Romanesque Kaiserdom (catedral Imperial) de Speyer, cuyas torres rojas y cuadradas y cúpula verde de cobre flotan por encima de los tejados de la ciudad. Ocho emperadores y reyes yacen enterrados en la oscura aunque festiva cripta con arcos a rayas que recuerdan a la arquitectura morisca. Está unos 45 km al sur de Worms.
- **Münster** A la enorme catedral de San Pablo, adornada con sendas torres gemelas, se entra por un pórtico ricamente ornamentado con esculturas de los apóstoles. Hay que presentar los respetos a san Cristóbal, patrón de los viajeros, y maravillarse ante el reloj astronómico del s. XVI. Münster queda aproximadamente 120 km al norte de Düsseldorf.
- **Soest** Unos 100 km al noreste de Düsseldorf, Soest es una tranquila ciudad de casas de madera y un conjunto de iglesias medievales llenas de tesoros. Hay que visitar la exquisita Sankt Maria zur Wiese, de estilo gótico tardío, con sus historiados chapiteles gemelos neogóticos y vibrantes vidrieras de colores; Sankt Maria zur Höhe, conocida por los bellos frescos de su techo, y la Petrikirche, de origen románico, coro gótico y cúpula barroca en forma de cebolla.
- **Paderborn** Entre las joyas de la imponente Dom (catedral) de Paderborn, situada unos 50 km al este de Soest, se cuentan un delicado altar mayor y el cautivador trampantojo *Dreihasenfenster* (ventana de las tres liebres), con una tracería que representa a tres liebres, creada de forma tan ingeniosa que cada una tiene dos orejas aunque solo hay tres orejas en total.

las habitaciones *deluxe,* más grandes, y algunas con románticos techos de estuco o terraza de cara al patio.

DÓNDE COMER Y BEBER

Brauhaus Bönnsch (☎ 650610; Sterntorbrücke 4; platos principales 7-15 €; ⌚ 11.00-1.00) La cerveza sin filtrar es degustación obligada en esta agradable cervecería decorada con fotos de políticos famosos. Dominan el menú el *schnitzel,* las costillas, las salchichas y la *Flammkuchen* (*pizza* alsaciana).

Zum Gequetschten (☎ 638 104; Sternstrasse 78; platos principales 8-17 €; ⌚ 12.00-24.00) Clásico *pub* restaurante adornado con llamativos azulejos azules. Es una de las tabernas con más historia de la ciudad. Los platos básicos alemanes, todos deliciosos, se sirven en enormes raciones.

CÓMO LLEGAR Y SALIR

El **aeropuerto de Köln Bonn** (aeropuerto de Colonia Bonn; ☎ 02203-404 001; www.airport-cgn.de) tiene vuelos dentro de Alemania, a Europa y destinos más lejanos, y en él operan 50 líneas aéreas, incluidas Germanwings, easyJet y Air Berlin. El autobús exprés SB60 hace el viaje entre el aeropuerto y la Hauptbahnhof cada 20 ó 30 minutos entre las 4.45 y las 0.30 (6,50 €, 26 min). Un taxi a/desde el aeropuerto sale por entre 35 y 40 €.

Las líneas de U-Bahn U16 y U18 y los trenes regionales (6,50 €, 30 min) unen Bonn con Colonia varias veces cada hora.

AQUISGRÁN (AACHEN)

☎ 0241 / 246 000 hab.

Los romanos se curaban en las vaporosas aguas de las fuentes minerales de Aquisgrán (Aachen), pero fue Carlomagno quien la colocó en el mapa europeo. Su legado sigue vivo en la catedral, que en 1978 se convirtió en el primer sitio del país declarado Patrimonio Mundial.

INFORMACIÓN

Oficina de turismo (☎ 180 2960/1; www.aachen-tourist.de; Elisenbrunnen, Friedrich-Wilhelm-Platz; ⌚ 9.00-18.00 lu-vi, 9.00-14.00 sa, también 10.00-14.00 do Semana Santa-dic)

PUNTOS DE INTERÉS

DOMSCHATZKAMMER

El **tesoro de la catedral** (☎ 4770 9127; Klostergasse; adultos/reducida 4/3 €; ⌚ 10.00-13.00 lu, 10.00-17.00 ma-do ene-mar, 10.00-13.00 lu, 10.00-18.00 ma, mi, vi-do, 10.00-21.00 ju abr-dic) es una auténtica veta de riquezas de oro, plata y joyas. Se llevan la palma la **Lotharkreuz,** una cruz procesional del s. X, y el **sarcófago de mármol** que guardó los huesos de Carlomagno hasta su canonización.

RATHAUS

La catedral mira al **Rathaus** (☎ 432 7310; Markt; adultos/niños/reducida 2 €/gratis/1 €; ⌚ 10.00-13.00 y 14.00-17.00), espléndido edificio gótico adornado con 50 estatuas a tamaño natural de gobernantes alemanes, incluidos los 30 reyes coronados en la ciudad. En su interior, las estrellas son la **Kaisersaal,** con sus épicos **frescos** de Alfred Rethel del s. XIX, y las réplicas de la **insignia imperial**: la corona, el orbe y la espada (los originales están en Viena).

MUSEOS DE ARTE

De los dos museos de arte de Aquisgrán, el **Suermondt Ludwig Museum** (☎ 479 800; www.suermondt-ludwig-museum.de; Wilhelmstrasse 18; adultos/reducida 5/2,50 €; ⌚ 12.00-18.00 ma, ju y vi, 12.00-20.00 mi, 10.00-18.00 sa y do) está especialmente orgulloso de su escultura medieval pero también tiene grandes obras de Cranach, Durero, Macke, Dix y otros maestros.

Sito en una antigua fábrica de paraguas, el **Ludwig Forum für Internationale Kunst** (Foro Ludwig de Arte Internacional; ☎ 180

KFS/IMAGEBROKER

Interior de la catedral de Aquisgrán.

LA CATEDRAL DE AQUISGRÁN

Es imposible sobrestimar la importancia de esta magnífica catedral. Su sección más antigua e impresionante es la capilla palaciega de Carlomagno, la **Pfalzkapelle,** excelso ejemplo de arquitectura carolingia. Se acabó en el 800, año de la coronación del emperador, y es una cúpula octogonal rodeada por un ambulatorio de 16 lados apoyado en antiguas columnas italianas. Para acomodar la avalancha de fieles, en 1414 se acopló un **coro** gótico a la capilla y se llenó de tesoros de incalculable valor, como el **pala d'oro,** la parte frontal del altar chapada en oro que representa la pasión de Cristo, y el **púlpito** de cobre dorado con joyas incrustadas, ambos del s. XI. Al fondo está el dorado **templo de Carlomagno,** que guarda los restos del emperador desde 1215. Enfrente, el igual de fastuoso **templo de Santa María,** con las soberbias cuatro reliquias de la catedral.

A menos que el viajero se una a un circuito guiado (adultos/reducida 3/2,50 €, 45 min), solo se podrá vislumbrar el **trono imperial** de mármol blanco de Carlomagno en la galería superior. Se llega tras subir seis escalones –como al trono de Salomón– y fue el trono de coronación de 30 reyes alemanes entre 936 y 1531. El circuito de las 14.00 es en inglés.

Lo que hay que saber: ☎ 4770 9144; www.aachendom.de; Münsterplatz; ⏲ 7.00-18.00 nov-mar, hasta 19.00 abr-oct

7104; www.ludwigforum.de; Jülicherstrasse 97-109; adultos/reducida 5/2,50 €; ⏲ 12.00-18.00 ma, mi y vi, 12.00-20.00 ju, 11.00-18.00 sa y do) lleva la voz cantante en arte contemporáneo (Warhol, Immendorf, Holzer, Penck, Haring, etc.). Acoge exposiciones temporales.

DÓNDE DORMIR

Hotel Stadtnah (☎ 474 580; http://hotel stadtnah.de; Leydelstrasse 2; i/d desde 48/64 €; ☒ ☰) Este hotel económico con 16 habitaciones cerca de la Hauptbahnhof es una buena opción.

HSH/IMAGEBROKER

Monumento a Beethoven (p. 246), Münsterplatz, Bonn.

Hotel Drei Könige (☎ 483 93; www.h3k-aachen.de; Büchel 5; i 90-130 €, d 120-160 €, apt 130-240 €; ⊠ ≋) Es un favorito regentado por una familia y goza de una céntrica ubicación. Algunas estancias son algo cursis, pero en el apartamento de dos dormitorios caben cuatro personas.

DÓNDE COMER Y BEBER

Leo van den Daele (☎ 357 24; Büchel 18; platos 7-11 €; ⌚ 9.00-18.30 lu-sa, 11.00-18.30 do) Paredes forradas de cuero, estufas de azulejos y antigüedades forjan el ambiente retro de esta laberíntica institución cafetera. Sirve desayunos todo el día, un almuerzo ligero y pasteles divinos (el *strudel* y el Reisfladen belga, hecho con arroz, son especialidades de la casa).

Am Knipp (☎ 331 68; Bergdriesch 3; platos principales 8-17 €; ⌚ cena mi-lu) Viajeros hambrientos han hecho escala en esta taberna desde 1698, y el lector también pasará un buen rato con la abundante comida alemana. Tiene una bonita terraza.

Gaststätte Postwagen (☎ 350 01; Krämerstrasse 2; platos principales 10-20 €; ⌚ 12.00-24.00) Este lugar pegado al Ayuntamiento rezuma aire a Viejo Mundo y es perfecto para probar la clásica comida alemana. La planta baja se hizo a imagen y semejanza de un coche postal del s. XVIII (de ahí el nombre).

CÓMO LLEGAR Y SALIR

Hay trenes regionales a Colonia (14,40 €, 70 min) varias veces cada hora. Para viajar a muchas ciudades al sur de Aquisgrán hay que hacer transbordo en Colonia.

MAGUNCIA

☎ 06131 / 198 000 hab.

Esta alegre ciudad, capital de Renania-Palatinado, tiene una universidad de buen tamaño, bellas zonas peatonales y un *savoir vivre* cuyos orígenes se remontan a la ocupación napoleónica (1798–1814). Pasear junto al Rin y probar los vinos autóctonos en una taberna de madera del Altstadt forma parte tan esencial de una visita a Maguncia (Mainz) como ver su fabulosa catedral, las etéreas ventanas de Chagall en Sankt-Stephan-Kirche o la primera Biblia impresa en el Gutenberg Museum, paraíso del bibliófilo.

INFORMACIÓN

Oficina de turismo (☎ 286 210; www.touristik-mainz.de, www.mainz.de; Brückenturm am Rathaus; ⌚ 9.00-18.00 lu-vi, 10.00-18.00 sa, 11.00-15.00 do)

PUNTOS DE INTERÉS

La famosa catedral de Maguncia, **Dom Sankt Martin** (⌚ 9.00-18.30 lu-vi, 9.00-16.00

sa, 12.45-15.00 y 16.00-18.30 do y festivos mar-oct, hasta 17.00 do-vi nov-feb), a la que se entra por la Marktplatz, es uno de los templos de oración más magníficos del país. Las grandiosas **tumbas conmemorativas**, pegadas a la pared, forman una auténtica galería de arzobispos y otras figuras poderosas de los ss. XIII a XVIII, muchos de ellos retratados junto a sus *putti*.

Sankt-Stephan-Kirche (Kleine Weissgasse 12; ⌚ 10.00-12.00 y 14.00-17.00 lu-ju, 10.00-17.00 vi y sa, 12.00-17.00 do feb-nov, hasta 16.30 dic y ene) sería otra iglesia gótica cualquiera reconstruida tras la Segunda Guerra Mundial de no ser por sus nueve brillantes vidrieras de colores creadas por el artista ruso-judío Marc Chagall (1887-1985) en los últimos años de su vida. De un azul intenso e imbuidas de un tono místico y meditativo, son símbolo de la reconciliación judeocristiana.

El **Gutenberg Museum (☎ 122 644; www.gutenberg-museum.de; Liebfrauenplatz 5; adultos/estudiantes y sénior/familias 5/3/10 €; ⌚ 9.00-17.00 ma-sa, 11.00-15.00 do)** brinda una visión panorámica de la tecnología que hizo posible el mundo tal como lo conocemos, incluida esta guía. Entre sus piezas destacadas se cuentan manuscritos medievales y algunas de las primeras obras de arte que se imprimieron –a salvo en una cripta– como la Biblia original de Gutenberg de 42 líneas.

DÓNDE DORMIR

Hotel Hof Ehrenfels (☎ 971 2340; www.hof-ehrenfels.de; Grebenstrasse 5-7; i/d/tr 80/100/120 €, vi-do descuento 10 €; ⊠) Hotel de 22 habitaciones con sede en un convento carmelita del s. XV a unos pasos de la catedral. Tiene vistas a la Dom difíciles de superar.

Hotel Schwan (☎ 144 920; www.mainz-hotel-schwan.de; Liebfrauenplatz 7; h 87-117 €) No hay sitio más céntrico que este establecimiento familiar, abierto desde 1463. Sus 22 luminosas estancias tienen mobiliario de estilo barroco.

DÓNDE COMER Y BEBER

Eisgrubbräu (☎ 221 104; www.eisgrub.de; Weisslilienngasse 1a; platos principales 5,80-17,90 €; ⌚ 9.00-1.00 do-ju, hasta 2.00 vi y sa) Hay que sentarse en esta sencilla cervecería, que parece una madriguera de salas abovedadas, pedir una jarra de cerveza *Dunkel* (oscura) o *Hell* (clara) –o una *Bierturm* (torre de cerveza; de 3 l/5 l 17,90/28,40 €)– y mirar a la gente.

Heiliggeist (☎ 225 757; www.heiliggeist-mainz.de; Mailandsgasse 11; platos principales 6-20 €; ⌚ 16.00-1.00 lu-vi, 9.00-1.00 o 2.00 sa, do y festivos) Para sentarse bajo los altos techos góticos abovedados de un hospital del s. XV y gozar de una copa, un aperitivo o un almuerzo de un menú de inspiración italiana.

Weinstube Hottum (☎ 223 370; Grebenstrasse 3; platos principales 7,50-13,50 €; ⌚ 16.00-24.00) Es una de las mejores vinaterías del Altstadt. Tiene un ambiente clásico y acogedor, vinos deliciosos y un menú –la mitad del cual se anuncia en una diminuta pizarra– de platos regionales como el *Saumagen* (estómago de cerdo relleno de carne, patatas y especias, que luego se hierve, se corta en lonchas y se saltea) o el *Winzersteak* (filete de cerdo al estilo vinatero).

CÓMO LLEGAR Y SALIR

Desde la Hauptbahnhof, la línea 8 del S-Bahn va al aeropuerto de Frankfurt (3,70 €, varias veces cada hora), 30 km al noreste de Maguncia.

Maguncia, importante núcleo de trenes IC, cuenta como mínimo con servicios regionales cada hora a Bingen (5,70 €, 15 a 40 min) y otras ciudades del Rin Romántico, como Coblenza (16,70 € en tren regional, 50 a 90 min).

EL RIN ROMÁNTICO

Entre Coblenza y Bingen, el **Rin** (www.romantischer-rhein.de) forma un profundo corte en los montes de pizarra renanos y atraviesa sinuoso tierras entre castillos sitos en las laderas y los escarpados campos para crear una mezcla mágica de leyenda y maravilla. Aldeas idílicas asoman a cada curva, con sus bonitas casas de madera y sus orgullosos chapiteles de iglesias.

En el 2002 la Unesco declaró Patrimonio Mundial estos 65 km de paisaje ribereño, conocidos de modo más prosaico como **Oberes Mittelrheintal** (Valle del curso medio del Alto Rin; www.welterbe-mittelrheintal.de).

CÓMO LLEGAR Y SALIR

Viajar por el río es un modo relajante y muy agradable de contemplar los castillos, viñedos y aldeas del Rin Romántico.

De Semana Santa a octubre, aproximadamente (los servicios de invierno son muy limitados), los 13 barcos de **Köln-Düsseldorfer** (KD; ☎ 0221-2088 318; www.k-d.com) conectan aldeas como Bingen, Sankt Goar y Boppard según un horario regular. Se puede viajar a la aldea de al lado o directamente de Maguncia a Coblenza (46,50 €, corriente abajo/corriente arriba 6/8½ h).

Las aldeas de la orilla izquierda del Rin (como Bingen, Boppard y Sankt Goar) tienen servicios cada hora a cargo de trenes locales de la línea Coblenza-Maguncia, que se inauguró en 1859. Las de la derecha, como Rüdesheim, Assmannshausen y Sankt Goarshausen, están conectadas cada hora o dos mediante los servicios de Coblenza–Wiesbaden. Se tarda cerca de 1½ hora en viajar en tren desde Coblenza a Maguncia o Wiesbaden.

Muchos bonos de tren (como Eurail) permiten viajar gratis en servicios ordinarios de KD.

COBLENZA

☎ 0261 / 106 000 hab.

Coblenza es una ciudad moderna con raíces que se remontan a los romanos, quienes fundaron una fortaleza militar aquí hacia el 10 a.C. Es la puerta norte al Rin Romántico y una ciudad ideal para pasear.

INFORMACIÓN

Oficina de turismo (www.touristik-koblenz.de) Hauptbahnhof (☎ 313 04; Bahnhofsplatz 17; 9.00-19.00 a diario may-sep, 9.00-18.00 a diario abr y oct, 9.00-18.00 lu-vi, 9.00-14.00 sa nov-mar); Rathaus (☎ 130 920; Jesuitenplatz 2; 9.00 o 10.00-19.00 a diario may-sep, 10.00-18.00 a diario abr y oct, 9.00-18.00 lu-vi, 10.00-16.00 sa nov-mar)

PUNTOS DE INTERÉS

En el punto de unión del Mosela y el Rin está la **Deutsches Eck** (literalmente, "esquina alemana"), dominada por una **estatua del káiser Guillermo I** a caballo, al estilo rimbombante de finales del s. XIX.

En la orilla derecha del Rin, 118 m por encima de la Deutsches Eck, la imponente **Festung Ehrenbreitstein** (fortaleza de Ehrenbreitstein; ☎ 6675 4000; www.festungehrenbreitstein.de) se mostró inexpugnable frente a todo menos a las tropas napoleónicas, que la arrasaron en 1801. Tras los baluartes de piedra se verá un albergue de DJH, dos restaurantes y el **Landesmuseum** (☎ 667 50; www.landesmuseumkoblenz.de; adultos/estudiantes y sénior 4/3 €; 9.30-17.00 fin mar-oct), con exposiciones sobre la historia económica de la región, fotografía y August Horch, fundador de la compañía automovilística Audi.

DÓNDE DORMIR

Hotel Jan van Werth (☎ 365 00; www.hoteljanvanwerth.de; Von-Werth-Strasse 9; i/d 43/64 €, sin baño 24/50 €;) Veterano económico

DAV/IMAGEBROKER

Navegando por el Rin Romántico, cerca de Coblenza.

y predilecto con un vestíbulo que parece una sala de estar. Ofrece una excepcional relación calidad-precio. Sus 16 habitaciones están casi siempre ocupadas, sobre todo cuando hay buen tiempo.

Diehl's Hotel (☎ 970 70; www.diehls-hotel.de; Rheinsteigufer 1; i 64-98 €, d 79-134 €, desayuno 13 €; P ⊠) Hotel familiar en la orilla este del Rin. Tiene un ambiente estiloso de la década de 1980 y 60 habitaciones cómodas con vistas de Coblenza y el río. El restaurante posee una hermosa terraza de cara al Rin, perfecta para una cena romántica.

DÓNDE COMER Y BEBER

Casi todos los restaurantes y *pubs* están en el Altstadt y junto al Rin.

Kaffeewirtschaft (☎ 914 4702; Münzplatz 14; ensaladas 4,40-8,70 €, platos principales 5,20-12,20 €; 9.00-24.00 lu-ju, 9.00-2.00 vi y sa, 10.00-24.00 do y festivos) Café a la antigua de decoración minimalista, viejas mesas de mármol y ofertas especiales todas las semanas (incluidos platos vegetarianos) elaboradas con los productos de temporada.

Cafe Miljöö (☎ 142 37; www.cafe-miljoeoe.de; Gemüsegasse 12; platos principales 7,90-11,90 €; 8.00-1.00 o más tarde) El "Milieu" (se pronuncia como en francés) es un acogedor café con aire de bistró y flores frescas, exposiciones temporales de arte, muchos platos vegetarianos y *veganos*, y una gran selección de café, té y pasteles caseros.

BRAUBACH

☎ 02627 / 3200 hab.

Flanqueada por laderas boscosas, viñedos y jardines de rosas junto al Rin, esta ciudad de 1300 años, situada unos 8 km al sur de Coblenza, en la orilla derecha, se organiza alrededor de la pequeña plaza de casitas de madera **Marktplatz**. Por encima se alzan las torres, torrecillas y almenas del **Marksburgo** (☎ 206; www.marksburg.de; adultos/6-18 años/estudiantes 5/3,50/4,50 €; 10.00-17.00 Semana Santa-oct, 11.00-16.00 nov-Semana Santa). Tiene 700 años y es uno de los castillos más interesantes de la zona, pues jamás fue destruido, cosa única entre las fortalezas del Rin. El circuito pasa por la ciudadela, la sala gótica y la gran cocina, además de una tétrica cámara de tortura, con un conjunto de instrumentos para infligir dolor.

BOPPARD

☎ 06742 / 16 000 hab.

Gracias a sus puntos de interés histórico y su hermosa ubicación en una curva del río en forma de herradura, esta población situada unos 20 km al sur de Coblenza es una pintoresca parada. No hay que irse sin probar su excelente Riesling, elaborado con las uvas que crecen en las proximidades, en algunos de los viñedos más abruptos del Rin.

Junto a la ribera está el **Rheinallee**, un excelente paseo flanqueado por muelles de *ferry,* preciosos hoteles y vinaterías. Para una vista soberbia hay que recorrer el trayecto de 20 minutos en el **Sesselbahn** (☎ **2510; www.sesselbahn-boppard.de; solo río arriba/ida y vuelta 4,20/6,50 €; 9.30-18.30 jul y ago, 10.00-17.00 o 18.00 abr-jun, sep y oct)** desde el extremo de la ciudad, río arriba, hasta el mirador de **Vierseenblick**.

Weinhaus Heilig Grab (☎ **2371; www.heiliggrab.de; Zelkesgasse 12; aperitivos 3,50-7 €; 15.00-23.00 o más tarde mi-lu, cerrado Navidad–med ene)** La vinatería más antigua, situada frente a la Hauptbahnhof, ofrece un entorno acogedor donde probar los Rieslings del "Sagrado Sepulcro" (desde 2,30 €). También tiene aperitivos y cinco habitaciones en alquiler (d 66-76 €).

KIM/IMAGEBROKER

Bacharach.

SANKT GOAR

☎ 06741 / 3000 hab.

Esta ciudad, 10 km río arriba desde Boppard y 28 km río abajo desde Bingen, está dominada por las extensas ruinas de **Burg Rheinfels** (☎ **383; Schlossberg; adultos/6-14 años 4/2 €; 9.00-18.00 a diario mediados-mar–inic nov, 11.00-17.00 sa y do con buen tiempo inic nov–med mar)**, en su día la fortaleza más imponente del Rin. La construyó en 1245 el conde Dieter V de Katzenelnbogen como base de sus operaciones de cobro de impuestos, y su tamaño y diseño laberíntico son espectaculares, por lo que es emocionante explorar sus túneles y galerías subterráneas.

Hotel Zur Loreley (☎ **1614; www.hotel zur-loreley.de; Heerstrasse 87; i 47 €, d 60-70 €, apt 38-44 €/persona, todos desayuno incl.; P ⊠)** Sitio céntrico y agradable. Tiene ocho habitaciones con una bonita decoración moderna y cinco apartamentos que se alquilan en vacaciones.

SANKT GOARSHAUSEN Y LORELEI

☎ 06771 / 1600 hab.

La ciudad gemela de Sankt Goar en la orilla derecha del Rin –ambas conectadas por un *ferry* de coches– es **Sankt Goarshausen** puerta a uno de los sitios más fabulosos del Rin Romántico, **Lorelei**. Este enorme risco de pizarra debe su fama a una mítica doncella cuyos cantos de sirena, según se cuenta, atraían a los marineros a su muerte en las traicioneras corrientes, tal como retrató poéticamente Heinrich Heine en 1823. En el **Loreley Besucherzentrum** (centro de visitantes; ☎ 599 093; www.loreley-besucherzentrum.de; adultos/estudiantes 2,50/1,50 €; 🕒 10.00-18.00 abr-med nov, 10.00-17.00 mar, 11.00-16.00 sa y do nov-feb), que tiene una oficina de turismo, hay exposiciones (incluida una película en 3D de 18 min) que analizan la geología, flora y fauna de la zona, su navegación, la elaboración de vino, el mito de Lorelei y los orígenes del turismo en el Rin de un modo ameno e interactivo.

BACHARACH

☎ 06743 / 2100 hab.

Esta diminuta aldea, una de las más bonitas del Rin, se halla 24 km río abajo desde Bingen y oculta sus notables encantos tras una muralla del s. XIV desgastada por el tiempo. Desde la B9 el viajero debe atravesar una de las gruesas puertas arqueadas bajo las vías del tren y enseguida se hallará en una aldea medieval agraciada por exquisitas mansiones de madera, como la **Altes Haus**, **Posthof** y **Alte Münze,** todas en Oberstrasse, la calle principal, que discurre paralela al Rin.

La **oficina de turismo** (☎ 919 303; www.rhein-nahe-touristik.de; Oberstrasse 45; 🕒 9.00-17.00 lu-vi, 10.00-15.00 sa, do y festivos abr-oct, 9.00-12.00 lu-vi nov-mar) tiene información práctica sobre toda la zona.

Rhein Hotel (☎ 1243; www.rhein-hotel-bacharach.de; Langstrasse 50; i 39-59 €, d 78-118 €; 🕒 cerrado ene y feb; P ⊠ ⁂) Este hogareño hotel regentado por una familia se halla en las murallas medievales. Tiene 14 habitaciones bien iluminadas con obras de arte originales y baños compactos. El restaurante (platos principales de 8,30 a 21 €; cerrado ma) está especializado en platos regionales como *Rieslingbraten* (ternera estofada marinada en Riesling).

RÜDESHEIM

☎ 06722 / 10 000 hab.

Rüdesheim, la capital de Rheingau (famosa por sus Rieslings), está en la orilla derecha del Rin, frente a Bingen, a la que está conectada por *ferries* de coches y pasajeros. La calle **Drosselgasse,** parecida a un túnel, está tan abarrotada de carteles y letreros que parece propia de Hong Kong, y es la más turística del Rin –*pop* malo alemán atraviesa las puertas de los *pubs,* llenos de una alegre clientela. Un remanso de relativa paz, 50 m a la izquierda desde lo alto de Drosselgasse, es **Siegfried's Mechanisches Musikkabinett** (☎ 492 17; www.siegfrieds-musikkabinett.de; Oberstrasse 29; circuito adultos/estudiantes 6/3 €; 🕒 10.00-18.00 mar-dic), una divertida colección de instrumentos musicales mecánicos de los ss. XVIII y XIX.

Para un panorama excelso hay que ir a **Niederwald Denkmal** (inaugurado en 1883), rimbombante monumento en las laderas vinícolas al oeste de la ciudad con **Germania** como protagonista principal. Celebra la fundación del Reich alemán en 1871. Se puede ascender a través de los viñedos –hay varios senderos señalizados, incluido uno que arranca en el extremo occidental de Oberstrasse–, pero es más rápido desplazarse por encima de los viñedos a bordo del **Seilbahn** (funicular; ☎ 2402; www.seilbahn-ruedesheim.de; Oberstrasse; adultos/5-13 años ida 4,50/2 €, ida y vuelta 6,50/3 €; 🕒 fin mar-inic nov y fin nov-23 dic).

ALREDEDORES DE RÜDESHEIM

KLOSTER EBERBACH

Quien haya visto la película de 1986 *El nombre de la rosa,* protagonizada por

Sean Connery, ya habrá visto partes de este antiguo **monasterio** (☎ 06723-917 80; www.kloster-eberbach.de; adultos/estudiantes incl. folleto en inglés 3,50/1,50 €, 1½ h audioguía para 1/2 personas 3,50/5 €; 🕑 10.00-18.00 abr-oct, 11.00-17.00 nov-mar) cisterciense, donde se rodaron muchas escenas de interior. Hoy los visitantes pueden explorar su **Kreuzgang** (claustro) de los ss. XIII y XIV, el barroco **refectorio** de los monjes y su abovedado **Monchdormitorium** (dormitorio) de estilo gótico, así como la austera **Klosterkirche** (basílica) románica. Kloster Eberbach está unos 20 km al noreste de (es decir, hacia Wiesbaden desde) Rüdesheim.

EL VALLE DEL MOSELA

Muchos sitios de Alemania incitan a apresurarse, pero el Mosela (en alemán, Mosel) invita a pasear tranquilamente. La parte alemana del río, que se eleva en Francia y atraviesa Luxemburgo, recorre 195 km desde Tréveris a Coblenza en un curso lento y sinuoso que desvela un nuevo paisaje a cada curva.

Explorar los viñedos y vinaterías del valle del Mosela es un modo ideal de descubrir la cultura alemana, conocer a alemanes y adquirir un gusto por sus maravillosos vinos.

CÓMO LLEGAR Y DESPLAZARSE

El aeropuerto de Frankfurt-Hahn está tan solo a 20 km de Traben-Trarbach y a unos 30 km de Bernkastel-Kues.

La línea ferroviaria que une Coblenza con Tréveris (19,20 €, 1½ a 2 h, cada hora como mínimo) sigue el Mosela río arriba –y presta servicio a sus aldeas– solo hasta Bullay (10,30 €, 45 a 65 min desde Coblenza, 40 a 50 min desde Tréveris). Desde allí hay trenes de la línea Moselwein-Strecke que viajan río arriba hasta Traben-Trarbach (3,10 €, 25 min, cada hora).

Las aldeas entre Traben-Trarbach y Tréveris gozan de los servicios del autobús nº 333 (6 veces diarias como mínimo lu-vi, 2 diarias sa y do), que operan los

KKK/IMAGEBROKER

Drosselgasse (p. 255), Rüdesheim.

autobuses Moselbahn (☎ 01805-131 619; www.moselbahn.de).

La mejor forma de ver el Mosela es en coche propio.

TRÉVERIS

☎ 0651 / 104 000 hab.

Patrimonio Mundial de la Unesco desde 1986, Tréveris (Trier) es el hogar de los mejores monumentos romanos del país, incluido un extraordinario número de historiados baños termales y joyas arquitectónicas de períodos posteriores.

INFORMACIÓN

Oficina de turismo (☎ 978 080; www.trier.de; An der Porta Nigra; ⏲ 9.00-18.00 lu-sa mar-dic, 10.00-17.00 lu-sa ene y feb, 10.00-17.00 do y festivos may-oct, 10.00-15.00 mar, abr y nov-fin dic, 10.00-13.00 do fin dic-feb)

PUNTOS DE INTERÉS Y ACTIVIDADES

La estrella de los monumentos romanos de Tréveris es la **Porta Nigra** (☎ 718 1459; Porta-Nigra-Platz; adultos/7-18 años/sénior y estudiantes/familias 2,10/1/1,60/5,10 €; ⏲ 9.00-18.00 abr-sep, hasta 17.00 mar y oct, hasta 16.00 nov-feb), una siniestra puerta del s. II ennegrecida por el tiempo (de ahí "puerta negra"). Es una maravilla de la ingeniería, pues la sostiene solo la gravedad y unas barras de hierro.

Una manzana al este de la Hauptmarkt asoma la **Dom** (www.dominformation.de; ⏲ 6.30-18.00 abr-oct, hasta 17.30 nov-mar). Parece una fortaleza y se construyó por encima del palacio de Elena, madre de Constantino el Grande. La estructura palaciega es en gran parte de estilo románico con algún que otro elemento gótico y llamativo barroco. La basílica de ladrillo **Konstantinbasilika** (Konstantinplatz; ⏲ 10.00-18.00 lu-sa, 12.00-18.00 do y festivos abr-oct, 11.00-12.00 y 15.00-16.00 ma-sa, 12.00-13.00 do y festivos nov-mar) se construyó en 310 d.C. como sala del trono de Constantino. Sus dimensiones (67 m de largo por 36 m de alto) son increíbles teniendo en cuenta que la construyeron los romanos.

KFS/IMAGEBROKER

Fuente en el Hauptmarkt de Tréveris.

El contiguo **Rheinisches Landesmuseum** (Museo Arqueológico Romano; ☎ 977 40; www.landesmuseum-trier.de; Weimarer Allee 1; adultos/estudiantes/familias incl. audioguía 5/3/10 €; ⏲ 9.30-17.30 ma-do) ofrece una extraordinaria visión de la vida romana en la localidad. Entre sus piezas más destacadas se cuenta una maqueta a escala de la Tréveris del s. IV y estancias llenas de tumbas, mosaicos, raras monedas de oro y fabuloso cristal.

En el extremo sur del *Palastgarten* (Jardín palaciego) se alza el **Kaiser-**

SLU/IMAGEBROKER

Vinatería en el Ahrtal.

SI GUSTA...

Si gustaron las **vinaterías,** las fincas y los festivales de las aldeas del **Mosela** (p. 256) y el **Rin** (p. 252), los autores de esta guía apuestan a que también gustará probar la bebida típica de estas regiones vinícolas vecinas:

- **Ahrtal** El minúsculo valle de Ahr, junto a un afluente del Rin, unos 30 km al sur de Bonn, produce tintos picantes como el *Spätburgunder* (Pinot noir) y el Portugieser con uvas que crecen en escarpados bancales.
- **Deutsche Weinstrasse** La Ruta del Vino Alemán es el trecho vinícola ininterrumpido más largo del país. Arranca en Bockenheim, unos 15 km al oeste de Worms, y recorre sinuoso 85 km hacia el sur hasta la frontera francesa. Preciosas aldeas rebosantes de glicinias como Deidesheim y Wachenheim son famosas por sus Rieslings de gran cuerpo.
- **Nahe** El aromático Müller-Thurgau, afrutado Riesling y picante Silvaner son las variedades dominantes que crecen en los abruptos viñedos que abrazan el río Nahe, que se une al Rin justo al norte de Maguncia.

thermen (☎ **436 2550; Weimarer Allee 2; adultos/7-18 años /sénior y estudiantes/familias 2,10/1/1,60/5,10 €; 🕑 9.00-18.00 abr-sep, hasta 17.00 mar y oct, hasta 16.00 nov-feb**), un vasto complejo de baños termales obra de Constantino. Unos 700 m al sureste está el **anfiteatro** (☎ **730 10; Olewiger Strasse; adultos/7-18 años/sénior y estudiantes/familias 2,10/1/1,60/5,10 €; 🕑 9.00-18.00 abr-sep, hasta 17.00 mar y oct, hasta 16.00 nov-feb**) romano, en su día capaz de acoger a 20 000 espectadores durante los torneos de gladiadores y luchas entre animales.

DÓNDE DORMIR

Hille's Hostel (☎ **710 2785, 0171 329 1247 www.hilles-hostel-trier.de; Gartenfeldstrasse 7; d desde 14 €, d 28-50 €; 🕑 recepción 8.00-12.00 y 16.00-18.00;** ⊠ 💻) Albergue independiente con aire a década de 1970. Es tranquilo, tiene un piano en la cocina y 10 alegres estancias con baño.

Hotel Römischer Kaiser (☎ 977 0100; www.friedrich-hotels.de; Porta-Nigra-Platz; d 105-150 €; ⊠) Al lado de la Porta Nigra, este edificio de 1894 tiene 43 habitaciones cómodas y luminosas con muebles de madera, parqué y amplios baños.

DÓNDE COMER

Kartoffel Kiste (☎ 979 0066; www.kiste-trier.de; Fahrstrasse 13-14; platos principales 7,20-14,50 €; 11.00-24.00) Favorito de los lugareños especializado en patatas al horno, con carne, empanadas, en sopa y bañadas en salsa.

Zum Domstein (☎ 744 90; Am Hauptmarkt 5; platos principales 8,80-16,90 €, cena romana 15-33 €; 8.30-24.00) Bistró de estilo alemán donde se puede cenar como un antiguo romano o engullir comida más convencional alemana e internacional.

BERNKASTEL-KUES

☎ 06531 / 6700 hab.

Esta encantadora ciudad gemela, sita unos 50 km río abajo desde Tréveris, es el núcleo de la región media del Mosela. Bernkastel, en la orilla derecha, es una sinfonía de madera, piedra y pizarra, y rebosa de vinaterías. En Karlstrasse, la calle que lleva a la derecha según se mira el Rathaus, la minúscula **Spitzhäuschen** parece una pajarera gigante, cuya estrecha base está rematada por una planta mucho mayor en precario equilibrio.

En Kues casi todos los sitios se concentran oportunamente junto al puente en el **Sankt-Nikolaus-Hospital** (☎ 2260; Cusanusstrasse 2; entrada gratis; 9.00-18.00 do-vi, hasta 15.00 sa), de estilo gótico tardío. En su día fue una casa fundada por Nicolás de Cusa en 1458 para 33 hombres (uno por cada año de la vida de Cristo). El complejo alberga asimismo el nuevo museo multimedia **Mosel-Weinmuseum** (Museo del vino de Mosela; ☎ 4141; adultos/menores de 12 años/13-18 años 5 €/gratis/3 €; 10.00-18.00 med abr-oct, 14.00-17.00 nov-med abr), con terminales interactivas (en alemán, inglés y holandés) y atracciones como el Aromabar (donde hay que adivinar qué se huele). En la bodega **Vinothek** se pueden probar vinos de Mosela en copa (2 € aprox.) o apuntarse a una cata de barra libre (15 €).

Hotel Moselblümchen (☎ 2335; www.hotel-moselbluemchen.de; Schwanenstrasse 10, Bernkastel; i 39-65 €, d 66-110 €; P ⊠) Hotel clásico y familiar en una angosta calle del casco antiguo tras la oficina de turismo. Tiene 20 bonitas habitaciones y una pequeña sauna. Alquila bicicletas.

COCHEM

☎ 02671 / 5100 hab.

Esta aldea de postal situada unos 55 km río abajo desde Traben-Trarbach pasa gran parte del año invadida por visitantes de un día. Por encima de los escarpados viñedos, su **Reichsburg** (☎ 255; www.reichsburg-cochem.de; adultos/6-17 años 4,50/2,50 €; 9.00-17.00 med mar-oct, 10.00 u 11.00-14.00 o 15 nov-inic ene), típica versión idealizada de un castillo medieval con torrecillas, es de hecho un pastiche neoclásico que se erigió en 1877, lo que lo hace 78 años mayor que Disneyland.

En la orilla derecha del Mosela, unos 12 km río arriba desde Cochem, **Beilstein** (www.beilstein-mosel.de) es una minúscula aldea sacada del mundo de los cuentos. Su romántico paisaje urbano, preñado de casitas de madera, se ve realzado por el ruinoso **Burg Metternich**, un castillo en lo alto de una colina al que se llega por una escalera.

Según Victor Hugo, este castillo de cuento, oculto en el bosque por encima de la orilla izquierda del Mosela, era "alto, espantoso, extraño y oscuro". De hecho, el **Burg Eltz** (☎ 02672-950 500; www.burg-

TOM/IMAGEBROKER

El Reichsburg de Cochem (p. 259).

eltz.de; circuito adultos/estudiantes/familias 8/5,50/24 €; ⏲ 9.30-17.30 abr-oct), de 850 años, perteneció a la misma familia durante más de 30 generaciones y tiene un exterior amenazador, suavizado por torrecillas que lo coronan. Su **tesoro** guarda una rica colección de joyas, porcelana y armas. En coche se llega a Burg Eltz –que jamás ha sido destruido– pasando por la aldea de Münstermaifeld.

DRESDE Y ALEMANIA ORIENTAL

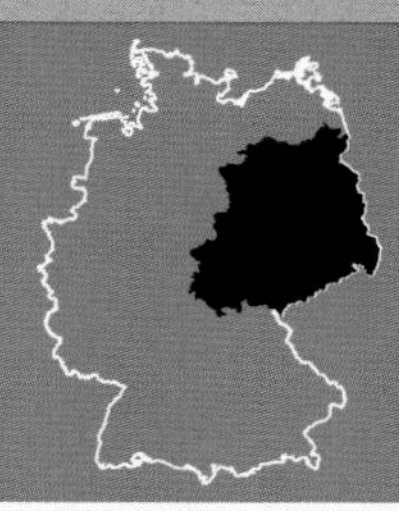

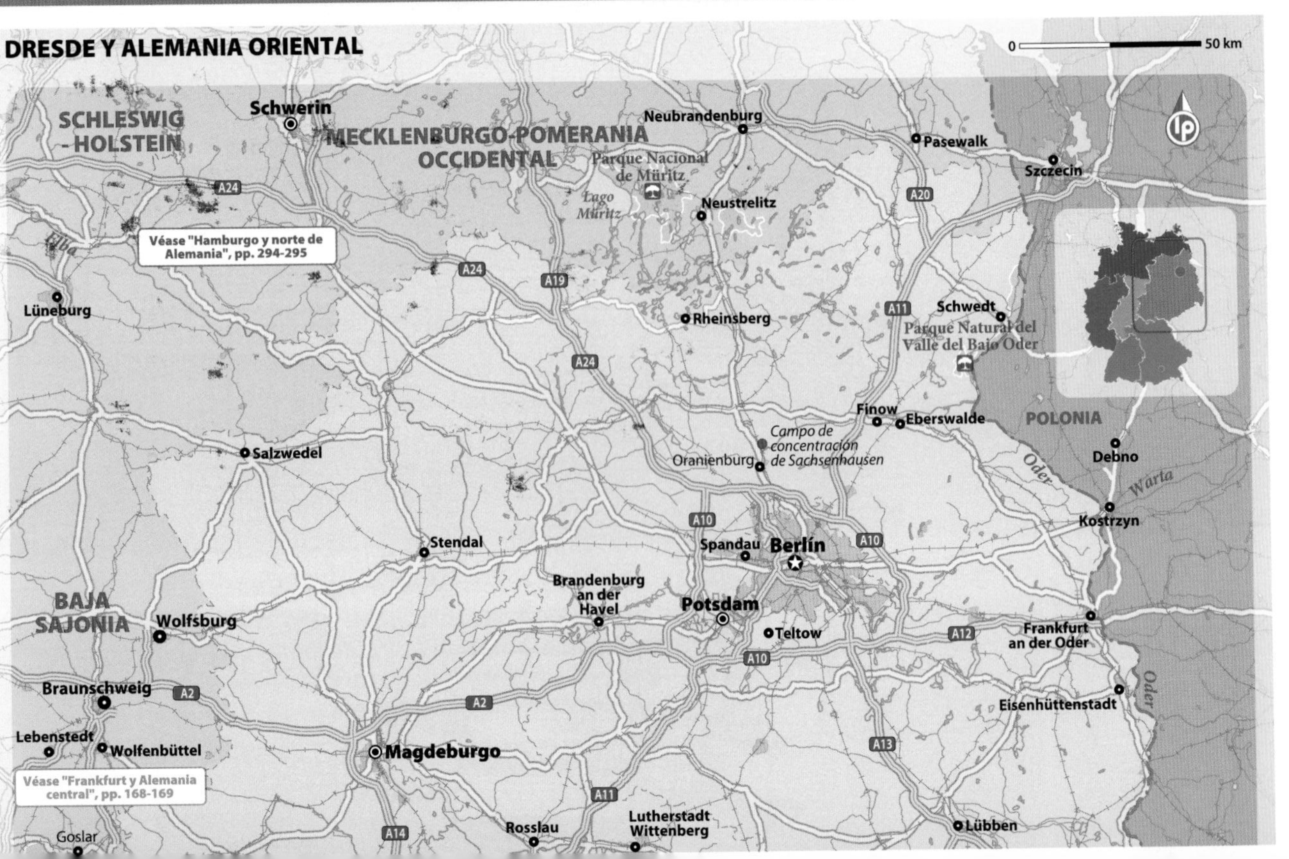
DRESDE Y ALEMANIA ORIENTAL
0
50 km
SCHLESWIG-HOLSTEIN
MECKLENBURGO-POMERANIA OCCIDENTAL
BAJA SAJONIA
POLONIA
Véase "Hamburgo y norte de Alemania", pp. 294-295
Véase "Frankfurt y Alemania central", pp. 168-169
Schwerin
Neubrandenburg
Pasewalk
Szczecin
Parque Nacional de Müritz
Lago Müritz
Neustrelitz
Elba
Lüneburg
Rheinsberg
Schwedt
Parque Natural del Valle del Bajo Oder
Finow
Eberswalde
Debno
Warta
Oder
Campo de concentración de Sachsenhausen
Oranienburg
Salzwedel
Kostrzyn
Stendal
Spandau
Berlín
Brandenburg an der Havel
Potsdam
Teltow
Frankfurt an der Oder
Wolfsburg
Braunschweig
Eisenhüttenstadt
Lebenstedt
Wolfenbüttel
Magdeburgo
Goslar
Rosslau
Lutherstadt Wittenberg
Lübben
A24
A19
A20
A11
A10
A12
A13
A2
A14

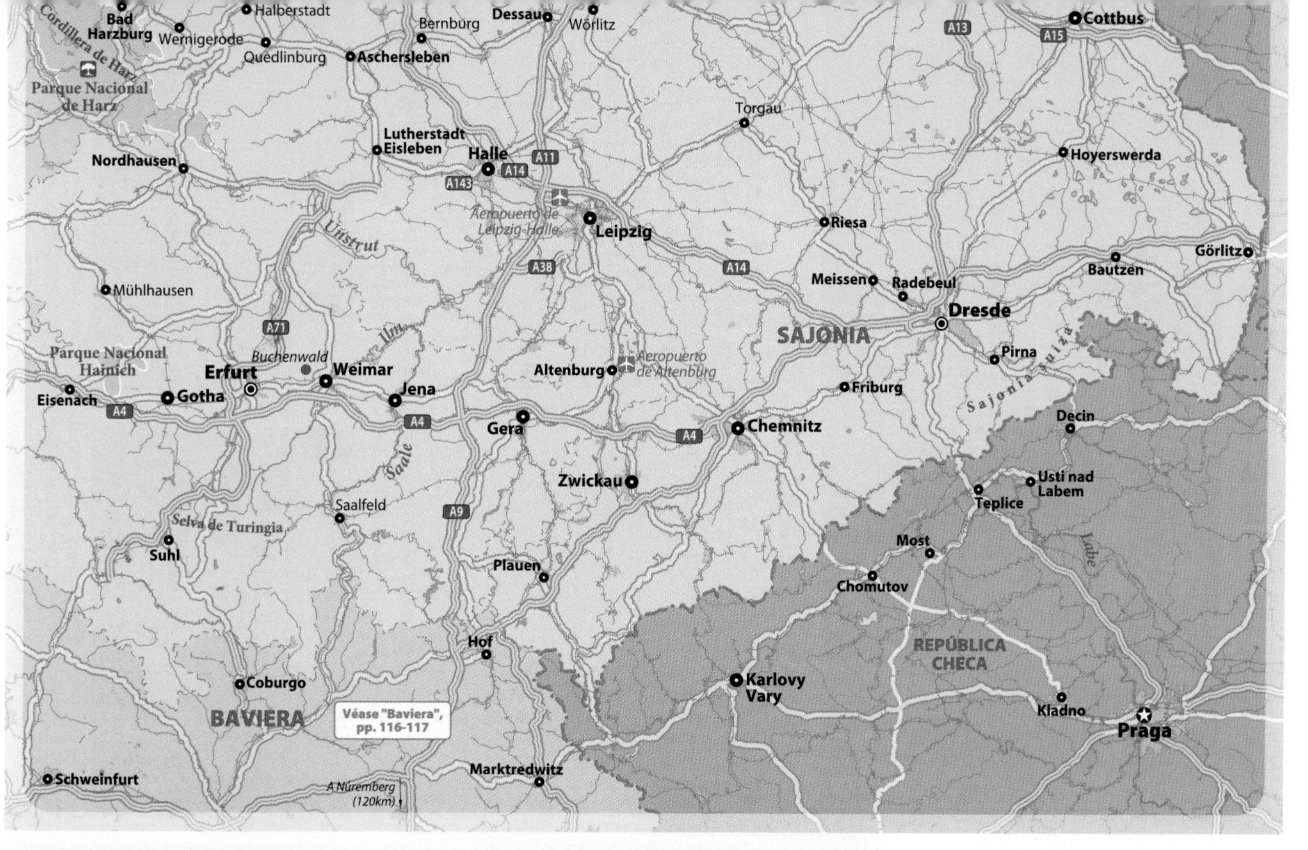
Bad Harzburg
Halberstadt
Bernburg
Dessau
Wörlitz
Cottbus
A13
A15
Cordillera de Harz
Wernigerode
Quedlinburg
Aschersleben
Parque Nacional de Harz
Torgau
Lutherstadt Eisleben
Halle
A11
A14
Hoyerswerda
Nordhausen
A143
Aeropuerto de Leipzig-Halle
Leipzig
Riesa
Unstrut
Görlitz
A38
A14
Bautzen
Meissen
Radebeul
Mühlhausen
Dresde
A71
SAJONIA
Ilm
Parque Nacional Hainich
Buchenwald
Aeropuerto de Altenburg
Pirna
Erfurt
Weimar
Altenburg
Friburg
Jena
Eisenach
Gotha
Sajonia suiza
A4
Decin
A4
Gera
A4
Chemnitz
Saale
Zwickau
Usti nad Labem
Saalfeld
Teplice
A9
Selva de Turingia
Most
Suhl
Labe
Plauen
Chomutov
Hof
REPÚBLICA CHECA
Coburgo
Karlovy Vary
Kladno
BAVIERA
Véase "Baviera", pp. 116-117
Praga
Marktredwitz
Schweinfurt
A Núremberg (120km)

IMPRESCINDIBLE

1 POTSDAM

POR REGINA EBERT, RESIDENTE Y GUÍA DE POTSDAM

Llevo 15 años como guía de Potsdam y todos los días me llenan de inspiración los abundantes lagos de esta ciudad, sus románticos parques llenos de palacios, y el destacado arte y extraordinarios edificios que cautivan la vista. El atractivo de Potsdam es infinito. ¡No es de extrañar que la gente acuda en manada!

LO MEJOR SEGÚN REGINA EBERT

❶ LA SALA DE MÁRMOL DE SANSSOUCI

Sanssouci tiene muchas salas increíbles, pero la **Marmorhalle** (sala de Mármol; p. 274) es una de mis favoritas. Está hecha de 15 tipos de exquisito mármol. Además es donde Voltaire solía hablar de filosofía cuando visitaba la ciudad.

❷ ¿ESTOY EN HOLANDA?

Me encanta llevar a los visitantes al bonito **Holländisches Viertel** (Barrio holandés; p. 275) de Potsdam, que se construyó para los trabajadores neerlandeses que llegaron aquí en la década de 1730 por invitación de Federico Guillermo I (¡aunque no se quedaron mucho tiempo!). El barrio entero rebosa de cafés, galerías y restaurantes, y los viajeros siempre se asombran al ver una zona tan auténticamente holandesa en Alemania.

❸ CHINESISCHES HAUS

Su nombre lleva a confusión, pero la **Casa china** (p. 275) del Parque de Sanssouci siempre deleita a niños y adultos. Este fantástico pabellón ajardinado combina figuras chinas y un

De izquierda a derecha, desde arriba: Orangerieschloss (p. 274); Schloss Sanssouci (p. 274); Chinesisches Haus (p. 275), parque de Sanssouci; casas en el Holländisches Viertel (p. 275); Schloss Sanssouci (p. 274).

techo pintado de budas con detalles del Carnaval de Venecia. Es todo un festín para la vista.

❹ TAXI ACUÁTICO

Potsdam se halla rodeada de agua, y siempre animo a la gente a que saque provecho del **taxi acuático** (**www.potsdamer-wassertaxi.de**). Uno puede subir y bajar donde quiera, y para en los principales puntos de interés salvo en Sanssouci (aunque está a un breve paseo de una de las paradas). Es un modo divertido y relajado de desplazarse, y a los niños les encanta.

❺ RAFAEL SOBRE ROJO

Una de mis salas favoritas es la notable Raphaelsaal (sala de Rafael) del **Orangerieschloss** (Palacio de la Orangerie; p. 274). Contiene 49 reproducciones de los cuadros del artista italiano, todas colgadas sobre paredes forradas de damasco rojo, una sorprendente combinación de detalle y color.

LO QUE HAY QUE SABER

El mejor consejo Para huir de las multitudes en Sanssouci es mejor visitarlo una mañana entre semana. **La mejor foto** Hay que subir hasta Belvedere Pfingstberg, el punto más alto de la ciudad. **¿Sabía el viajero?** Que Potsdam está llena de *Hinterhöfe* (patios); son difíciles de encontrar, pero la oficina de turismo ofrece circuitos por estas delicias llenas de ocultos cafés y galerías.

IMPRESCINDIBLE

2

WEIMAR

Weimar (p. 287) vivió su apogeo durante la era de la Ilustración, en s. XVIII, cuando atrajo a prácticamente todos los colosos del intelecto y la cultura, desde Goethe a Bach y posteriormente a Kandinsky. Se pueden seguir sus pasos en diversos museos y puntos de interés, mientras que los pintorescos parques, calles y jardines de la ciudad incitan a la serena contemplación.

3

LUTHERHAUS

Lutherstadt Wittenberg es el auténtico crisol de la Reforma, que culminó en la división de la Iglesia cristiana entre católicos y protestantes en el s. XVI. En esta ciudad, su antiguo residente Martín Lutero escribió sus famosas 95 tesis, que criticaban las prácticas católicas de la época. El mejor sitio para aprender sobre el desarrollo de sus ideas es su antigua casa familiar, la **Lutherhaus** (p. 291).

4

LA CUEVA DE ALADINO EN DRESDE

Dos impresionantes cámaras de tesoros habitan el **Residenzschloss** (p. 279) de Dresde. La colección de la Neues Grünes Gewölbe (Nueva Bóveda Verde) contiene 132 figurillas con incrustaciones de gemas que representan una corte real en la India; la Historisches Grünes Gewölbe (Bóveda Verde Histórica) exhibe más de 3000 objetos.

5

PORCELANA DE MEISSEN

La exquisita porcelana que adorna mesas y vitrinas del mundo entero se fabrica en Meissen. El circuito del **museo de Meissen** (p. 282) incluye una visita educativa a los estudios donde se puede ver trabajar a los artesanos construyendo con esmero los platos, figurillas y tazas sellos de la casa. Después de verlo se entenderá el porqué de los precios.

6

LA SILLA TUBULAR

El movimiento de la Bauhaus, que dio origen al minimalismo y a la icónica silla tubular de acero negro –famosa en el mundo entero–, nació en **Dessau-Rosslau** (p. 289). Se puede visitar la escuela donde Walter Gropius y Mies van der Rohe idearon la arquitectura moderna, así como un puñado de **Meisterhäuser** (Casas de los maestros) de la Bauhaus.

2 FHO/IMAGEBROKER; 3 HHE/IMAGEBROKER; 4 TRAVELBILD.COM/ALAMY; 5 WER/IMAGEBROKER; 6 RBB/IMAGEBROKER

2 Monumento a Goethe y Schiller, Weimar (p. 287); 3 Lutherhaus (p. 291), Lutherstadt Wittenberg; 4 Grünes Gewölbe (p. 279), en el Residenzschloss de Dresde; 5 Porcelana de Meissen (p. 281); 6 Bauhausgebäude (p. 291), Dessau-Rosslau.

LO MEJOR

GRATUITO

- **Zeitgeschichtliches Forum** (p. 283) Historia de la RDA desde la división a la caída del Muro, en Leipzig.
- **Frauenkirche** (p. 279) La reconstruida iglesia icónica de Dresde.
- **Bauhausgebäude** (p. 291) Obras de arte modernistas en Dessau, epicentro del movimiento de la Bauhaus.
- Preguntarse si Martín Lutero clavó de verdad sus tesis a las puertas de la **Schlosskirche** (p. 292) de Wittenberg.

SITIOS PARA RELAJARSE

- El **Parque Sanssouci** (p. 274) de Potsdam es una relajante –y romántica– extensión de verdor.
- El bucólico barco de vapor **Sächsische Dampfschiffahrt** (p. 282) es el modo más tranquilo de viajar entre Dresde y Meissen.
- El Park an der Ilm (Parque Ilm) que rodea la **Goethes Gartenhaus** (p. 287) es tan sereno hoy como en tiempos del escritor.

GUARIDAS LITERARIAS

- Goethe situa a Fausto y Mefistófeles en **Auerbachs Keller** (p. 285), el célebre restaurante de Leipzig.
- El dramaturgo Friedrich von Schiller vivió y escribió *Guillermo Tell* en la **Schiller Haus** (p. 287) de Weimar.
- Hay que visitar la **Goethe Haus** (p. 287) de Weimar, donde el legendario autor escribió *Fausto*.

PATRIMONIO MUNDIAL DE LA UNESCO

- Los edificios clave y elementales de la Bauhaus en **Weimar** (p. 287).
- Los lugares relacionados con la Reforma de **Lutherstadt-Wittenberg** (p. 291).
- Casi toda **Potsdam** (p. 272), la gran dama de Brandeburgo, ostenta el estatus de la Unesco desde 1990.

Izquierda: Arquero en el Parque Sanssouci (p. 274), Potsdam; derecha: Semperoper (Ópera; p. 279), Dresde.

LO QUE HAY QUE SABER

ESTADÍSTICAS

- **Población** Brandeburgo 2,53 millones; Sajonia 4,35 millones; Turingia 2,28 millones; Sajonia–Anhalt 2,41 millones.
- **Puntos de entrada** Aeropuertos de Berlín, Dresde y Leipzig.
- **Mejor época para viajar** Abril-octubre.

ANTES DE PARTIR

- **Tres meses antes** Reservar entradas para ver una actuación en la **Semperoper** (p. 279) de Dresde.
- **Un mes antes** Reservar mesa en el **Auerbachs Keller** (p. 285) de Leipzig, uno de los restaurantes más memorables de Alemania.

RECURSOS EN INTERNET

- **www.cybersax.de** La revista en línea de Dresde está llena de listados y eventos locales. Solo se publica en alemán, pero por los titulares y textos destacados se puede intuir qué se cuece en la ciudad.
- **www.lutheronline.com** Sitio web dedicado a Martín Lutero.

CÓMO DESPLAZARSE

- **Tren** Los trenes de esta región son cómodos, eficaces y relajantes. No hay ningún motivo para alquilar un coche. Además, aparcar en ciudades como Dresde y Leipzig es caro. Si se planifica el viaje con antelación se pueden reservar billetes en www.bahn.de.
- **El modo más rápido de ir a Potsdam** La mejor forma de visitar Potsdam (p. 272) es en una excursión de un día desde Berlín. Desde el centro de la capital salen trenes regionales que cubren la distancia en 25 minutos, pero los S-Bahns tardan 40 minutos; ambos viajes cuestan lo mismo (2,80 €).

ADVERTENCIAS

- **Campos de concentración de Buchenwald** (p. 289) y **Sachsenhausen** (p. 277) Demás está decir que una visita a cualquiera de estos campos de exterminio es perturbadora. Hay que reservar algo de tiempo para después, pues la mente necesitará un rato para asimilar lo que ha visto.
- **Meissen** (p. 281) Las largas esperas son habituales en el museo de Meissen. Hay que reservar tiempo de sobra para la visita y pasear por el encantador Altstadt (casco viejo) de Meissen mientras se espera para entrar.

ITINERARIOS

PARA DARSE UN BUEN CAPRICHO Tres días

Es fácil viajar con un presupuesto ajustado por esta zona, pero si se tiene algo de dinero extra, se puede despilfarrar. Se pueden pasar unos días memorables en **(1) Dresde** y alrededores y llevarse a casa un exquisito recuerdo (envuelto con plástico con burbujas). Hay que alquilar una habitación en el **(2) Hotel Bülow Residenz** (p. 280), refinado hotelito que ostenta la reverenciada denominación de excelencia para establecimientos de categoría Relais & Chateau. Y no hay que perderse una comida en su respetable restaurante. Luego se puede ver una actuación en **(3) Semperoper** (p. 279), la maravilla neorrenacentista que ofrece conciertos de música clásica y óperas (conviene reservar entradas con mucha antelación). A continuación se puede subir a un *ferry* e ir al **(4) museo de Meissen** (p. 282) a pasar el día. Allí se aprenderá cómo se fabrica la porcelana hecha a mano y, naturalmente, se podrá comprar una pieza distinguida para presumir de vuelta en casa. Se puede regresar a Dresde en tren o en el *ferry*.

ESCRITORES, REFORMISTAS Y COMPOSITORES Cinco días

Dresde y Alemania oriental inspiraron a algunos de los escritores y compositores más célebres de nuestros tiempos. Y también es aquí donde nació la Reforma. Se puede escoger como base **(1) Leipzig** (p. 282) y reservar mesa para cenar en el excepcional **(2) Auerbachs Keller** (p. 285), donde se desarrollan varios fragmentos del *Fausto* de Goethe. Al día siguiente, hay que ir a la **(3) Thomaskirche** (p. 283), donde cantaba Johann Sebastian Bach, y visitar el **(4) Bach-Museum** (p. 284). Se puede parar para tomar un café en **(5) Zum Arabischen Coffe Baum** (p. 284), que solía frecuentar el compositor Robert Schumann. Los días siguientes se pueden hacer excursiones de un día, todas en tren. Se puede ir a **(6) Lutherstadt Wittenberg** (p. 291), donde Martin Lutero escribió sus 95 tesis, y donde se casaban los sacerdotes y los educadores luchaban para que aceptaran mujeres en las escuelas. Otra excursión de un día es **(7) Erfurt** (p. 285), donde el reformista estudió filosofía entre 1501 y 1505. Por último, hay que ir a **(8) Weimar** (p. 287), donde vivieron y trabajaron muchos grandes intelectuales. Los puntos de interés más notables son las antiguas casas de Goethe y su amigo Schiller, donde escribieron, respectivamente, *Fausto* y *Guillermo Tell*.

CASTILLOS E IGLESIAS Una semana

Este itinerario puede hacerse por completo en tren y pasa por algunos de los castillos e iglesias más impresionantes, sitos en las

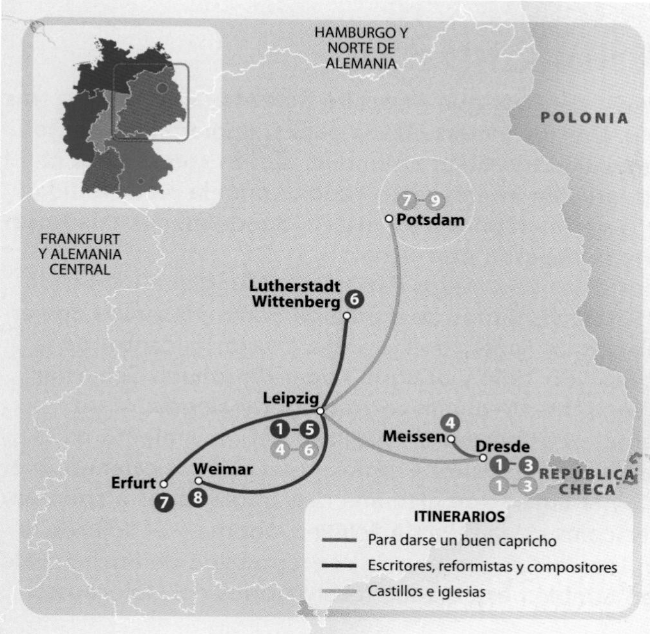

poblaciones más famosas de la región. Arranca en (1) Dresde (p. 277), en la restaurada (2) Frauenkirche (p. 279), cuya fachada moteada en blanco y negro se debe a los materiales antiguos (oscuros) y nuevos (claros) que se emplearon para reconstruir la iglesia tras la caída del Muro. Abajo, en la misma calle, está el neorrenacentista (3) Residenzschloss (p. 279), que alberga 3000 preciosos tesoros distribuidos en dos alas. A continuación hay que ir a (4) Leipzig (p. 282) para visitar (5) Nikolaikirche (p. 283), la belleza gótica y románica que desempeñó un papel clave en la caída del Muro, y (6) Thomaskirche (p. 283), donde cantaba Bach. Por último, hay que visitar el filón de castillos de (7) Potsdam (p. 272). El más famoso (y popular) es el (8) Schloss Sanssouci (p. 274). No hay que olvidar hacer un alto en la (9) Nikolaikirche (p. 275) de Potsdam y fotografiar su magnífica cúpula neoclásica.

DESCUBRIR DRESDE Y ALEMANIA ORIENTAL

Los viajeros acuden para ver qué se ocultó durante tanto tiempo tras el Telón de Acero. Dresde, inmortalizada para siempre jamás por los bombardeos de la Segunda Guerra Mundial, abraza con firmeza el presente y sus puntos de interés restaurados, como la reconstruida Frauenkirche, y la vecina fábrica de Meissen, donde manos talentosas elaboran con arte la delicada porcelana.

En Potsdam, los sitios declarados Patrimonio Mundial atraen cada año a más de 350 000 visitantes de un día de Berlín, deseosos de ver los antiguos palacios de Federico el Grande. Y Leipzig, centro de la "revolución pacífica" de 1989 y antiguo hogar de Johann Sebastian Bach, conserva su ambiente dinámico con vigor y alegría.

Alemania oriental es asimismo el epicentro del movimiento de la Bauhaus (mediante el cual Walter Gropius y sus colegas celebraron el "menos es más") y la Ilustración alemana. Sus poblaciones inspiraron a grandes intelectuales de la talla de Schiller, Goethe y el líder de la Reforma, Martín Lutero. Los campos de concentración de Buchenwald y Sachsenhausen también están aquí, recordatorios del Holocausto.

BRANDEBURGO

POTSDAM

Es la capital y joya de la corona del estado de Brandeburgo. Una infinidad de visitantes llega todos los años a Potsdam para admirar la imponente arquitectura de esta antigua sede real prusiana y empaparse de su elegante aire histórico, que flota sobre sus parques y jardines. La Unesco no pasó por alto su esplendor y en 1990 declaró grandes zonas de la ciudad Patrimonio Mundial.

Durante el reinado de Federico II (Federico el Grande) se construyeron muchos de los fabulosos palacios y parque de Sanssouci que hoy caracterizan la ciudad. En abril de 1945, los bombarderos de la RAF devastaron su centro histórico, incluido el Palacio de la Ciudad en Am Alten Markt, pero, por fortuna, muchos otros palacios salieron indemnes. Los Aliados escogieron el Schloss Cecilienhof para celebrar la Conferencia de Potsdam en agosto de 1945, que decidiría el escenario de la división de Berlín y Alemania en cuatro zonas de ocupación.

INFORMACIÓN TURÍSTICA

Para consejos antes de partir, visítese www.potsdamtourismus.de.

Sanssouci Besucherzentrum (☎ 969 4200; www.spsg.de; An der Orangerie 1; 🕑 8.30-17.00 mar-oct, 9.00-16.00 nov-feb)

Oficina de turismo de Brandenburger Tor (☎ 275 580; Brandenburger Strasse 3; 🕑 9.30-18.00 lu-vi, hasta 16.00 sa y do abr-oct, 10.00-18.00 lu-vi, 9.30-14.00 sa y do nov-mar)

Oficina de turismo de Potsdam Hauptbahnhof (☎ 275 580; Bahnhofspassagen, Babelsberger Strasse 16; 🕑 9.30-20.00 lu-vi, 9.00-20.00 sa)

PUNTOS DE INTERÉS

PARQUE SANSSOUCI

Este parque es el más antiguo y espléndido de los numerosos jardines de Potsdam, con

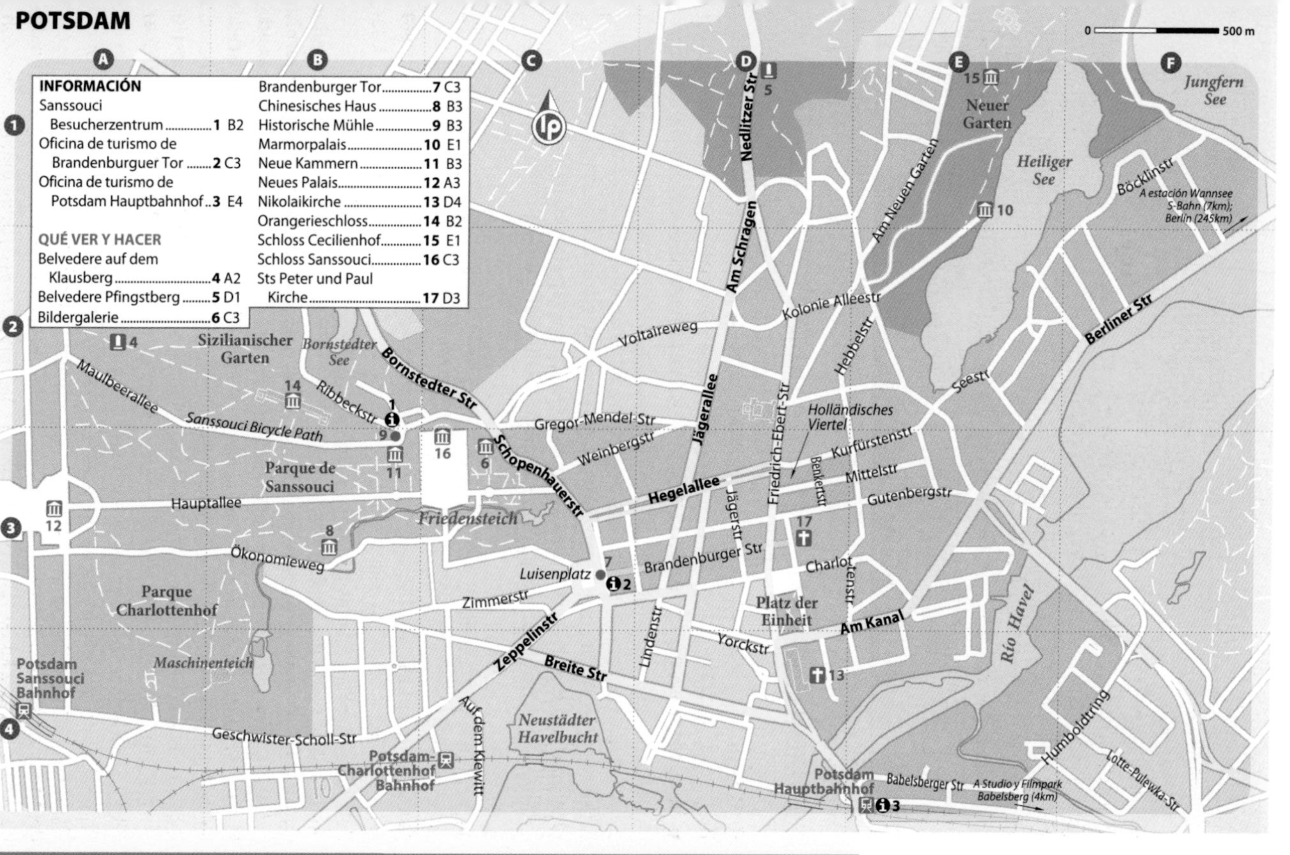
POTSDAM
INFORMACIÓN
Sanssouci Besucherzentrum 1 B2
Oficina de turismo de Brandenburguer Tor 2 C3
Oficina de turismo de Potsdam Hauptbahnhof ..3 E4
QUÉ VER Y HACER
Belvedere auf dem Klausberg 4 A2
Belvedere Pfingstberg 5 D1
Bildergalerie 6 C3
Brandenburger Tor 7 C3
Chinesisches Haus 8 B3
Historische Mühle 9 B3
Marmorpalais 10 E1
Neue Kammern 11 B3
Neues Palais 12 A3
Nikolaikirche 13 D4
Orangerieschloss 14 B2
Schloss Cecilienhof 15 E1
Schloss Sanssouci 16 C3
Sts Peter und Paul Kirche 17 D3
0
500 m
Jungfern See
Neuer Garten
Heiliger See
Böcklinstr
A estación Wannsee S-Bahn (7km); Berlin (245km)
Nedlitzer Str
Am Schragen
Am Neuen Garten
Kolonie Alleestr
Berliner Str
Sizilianischer Garten
Bornstedter See
Bornstedter Str
Voltaireweg
Hebbelstr
Seestr
Maulbeerallee
Ribbeckstr
Sanssouci Bicycle Path
Gregor-Mendel-Str
Jägerallee
Friedrich-Ebert-Str
Holländisches Viertel
Kurfürstenstr
Weinbergstr
Schopenhauerstr
Parque de Sanssouci
Hegelallee
Benkertstr
Mittelstr
Gutenbergstr
Hauptallee
Friedensteich
Jägerstr
Ökonomieweg
Luisenplatz
Brandenburger Str
Charlottenstr
Zimmerstr
Parque Charlottenhof
Zeppelinstr
Lindenstr
Platz der Einheit
Am Kanal
Río Havel
Yorckstr
Breite Str
Maschinenteich
Potsdam Sanssouci Bahnhof
Auf dem Kiewitt
Neustädter Havelbucht
Humboldtring
Geschwister-Scholl-Str
Potsdam-Charlottenhof Bahnhof
Potsdam Hauptbahnhof
Babelsberger Str
A Studio y Filmpark Babelsberg (4km)
Lotte-Pulewka-Str

EWR/IMAGEBROKER

Schloss Sanssouci, Potsdam.

SCHLOSS SANSSOUCI Y ALREDEDORES

La mayor maravilla, y lo que todo el mundo acude a ver, es el **Schloss Sanssouci,** célebre palacio rococó que Georg Wenzeslaus von Knobelsdorff diseñó en 1747.

Entre las salas que se verán en el circuito por cuenta propia con audioguía, la exquisita y circular **Bibliothek** (biblioteca), con sus paneles de cedro y su techo dorado, es sin duda una de las más destacadas, aunque solo pueda verse a través de una puerta de cristal. Entre otros favoritos se cuentan la **Konzertsaal** (sala de conciertos), decorada con vides, uvas, conchas marinas e incluso una telaraña donde juguetean las arañas. La sala más elegante es la abovedada **Marmorhalle** (Sala de Mármol), una sinfonía en mármol blanco de Carrara.

Lo que hay que saber: (☎ **969 4190; adultos/reducida audioguía incl. abr-oct 12/8 €, circuito o audioguía incl. nov-mar 8/5 €;** 🕒 **10.00-18.00 ma-do abr-oct, hasta 17.00 nov-mar)**

sus viejos árboles, plantas curiosas y magníficos palacios. Su mejor baza es el Schloss Sanssouci, el retiro de verano favorito de Federico el Grande, un lugar donde podía vivir *sans souci* (sin preocupaciones). En el s. XIX, Federico Guillermo IV también dejó aquí su huella añadiendo varios edificios.

El parque abre desde el alba al anochecer. La entrada es gratuita, pero hay máquinas junto a la misma donde se puede hacer un donativo recomendado de 2 €. Los edificios abren a distintas horas y tienen diferentes precios de admisión.

ORANGERIESCHLOSS Y ALREDEDORES

El edificio dominante en esta esquina del parque es el elegante y veterano **Orangerieschloss** (**Palacio de la Orangerie;** ☎ **969 4280; circuito obligatorio adultos/reducida 4/3 €;** 🕒 **10.00-18.00 ma-do may-oct**), un palacio renacentista de 300 m de largo construido en 1864 por el italófilo Federico Guillermo IV como casa de invitados para la realeza extranjera. Su **torre** (**entrada 2 €**) brinda bellas vistas. La sala más interesante es la **Raphaelsaal**, que tiene copias del s. XIX de las obras maestras de Rafael.

NEUES PALAIS

En el extremo más occidental del parque, el **Neues Palais** (**Palacio Nuevo; ☎ 969 4361; adultos/reducida con circuito o audioguía 6/5 €; 🕑 10.00-18.00 mi-lu abr-oct, hasta 17.00 nov-mar**) impresiona por sus dimensiones, su cúpula central y un ostentoso exterior. Fue el último palacio que erigió Federico el Grande, aunque nunca vivió allí, pues prefería la intimidad del Schloss Sanssouci.

En su interior hay cerca de una docena de espléndidas salas, las más memorables de las cuales son la **Grottensaal** (Sala de la Gruta), un capricho rococó de conchas, fósiles y fruslerías incrustadas en muros y techos; la **Marmorhalle**, una gran sala de banquetes de mármol de Carrara con un maravilloso fresco en el techo, y la **Jagdkammer** (cámara de Caza), con un sinfín de animales embalsamados y fina tracería de oro en las paredes.

PFINGSTBERG

Para disfrutar de la mejor vista de Potsdam y alrededores hay que subir la colina hasta el bellamente restaurado **Belvedere Pfingstberg** (**☎ 2005 7930; adultos/reducida 3,50/2,50 €; 🕑 10.00-20.00 jun-ago, 10.00-18.00 abr, may, sep y oct, 10.00-16.00 sa y do mar y nov**). Construido en estilo renacentista italiano, este enorme palacio con torres gemelas fue un encargo de Federico Guillermo IV, que se acabó en 1863, dos años después de su muerte.

Al noreste de los baños romanos, la encantadora **Chinesisches Haus** (**Casa china; ☎ 969 4225; entrada 2 €; 🕑 1.00-18.00 ma-do may-oct**) refleja la fascinación del s. XVIII por el Lejano Oriente. Es uno de los edificios más bellos y fotografiados del parque, en gran parte debido a sus figuras de arenisca dorada, con vestidos orientales, representadas tomando té, bailando y tocando instrumentos musicales.

ALTSTADT

Ya en el casco antiguo de Potsdam, la barroca **Brandenburger Tor** (Puerta de Brandeburgo) en Luisenplatz es de hecho más antigua que su más célebre prima berlinesa. Desde esta plaza, la peatonal Brandenburger Strasse discurre al este hasta **Sts Peter und Paul Kirche** (**Iglesia de San Pedro y San Pablo; ☎ 230 7990; entrada gratis; 🕑 10.00-17.00 lu-sa, 11.30-15.30 do**), que data de 1868.

Al noroeste de la iglesia, rodeado por Friedrich-Ebert-Strasse, Hebbelstrasse, Kurfürstenstrasse y Gutenbergstrasse, se halla el pintoresco **Holländisches Viertel** (Barrio holandés). Sus 134 casas de ladrillo rojo y tejados a dos aguas se construyeron para los trabajadores holandeses que llegaron en la década de 1730 por invitación de Federico Guillermo I.

Al sureste de la Platz der Einheit, de la era de la RDA, asoma la gran cúpula neoclásica de **Nikolaikirche** (**☎ 270 8602; Am Alten Markt; 🕑 9.00-19.00 lu-sa, 11.30-19.00 do**), construida en 1850 y complementada por un obelisco y un pequeño pabellón en la antigua plaza del mercado.

NEUER GARTEN

El sinuoso Neuer Garten (Jardín Nuevo) se diseñó al estilo inglés en la orilla occidental del lago Heiliger See y es otro hermoso parque para relajarse. Justo en el lago se alza el neoclásico **Marmorpalais** (**Palacio de Mármol; ☎ 969 4246; circuito adultos/reducida 5/4 €; 🕑 10.00-18.00 ma-do may-oct, 10.00-16.00 sa y do nov-abr**) construido en 1792 por Carl Gotthard Langhans (famoso por la Puerta de Brandeburgo) para Federico Guillermo II.

Más al norte, el **Schloss Cecilienhof** (**☎ 969 4200; adultos/reducida con circuito o audioguía 6/5 €; 🕑 10.00-18.00 ma-do abr-oct, hasta 17.00 nov-mar**) es una rústica casa solariega de estilo inglés que se acabó en 1917 para el príncipe Guillermo y su esposa Cecilia.

HBA/IMAGEBROKER

Neue Kammern (Nuevas Cámaras), Parque Sanssouci, Potsdam.

SI GUSTA...

Si uno se ha quedado cautivado por los **extravagantes palacios de Potsdam**, probablemente se quedará impresionado por todo lo que ofrece esta histórica ciudad. No es de extrañar que sea la excursión más popular desde Berlín:

- **Bildergalerie** (**Galería pictórica; ☎ 969 4181**) Justo al este del Schloss Sanssouci, este imponente edificio de 1763 alberga un festín de cuadros del s. XVII de Rubens, Caravaggio, Van Dyck y otros artistas.
- **Neue Kammern** (**Nuevas Cámaras; ☎ 969 4206**) Al oeste hay una antigua *orangerie* y casa de invitados, cuyo fabuloso interior incluye la alegre Ovidsaal, una regia sala de baile con suelo de mármol rodeada de relieves dorados.
- **Historische Mühle** (**☎ 550 6581**) La Maulbeerallee es la única calle que atraviesa el Parque Sanssouci. En la esquina noreste hay una réplica en activo de un molino de viento del s. XVIII. A los padres les gustan sus piezas históricas y a los niños les encanta observar su enorme mecanismo moledor.
- **Belvedere auf dem Klausberg** (**☎ 969 4206**) Desde el Orangerieschloss, un arbolado sendero forma un eje visual con el pabellón rococó en forma de templo, cuyo suntuoso interior se restauró a la perfección tras los daños de la guerra.

BABELSBERG

Babelsberg es sinónimo de arte cinematográfico. El poderoso UFA empezó a rodar películas aquí en 1912, y en la década de 1920 ya producía films taquilleros como *Metrópolis*, de Fritz Lang, y *El ángel azul*, con Marlene Dietrich. Tras la Segunda Guerra Mundial se convirtió en la base de la productora de Alemania Oriental DEFA, y hoy sus cámaras ruedan en el actual **Studio Babelsberg**.

El motivo principal para visitarlo es el contiguo **Filmpark Babelsberg** (**☎ 721 2750; www.filmpark.de; entrada por Grossbeerenstrasse; adultos/4-14 años/reducida 19/13/16 €; 🕐 10.00-18.00 abr-oct**), un parque de atracciónes temático inspirado en el cine con espectáculos en directo (excelente número de especialistas), un cine en 4D y unas cuantas atracciones poco memorables. Un elemento destacado es el trayecto guiado en tranvía donde se pasará por varios escenarios hasta los platós exteriores, como el del "Muro de Berlín" y la "Calle Berlín".

CÓMO LLEGAR Y SALIR

Los trenes regionales que salen de Berlin-Hauptbahnhof y Zoologischer Garten solo tardan 25 minutos en llegar a Potsdam-Hauptbahnhof; algunos siguen hasta Potsdam-Charlottenhof y Potsdam-Sanssouci, que están más cerca del Parque Sanssouci que la Hauptbahnhof. La línea de S-Bahn S7 que sale del centro de Berlín hace el trayecto en unos 40 minutos. Los billetes desde Berlín deben cubrir las zonas A, B y C (2,80 €) para ser válidos hasta Potsdam.

CAMPO DE CONCENTRACIÓN DE SACHSENHAUSEN

El **Gedenkstätte und Museum Sachsenhausen** (**☎ 03301-2000; www.stiftung-bg.de; Strasse der Nationen 22; entrada gratis; 🕔 8.30-18.00 med mar-med oct, hasta 16.30 med oct-med mar, casi todas las exposiciones cerradas lu**) consiste en varias partes. Ya antes de entrar se verá un **monumento** a los 6000 prisioneros que murieron en la *Todesmarsch* (Marcha de la Muerte) en abril de 1945, cuando los nazis trataron de llevar a los 33 000 presos al Báltico antes de que llegara el Ejército Rojo.

A unos 100 m de la entrada en el campo está la tumba colectiva de los 300 presos fallecidos en la enfermería tras su liberación en abril de 1945. Más allá, en la casa del comandante del campo y en el edificio llamado "Monstruo Verde", las tropas de las SS se entrenaban en el mantenimiento del campo y otras actividades más brutales. Al final de la carretera, el **Neues Museum** (Museo Nuevo) tiene una exposición permanente sobre el precursor del campo, el KZ Oranienburg, que se instaló en una antigua cervecería poco después de que Hitler llegara al poder en 1933.

CÓMO LLEGAR Y SALIR

El S1 de Berlin-Friedrichstrasse (2,80 €, 45 min) pasa cada 20 minutos por Oranienburg y cada hora llegan trenes regionales de Berlin-Hauptbahnhof (2,80 €, 25 min). Desde la estación de Oranienburg hay un paseo señalizado de 20 minutos hasta el campo; el autobús nº 804 pasa cada hora.

SAJONIA

DRESDE

Pocas siluetas urbanas son tan imponentes como la de Dresde. La clásica vista desde la orilla norte del Elba abarca un conjunto de delicados chapiteles, altas torres y regias cúpulas de palacios, iglesias y edificios majestuosos.

La capital sajona fue apodada la "Florencia del Norte" en el s. XVIII, cuando era el centro de la actividad artística presidida por el cosmopolita Augusto el Fuerte (August der Starke) y su hijo Augusto III. Ambos construyeron edificios icónicos como el Zwinger, la Frauenkirche y la Hofkirche. Tras la indiscriminada destrucción de la ciudad por los bombarderos de los Aliados en 1945, es un milagro que varios de sus edificios monumentales sigan de pie hoy en día.

INFORMACIÓN

Oficina de turismo (**☎ 5016 0160; www.dresden-tourist.de; Kulturpalast, Schlossstrasse; 🕔 10.00-19.00 lu-vi, hasta 18.00 sa, hasta 15.00 do**)

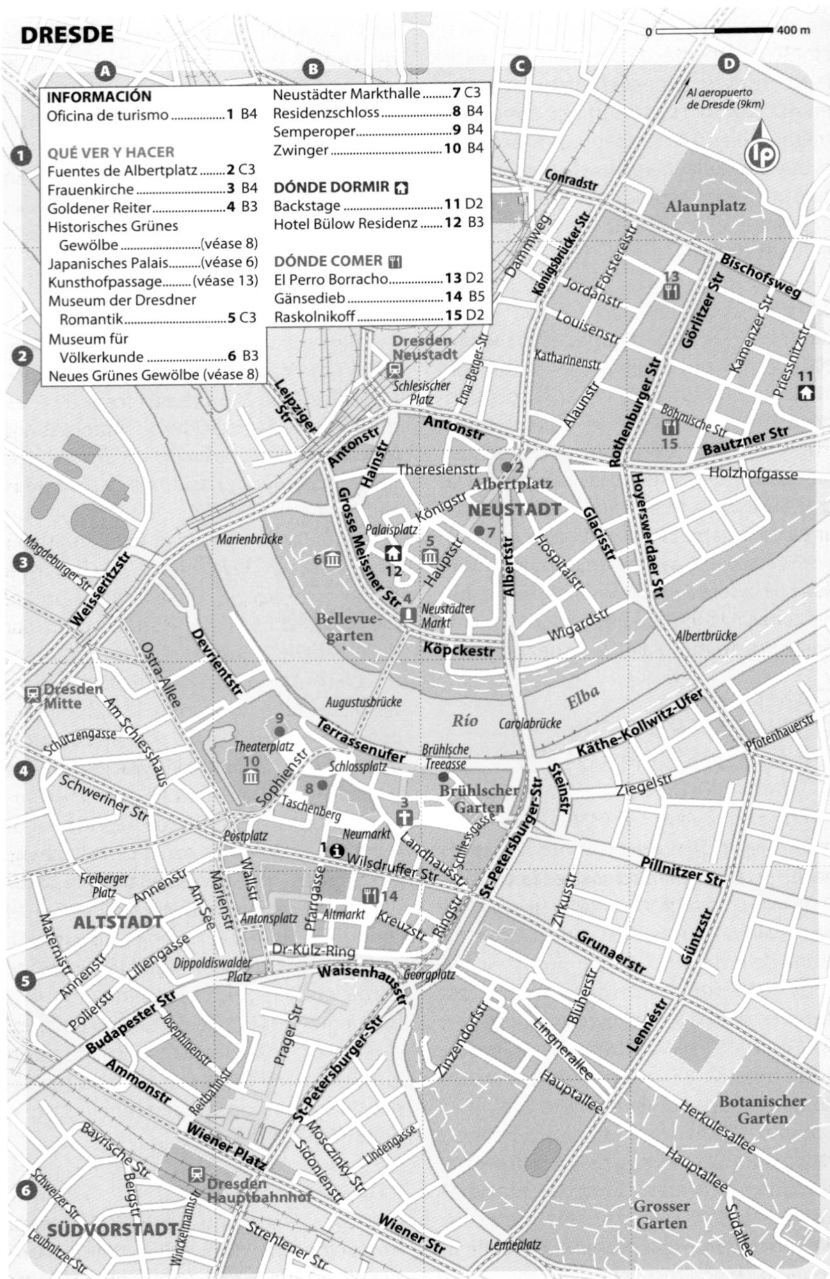
DRESDE
0
400 m
A
B
C
D
1
2
3
4
5
6
INFORMACIÓN
Oficina de turismo 1 B4
QUÉ VER Y HACER
Fuentes de Albertplatz 2 C3
Frauenkirche 3 B4
Goldener Reiter 4 B3
Historisches Grünes Gewölbe .... (véase 8)
Japanisches Palais .... (véase 6)
Kunsthofpassage .... (véase 13)
Museum der Dresdner Romantik 5 C3
Museum für Völkerkunde 6 B3
Neues Grünes Gewölbe (véase 8)
Neustädter Markthalle 7 C3
Residenzschloss 8 B4
Semperoper 9 B4
Zwinger 10 B4
DÓNDE DORMIR
Backstage 11 D2
Hotel Bülow Residenz 12 B3
DÓNDE COMER
El Perro Borracho 13 D2
Gänsedieb 14 B5
Raskolnikoff 15 D2
Al aeropuerto de Dresde (9km)
Conradstr
Alaunplatz
Dammweg
Königsbrücker Str
Förstereistr
Jordanstr
Louisenstr
Bischofsweg
Görlitzer Str
Kamenzer Str
Priessnitzstr
Katharinenstr
Dresden Neustadt
Schlesischer Platz
Erna-Berger-Str
Leipziger Str
Alaunstr
Rothenburger Str
Böhmische Str
Bautzner Str
Holzhofgasse
Antonstr
Hainstr
Theresienstr
Albertplatz
Königstr
NEUSTADT
Glacisstr
Hoyerswerdaer Str
Grosse Meissner Str
Palaisplatz
Hauptstr
Hospitalstr
Albertstr
Marienbrücke
Magdeburger Str
Weisseritzstr
Neustädter Markt
Bellevue-garten
Wigardstr
Albertbrücke
Köpckestr
Devrientstr
Ostra-Allee
Dresden Mitte
Am Schiesshaus
Augustusbrücke
Elba
Río
Carolabrücke
Käthe-Kollwitz-Ufer
Pfotenhauerstr
Schützengasse
Theaterplatz
Terrassenufer
Brühlsche Treeasse
Schlossplatz
Brühlscher Garten
Steinstr
Ziegelstr
Schweriner Str
Sophienstr
Taschenberg
Schiessgasse
St-Petersburger-Str
Postplatz
Neumarkt
Landhausstr
Wilsdruffer Str
Pillnitzer Str
Freiberger Platz
Annenstr
Am See
Marienstr
Wallstr
Pfarrgasse
Zirkusstr
ALTSTADT
Antonsplatz
Altmarkt
Kreuzstr
Ringstr
Grunaerstr
Güntzstr
Maternistr
Lilliengasse
Dippoldiswalder Platz
Dr-Külz-Ring
Waisenhausstr
Georgplatz
Annenstr
Polierstr
Budapester Str
Josephinenstr
Prager Str
St-Petersburger-Str
Zinzendorfstr
Blüherstr
Lingnerallee
Lennéstr
Ammonstr
Reitbahnstr
Hauptallee
Botanischer Garten
Herkulesallee
Bayrische Str
Wiener Platz
Mosczinsky Str
Lindengasse
Hauptallee
Schweizer Str
Bergstr
Dresden Hauptbahnhof
Sidonienstr
Grosser Garten
Südallee
SÜDVORSTADT
Leubnitzer Str
Winckelmannstr
Strehlener Str
Wiener Str
Lenneplatz

PUNTOS DE INTERÉS

FRAUENKIRCHE

Esta iglesia (☎ centro de visitantes 6560 6100, entradas 6560 6701; www.frauenkirche-dresden.de; entrada gratis; 🕒 10.00-12.00 y 13.00-18.00 lu-vi, horario limitado los fines de semana) rematada por una cúpula se levantó literalmente de sus cenizas y es uno de los símbolos más queridos de Dresde. La original, diseñada por Georg Bähr, embelleció la silueta de la ciudad durante dos siglos antes de derrumbarse dos días después del bombardeo de febrero de 1945. La RDA dejó allí sus escombros como monumento bélico, pero tras la reunificación cobró impulso un movimiento popular para reconstruir el emblemático edificio. Se consagró en noviembre de 2005, un año antes de lo esperado.

Viva imagen de la original, tal vez no lleve sobre sus hombros la solemnidad del paso del tiempo, pero eso solo distrae ligeramente de su alegre belleza interior y exterior. El altar, montado a partir de casi 2000 fragmentos, es especialmente impresionante.

RESIDENZSCHLOSS

Hogar de los reyes sajones hasta 1918, el elemento más destacado del neorrenacentista Residenzschloss es la Grünes Gewölbe (Bóveda Verde). Se devolvió al palacio tras la reconstrucción de posguerra y es de visita obligada.

La Neues Grünes Gewölbe (Nueva Bóveda Verde; ☎ 4914 2000; adultos/reducida audioguía incl. 6/3,50 €; 🕒 10.00-18.00 mi-lu) tiene unos 1000 objetos en 10 modernas salas en la planta superior. Entre las piezas más valiosas se halla una fragata de marfil con finísimas velas, un hueso de cereza con 185 caras talladas y un exótico conjunto de 132 figurillas con incrustaciones de gemas que representa una corte real en la India.

Abajo, el sensacional Historisches Grünes Gewölbe (Bóveda Verde Histórica; ☎ entradas e información 4914 2000; www.skd-dresden.de; entrada audioguía incl. 10 €; 🕒 10.00-19.00 mi-lu) exhibe otros 3000 objetos distribuidos en estanterías y mesas en una serie de salas a cual más suntuosa, tal como estaban en tiempos de Augusto el Fuerte.

SEMPEROPER

La original Semperoper (Ópera; ☎ 491 1496; www.semperoper.de; circuitos adultos/reducida 7/3,50 €) se quemó apenas tres décadas después de su inauguración, en 1841. Cuando volvió a abrirse en 1878, esta joya neorrenacentista entró en su período más deslumbrante, que vio los estrenos de obras de Richard Strauss, Carl Maria von Weber y Richard Wagner. Pero la Segunda Guerra Mundial puso fin a la diversión y la música no volvió a llenar su sala principal hasta 1985.

ZWINGER

Junto a la Ópera, el extenso Zwinger (☎ 4914 2000; 🕒 10.00-18.00 ma-do) se halla entre los edificios barrocos más hermosos de toda Alemania. Nació de una colaboración entre el arquitecto Matthäus Pöppelmann y el escultor Balthasar Permoser, y fue concebido como un palacio festivo para la realeza, pese a su extraño nombre (que significa "mazmorra"). Se verá a Atlas con el mundo a sus espaldas y frente a él un bonito carillón de 40 campanas de porcelana de Meissen que suenan cada 15 minutos.

NEUSTADT

Pese a su nombre, Neustadt es de hecho una parte antigua de Dresde que fue menos devastada durante la Segunda Guerra Mundial que el Altstadt. Lo primero que llama la atención al cruzar

Augustusbrücke es la reluciente estatua *Goldener Reiter* (1736) de Augusto el Fuerte. Al norte de la misma se halla la Hauptstrasse, una calle comercial flanqueada por árboles que alberga el **Museum der Dresdner Romantik** (**Museo de Romanticismo de Dresde; ☎ 804 4760; Hauptstrasse 13; adultos/reducida 3/2 €; 🕑 10.00-18.00 mi-do**), que documenta los movimientos artísticos e intelectuales de la ciudad a principios del s. XIX.

Al otro lado de la Hauptstrasse, el **Neustädter Markthalle**, un antiguo mercado bellamente restaurado (se entra por Metzer Strasse), ofrece una tranquila visita de compras, con puestos que venden de todo, desde productos rusos hasta juguetes de madera. También tiene un supermercado.

La Hauptstrasse culmina en la **Albertplatz,** con sus dos imponentes **fuentes** que representan aguas quietas y turbulentas. La Königstrasse discurre al suroeste de la Albertplatz hasta el **Japanisches Palais** (1737). En su interior está el **Museum für Völkerkunde** (**Museo de Etnología; ☎ 814 4814; Palaisplatz 11; adultos/reducida 4/2 €; 🕑 10.00-18.00 ma-do**), que tiene más de 70 000 objetos antropológicos de todos los rincones del mundo.

Al norte de la Albertplatz, la Äussere Neustadt es una telaraña de calles estrechas, casas patricias de finales del s. XIX y patios ocultos, todos llenos a rebosar de *pubs*, clubes, galerías y originales tiendas. Uno de los elementos destacados es el **Kunsthofpassage** (se entra por Alaunstrasse 70 o Görlitzer Strasse 21), una serie de cinco patios de caprichoso diseño, cada uno reflejo de la visión de un artista de Dresde.

DÓNDE DORMIR Y COMER

Backstage (**☎ 8887 777; www.backstage-dresden.de; Priessnitzstrasse 12; h desde 74 €;** Ⓟ 📶) Bonita fábrica remodelada donde cada una de sus habitaciones ha sido diseñada por un artista local. Una tiene una cama con dosel hecha íntegramente de bambú; otras tienen baños gaudinianos.

Hotel Bülow Residenz (**☎ 800 30; www.buelow-residenz.de; Rähnitzstrasse 19; i/d 195/250 €, desayuno 19 €;** Ⓟ ⊠ ❄ 📶) Este sitio rezuma clase, desde su copa de bienvenida hasta las gominolas en forma de osito que ofrece al anochecer o el minibar y el Wi-Fi (ambos gratis). Hasta las habitaciones estándar son espaciosas, y el restaurante también tiene buena reputación.

El Perro Borracho (**☎ 803 6723; Alaunstrasse 70, Kunsthof; tapas 3,30 €**) Prácticamente bloquea una de las entradas al Kunsthofpassage. Es un ruidoso restaurante estupendo para tomar una copa de Rioja y unas tapas en su patio adoquinado.

Raskolnikoff (**☎ 804 5706; Böhmische Strasse 34; platos principales 5-14 €**) Este bohemio café tras una desvencijada fachada fue uno de los primeros *pubs* de la era post-*Wende* (poscomunista) de Neustadt. Ofrece un menú que abarca del *borscht* a la *quiche* Lorraine y al salmón ahumado. Tiene mesas en un bonito jardín al fondo y una galería y habitaciones sencillas en la planta de arriba (i y d de 40 a 55 €).

Gänsedieb (**☎ 485 0905; Weisse Gasse 1; platos principales 8-17 €**) Vale la pena echar un vistazo al Weisse Gasse, "Ladrón de gansos", que sirve grandes *schnitzels*, *goulash* y bistecs junto a un surtido completo de cervezas bávaras Paulaner. El nombre lo inspiró la fuente que hay en la puerta.

CÓMO LLEGAR Y SALIR

El **aeropuerto de Dresde** (**☎ 881 3360; www.dresden-airport.de**) tiene sobre todo vuelos nacionales y chárter.

Dresde está 2¼ horas al sur de la Berlin-Hauptbahnhof (36 €). Para ir a Leipzig se

WER/IMAGEBROKER

Demostración de cómo se pinta la porcelana, Meissen.

puede escoger entre los trenes ICE (29 €, 1½ h), que pasan cada hora, o los RE (20,80 €, 1½ h). El S-Bahn sale cada media hora a Meissen (5,30 €, 40 min) y Bad Schandau (5,30 €, 50 min). Hay conexiones a Frankfurt am Main (85 €, 5 h) y Praga (30,70 €, 2 h).

MEISSEN

A horcajadas del Elba, unos 25 km corriente arriba desde Dresde, se localiza Meissen, una población sajona compacta y muy bien conservada llena de visitantes de un día. Por encima de la ciudad, el palacio Albrechtsburg, que en 1710 se convirtió en la cuna de la fabricación europea de porcelana, corona una rocosa cordillera. La porcelana de Meissen, famosa en el mundo entero, se reconoce por su sello de la casa, que consiste en unas espadas azules cruzadas, y sigue siendo la mayor atracción de los autobuses turísticos. Por suerte, las calles adoquinadas de su Altstadt, sus rincones de ensueño e idílicos patios brindan una huida de la sofocante multitud.

INFORMACIÓN

Oficina de turismo (☎ 419 40; www.touristinfo-meissen.de; Markt 3; 🕓 10.00-18.00 lu-vi, 10.00-16.00 sa y do abr-oct, 10.00-17.00 lu-vi, 10.00-15.00 sa nov, dic, feb y mar)

PUNTOS DE INTERÉS

La Markt (plaza) está flanqueada por el **Rathaus** (Ayuntamiento; 1472) y la gótica **Frauenkirche** (☎ 453 832; torre adultos/reducida 2/1 €; 🕓 10.00-12.00 y 14.00-16.00 abr-oct), cuyo carillón es el más antiguo del mundo hecho de porcelana. Toca una cancioncilla distinta seis veces al día. Desde la torre se goza de la vista de los tejados rojos del Altstadt.

Junto al palacio está la modesta **Dom** (catedral; ☎ 452 490; Domplatz 7; adultos/reducida/familias 2,50/1,50/6 €; 🕓 10.00-18.00 mar-oct, hasta 16.00 nov-feb), una obra de arte gótico ennegrecida de hollín con vidrieras medievales de colores y un coro con estatuas de delicada talla. Una entrada combinada para ambos edificios cuesta 6/3/15 €.

No hay un "momento tranquilo" para visitar el popular y sin duda obligado **Museo** de Meissen (Porzellan-Museum) (☎ 468 208; Talstrasse 9; adultos/reducida/familias 8,50/4,50/18 €; ⏰ 9.00-18.00 may-oct, hasta 17.00 nov-abr), pero vale la pena enfrentarse a la cola para admirar el increíble arte y habilidad que hace única la porcelana de Meissen.

CÓMO LLEGAR Y DESPLAZARSE

Desde Dresde hay que tomar el S1 (5,30 €, 37 min) a Meissen, que pasa cada media hora. Para ir a la fábrica de porcelana, hay que bajarse en Meissen-Triebischtal.

Un modo más lento pero más divertido de ir es en un barco de vapor de **Sächsische Dampfschiffahrt** (☎ 866 090; www.saechsische-dampfschiffahrt.de). Salen desde el Terrassenufer de Dresde y regresan a las 14.45, pero tardan tres horas en hacer el trayecto. Mucha gente va en barco y vuelve en tren.

LEIPZIG

Es un importante centro de transporte y de negocios, una meca del comercio justo y, probablemente, la ciudad más dinámica de Alemania oriental.

Leipzig se dio a conocer como la *Stadt der Helden* (Ciudad de los Héroes) por su

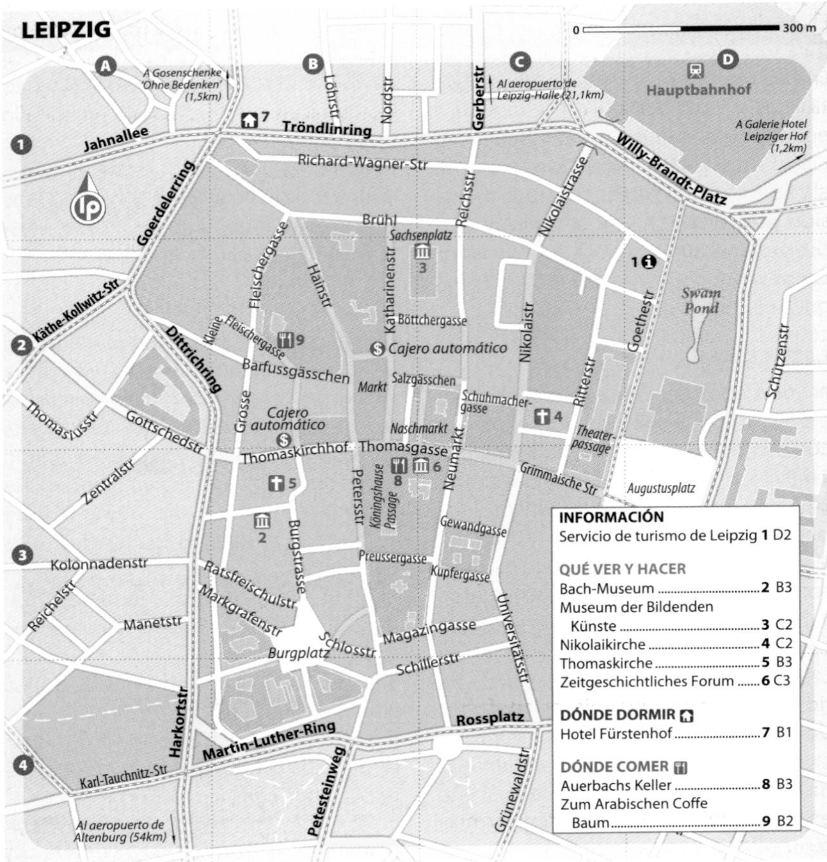

INFORMACIÓN
Servicio de turismo de Leipzig **1** D2

QUÉ VER Y HACER
Bach-Museum **2** B3
Museum der Bildenden Künste **3** C2
Nikolaikirche **4** C2
Thomaskirche **5** B3
Zeitgeschichtliches Forum **6** C3

DÓNDE DORMIR
Hotel Fürstenhof **7** B1

DÓNDE COMER
Auerbachs Keller **8** B3
Zum Arabischen Coffe Baum **9** B2

papel protagonista en la "revolución pacífica" de 1989. Sus habitantes organizaron protestas contra el régimen comunista en mayo de ese año; en octubre, cientos de miles tomaron las calles, colocaron velas en los escalones de la sede de la Stasi (policía secreta comunista) y asistieron a oficios por la paz en Nikolaikirche.

INFORMACIÓN

Servicio de turismo de Leipzig (☎ 710 4260; www.leipzig.de; Richard-Wagner-Strasse 1; 9.30-18.00 lu-vi, hasta 16.00 sa, hasta 15.00 do)

PUNTOS DE INTERÉS

El excelente **Zeitgeschichtliches Forum** (Foro de Historia Contemporánea; ☎ 222 00; Grimmaische Strasse 6; entrada gratis; 9.00-18.00 ma-vi, 10.00-18.00 sa y do) se inauguró en 1999 y documenta la historia de la RDA desde la división y la dictadura hasta el éxtasis de la caída del Muro y la depresión post-*Wende*. Entre sus piezas más destacadas se cuenta el cartel real de Checkpoint Charlie, archivos de película que muestran a los berlineses mirando con incredulidad cómo se levantaba el Muro y una sala de estar inspirada en la era de la RDA.

En la RDA las paredes tenían oídos, como bien muestra este **museo** (☎ 961 2443; www.runde-ecke-leipzig.de; Dittrichring 24; entrada gratis; 10.00-18.00) sobre el poder omnipotente del Ministerio para la Seguridad del Estado (Stasi), la policía secreta del país. Está en la antigua sede de la Stasi de Leipzig, en un edificio conocido como la Runde Ecke (Esquina Redonda). Las exposiciones sobre propaganda, los ridículos disfraces, ingeniosos artefactos de vigilancia, reclutamiento infantil, archivo de rastros y demás escalofriantes maquinaciones desvelan el celo de la RDA en cuestiones de control, manipulación y represión de su propio pueblo.

La mayor iglesia de Leipzig, la **Nikolaikirche** (iglesia de San Nicolás; ☎ 960 5270; 10.00-18.00), tiene raíces románicas y góticas, pero hoy luce un increíble interior clásico con columnas en forma de palmeras y bancos color crema. Desempeñó un papel clave en el movimiento pacífico que acabó derribando el régimen de la RDA. En 1982 empezó a acoger "oraciones por la paz" todos los lunes a las 17.00 (y todavía lo hace) y en 1989 se convirtió en el principal punto de encuentro de los manifestantes pacíficos.

El compositor Johann Sebastian Bach trabajó en la **Thomaskirche** (iglesia de Santo Tomás; ☎ 2222 4200; www.thomaskirche.org; Thomaskirchhof 18; 9.00-18.00) como cantor desde 1723 hasta su muerte en 1750, y sus restos yacen enterrados bajo un epitafio

SBE/IMAGEBROKER

Interior de la Nikolaikirche (iglesia de San Nicolás), Leipzig.

de bronce cerca del altar. El Thomanerchor, en su día dirigido por Bach, sigue en activo y está compuesto por 100 chicos de entre 8 y 18 años. Frente a la Thomaskirche, el **Bach-Museum** (☎ **964 110; www.bach-leipzig.de; Thomaskirchhof 16; adultos/reducida 6/4 €; 10.00-18.00 ma-sa**) presenta la vida y obra de Bach mediante experimentos de sonido y terminales multimedia interactivos, así como la consola de un órgano examinada por Bach en 1743.

Un moderno cubo de cristal alberga al **Museum der Bildenden Künste** (**Museo de Bellas Artes; ☎ 216 990; Katharinenstrasse 10; adultos/reducida exposición permanente 5/3,50 €, exposición temporal desde 6/4 €, entrada combinada desde 8/5,50 €; 10.00-18.00 ma y ju-do, 12.00-20.00 mi**), que tiene una respetable colección de cuadros desde el s. XV hasta la actualidad, incluidas obras de Caspar David Friedrich, Lucas Cranach el Joven y Claude Monet.

DÓNDE DORMIR Y COMER

Galerie Hotel Leipziger Hof (☎ **697 40; www.leipziger-hof.de; Hedwigstrasse 1-3; i 69-150 €, d 89-180 €**) Esta "galería con habitaciones", que rebosa de obras originales de artistas locales desde 1989, es un sitio único en Leipzig. Es un alojamiento de primera pero relativamente asequible, lo mismo que el restaurante.

Hotel Fürstenhof (☎ **1400; www.luxurycollection.com/fuerstenhof; Tröndlinring 8; h desde 200 €, desayuno 25 €**) Forma parte del escenario hotelero de Leipzig desde hace 200 años. Tiene un actualizado aire a Viejo Mundo, un servicio impecable, un restaurante *gourmet* y un relajante *spa* y piscina en una especie de gruta.

Gosenschenke 'Ohne Bedenken' (☎ **566 2360; Menckestrasse 5; platos principales 6-16 €; 12.00-1.00**) Institución histórica respaldada por la más bella cervecería al aire libre de la ciudad; es el lugar ideal para probar la *Gose*, una cerveza local fermentada de gran calidad que suele servirse con un chorro de licor. En el menú predomina la carne.

Zum Arabischen Coffe Baum (☎ **961 0061; Kleine Fleischergasse 4; platos principales 7,50-17 €; 11.00-24.00**) La posada más antigua

JMW/IMAGEBROKER

Domplatz, Erfurt.

de Leipzig alberga seis restaurantes y está abarrotada, pero los pasteles y comidas son excelentes y tiene un museo del café gratis. El compositor Robert Schumann solía venir aquí.

Auerbachs Keller (☎ **216 100; Grimmaische Strasse 2-4, Mädlerpassage; platos principales 8-25 €**) Se fundó en 1525 y es uno de los restaurantes más célebres del país. Es acogedor y turístico, sirve buena comida y el entorno es memorable. En la primera parte del *Fausto* de Goethe, Mefistófeles y Fausto acuden aquí con unos cuantos estudiantes. La escena se representa en el tronco de un árbol tallado en lo que hoy es la Goethe Room (adonde se dice que el gran escritor acudía para "inspirarse").

CÓMO LLEGAR Y SALIR

AVIÓN

El **aeropuerto de Leipzig-Halle** (☎ **224 1155; www.leipzig-halle-airport.de**) tiene vuelos nacionales e internacionales de dos docenas de líneas aéreas, incluidas Lufthansa, Germanwings, Air Berlin, Condor y Austrian Airlines. Ryanair vuela al **aeropuerto de Altenburg** (**www.flughafen-altenburg.de**) desde London-Stansted y Edimburgo.

TREN

Leipzig es un importante vínculo entre Alemania oriental y occidental, con conexiones a todas las grandes ciudades. Hay servicios frecuentes a Frankfurt am Main (70 €, 3½ h), Múnich (87 €, 5 h), Dresde (20,80 €, 1½ h) y Berlín (42 €, 1¼ h).

TURINGIA

ERFURT

La capital de Turingia es una hermosa combinación de extensas plazas, callejones desgastados por el tiempo, alegres torres de iglesias, idílicos paisajes fluviales y viejas tabernas y posadas. Fue fundada como obispado junto al pequeño río Gera por el infatigable misionero san Bonifacio en 742 y fue catapultada a la prominencia y prosperidad en la Edad Media, cuando empezó a producir un precioso pigmento azul de añil. En 1392 sus ricos mercaderes fundaron la universidad, que permitió a sus alumnos estudiar la ley civil –Derecho– además de la ley divina. Su licenciado más célebre fue Martín Lutero, que estudió filosofía antes de convertirse en monje del monasterio agustino en 1505.

INFORMACIÓN

Oficina de turismo de Erfurt (**www.erfurt-tourismus.de**) Benediktsplatz (☎ **664 00; Benediktsplatz 1;** 🕒 **10.00-19.00 lu-vi, 10.00-18.00 sa, 10.00-16.00 do abr-dic, 10.00-18.00 lu-sa, 10.00-16.00 do ene-mar**); Petersberg (☎ **6015 384;** 🕒 **11.00-18.30 abr-oct, 11.00-16.00 nov y dic**) Vende la ErfurtCard (12,90 €/48 h), que incluye un circuito por la urbe, transporte público y entradas gratis o con descuento.

PUNTOS DE INTERÉS

La **Mariendom** (**catedral de Santa maría;** ☎ **646 1265; Domplatz;** 🕒 **9.00-18.00 lu-sa, 13.00-18.00 do may-oct, 10.00-11.30 y 12.30-16.00 lu-sa, 14.00-16.00 do nov-abr**) tiene sus orígenes como simple capilla fundada en 742 por san Bonifacio, pero su pila gótica es del s. XIV.

La **Severikirche** (☎ **576 960; Domplatz;** 🕒 **9.00-18.00 lu-sa, 13.00-18.00 do may-oct, 10.00-11.30 y 12.30-16.00 lu-sa, 14.00-16.00 do nov-abr**) es una iglesia de cinco naves (1280) con una **Virgen** (1345) de piedra, una **pila bautismal** (1467) de 15 m de altura y el sarcófago de **san Severo** entre sus tesoros más preciados.

En la colina de Petersberg, al noroeste de la Domplatz, la **Zitadelle Petersberg** se halla entre las fortalezas barrocas más grandes y mejor conservadas de Europa. Se alza encima de un enjambre de túneles, que pueden visitarse en **circuitos**

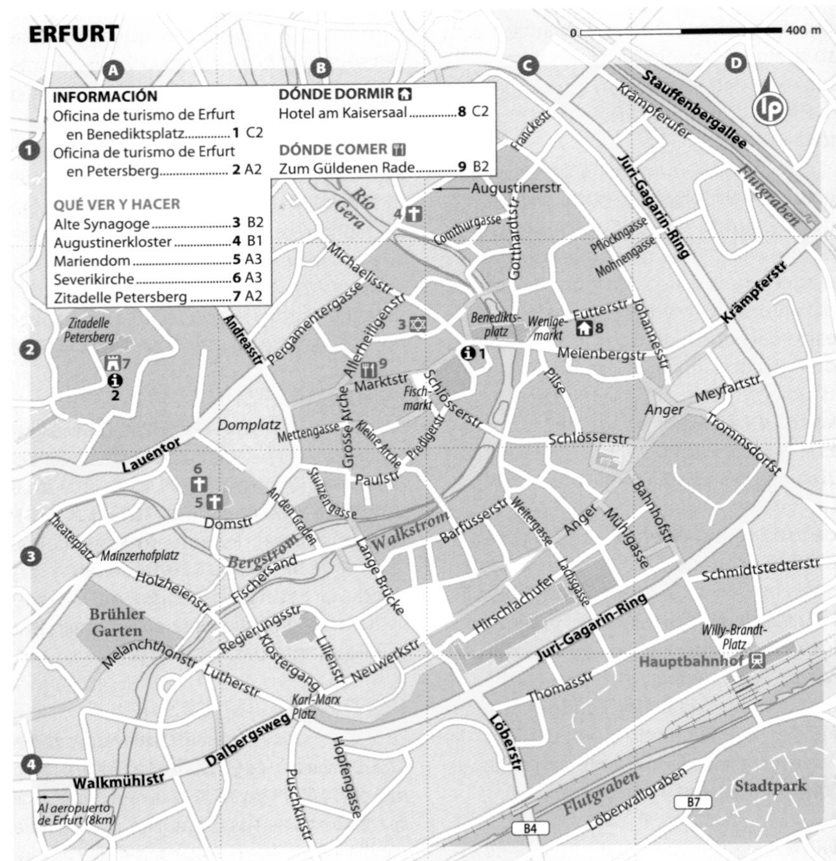

guiados (**adultos/reducida 8/4 €; circuitos 19.00 vi y sa may-oct**) dirigidos por la oficina de turismo.

Para información sobre Lutero, hay que visitar el **Augustinerkloster** (**monasterio agustino; ☎ 576 600; Augustinerstrasse 10, se entra por Comthurgasse; circuitos adultos/reducida 5/3 €; circuitos cada hora 10.00-12.00 y 14.00-17.00 lu-sa, 11.00, 14.00 y 15.00 do abr-oct, hasta 16.00 lu-sa nov-mar**). Aquí vivió el reformista entre 1505 y 1511, fue ordenado monje y leyó su primera misa.

La **Alte Synagoge** (**Antigua sinagoga; ☎ 655 1608; http://alte-synagoge.erfurt.de; Waagegasse 8; entrada adultos/estudiantes menores de 27/niños 5/1,50/1,50 €; 10.00-18.00 ma-do**) de Erfurt es uno de los templos judíos más antiguos de Europa. Sus raíces se remontan al s. XII. Tras el pogromo de 1349, se convirtió en unos almacenes y, después de pasar décadas vacía, hoy se ha restaurado como museo y espacio de exposiciones.

DÓNDE DORMIR Y COMER

Hotel am Kaisersaal (**☎ 658 560; www.hotel-am-kaisersaal.de; Futterstrasse 8; i 84-94 €, d 100-110 €; P**) Las habitaciones son excelentes y tienen todas las comodidades modernas que se esperan de un hotel de su categoría. Si molesta el ruido de la calle, habrá que pedir una con vistas al patio.

Zum Güldenen Rade (☎ **561 3506; Marktstrasse 50; platos principales 8,50-15 €;** ⏲ **11.00-24.00**) Es una preciosa casa patricia que hace siglos albergó una fábrica de tabaco. Sirve las mejores bolitas de patata de la ciudad. Aparte de la versión clásica con salsa de carne, también se pueden pedir rellenas, por ejemplo de espinacas o salmón, o con morcilla o paté de hígado.

CÓMO LLEGAR Y SALIR

El minúsculo **Flughafen Erfurt** (☎ **656 2200; www.flughafen-erfurt.de; Binderlebener Landstrasse 100**) está unos 6 km al oeste del centro y en él operan Air Berlin y unas cuantas compañías con vuelos chárter.

Erfurt tiene trenes IC directos a Berlin-Hauptbahnhof (54 €, 2½ h) y conexiones ICE con Dresde (48 €, 2½ h) y Frankfurt am Main (51 €, 2¼ h). Hay trenes regionales a Weimar (4,40 €, 15 min) y Eisenach (10,30 €, 50 min) cada hora como mínimo.

WEIMAR

No es una ciudad monumental ni medieval, y atrae a gente cuyo gusto se inclina por los placeres culturales e intelectuales. Al fin y al cabo, es el epicentro de la Ilustración alemana, símbolo de todo lo bueno y grande en la cultura del país. Un panteón entero de colosos intelectuales y artistas vivió y trabajó aquí: Goethe, Schiller, Bach, Cranach, Liszt, Nietzsche, Gropius, Herder, Feininger, Kandinsky, Klee… La lista es interminable.

Las fantasmales ruinas del campo de concentración de Buchenwald, por otro lado, brindan una inquietante prueba de los terrores del régimen nazi. La Bauhaus y varios lugares clásicos de Weimar son Patrimonio Mundial.

INFORMACIÓN

Oficina de turismo (☎ **7450; www.weimar.de; Markt 10;** ⏲ **9.30-18.00 lu-vi, hasta 15.00 sa y do abr-oct, 9.30-18.00 lu-vi, hasta 14.00 sa y do nov-mar**) Vende la WeimarCard (10 €/ 72 h), que ofrece entradas gratis o con descuento a museos, viajes en autobuses urbanos y demás beneficios.

PUNTOS DE INTERÉS

Nadie está tan vinculado a Weimar como Johann Wolfgang von Goethe, que vivió en esta ciudad desde 1775 hasta su muerte, en 1832, los últimos 50 años en la actual **Goethe Haus** (☎ **545 401; Frauenplan 1; adultos/menores de 16 años/reducida 8,50 €/ gratis/7 €;** ⏲ **9.00-18.00 ma-vi y do, hasta 19.00 sa abr-sep, hasta 18.00 ma-do oct, hasta 16.00 ma-do nov-mar**) donde trabajó, estudió y escribió *Fausto* y otras obras inmortales.

El dramaturgo y amigo de Goethe, Friedrich von Schiller, vivió en Weimar desde 1799 hasta su muerte prematura en 1805. Sin embargo, a diferencia de Goethe, tuvo que comprar su casa, hoy la **Schiller Haus** (☎ **545 401; Schillerstrasse 12; adultos/reducida/menores de 16 años 5/4 €/gratis;** ⏲ **9.00-18.00 ma-vi y do, 9.00-19.00 sa abr-sep, 9.00-18.00 ma-do oct, 9.00-16.00 ma-do nov-mar**). Se puede aprender sobre el autor, su familia y su vida en Turingia gracias a una nueva exposición permanente antes de visitar su casa, incluido el estudio con su lecho de muerte y el escritorio donde escribió *Guillermo Tell* y otras obras célebres.

El extenso Park an der Ilm (Parque Ilm), al este del Altstadt, es hoy tan romántico e inspirador como cuando Goethe vivió aquí desde 1776 hasta 1782, en la actual **Goethes Gartenhaus** (☎ **545 401; adultos/menores de 16 años/reducida 4,50 €/gratis/3,50 €;** ⏲ **10.00-18.00 abr-oct, hasta 16.00 nov-mar**). Al darle esta sencilla casita de campo, Carlos Augusto convenció a Goethe de que se quedara en Weimar.

En el extremo occidental del parque se halla el **Liszt-Museum** (☎ **545 401;**

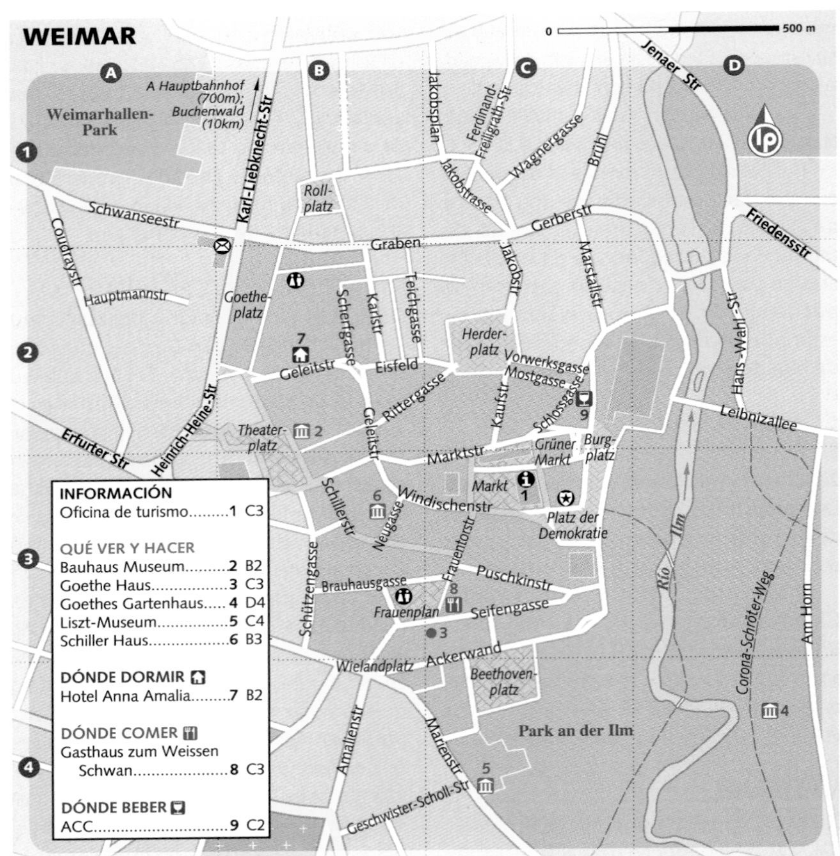

Marienstrasse 17; adultos/menores de 16 años/reducida 4 €/gratis/3 €; 10.00-18.00 mi-lu abr-oct), donde el compositor y pianista vivió en Weimar en 1848 y de nuevo entre 1869 y 1886, y donde escribió obras como las *Rapsodias húngaras* y la *Sinfonía de Fausto*.

Teniendo en cuenta que Weimar es la cuna de la influyente escuela de la Bauhaus, el **Bauhaus Museum** (**☎ 545 401; Theaterplatz; adultos/reducida 4,50/3,50 €; 10.00-18.00**) es bastante modesto. Pero esto cambiará cuando traslade su sede a un nuevo y ostentoso edificio en 2013. Entretanto, el antiguo presenta exposiciones temporales sobre el profundo impacto del grupo en el diseño y la construcción modernos.

DÓNDE DORMIR Y COMER

Hotel Anna Amalia (**☎ 495 60; www.hotel-anna-amalia.de; Geleitstrasse 8-12; i 60-75 €, d 85-120 €, apt 120-180 €; P ⊠ ᯤ**) Un aire mediterráneo, con su paleta de colores frescos y agradables, rezuma alegría en este hotel regentado por una familia cerca de Goetheplatz. Para más estilo y espacio, hay que reservar uno de los apartamentos, donde pueden dormir hasta cuatro personas.

ACC (☎ 851 161; www.acc-cafe.de; Burgplatz 1; platos 5-10 €; 11.00-24.00 lu-vi, 10.00-24.00 sa y do;) Goethe se alojó aquí al llegar a Weimar. Hoy acude una clientela seudoartística de altos vuelos. La comida y el vino son en su mayoría ecológicos y la galería superior ofrece un vistazo al panorama artístico local. Los propietarios también alquilan una habitación y un piso (www.goethezimmer.de), ambos bien amueblados.

Gasthaus zum Weissen Schwan (☎ 908 751; Frauentorstrasse 23; platos principales 11-20 €; 12.00-24.00 mi-do;) Para degustar el plato favorito de Goethe (ternera hervida con salsa de hierbas, ensalada de remolacha y patatas), que de hecho es de su ciudad natal, Frankfurt del Main. El resto del menú se compone de excelentes platos de Turingia.

CÓMO LLEGAR Y SALIR

Hay servicios frecuentes de ICE a Frankfurt am Main (55 €, 2½ h), Leipzig (25 €, 50 min) y Dresde (44 €, 2¼ h); y el tren IC va a Berlín-Hauptbahnhof (51 €, 2¼ h). También hay servicios varias veces cada hora a Erfurt (5 €, 15 min) y Eisenach (13,30 €, 1¼ h), y otros frecuentes a Jena-West (5 €, 15 min).

CAMPO DE CONCENTRACIÓN DE BUCHENWALD

Su **museo y monumento conmemorativo** (☎ 03643-4300; www.buchenwald.de; Ettersberg; entrada gratis; edificios y exposiciones 10.00-18.00 ma-do abr-oct, 10.00-16.00 ma-do nov-mar, jardines abiertos hasta la puesta de sol) están 10 km al noroeste de Weimar. Primero se pasa por el monumento erigido encima de las tumbas colectivas de las 56 500 víctimas de 18 países que murieron aquí –incluidos judíos, alemanes antifascistas y prisioneros de guerra soviéticos y polacos. El campo de concentración y museo están 1 km después del monumento. Muchos comunistas alemanes y socialdemócratas destacados, entre ellos Ernst Thälmann y Rudolf Breitscheid, fueron asesinados aquí. Entre 1937 y 1945, más de una quinta parte de las 250 000 personas encarceladas aquí fallecieron.

Para llegar hay que tomar el autobús nº 6 (en dirección Buchenwald) desde la Goetheplatz de Weimar. En coche, hay que ir al norte por Ettersburger Strasse desde la estación de trenes de Weimar y girar a la izquierda en Blutstrasse.

SAJONIA-ANHALT

DESSAU-ROSSLAU

Para los adictos a la Bauhaus, Dessau es la veta madre del movimiento. En ningún sitio del mundo hay una mayor concentración de edificios originales de la Bauhaus

DAVID PEEVERS

Valla del campo de concentración de Buchenwald.

de la década de 1920 que en esta ciudad a orillas del Elba. Se la considera el "manifiesto construido de ideas de la Bauhaus" y fue el hogar de la escuela de diseño más influyente del s. xx durante su período más creativo, entre 1925 y 1932.

INFORMACIÓN

Oficina de turismo (☎ 204 1442, accommodation 220 3003; www.dessau-rosslau-tourismus.de; Zerbster Strasse 2c; 🕑 9.00-18.00 lu-vi, 9.00-13.00 sa abr-oct, 9.00-17.00 lu-vi, 10.00-13.00 sa nov-mar)

KAS/IMAGEBROKER

Interior de la Lutherhaus, Eisenach.

SI GUSTA...

Si el viajero es admirador acérrimo de **Bach** y no se cansa de los antiguos derroteros de **Lutero,** debe ir a **Eisenach** (www.eisenach.info), al oeste de Erfurt, cuyo modesto aspecto oculta su relación con estos dos pesos pesados alemanes:

- **Wartburg** (☎ 2500; www.wartburg-eisenach.de; circuito adultos/reducida 8/5 €, solo museo y estudio de Lutero 4/2,50 €; 🕑 circuitos 8.30-17.00 mar-oct, 9.00-15.30 nov-feb) En este castillo medieval es donde Martín Lutero se ocultó en 1521 bajo el supuesto nombre de Junker Jörg tras ser excomulgado y declarado proscrito por el Papa. Durante su estancia de 10 meses tradujo el Nuevo Testamento del griego al alemán, y así contribuyó enormemente al desarrollo del alemán escrito.
- **Lutherhaus** (☎ 298 30; www.lutherhaus-eisenach.de; Lutherplatz 8; adultos/reducida 3,50/2 €; 🕑 10.00-17.00) De estudiante, Lutero vivió en esta casa de madera. Una exposición interactiva en parte desvela cómo aquel alumno avezado se convirtió en uno de los reformistas más influyentes del mundo.
- **Bachhaus** (☎ 793 40; www.bachhaus.de; Frauenplan 21; adultos/reducida/familia 6,50/3,50/12 €; 🕑 10.00-18.00) Johann Sebastian Bach, que nació en Eisenach en 1685, es protagonista de uno de los mejores museos biográficos que los autores de esta guía hayan visto jamás. Las exposiciones se hallan en una imitación de la casa rural donde vivió Bach (la original se destruyó) y siguen los pasos de su vida personal y profesional a través de explicaciones concisas, inteligentes y amenas.

PUNTOS DE INTERÉS

BAUHAUSGEBÄUDE

Una gran obra de restauración, acabada en 2006, evitó el derribo del **Bauhausgebäude** (edificio de la Bauhaus; ☎ 650 8251; www.bauhaus-dessau.de; Gropiusallee 38; entrada gratis, exposiciones adultos/reducida 5/4 €; ⏲ 10.00-18.00).

Si se tiene en cuenta la historia de este edificio, es casi imposible sobrevalorar su importancia. Dos pioneros clave de la arquitectura moderna, Walter Gropius y Ludwig Mies van der Rohe, fueron sus directores. Gropius dijo que la última de todas las empresas artísticas era la arquitectura, y este edificio fue el primer ejemplo real de su visión. Era revolucionario, pues unía varias técnicas industriales de construcción, como los muros cortina y los amplios espacios de luz. La silla de acero tubular y otros clásicos diseños industriales nacieron aquí.

MEISTERHÄUSER

En la verde Ebertallee, a 15 minutos a pie al oeste de la Hauptbahnhof, las tres **Meisterhäuser** (Casas de los maestros; www.meisterhaeuser.de; entrada a las 3 casas adultos/reducida 5/4 €, entrada combinada con Bauhausgebäude 9/6 €; ⏲ 10.00-18.00 ma-do med feb-oct, 10.00-17.00 nov-med feb) aguardan a los visitantes. Las luminarias que guiaron el movimiento de la Bauhaus vivieron como vecinas en estos blancos edificios cubistas que ejemplifican el objetivo de "diseñar para vivir" en un mundo industrial moderno.

Haus Feininger, antiguo hogar de Lyonel Feininger, rinde hoy homenaje a otro icono alemán en el **Kurt-Weill-Zentrum** (☎ 619 595; Ebertallee 63). Hay una sala dedicada a Weill, que nació en Dessau y fue el músico colaborador del dramaturgo Bertolt Brecht en Berlín, compositor de la *La ópera de cuatro cuartos*.

Al lado está la **Haus Muche/Schlemmer** (☎ 882 2138; Ebertallee 65/67), que deja claro que las proporciones de la estancia y otros experimentos, como los balcones de barandas bajas, no dan la talla en el mundo moderno.

La **Haus Kandinsky/Klee** (☎ 661 0934; Ebertallee 69/71) destaca sobre todo por los tonos pastel con que Wassily Kandinsky y Paul Klee pintaron sus paredes (hoy recreadas).

CÓMO LLEGAR Y SALIR

Hay trenes regionales a Dessau desde la Berlin-Hauptbahnhof (21 €, 1¾ h), Lutherstadt Wittenberg (6,90 €, 40 min) así como desde Leipzig, Halle y Magdeburgo (todos 10,30 €, 1 h). La autobahn Berlín–Múnich (A9) discurre al este de la ciudad.

LUTHERSTADT WITTENBERG

Como sugiere su nombre completo, Wittenberg está vinculada a Martín Lutero (1483–1546), el monje que inició la Reforma alemana al publicar sus 95 tesis contra la corrupción de la Iglesia en 1517. A veces llamada la "Roma de los protestantes", sus numerosos rincones asociados a la Reforma le valieron ser declarada Patrimonio Mundial en 1996.

INFORMACIÓN

Oficina de turismo (☎ 498 610; www.wittenberg.de; Schlossplatz 2; ⏲ 9.00-18.30 lu-vi, 10.00-16.00 sa y do abr-oct, 10.00-16.00 lu-vi, 10.00-14.00 sa, 11.00-15.00 do nov-mar, cerrado sa y do ene y feb)

PUNTOS DE INTERÉS

Incluso quienes no tengan interés en la Reforma quedarán fascinados por las modernas exposiciones de la **Lutherhaus** (☎ 420 30; www.martinluther.de; Collegienstrasse 54; adultos/reducida 5/3 €; ⏲ 9.00-18.00 a diario abr-oct, 10.00-17.00 ma-do nov-mar), el antiguo

SOM/IMAGEBROKER

Bauhausgebäude (edificio de la Bauhaus; p. 291), Dessau-Rosslau.

monasterio transformado en la casa familiar de los Lutero. A través de una amena mezcla de narrativa accesible, objetos (como su facistol de la Stadtkirche, cofres de indulgencias, Biblias, capas), famosos cuadros al óleo y terminales multimedia interactivos, se aprenderá acerca del hombre, su época y su impacto en la historia del mundo.

¿Clavó o no clavó esas 95 tesis a la puerta de la **Schlosskirche** (**iglesia del castillo; ☎ 402 585; Schlossplatz; entrada gratis; 🕑 10.00-18.00 lu-sa, 11.30-18.00 do, hasta 16.00 nov-Semana Santa**)? Jamás se sabrá con certeza, pues la puerta original se destruyó en un incendio en 1760 y se sustituyó en 1858 por una enorme versión de bronce con las tesis grabadas en latín.

Si la Schlosskirche fue el tablón que se usó para anunciar la inminente Reforma, la **Stadtkirche St Marien** (**iglesia municipal de Santa María; ☎ 403 201; Jüdenstrasse 35; entrada gratis; 🕑 10.00-18.00 lu-sa, 11.30-18.00 do, hasta 16.00 nov-Semana Santa**), con sus torres gemelas, fue donde empezó la revolución ecuménica. Los primeros oficios protestantes se celebraron aquí en 1521. También fue aquí donde Lutero dio sus famosos sermones desde su facistol en 1522, y donde se casó con la antigua monja Katharina von Bora tres años después.

CÓMO LLEGAR Y SALIR

Wittenberg está en la principal línea ferroviaria a Halle y Leipzig (ambos 11,30 €, 1 h). Los trenes ICE (29 €, 1 h) y RE (20 €, 1¼ h) viajan a Berlín. Si se llega desde Berlín hay que subir a un "Lutherstadt-Wittenberg", pues hay una Wittenberg al oeste de la capital.

HAMBURGO Y ALEMANIA SEPTENTRIONAL

HAMBURGO Y NORTE DE ALEMANIA

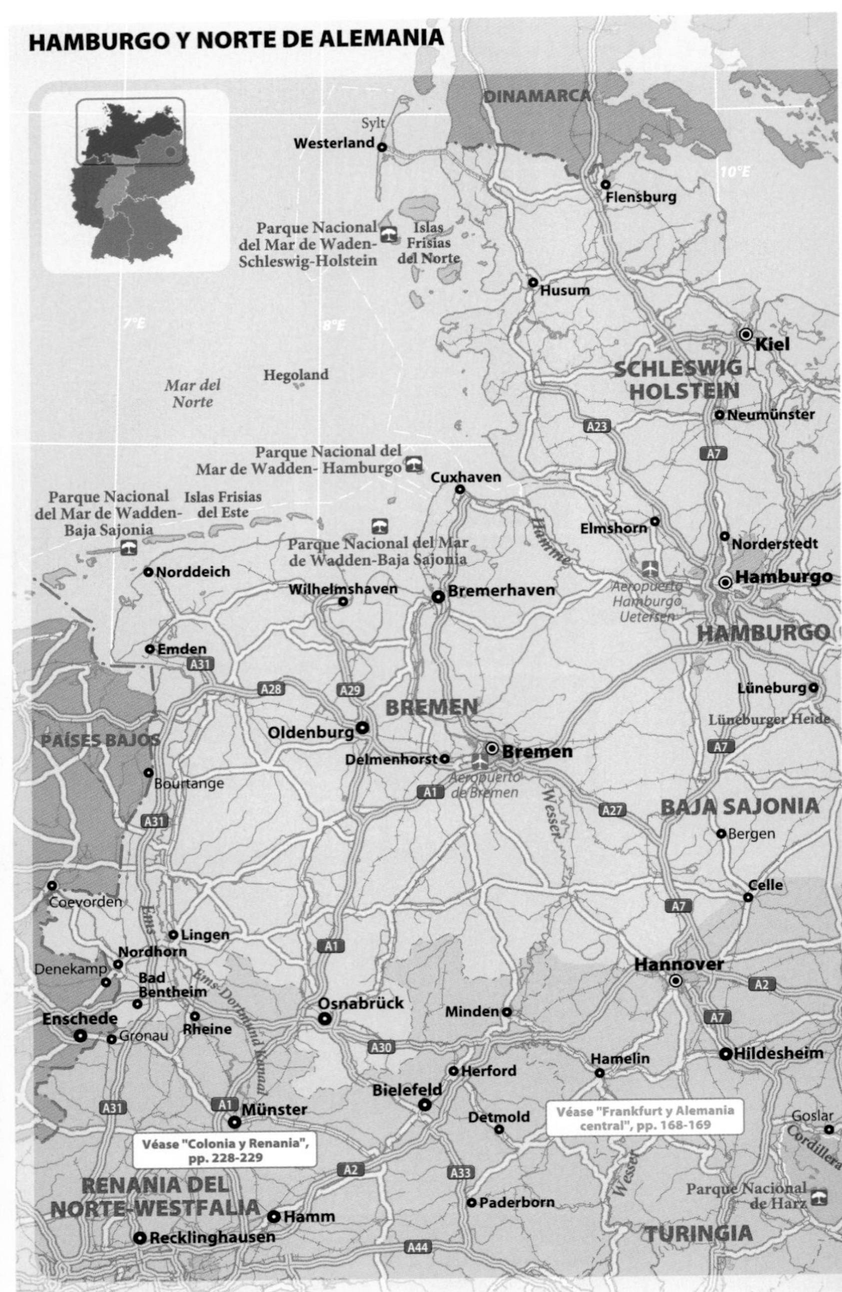

Véase "Frankfurt y Alemania central", pp. 168-169
Véase "Colonia y Renania", pp. 228-229

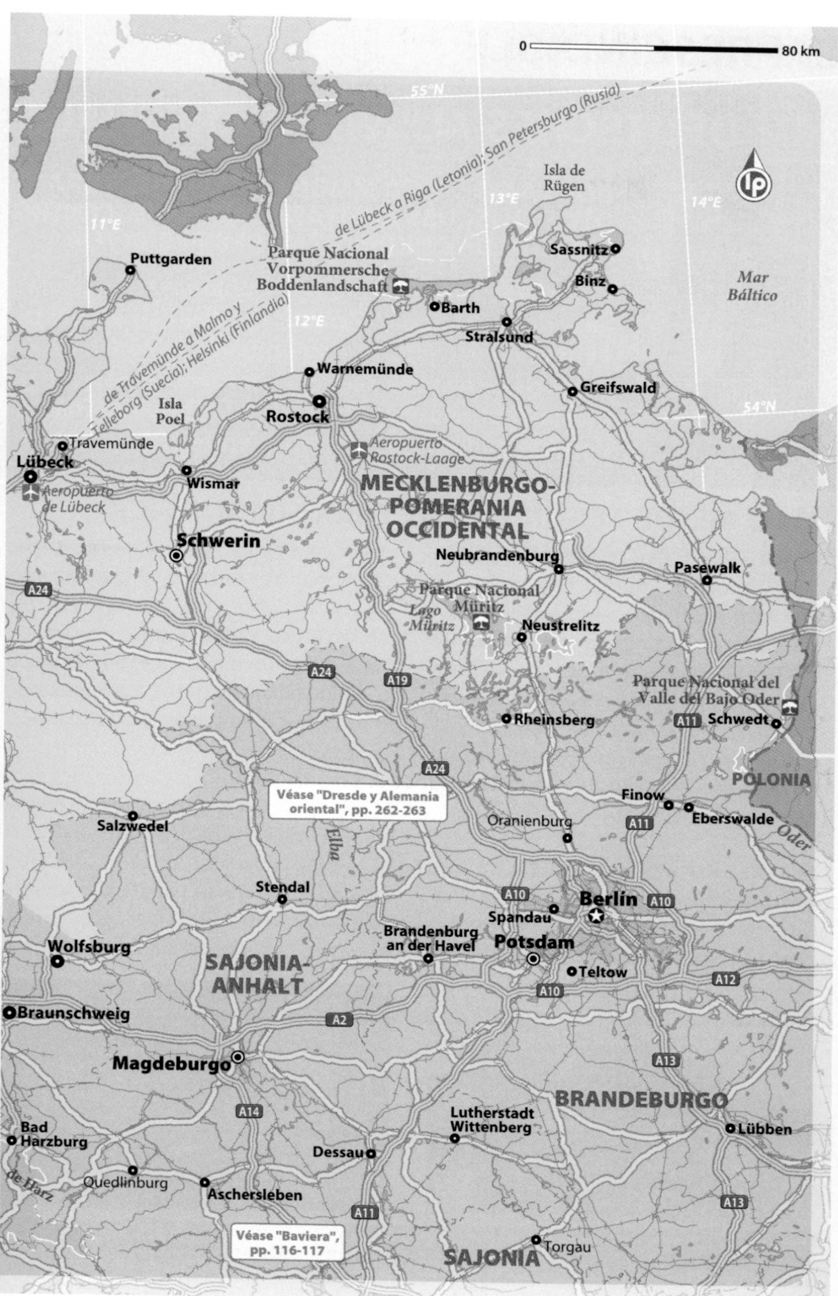
0
80 km
55°N
de Lübeck a Riga (Letonia); San Petersburgo (Rusia)
Isla de Rügen
13°E
14°E
11°E
12°E
54°N
Puttgarden
Parque Nacional Vorpommersche Boddenlandschaft
Sassnitz
Binz
Mar Báltico
Barth
Stralsund
de Travemünde a Malmo y Telleborg (Suecia); Helsinki (Finlandia)
Warnemünde
Greifswald
Isla Poel
Rostock
Travemünde
Aeropuerto Rostock-Laage
Lübeck
Wismar
Aeropuerto de Lübeck
MECKLENBURGO-POMERANIA OCCIDENTAL
Schwerin
Neubrandenburg
Pasewalk
A24
Parque Nacional Müritz
Lago Müritz
Neustrelitz
A24
A19
Parque Nacional del Valle del Bajo Oder
Rheinsberg
A11
Schwedt
A24
POLONIA
Véase "Dresde y Alemania oriental", pp. 262-263
Finow
Eberswalde
Salzwedel
Oranienburg
A11
Oder
Elba
Stendal
A10
Berlín
A10
Spandau
Brandenburg an der Havel
Potsdam
Wolfsburg
SAJONIA-ANHALT
Teltow
A12
A10
Braunschweig
A2
Magdeburgo
A13
BRANDEBURGO
A14
Lutherstadt Wittenberg
Bad Harzburg
Lübben
Dessau
de Harz
Quedlinburg
Aschersleben
A11
A13
Véase "Baviera", pp. 116-117
Torgau
SAJONIA

IMPRESCINDIBLE

1 DEUTSCHES AUSWANDERERHAUS

POR LA DOCTORA SIMONE EICK, DIRECTORA DEL DEUTSCHES AUSWANDERERHAUS (CENTRO ALEMÁN DE EMIGRACIÓN), BREMERHAVEN

Una siente realmente lo que debió de ser abandonar el hogar y cruzar el Atlántico en busca de una nueva vida. Todo el mundo se convierte en parte de la historia según se embarca en este viaje personal en el lugar desde donde zarparon más de siete millones de personas entre 1830 y 1974.

↘ LO MEJOR SEGÚN LA DOCTORA SIMONE EICK

❶ LA TARJETA DE EMBARQUE

Se da a todo el mundo una tarjeta de embarque con el nombre de un pasajero cuya historia se sigue durante el viaje. Después, uno puede seguir la pista a sus propios antepasados. Todo lo que se necesita es un nombre y el año aproximado en que emigraron. Casi todo el mundo descubre algo. Es una experiencia increíble.

❷ GALERÍA DE LOS SIETE MILLONES

Esta galería contiene un sinfín de pequeños cajones, cada uno con objetos personales de los emigrantes que tratan de explicar sus motivos para zarpar. Hay más de 2000 biografías, desde fotos y palabras de despedida escritas en trozos de papel hasta un diario de 1850. Un cajón contiene hasta los clavos que alguien se llevó de la iglesia donde lo bautizaron.

❸ DECIR ADIÓS

Los momentos más conmovedores se vivieron en el muelle, donde se dieron los últimos adioses a los seres queridos. Ésta es una réplica exacta del muelle original, con sus amenazadoras aguas oscuras y un enorme barco que asoma

De izquierda a derecha, desde arriba: Deutsches Auswandererhaus. Respondiendo el cuestionario de emigración. Recreación de un camarote de tercera. Réplica del muelle original. Barcos en el puerto de Bremerhaven.

GERMAN EMIGRATION CENTRE

por encima de los pasajeros a la espera de abordarlo. Es extraordinario hallarse entre la gente a punto de zarpar. Los miedos, lágrimas y esperanzas se pueden palpar en este emotivo lugar.

❹ LOS DORMITORIOS

Son tan reales que algunos visitantes se impresionan. Y es que se ha recreado cada detalle del hacinado y abarrotado ambiente de los dormitorios de un barco de vapor de 1890, desde la sensación de movimiento del barco hasta su agrio olor. Los pasajeros pasaban meses durmiendo en estas deprimentes condiciones.

❺ EL VESTÍBULO DE ELLIS ISLAND

A la llegada uno se sienta en largos bancos de madera y aguarda al inspector de inmigración, que le interroga y examina. Es fácil imaginar lo nerviosos que estaban los inmigrantes. Si respondían mal a las preguntas o estaban discapacitados, se les negaba la entrada a la tierra de sus sueños y esperanzas y se los ponía en un barco de vuelta a Europa.

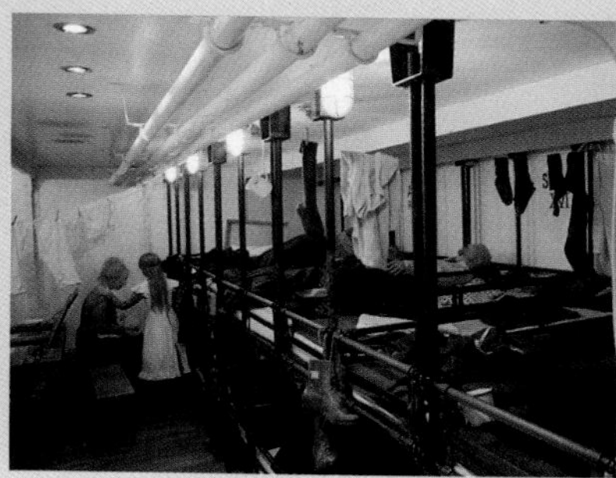

LO QUE HAY QUE SABER

El mejor consejo Evitar las mañanas entre semana. El centro suele estar lleno de grupos escolares **Comer *in situ*** El restaurante al aire libre tiene una terraza donde se puede comer y admirar el puerto del que partieron los emigrantes. **Véase la reseña de la autora en p. 320.**

IMPRESCINDIBLE

2

SEXO Y LOS BEATLES

Es más insulso que el de Ámsterdam, pero el **Reeperbahn** (p. 309) es el barrio chino más grande de Europa y, por tanto, una gran atracción. Cobra vida a eso de las 16.00, y miles de personas lo visitan para acudir a sus oscuros bares, *peep shows* y *sex shops*. ¿Que no es santo de devoción del viajero? Entonces puede ir a la **Beatles-Platz** (p. 309), en la esquina de Reeperbahn con Grosse Freiheit. En este barrio los Beatles vivieron su primer salto a la fama.

3

LAS MÚLTIPLES PERSONALIDADES DEL MAZAPÁN

A veces es un tronco feliz de estar desnudo (¡qué alemán!, véase p. 337); otras, lleva una fina capa de chocolate. Suele ser una pieza de fruta, un bonito cerdo o ese viejo alimento básico, la patata. Cuando se siente extravagante, le gusta cubrirse de dulces y pasteles, a modo de lujosa manta de seda. Pero una cosa nunca cambia: siempre lleva almendra y azúcar, y **Lübeck** (p. 311) produce el mejor del mundo.

4

WISMAR

El tentador paisaje de **Wismar** (p. 316) no es ningún secreto, e incontables cineastas la han considerado cinematográfica. Si su *Alter Hafen* (puerto antiguo) parece familiar, quizá sea porque se vio en la película de 1922 *Nosferatu*. No será raro que el viajero se encuentre a un grupo de rodaje de camino al Altstadt (casco antiguo), Patrimonio Mundial de la Unesco.

5

EL SCHLOSS DE SCHWERIN

Con seis fachadas que combinan principalmente estilos de los ss. XVI y XVII, se verán torrecillas góticas y renacentistas, una cúpula dorada y rasgos ligeramente otomanos (entre otras cosas) en este magnífico **castillo** (p. 315). Y no es solo una bonita atracción, sino la sede oficial del Parlamento de Mecklemburgo-Pomerania Occidental.

6

LOS CUATRO FANTÁSTICOS

En el famoso cuento de los hermanos Grimm, los *Bremer Stadtmusikanten* (Músicos de Bremen) jamás llegan a **Bremen** (p. 318). Pero, cuando llegue el viajero, hallará al asno, el perro, el gato y el gallo que huyeron de sus dueños para hacer fortuna con su música unos encima de otros.

2 Anuncio de un espectáculo en Reeperbahn (p. 309), Hamburgo; 3 Mazapán de Lübeck (p. 311); 4 St-Nikolai-Kirche, Wismar (p. 317); 5 Schloss de Schwerin (p. 315); 6 estatua de los *Músicos de Bremen* de Gerhard Marcks (p. 319).

LO MEJOR

GRATUITO

- **HafenCity InfoCenter** (p. 309) Ver los ambiciosos planes de Hamburgo a fin de ampliar sus límites en un 40%.
- **Marzipan Salon** (p. 312) Aprender para qué se usaba antes el mazapán (como dulce no es la respuesta correcta).
- **Dom Sankt Petri** (p. 319) La catedral de Bremen, con 1200 años de antigüedad.

MONUMENTOS QUE INDUCEN A LA RISA

- **Beatles-Platz** (p. 309) Todo lo que necesita el viajero es amor y una plaza en forma de disco de vinilo.
- Estatua de **Los músicos de Bremen** (p. 319) ¿Por qué el gallo se alza sobre un gato, apoyado en un perro sentado en un asno?
- **Estatuillas de cerdos** (p. 318) Un desfile de cerdos metálicos alegra el Schweinsbrücke (puente del cerdo) de Wismar.

LO MÁS DESTACADO JUNTO AL PUERTO

- **Museo Marítimo Internacional** (p. 305) Se alza en un extremo de la colosal HafenCity.
- **Ozeanum** (p. 317) Este acuario de Stralsund ocupa un imponente espacio arquitectónico blanco y lleva en un viaje por los océanos y los mares del norte.
- **Deutsches Auswandererhaus** (Centro Alemán de Emigración; p. 321) Se alza en el mismo lugar donde zarparon los emigrantes.

CIRCUITOS EN BARCO

- **Río Trave** (p. 314) Para navegar por Lübeck.
- **Puerto de Wismar** (p. 318) Para surcar las aguas de esta ciudad hanseática o ir en barco hasta la cercana isla de Poel, una comunidad pesquera tradicional.
- **Cruceros por el puerto y el río Elba** (p. 309) No se conocerá Hamburgo hasta verla desde el agua.

HafenCity (p. 308), Hamburgo.

LO QUE HAY QUE SABER

ESTADÍSTICAS

- **Población** Hamburgo 1,77 millones; Schleswig-Holstein 2,37 millones; Mecklemburgo-Pomerania Occidental 1,68 millones; Bremen 663 082.
- **Puntos de entrada** Aeropuertos de Hamburgo, Lübeck y Bremen.
- **Mejor época para viajar** Mayo-septiembre.

ANTES DE PARTIR

- **Un mes antes** Reservar mesa en uno de los modernos locales del Elbmeile (p. 308) de Hamburgo.
- **Un día antes** Asegurarse de que se lleva paraguas, impermeable y jersey, aunque se anuncie sol y calor. Y es que el tiempo aquí es muy variable.

RECURSOS EN INTERNET

- **www.thehamburgexpress.com** Servicios y noticias generales de Hamburgo.
- **www.szene-hamburg-online.de** La revista *Szene* está llena de listados y eventos sobre Hamburgo. Solo está en alemán, pero se puede entrever qué se cuece por los titulares y textos destacados.

CÓMO DESPLAZARSE

- **Tren** Los trenes de esta región son confortables, eficaces y relajantes. No hay motivo alguno para alquilar un coche. Además, aparcar en ciudades como Hamburgo es caro. Se puede planificar el viaje y reservar con antelación en www.bahn.de.
- **Bicicleta** Hamburgo es relativamente llana y está llena de excelentes carriles bici. Muchos discurren junto a sus canales. Se puede alquilar una bicicleta en Fahrradladen St Georg (p. 311).

ADVERTENCIAS

- **Reeperbahn** (p. 309) Esta zona no es para pusilánimes. Se pasará por clubes de *striptease*, *peep shows* y personajes malsanos entre las hordas de turistas y lugareños.
- **Mujeres viajeras** Que ni se les pase por la cabeza ir a Herbertstrasse (p. 309).
- **Comida** Las especialidades del norte de Alemania se inspiran en el mar. Si se busca el epicentro del *bratwurst*, será mejor ir a regiones más meridionales.

ITINERARIOS

PATRIMONIO MUNDIAL DE LA UNESCO

Tres días

El norte de Alemania es un tesoro de lugares declarados Patrimonio Mundial. El itinerario empieza en la **(1) ciudad de Bremen** (p. 318), cuya **(2) estatua del Caballero Roldán** (p. 319) y el **(3) Rathaus** (Ayuntamiento; p. 319) han sido reconocidos por la Unesco. Continúa con un viaje en tren a **(4) Lübeck** (p. 311) donde pasar un par de noches y explorar esta bulliciosa ciudad hanseática. Hay que cruzar la impresionante **(5) Holstentor** (p. 313), la puerta de ladrillo rojo de la ciudad, e ir al protegido Altstadt, para probar el mejor mazapán del mundo en el **(6) Café Niederegger** (p. 312), tras admirar su arquitectura. Desde allí se puede hacer una excursión de un día en tren (y gozar del bello paisaje en ruta) a la medieval **(7) Wismar** (p. 316), cuyo centro histórico entero es Patrimonio Mundial, incluida la **(8) Alter Schwede** (p. 316), poderoso ejemplo del ladrillo rojo que lucen muchos edificios de la zona.

AGUA, AGUA POR DOQUIER **Cinco días**

Desde el mar Báltico hasta los innumerables lagos y canales que rivalizan con los de Venecia y Ámsterdam, el norte de Alemania está lleno de agua. Hay que alojarse en **(1) Lübeck** (p. 311), que está rodeada por el **(2) río Trave** (p. 314) y que nunca olvida su papel de ciudad hanseática. Si se quiere más acción (y más agua), hay que ir a **(3) Hamburgo** (p. 304), donde se pueden cruzar los **(4) lagos Alster** (p. 309) o el **(5) puerto y el río Elba** (p. 309), o bien hacer un breve viaje en barca por los canales de **(6) Speicherstadt** (p. 305). Tras un relajado viaje en tren desde Hamburgo (p. 315), se llega a **(7) Schwerin,** que tiene 12 lagos. Entre finales de abril y mediados de octubre se puede viajar en el *ferry* de pasajeros que cruza el **(8) Pfaffenteich** (p. 316), un diminuto lago en medio de la ciudad. Si se quiere hacer ejercicio o se visita el lugar fuera de esos meses, se puede dar un agradable paseo de 40 minutos alrededor del lago.

DE MAR A MAR **Una semana**

La costa de Alemania se extiende desde el mar del Norte (al oeste) hasta el Báltico (al este), y en medio tiene toda una gama de lugares extraordinarios. Hay que alojarse en un hotel de **(1) Hamburgo** cerca de la estación principal de trenes, como el favorito de los literatos, el **(2) Hotel Wedina** (p. 310), a un placentero paseo de 15 minutos de la estación. Se pueden pasar unos días garbeando por el **(3) Alsterarkaden** (p. 304) de Hamburgo, unos soportales de tiendas y restaurantes alrededor de un canal. Después, visitar el **(4) Reeperbahn** (p. 309), el mayor barrio chino de Europa, y hacer un alto en el **(5) Beatlemania**

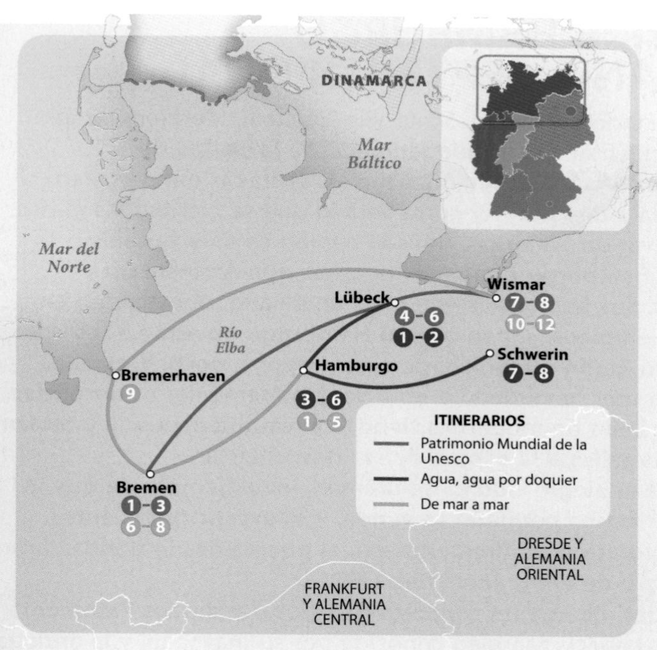

Museum (p. 309) para aprender cómo Paul y sus amigos se hicieron famosos en esta ciudad portuaria. A continuación, hay que alquilar un coche durante unos días y dirigirse a la **(6) ciudad de Bremen** (p. 318). Hay que visitar la bonita urbe y sus dos famosas estatuas: la del **(7) Caballero Roldán** (p. 319) y la de **(8) Los músicos de Bremen** (p. 319) antes de entrar en el **(9) Deutsches Auswandererhaus** (p. 321) de Bremerhaven, situado en el puerto del mar del Norte, desde donde zarparon millones de emigrantes con destino al Nuevo Mundo. El día siguiente puede pasarse en **(10) Wismar** (p. 316). No hay que irse sin sacar una foto de sus famosas **(11) Alter Schwede (Cabezas suecas;** p. 318) y hacer un **(12) crucero por el puerto** (p. 318) para ver de primera mano la vida marinera. Antes o después del crucero, se puede comer algo en los barcos del puerto que venden sándwiches de pescado ahumado: no hay nada más fresco.

DESCUBRIR HAMBURGO Y ALEMANIA SEPTENTRIONAL

Abarca cinco estados –Bremen, Schleswig-Holstein, Mecklemburgo-Pomerania Occidental y el estado federado de la ciudad de Hamburgo– y es una de las regiones menos visitadas del país. Pero si uno se aventura a descubrir el norte verá lo que se pierden las masas. Se aconseja llevar un paraguas, pues el tiempo es muy variable.

La dinámica Hamburgo tiene más puentes que Ámsterdam y Venecia juntas. Sus habitantes con ropa de diseño, que acuden en bicicleta a sus empleos, saben que su Hamburgo no atrae a los visitantes como Berlín o Múnich, pero les importa poco. Y es que también saben que su ciudad (la más rica de Alemania) es un núcleo de creatividad lleno de modernas tiendas y restaurantes que pueblan sus fotogénicas calles a la espera de ser descubiertas.

También está la alegre ciudad de Bremen, vivo ejemplo de que la esencia fina en frasco pequeño se vende, y el excepcional Centro Alemán de Emigración de Bremerhaven, el puerto desde donde zarpó el mayor número de emigrantes hacia EE UU.

La costa báltica alberga un conjunto de sitios declarados Patrimonio Mundial, como Lübeck, también conocida por su mazapán, y la antigua ciudad hanseática de Wismar, con su magnífico centro medieval.

HAMBURGO

Tal vez sea osado autoproclamarse "la puerta al mundo", pero la segunda mayor urbe de Alemania (y su mayor puerto) no ha sido nunca tímida. El espíritu marítimo impregna toda la ciudad, desde su arquitectura (como los almacenes neogóticos de ladrillo rojo y los tejados cobrizos que se alzan por encima de Speicherstadt, surcada por un sinfín de canales, y los edificios en forma de cruceros y cajas de transporte apiladas) hasta su animado mercado de pescado, junto con los veleros que alegran los lagos Alster y los enormes barcos que navegan por el poderoso Elba.

INFORMACIÓN

Hamburg Tourismus (☎ 3005 1300; www.hamburg-tourismus.de) Aeropuerto (terminal de llegadas; 6.00-23.00); Hauptbahnhof (salida Kirchenallee; 8.00-21.00 lu-sa, 10.00-18.00 do); Landungsbrücken (entre Brücke 4 y Brücke 5; 8.00-18.00 abr-oct, 10.00-18.00 nov-mar)

PUNTOS DE INTERÉS

ALTSTADT, EL DISTRITO DE LOS MERCADERES Y ALREDEDORES

El barroco **Rathaus** (Ayuntamiento; ☎ 428 312 010; Rathausmarkt; circuito adultos/niños 3/0,50 €; circuitos cada hora 10.15-15.15 lu-ju, hasta 13.15 vi, hasta 17.15 sa, hasta 16.15 do) de Hamburgo es uno de los más ostentosos de Europa, célebre por su Sala del Emperador y su Gran Sala, con su espectacular techo artesonado. Al noroeste, las elegantes arcadas renacentistas de **Alsterarkaden** albergan tiendas y cafés junto a un canal.

La **Chilehaus** (**www.chilehaus.de; Burchardstrasse**) de ladrillo marrón tiene forma de crucero, con destacables paredes curvas en forma de proa de un barco y balcones escalonados que parecen cubiertas. Es de 1924 y fue diseñada por el arquitecto Fritz Höger para un mercader que amasó su fortuna comerciando con Chile. Es un ejemplo pionero de la arquitectura expresionista alemana. La cercana **Sankt Nikolai** (**☎ 371 125; Ost-West-Strasse; adultos/niños 3,70/2 €; 🕑 10.00-20.00 may-sep, hasta 18.00 oct-abr**), que no debe confundirse con la nueva Hauptkirche Sankt Nikolai de Harvestehude, fue el edificio más alto del mundo entre 1874 y 1876, y sigue siendo el segundo de Hamburgo (tras la torre de la televisión).

Un tesoro de arte del Renacimiento hasta el presente, la **Kunsthalle** (**☎ 428 131 200; www.hamburger-kunsthalle.de; Glockengiesserwall; adultos/menores de 18 años/reducida 8,50 €/gratis/5 €; 🕑 10.00-18.00 ma, mi y vi-do, hasta 21.00 ju**) ocupa dos edificios –uno antiguo y uno nuevo– unidos por un pasaje subterráneo. El principal tiene obras que van desde retratos medievales hasta clásicos del s. XX como Klee y Kokoschka. Su blanco edificio nuevo, la **Galerie der Gegenwart**, muestra la obra de artistas alemanes contemporáneos, como Rebecca Horn, Georg Baselitz y Gerhard Richter, junto a la de estrellas internacionales, como David Hockney, Jeff Koons y Barbara Kruger.

SPEICHERSTADT

Los almacenes de ladrillo rojo de siete plantas que flanquean el archipiélago de Speicherstadt son un célebre símbolo de Hamburgo. Llegan hasta Baumwall y conforman el complejo de almacenes más largo del mundo.

Kapitän Prüsse (**☎ 313 130; www.kapitaen-pruesse.de; Landungsbrücken 3; circuitos desde 12,50 €**) ofrece frecuentes circuitos por Speicherstadt que salen desde el puerto.

Muchos de estos almacenes se han reutilizado como museos. La pieza central es el nuevo **Museo Marítimo Internacional** (**☎ 3009 2300; www.internationales-maritimes-museum.de; Koreastrasse 1; adultos/niños 10/7 €;**

CLX/IMAGEBROKER

Speicherstadt, Hamburgo.

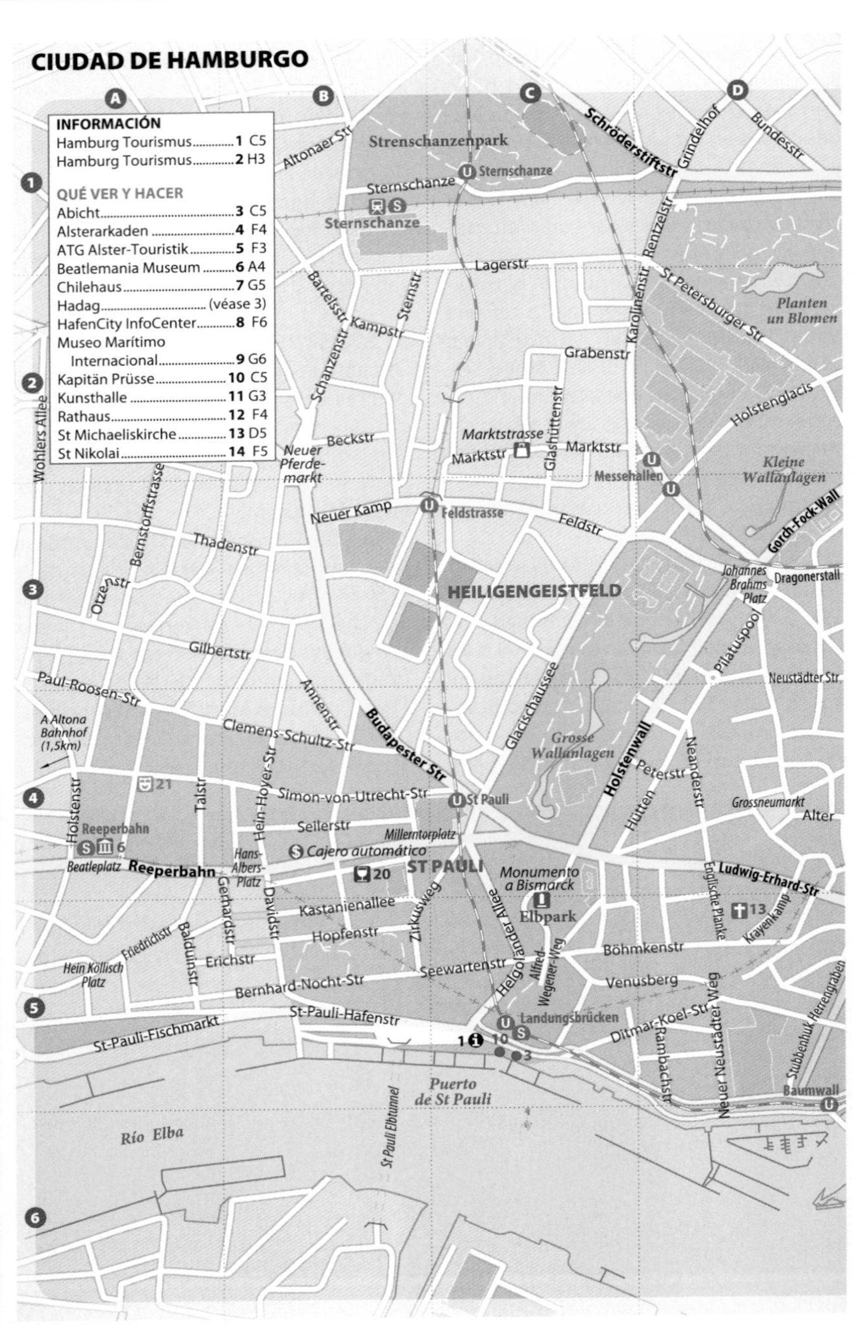
CIUDAD DE HAMBURGO
A
B
C
D
1
2
3
4
5
6
INFORMACIÓN
Hamburg Tourismus............1 C5
Hamburg Tourismus............2 H3
QUÉ VER Y HACER
Abicht............3 C5
Alsterarkaden............4 F4
ATG Alster-Touristik............5 F3
Beatlemania Museum............6 A4
Chilehaus............7 G5
Hadag............(véase 3)
HafenCity InfoCenter............8 F6
Museo Marítimo Internacional............9 G6
Kapitän Prüsse............10 C5
Kunsthalle............11 G3
Rathaus............12 F4
St Michaeliskirche............13 D5
St Nikolai............14 F5
Strenschanzenpark
Sternschanze
Altonaer Str
Schröderstiftstr
Grindelhof
Bundesstr
Rentzelstr
Lagerstr
St Petersburger Str
Planten un Blomen
Bartelsstr
Kampstr
Sternstr
Karolinenstr
Schanzenstr
Grabenstr
Holstenglacis
Glashüttenstr
Marktstrasse
Marktstr
Beckstr
Neuer Pferdemarkt
Messehallen
Kleine Wallanlagen
Wohlers Allee
Neuer Kamp
Feldstrasse
Feldstr
Gorch-Fock-Wall
Bernstorffstrasse
Thadenstr
Johannes Brahms Platz
Dragonerstall
Otzenstr
HEILIGENGEISTFELD
Pilatuspool
Gilbertstr
Neustädter Str
Paul-Roosen-Str
Annenstr
Glacischaussee
A Altona Bahnhof (1,5km)
Clemens-Schultz-Str
Budapester Str
Grosse Wallanlagen
Holstenwall
Neanderstr
Peterstr
Holstenstr
21
Talstr
Hein-Hoyer-Str
Simon-von-Utrecht-Str
St Pauli
Grossneumarkt
Hütten
Alter
Reeperbahn
6
Seilerstr
Millerntorplatz
Cajero automático
Hans-Albers-Platz
Beatleplatz
Reeperbahn
Gerhardstr
Davidstr
20
ST PAULI
Monumento a Bismarck
Elbpark
Ludwig-Erhard-Str
Englische Planke
13
Krayenkamp
Kastanienallee
Hopfenstr
Zirkusweg
Helgoländer Allee
Alfred-Wegener-Weg
Böhmkenstr
Friedrichstr
Balduinstr
Erichstr
Hein Köllisch Platz
Seewartenstr
Venusberg
Bernhard-Nocht-Str
Neuer Neustädter Weg
Herrengraben
St-Pauli-Hafenstr
Landungsbrücken
Ditmar-Koel-Str
St-Pauli-Fischmarkt
1
10
3
Rambachstr
Stubbenhuk
Baumwall
Puerto de St Pauli
St Pauli Elbtunnel
Río Elba

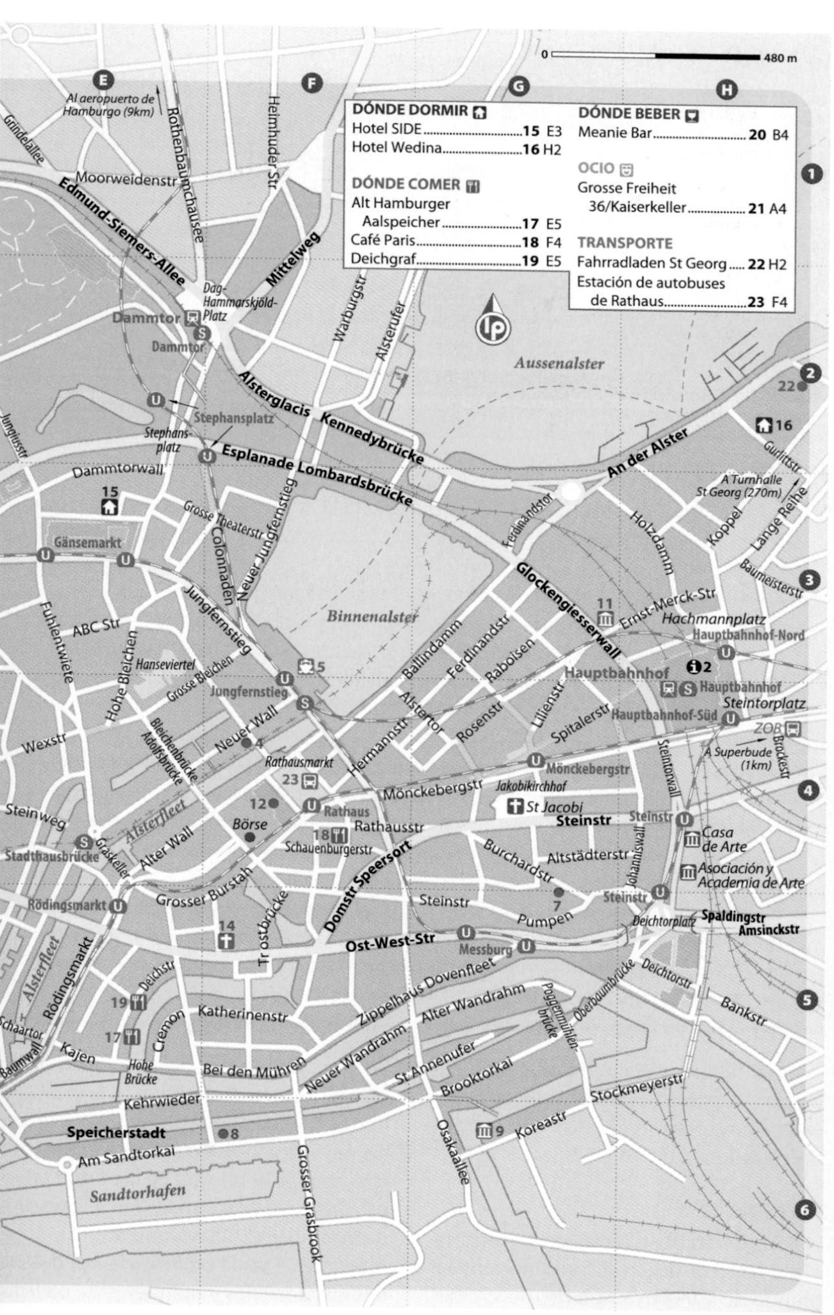
DÓNDE DORMIR
Hotel SIDE 15 E3
Hotel Wedina 16 H2
DÓNDE COMER
Alt Hamburger Aalspeicher 17 E5
Café Paris 18 F4
Deichgraf 19 E5
DÓNDE BEBER
Meanie Bar 20 B4
OCIO
Grosse Freiheit 36/Kaiserkeller 21 A4
TRANSPORTE
Fahrradladen St Georg 22 H2
Estación de autobuses de Rathaus 23 F4
0
480 m
E
F
G
H
1
2
3
4
5
6
Al aeropuerto de Hamburgo (9km)
Grindelallee
Rothenbaumchaussee
Heimhuder Str
Moorweidenstr
Edmund-Siemers-Allee
Mittelweg
Dag-Hammarskjöld-Platz
Dammtor
Warburgstr
Alsterufer
Aussenalster
Alsterglacis
Kennedybrücke
Stephansplatz
Stephans-platz
Esplanade
Lombardsbrücke
An der Alster
Jungiusstr
Dammtorwall
Gurlittstr
A Turnhalle St Georg (270m)
Grosse Theaterstr
Colonnaden
Neuer Jungfernstieg
Ferdinandstor
Holzdamm
Koppel
Lange Reihe
Gänsemarkt
Baumeisterstr
Glockengiesserwall
Jungfernstieg
Binnenalster
Ernst-Merck-Str
Hachmannplatz
Hauptbahnhof-Nord
Fuhlentwiete
ABC Str
Ballindamm
Ferdinandstr
Raboisen
Hauptbahnhof
Hanseviertel
Grosse Bleichen
Hohe Bleichen
Steintorplatz
Hauptbahnhof-Süd
Alstertor
Rosenstr
Lilienstr
Spitalerstr
ZOB
A Superbude (1km)
Brockestr
Wexstr
Neuer Wall
Bleichenbrücke
Adolfsbrücke
Hermannstr
Mönckebergstr
Steintorwall
Rathausmarkt
Jakobikirchhof
St Jacobi
Steinweg
Alsterfleet
Rathaus
Börse
Rathausstr
Steinstr
Casa de Arte
Stadthausbrücke
Graskeller
Alter Wall
Schauenburgerstr
Domstr
Speersort
Burchardstr
Altstädterstr
Johanniswall
Asociación y Academia de Arte
Rödingsmarkt
Grosser Burstah
Trostbrücke
Pumpen
Deichtorplatz
Spaldingstr
Amsinckstr
Ost-West-Str
Messburg
Deichstr
Zippelhaus
Dovenfleet
Oberbaumbrücke
Deichtorstr
Katharinenstr
Alter Wandrahm
Poggenmühlen-brücke
Bankstr
Schaartor
Baumwall
Cremon
Kajen
Neuer Wandrahm
St Annenufer
Brooktorkai
Hohe Brücke
Bei den Mühren
Kehrwieder
Stockmeyerstr
Speicherstadt
Koreastr
Am Sandtorkai
Sandtorhafen
Grosser Grasbrook
Osakaallee

WST/IMAGEBROKER

Vapor cruzando frente al Fischmarkt, Hamburgo.

SI GUSTA...

Si gusta el **Speicherstadt** (p. 305), es que gusta la acción acuática de Hamburgo. Pero ésta es una ciudad portuaria y tiene mucho más que ofrecer en sus canales y alrededores:

- **Fischmarkt** (**www.fischmarkt-hamburg.de**) Los domingos entre las 5.00 y las 10.00, los turistas curiosos se unen a los lugareños en el famoso mercado de pescado de Sankt Pauli. Lleva abierto desde 1703 y sus estrellas son los *Marktschreier* (pregoneros del mercado), que anuncian sus productos a todo volumen. También hay grupos en directo que tocan canciones *pop* alemanas en la contigua *Fischauktionshalle* (Lonja de pescado).
- **Deichgraf** (**☎ 364 208; www.deichgraf-hamburg.de; Deichstrasse 23; platos principales almuerzo 7-14,50 €, platos principales cena 14,50-24,50 €; ⏲ almuerzo y cena lu-vi, 12.00-22.00 sa**) Aquí el marisco es el rey y no hay que dejar la ciudad sin probar la famosa *Aalsuppe* (sopa de anguila) de Hamburgo, sazonada con fruta seca, jamón, verdura e hierbas, en este conocido restaurante.
- **El Elbmeile** (**www.elbmeile.de**) En los últimos años, el paseo ribereño occidental de Hamburgo se ha convertido en uno de los mejores sitios para comer. Sus modernos restaurantes se hallan en espacios industriales contemporáneos, y todos gozan de serenas vistas acuáticas.

⏲ 10.00-18.00 ma-mi y vi-do, hasta 20.00 ju) que ocupa 10 plantas y es la colección privada de tesoros marítimos más grande del mundo.

HAFENCITY

El Speicherstadt se funde en **HafenCity,** el proyecto de desarrollo urbanístico más grande de Europa dentro de una ciudad. Lo que fue una zona abandonada de 155 Ha se está remodelando con restaurantes, tiendas, apartamentos y oficinas en un vasto proyecto de regeneración que abarca 12 barrios. Se cree que en los próximos 20 años unas 40 000 personas trabajarán y 12 000 vivirán aquí.

Se puede pedir un folleto y ver detalladas instalaciones y maquetas de edificios en el **HafenCity InfoCenter** (☎ 3690 1799; www.hafencity.com; Am Sandtorkai 30; entrada gratis; ⌚ 10.00-18.00 ma, mi y vi-do, hasta 20.00 ju may-sep), que también tiene una cafetería.

PUERTO DE HAMBURGO

Todos los años unos 12 000 barcos cargan y descargan unos 70 millones de toneladas de mercancías en este enorme puerto, que ocupa más de 75 km² (el 12% de la superficie total de Hamburgo).

Hay que subir las escaleras por encima de la estación de Landungsbrücken U-/S-Bahn hasta el balcón de piedra de Stintfang para sacar una foto interesante, mientras docenas de **cruceros del puerto y el río Elba**, que salen del St Pauli Harbour Landungsbrücken, colocan al viajero en plena acción.

Entre los operadores del Landungsbrücken se cuentan:

Abicht (☎ 317 8220; www.abicht.de; Brücke 1; circuito 1 h adultos/niños 12/6 €; ⌚ circuitos 12.00 abr-oct) También ofrece excursiones el sábado por la noche que pasan por los almacenes iluminados (el horario varía según la marea).

Hadag (☎ 311 7070; www.hadag.de; Brücke 2; adultos/menores de 16 años circuito 1 h audioguía incl. 11/5 €; ⌚ circuitos hasta 4 veces diarias todo el año) También tiene un servicio al Bajo Elba.

Al noreste de los embarcaderos, la **Sankt Michaeliskirche** (☎ 3767 8100; www.st-michaelis.de; Englische Planke 1a; adultos/menores de 16 años 3/2 €, torre y cripta 5/3 €; ⌚ 9.00-19.30 may-oct, 10.00-17.30 nov-abr), o "Der Michel", es uno de los iconos inconfundibles de Hamburgo y la mayor iglesia barroca protestante del norte del país.

REEPERBAHN

Hasta los que no muestran interés por los espectáculos de *striptease* hacen una rápida visita al barrio chino de **Reeperbahn** para ver a qué viene tanto alboroto. Se trata de un veterano lugar de juerga de marineros donde las multitudes empiezan a asomar desde cerca de las 16.00 para recorrer su bulliciosa colección de bares, *sex clubs*, espectáculos de variedades, *pubs* y cafés conocidos en conjunto como el "Kiez".

Al norte de la estación del S-Bahn está la calle **Grosse Freiheit** ("gran libertad"), con sus brillantes luces, oscuros portales y espectáculos de sexo en directo. En Davidstrasse, una pared de latón pintada obstaculiza las vistas de **Herbertstrasse**, un burdel que ocupa una manzana y cuya entrada está prohibida a hombres menores de 18 años y a toda mujer (no es broma: las mujeres no solo se han enfrentado a oposiciones verbales de tono grosero sino a cubos de orina).

En la marchosa década de 1960 los Beatles empezaron a curtirse en el Star-Club, sito en esta zona y hoy desaparecido. En el cruce de Reeperbahn y Grosse Freiheit, la nueva **Beatles-Platz** se diseñó en forma de disco de vinilo. En esta plaza circular negra de 29 m de diámetro se alzan unas esculturas abstractas de acero que parecen moldes de los Fab Four, incluido un híbrido de Ringo Starr y Pete Best, además de Stuart Sutcliffe.

Se puede hacer un viaje algo surrealista por la carrera de los Beatles en el **Beatlemania Museum** (☎ 8538 8888; www.beatlemania-hamburg.de; Nobistor 10; adultos/niños 10/6 €; ⌚ 10.00-22.00).

CIRCUITOS

Además de los circuitos en barco en el Speicherstadt (p. 305) y en el puerto de Hamburgo (véase esta página), también se puede navegar junto a elegantes edificios a bordo de un crucero por los lagos Alster. **ATG Alster-Touristik** (☎ 3574 2419; www.alstertouristik.de; adultos/menores de 16 años

1 trayecto entre embarcaderos 1,50/0,75 €, 2 h ida y vuelta 9,50/4,25 €; abr-sep) tiene un servicio en el que se puede subir y bajar a voluntad entre nueve embarcaderos alrededor de los lagos, así como varios circuitos por los canales.

DÓNDE DORMIR

Superbude (**380 8780; www.superbude.de; dc 16-22 €, d 59-89 €, desayuno 7 €; Berliner Tor**) Una sala de juegos (con Wii, futbolín y sacos de boxeo), cine con pantalla grande (y asientos con tela de antiguos vaqueros), y un comedor y cocina de planta abierta (con taburetes hechos de cajas de cerveza recicladas) se hallan entre las innovaciones del hotel económico más moderno de Hamburgo.

Hotel Wedina (**280 8900; www.wedina.de; Gurlittstrasse 23; i/d edificio principal desayuno incl. desde 98/118 €, otro edificio desayuno incl. desde 108/138 €;**) Tal vez se halle una novela en vez de un bombón sobre la almohada en este hotel literario. Margaret Atwood, Jonathan Safran Foer, Jonathan Franzen, Michel Houellebecq, Vladimir Nabokov y J. K. Rowling son solo algunos de los autores que se han alojado aquí y han dejado libros firmados.

Hotel SIDE (**309 990; www.side-hamburg.de; Drehbahn 49; h desayuno incl. 170-300 €;**) Estilosa alternativa a los hoteles de cadenas del centro. Es una maravilla diseñada por Matteo Thun, construida alrededor de un elevado atrio central en forma de prisma. El *lounge chill-out* de la 8ª planta, decorado con sofás de la década de 1950 que recuerdan platillos volantes, se abre a un solario panorámico.

DÓNDE COMER

Café Paris (**3252 7777; Rathausstrasse 4; platos principales 5,50-26 €; desde 9.00 lu-vi, desde 10.00 sa, el horario de cierre varía**) Dentro de una carnicería de 1882 de espectaculares azulejos y al lado de un salón *art déco*, esta elegante pero relajada *brasserie* sirve clásica comida francesa, como *croque-monsieur* (sándwich caliente de jamón y queso), *croque-madame* (lo mismo pero con un huevo frito) y *steak tartare* (carne picada frita).

Turnhalle St Georg (**2800 8480; Lange Reihe 107; platos principales 9,50-25,50 €, *brunch* sa/do 11,90/17,90 €; 9.30-24.00 lu-sa, 11.00-24.00 do**) Este gimnasio remodelado dentro de un elegante edificio de ladrillo rojo de 1882 sirve comida moderna internacional; a veces cuesta encontrar sitio.

Alt Hamburger Aalspeicher (**362 990; Deichstrasse 43; platos principales 12-26,50 €, menús 29,50-47,50 €; almuerzo y cena**) Pese a su turística ubicación junto al canal, el comedor lleno de chismes y el cálido servicio de este restaurante color aguacate harán que uno se sienta como en la casa de su *Oma* (abuela).

DÓNDE COMER Y OCIO

Meanie Bar (**310 845; www.molotowclub.com; Spielbudenplatz 5; desde 18.00**) Uno de los pocos sitios en la Reeperbahn que goza de credibilidad entre los lugareños. Es un antro retro para artistas y fantásticos de la música.

Grosse Freiheit 36/Kaiserkeller (**3177 7811; www.grossefreiheit36.de; Grosse Freiheit 36; desde 22.00 ma-sa**) Los Beatles tocaron en su día en el sótano del Kaiserkeller. Hoy es un local de moda que ofrece conciertos de *pop* y *rock*.

CÓMO LEGAR Y SALIR

AVIÓN

El **aeropuerto de Hamburgo** (**HAM; 507 50; www.flughafen-hamburg.de**) tiene vuelos frecuentes a destinos nacionales y europeos, en compañías como Lufthansa, British Airways y Air France, así como líneas de bajo coste como Air Berlin y Germanwings.

TREN

Hay cuatro estaciones ferroviarias principales: Hauptbahnhof, Dammtor, Altona y Harburg.

Hay trenes frecuentes a Lübeck (18,50 €, 40 min), Kiel (27 €, 1¼ h), Hannover (40 €, 1¼ h) y Bremen (de 20,80 a 28 €, 55 min).

También hay servicios directos de ICE a Berlin-Hauptbahnhof (68 €, 2¼ h), Colonia (79 €, 4 h), Múnich (127 €, 6 h) y Frankfurt am Main (106 €, 3 h).

CÓMO DESPLAZARSE

A/DESDE EL AEROPUERTO

El S1 S-Bahn une el aeropuerto con el centro de Hamburgo, incluida la Hauptbahnhof. El viaje dura 24 minutos y vale 2,70 €.

BICICLETA

Muchos albergues y algunos hoteles alquilan bicicletas a sus huéspedes. También se puede ir a **Fahrradladen St Georg** (☎ **243 908; Schmilinskystrasse 6; 10-12 €/24 h, depósito reembolsable en efectivo 50 €; 1.00-19.00 lu-vi, hasta 13.00 sa**).

TRANSPORTE PÚBLICO

El **HVV** (☎ **194 49; www.hvv.de**) ofrece autobuses, *ferries*, U-Bahn y S-Bahn (además de servicios A-Bahn para ir y volver del trabajo), y tiene varias oficinas, incluida una en la estación de Jungfernstieg S-/U-Bahn, y en la Hauptbahnhof.

SCHLESWIG-HOLSTEIN

LÜBECK

El aspecto de Lübeck es un eterno recordatorio de su papel como una de las ciudades fundadoras de la poderosa Liga Hanseática. Esta joya del s. XII con más de mil edificios históricos, recibe el apodo de "Reina de la Hansa". Tras su icónica Holstentor (puerta), hay calles forradas de casas de mercaderes medievales e iglesias con chapiteles que forman la "corona" de Lübeck.

COF/IMAGEBROKER

Embarcadero de los lagos Alster, Hamburgo.

Declarada Patrimonio Mundial en 1987, hoy esta próspera ciudad provincial conserva muchos rincones por explorar.

INFORMACIÓN

Lübeck y la oficina de turismo de Travemünde (☎ **01805-882 233; www.lubeck-tourism.de; Holstentorplatz 1; 9.30-19.00 lu-vi, 10.00-15.00 sa, 10.00-14.00 do ju-sep, 9.30-18.00 lu-vi, 10.00-15.00 sa oct-may**) vende la Happy Day Card (1/3 días 7/14 €), que ofrece viajes gratis en transporte público y descuentos en museos. También tiene un café y terminales de Internet.

PUNTOS DE INTERÉS Y ACTIVIDADES

Justo detrás de la Holstentor (al este) se alzan los **Salzspeicher**: seis edificios de ladrillo con tejado a dos aguas que en su día se usaron para almacenar la sal que llegaba de Lüneburg. Ésta se trocaba por pieles de Escandinavia y se usaba para conservar los arenques, un elemento básico del comercio hanseático de Lübeck.

El **Rathaus** (**Ayuntamiento; ☎ 122 1005; Breite Strasse; circuitos guiados en alemán adultos/reducida 3/1,50 €; ⌚ circuitos 11.00,12.00 y 15.00 lu-vi**) de Lübeck data de los ss. XIII-XV y se considera uno de los más bellos de Alemania.

Al otro lado de la calle, frente a la Markt (plaza), el **Café Niederegger** (**☎ 530 1126; www.niederegger.de; Breite Strasse 89; ⌚ 9.00-19.00 lu-vi, 9.00-18.00 sa, 10.00-18.00 do**) es la meca del mazapán, el dulce de almendras de Arabia que lleva siglos haciéndose en Lübeck. En su **Marzipan-Salon** (**entrada gratis**) se aprenderá que en la Europa me-

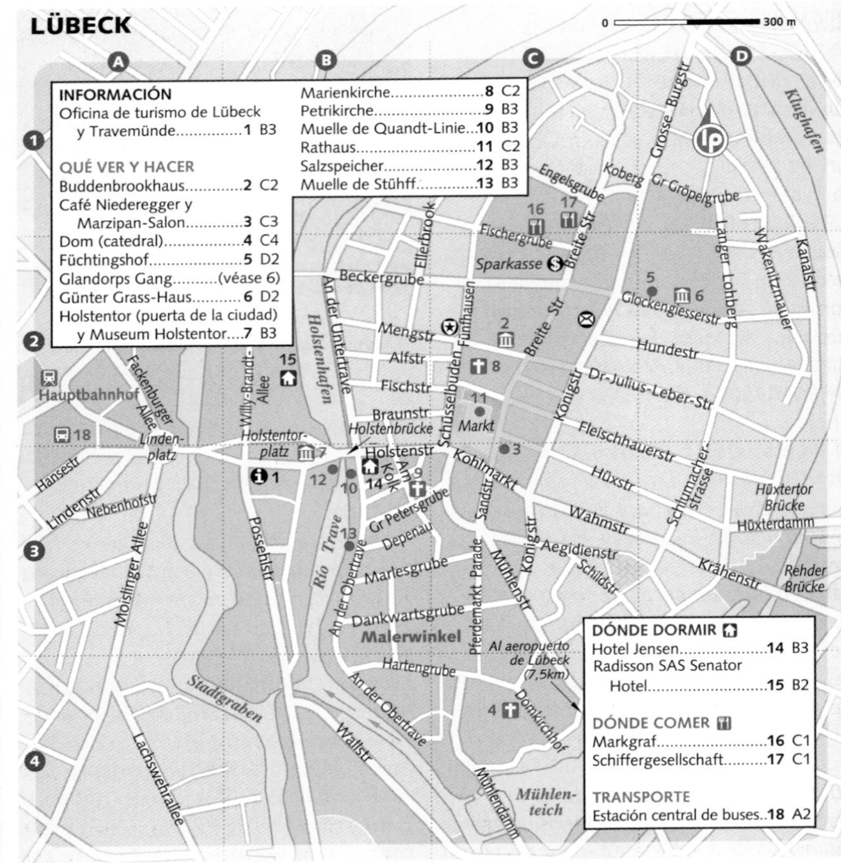

dieval el mazapán se consideraba una medicina y no un capricho.

Cerca de la Markt se alzan los chapiteles gemelos de 125 m de la tercera mayor iglesia del país, la **Marienkirche** (**Schüsselbuden 13; entrada 1 €; 10.00-18.00 abr-sep, hasta 17.00 oct, 10.00-16.00 ma-do nov-mar**). Es famosa sobre todo por sus campanas destrozadas, que se dejaron donde cayeron tras un bombardeo durante la Segunda Guerra Mundial, como monumento a la paz. Nada más entrar en la iglesia hay que girar a la izquierda e ir hasta el final de la nave. Fuera se verá una pequeña escultura del Diablo con un divertido cuento popular.

Desde la **Petrikirche** (**Schmiedstrasse; ascensor adultos/reducida 2,50/1,50 €; 9.00-21.00 abr-sep, 10.00-19.00 oct-mar**) se despliegan vistas panorámicas de la ciudad. Tiene un ascensor que sube por la torre hasta la 7ª planta.

La **Dom** (**catedral; 10.00-18.00 abr-oct, hasta 16.00 nov-mar**) se fundó en 1173 por orden de Enrique el León después de tomar Lübeck. A los lugareños les gusta bromear diciendo que para ir a la catedral desde el noreste hay que pasar por el *Hölle* (infierno) y el *Fegefeuer* (purgatorio) –nombres reales de las calles– para ver el **Paradies**, el suntuoso vestíbulo de la Dom.

En la Edad Media numerosos artesanos vivieron en Lübeck. Su presencia exigió la ampliación de la ciudad. Así se construyeron diminutas casas de una planta en patios tras hileras de casas ya existentes. Se accedía a ellas por pequeños pasajes desde la calle; se conservan casi 90 de estos *Gänge* (pasajes) y *Höfe* (patios). Algunas son viviendas benéficas construidas para los pobres, los *Stiftsgänge* y *Stiftshöfe*. Entre las más conocidas están las bellas **Füchtingshof** (**Glockengiesserstrasse 25; 9.00-12.00 y 15-18.00**) y **Glandorps Gang** (**Glockengiesserstrasse 41-51**), que se pueden visitar.

WITOLD SKRYPCZAK

Holstentor, Lübeck.

HOLSTENTOR

Construida en 1464, la bonita **puerta de la ciudad** de ladrillo rojo es un icono nacional. Sus puntiagudas y cilíndricas torres gemelas, apoyadas una contra otra a través del hastial escalonado que las une, cautivaron a Andy Warhol y han agraciado postales, carteles, recuerdos de mazapán e incluso el antiguo billete de 50 marcos, como se descubrirá en el **Museum Holstentor**.

Lo que hay que saber: **Museum Holstentor (☎ 122 4129; adultos/niños menores de 18 años/reducida 5/2/2,50 €; 10.00-18.00 abr-dic, 11.00-17.00 ma-do ene-mar)**

El premio Nobel de Literatura de 1929, Thomas Mann, nació en Lübeck en 1875 y su antigua casa familiar es hoy la **Buddenbrookhaus** (**☎ 122 4190; www.buddenbrookhaus.de; Mengstrasse 4; adultos/niños menores de 18 años/reducida 5/2/2,50 €; 11.00-18.00 abr-dic, hasta 17.00 ene**).

Günter Grass, nacido en Danzig (hoy Gdansk, Polonia), llevaba 13 años viviendo a las afueras de Lübeck cuando recogió su premio Nobel en 1999. Pero este coloso literario de la posguerra se formó primero como artista y nunca ha dejado de dibujar y esculpir. La **Günter Grass-Haus** (**Casa de**

Günter Grass; ☎ 122 4192; www.guenter-grass-haus.de; Glockengiesserstrasse 21; adultos/niños menores de 18 años/reducida 5/2/2,50 €; 🕑 10.00-17.00 abr-dic, 11.00-17.00 ene-mar) está llena de los *leitmotivs* del autor –platijas, ratas, caracoles y anguilas– de bronce y carboncillo.

CIRCUITOS

El **río Trave** forma un foso alrededor del Altstadt, y el mejor modo de hacerse una idea de la ciudad es surcarlo a bordo de una barca. Se empieza viendo un puerto industrial, pero enseguida se navega por un bello y verde paisaje.

Quandt-Linie (**☎ 777 99; www.quandt-linie.de; adultos/niños menores de 15 años 10/6 €**) Sale al sur del puente de Holstenbrücke. Los circuitos urbanos de una hora salen cada media hora entre las 10.00 y las 18.00 de mayo a octubre (con servicios limitados de noviembre a abril).

Stühff (**☎ 707 8222; www.luebecker-barkassenfahrt.de; adultos/niños menores de 12 años/reducida 7,50/3,50/6,50 €**) Opera hasta seis circuitos en barco a diario (fuera de los meses de verano conviene llamar antes).

DÓNDE DORMIR Y COMER

Hotel Jensen (**☎ 702 490; www.hotel-jensen.de; An der Obertrave 4-5; i 75-85 €, d 93-115 €**) Esta antigua *Patrizierhaus* (mansión) data de principios del s. XIV y mira a Salzspeicher desde el otro lado del río Trave. Pero sus habitaciones no tienen tanto carácter como anuncia su tejado a dos aguas. Tienen un mobiliario cómodo y moderno pero son algo prosaicas. Sin embargo, su excelente restaurante regional está decorado con bellos azulejos y vidrieras de colores. Las tarifas incluyen el desayuno.

Radisson SAS Senator Hotel (**☎ 1420; www.senatorhotel.de; Willy-Brandt-Allee 6; i 131-179 €, d 142-198 €; P**) La opción más fabulosa de Lübeck recuerda a *La guerra de los mundos* con sus tres alas rectangulares paralelas suspendidas sobre el río Trave.

Schiffergesellschaft (**☎ 767 76; Breite Strasse 2; platos principales 11,50-24,50 €; 🕑 10.00-23.00**) Abrió en 1535 como comedor de la

RBB/IMAGEBROKER

El Schloss de Schwerin.

cofradía de los Capitanes de las Aguas Azules. Es el mejor restaurante de Lübeck y un auténtico museo. Los faroles de los barcos, maquetas originales de embarcaciones que datan de 1607 y lámparas naranjas de estilo chino con siluetas marítimas giratorias adornan sus salas forradas de madera, que incluyen una sala de banquetes elevada al fondo.

Markgraf (**☎ 706 0343; Fischergrube 18; platos principales 14,50-23,50 €, menú de 3/4/5 platos 33/41/48 €; ⏲ cena ma-do**) Manteles blancos y vajilla de plata bajo las lámparas de araña y las negras vigas del techo de una histórica casa color ocre del s. XIV.

CÓMO LLEGAR Y SALIR

AVIÓN

Las compañías de bajo coste **Ryanair** (**www.ryanair.com**) y **Wizzair** (**www.wizzair.com**) operan en el **aeropuerto de Lübeck** (**www.luebeckairport.com**), que recibe el nombre eufemístico de Hamburg-Lübeck.

TREN

Lübeck tiene conexiones cada hora con Hamburgo (18,50 €, 40 min), Kiel (15,20 €, 1¼ h) y Rostock (22,90 €, 2¼ h) con un transbordo en Bad Kleinen.

MECKLEMBURGO-POMERANIA OCCIDENTAL

SCHWERIN

Goza de una pintoresca ubicación alrededor de siete lagos. En esta cautivadora ciudad destaca su Schloss (castillo), construido en el s. XIV cuando la urbe era la sede del Gran Ducado de Mecklemburgo.

Schwerin se ha sacudido de los 45 años de era comunista que siguieron a la Segunda Guerra Mundial. Hoy sus calles exudan una energía vibrante y optimista, acorde con su papel como capital reinstaurada del estado de Mecklemburgo-Pomerania Occidental (dejando atrás a Rostock en el liderazgo), y sus nuevos restaurantes y tiendas creativas ocupan edificios de los ss. XVI a XIX.

INFORMACIÓN

Información turística de Schwerin (**☎ 592 5212; www.schwerin.com; Rathaus, Am Markt 14; ⏲ 9.00-19.00 lu-vi, 10.00-18.00 sa y do abr-oct, 9.00-18.00 lu-vi, 10.00-16.00 sa y do nov-mar**)

PUNTOS DE INTERÉS

Torrecillas góticas y renacentistas, cúpulas eslavas en forma de cebolla, elementos otomanos y hastiales hanseáticos de terracota se hallan entre la mezcla de estilos arquitectónicos que forma el inimitable **Schloss** (**☎ 525 2920; www.schloss-schwerin.de; adultos/reducida 4/2,50 €, audioguía 2 €; ⏲ 10.00-18.00 med abr-med oct, 10.00-17.00 ma-do med oct-med abr**), coronado por una cúpula dorada principal. Hoy el Schloss es el edificio del Parlamento estatal.

Schwerin toma su nombre de un castillo eslavo conocido como Zuarin (tierra de pastoreo) que se alzaba antiguamente en su lugar y que se menciona por vez primera en 973 d.C. En un nicho colocado sobre la puerta principal, la **estatua de Niklot** representa a un príncipe eslavo que fue derrotado por Enrique el León en 1160.

Dentro de sus suntuosas salas destaca una vasta colección de porcelana de Meissen.

Si se cruza el paso elevado al sur desde Burggarten se llegará al barroco **Schlossgarten** (Jardín de palacio), que cruzan varios canales.

En el Alter Garten, frente al Schloss, el **Staatliches Museum** (**Museo Estatal de Schwerin; ☎ 595 80; www.museum-schwerin.de;**

Alter Garten 3; adultos/reducida 6/4 €; ⌚ 10.00-18.00 ma-do abr-oct, hasta 17.00 ma-do nov-mar) tiene una excelente colección que abarca varias eras. Las 15 estatuas de la sala Ernst Barlach ofrecen un pequeño aperitivo de la obra del escultor. También hay una divertida e irreverente colección de Marcel Duchamp. Quienes tengan gustos más clásicos preferirán los óleos de Lucas Cranach el Viejo y las obras de Rembrandt y Rubens.

Por encima de la Markt, la alta **Dom (catedral; Am Dom 4; ⌚ 11.00-14.00 lu-vi, 11.00-16.00 sa, 12.00-15.00 do)** gótica del s. XIV es un soberbio ejemplo de arquitectura de ladrillo rojo del norte de Alemania.

En la bulliciosa Markt se emplazan el **Rathaus** (Ayuntamiento) y el neoclásico **Neues Gebäude** (1780-1783), adornado con columnas, que alberga un elegante café. Frente a este último se alza el monumento a un león que honra al fundador de la ciudad, Enrique el León.

Alter Schwede, Wismar.

CÓMO LLEGAR Y SALIR

Hay trenes frecuentes desde Hamburgo (desde 21,50 €, 1 h), Rostock (desde 15,20 €, 1 h), Stralsund (desde 26,30 €, 2 h) y Wismar (6,90 €, 30 min), con conexiones directas menos frecuentes a/desde Berlín (32,30 €, 2¾ h). Un *ferry* cruza el Pfaffenteich (1 €) desde finales de abril hasta mediados de octubre.

WISMAR

Con sus fachadas de tejados a dos aguas y sus calles adoquinadas, esta pequeña y fotogénica ciudad parece hanseática hasta la médula. Pero, aunque se unió a la liga comercial hanseática en el s. XIII, vivió gran parte de los ss. XVI y XVII como parte de Suecia. Hay muchos recordatorios de dicho período por toda la ciudad, incluidos varios edificios imponentes, un reloj y una tumba. El Altstadt fue declarado Patrimonio Mundial en el 2002.

INFORMACIÓN

Información turística (☎ 251 3025; www.wismar.de; Am Markt 11; ⌚ 9.00-18.00 mar-dic, 9.00-18.00 lu-sa, 10.00-16.00 do ene y feb)

PUNTOS DE INTERÉS

La **Wasserkunst** (central depuradora de aguas) domina el centro de la Markt. Es un pozo ornamentado de 12 caras que data de 1602 y suministró agua potable a Wismar hasta 1897. Hoy es el símbolo de la ciudad.

Tras éste, el **Alter Schwede** de ladrillo rojo data de 1380 y tiene una imponente fachada con un contrafuerte escalonado. Hoy alberga un restaurante y una pensión, así como una copia de una de las llamadas "cabezas suecas" (véase p. 318).

Vista de Stralsund desde Marienkirche.

FHO/IMAGEBROKER

SI GUSTA...

Si gusta el aire báltico de **Wismar** (p. 316), hay que ir a estos sitios junto al mar sembrados a lo largo de la magnífica costa del estado federal de Mecklemburgo-Pomerania Occidental:

- **Stralsund** (**www.stralsundtourismus.de**) Para una inmensa dosis de la cultura báltica hay que explorar el centro histórico de Stralsund, Patrimonio Mundial, y aprender sobre los ecosistemas del Báltico, el mar del Norte y el Atlántico Norte en el Ozeanum, el vistoso acuario junto al puerto. Al igual que Wismar, esta ciudad fue un centro comercial de la Liga Hanseática en los ss. XIV y XV. Y también es la puerta a Rügen (véase esta página).
- **Isla de Rügen** (**www.ruegen.de o www.binz.de**) Antiguamente fue el destino vacacional de nazis entregados y después de los camaradas de la RDA. La mayor isla de Alemania es una mezcla de altos acantilados de creta, parques nacionales y refugio de aves. Ahora, el antiguo retiro para trabajadores de 2 km que construyó Hitler, alberga un fascinante centro de documentación, y la base principal de la isla, Binz, es el complejo turístico báltico por excelencia.

El gran **ayuntamiento,** en el extremo norte de la plaza, se erigió entre 1817 y 1819, y hoy es la sede de la excelente **Exposición Histórica del Rathaus** (**adultos/reducida 1/0,50 €; 🕒 10.00-18.00**), que aloja en su sótano. Entre sus piezas se cuenta un *Wandmalerei* (mural) original del s. XV descubierto por los arqueólogos en 1985, un pozo medieval cubierto de cristal y la tumba de Wrangel –un influyente general sueco– y su esposa, con colosales figuras de madera talladas en lo alto.

De las tres grandes iglesias de ladrillo rojo que en su día se alzaron por encima de los tejados antes de la Segunda Guerra Mundial, solo se conserva la enorme **St-Nikolai-Kirche** (**entrada mediante donativo; 🕒 8.00-20.00 may-sep, 10.00-18.00 abr y oct, 11.00-16.00 nov-mar**). Es la mayor de su clase en Europa y quedó intacta.

Todo cuanto queda de la iglesia del s. XIII **St-Marien-Kirche** (**entrada mediante donativo; 10.00-20.00 jul y ago, 10.00-18.00 mar-jun y sep-dic, 10.00-18.00 lu-sa, 10.00-16.00 do jul y feb**) es su gran aguja de ladrillo (1339), que asoma por encima de la ciudad.

El museo histórico de la ciudad está ubicado en la renacentista **Schabbellhaus** (**282350; www.schabbellhaus.de; Schweinsbrücke 8; adultos/niños menores de 18 años/reducida 2 €/gratis/1 €; 10.00-20.00 ma-do may-oct, hasta 17.00 nov-abr**), en una antigua cervecería (1571) al sur de St-Nikolai-Kirche, al otro lado del canal. Sin embargo, el orgullo del lugar es una de las originales **cabezas suecas** (las dos originales eran dos bustos barrocos de Hércules, uno montado sobre un amarradero en la entrada del puerto).

PSF/IMAGEBROKER
El Rathaus de Bremen.

El artista regional Christian Wetzel realizó cuatro bonitas **estatuillas de cerdos** de metal que embellecen el **Schweinsbrücke** entre la iglesia y el museo.

CIRCUITOS

Clermont Reederei (**224 646; www.reederei-clermont.de**) hace cruceros de una hora por el puerto con cinco salidas diarias, de mayo a septiembre, desde el *Alter Hafen* (antiguo puerto; adultos/niños 8/4 €). También tiene barcos que salen hasta cuatro veces diarias para la isla de Poel (adultos ida/ida y vuelta 8/14 €, bicicleta 2/3 €), que, pese a su cercanía a Wismar, tiene un aire de lejana comunidad pesquera.

CÓMO LLEGAR Y SALIR

Hay trenes cada hora a/desde Rostock (10,30, € 70 min) y Schwerin (6,90 €, 40 min). La conexión más rápida a Hamburgo (26,30 €, 1¾ h) exige realizar transbordo en Bad Kleinen.

BREMEN

CIUDAD DE BREMEN

Bremen tiene una reputación bien justificada por ser uno de los sitios más abiertos y hospitalarios de Alemania, y su gente parece equilibrar a la perfección el estilo, la sensatez y la buena vida.

INFORMACIÓN

Información turística de Bremen (**01805-101 030; www.bremen-tourism.de**) Centro (**Obernstrasse/Liebfrauenkirchhof; 10.00-18.30 lu-vi, hasta 16.00 sa y do**) Hauptbahnhof (**Hauptbahnhof; 9.00-19.00 lu-vi, 9.30-18.00 sa y do**)

PUNTOS DE INTERÉS Y ACTIVIDADES

Con altos edificios históricos que asoman por encima de los tejados, la Markt de Bremen es una de las más destacadas de

CIUDAD DE BREMEN

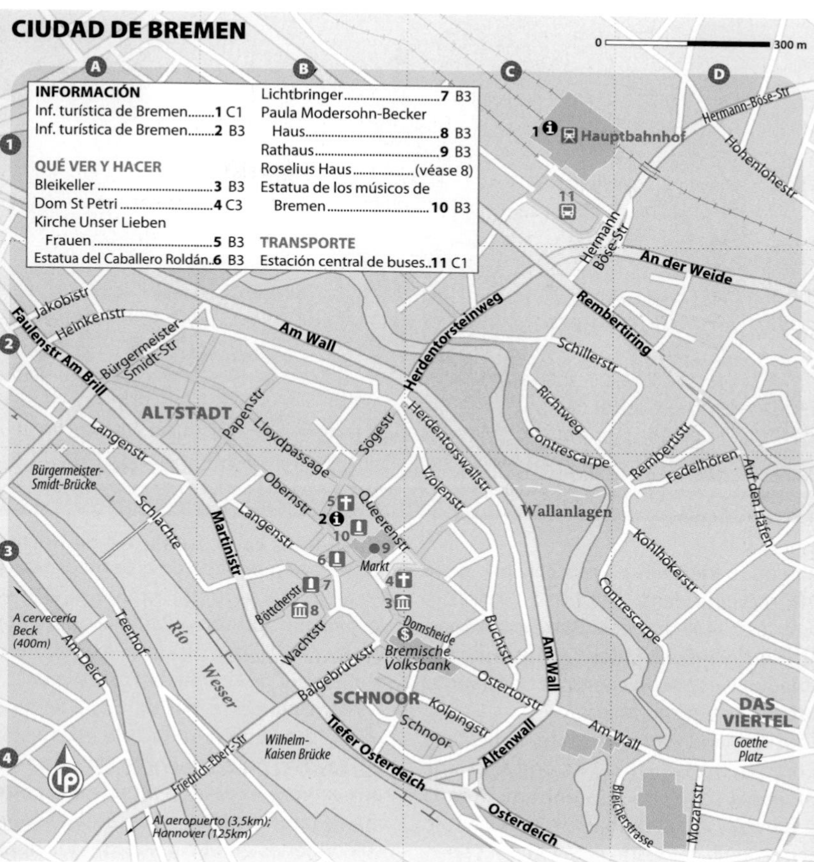

norte del país. Las dos torres de la **Dom Sankt Petri (catedral de San Pedro; 10.00-17.00 lu-vi, 10.00-14.00 sa, 14.00-17.00 do)**, que cuentan 1200 años, dominan el extremo noreste, junto al ornamentado e imponente **Rathaus**. Aunque este último se erigió en 1410, el balcón renacentista de Weser que luce en el centro, coronado por tres hastiales, se añadió entre 1595 y 1618.

Los ciudadanos de Bremen se jactan de que su **estatua del Caballero Roldán** (1404) de 13 m de altura y situada frente al Rathaus, es la representación más alta de dicho justo caballero amante de la libertad, y la hebilla de su cinturón se halla sin duda en una posición interesante. Sin embargo, es la estatua que se alza en el lado occidental del Rathaus, frente a la **Kirche Unser Lieben Frauen** (iglesia de Nuestra Querida Dama), la que la gente identifica con la ciudad. El escultor Gerhard Marcks esculpió a los *Bremer Stadtmusikanten* en su famosa pose –unos encima de otros sobre los hombros del asno– en la **estatua de Los Músicos de Bremen** (1951).

El elemento más inusual de la Dom Sankt Petri yace debajo de ella. En el seco

PSF/IMAGEBROKE

Estatua del Caballero Roldán (p. 319), Bremen.

aire de su **Bleikeller** (sótano principal; ☎ 365 0441; adultos/reducida 1,40/1 €; 🕐 10.00-17.00 lu-vi, 10.00-14.00 sa, 12.00-17.00 do Semana Santa-oct) se momificaban los cadáveres y aún pueden verse ocho cuerpos conservados así en sus tumbas abiertas.

Si la Markt es imponente, la cercana Böttcherstrasse (1931) es única. Es una hermosa calle con una entrada dorada y paredes escalonadas de ladrillo rojo según se llega desde la Markt, un soberbio ejemplo de expresionismo.

Casi todo el diseño de la calle fue obra de Bernhard Hoetger (1874-1959), incluido el **Lichtbringer** (portador de la luz), el relieve dorado de la entrada norte que muestra una escena del Apocalipsis con el Arcángel Miguel luchando contra un dragón.

Hoetger trabajó en la **Roselius Haus** del s. XVI, pero la **Paula Modersohn-Becker Haus**, con sus bordes redondeados y sus relieves murales, también es diseño suyo. Hoy ambas casas son **museos** (☎ 336 5077; entrada combinada adultos/reducida 5/3 €; 🕐 11.00-18.00 ma-do). La primera contiene la colección privada de arte medieval de Roselius. La segunda exhibe el arte de la pintora epónima, Paula Modersohn-Becker (1876–1907), pionera expresionista y miembro de la colonia Worpswede.

Alemania tiene más de 1200 cervecerías, y cerca de la mitad de ellas están en Baviera, no en el norte. No obstante una cerveza local se ha establecido como marca internacional. Se aprenderá sobre sus orígenes en el circuito de dos horas por la **cervecería Beck** (☎ 5094 5555; Am Deich; circuitos 9 €; 🕐 circuitos 14.00 y 15.30 ju y vi, 12.30, 14.00, 15.30 y 17.00 sa ene-abr, de forma adicional 11.00 y 12.30 ju y vi, 9.30 y 11.00 sa may-dic).

CÓMO LLEGAR Y SALIR

AVIÓN

El **aeropuerto** (☎ 559 50; www.airport-bremen.de) está unos 3,5 km al sur del centro y tiene vuelos a destinos de Alemania y Europa. Aquí hay oficinas de **Air Berlin** (☎ 0421-552 035) y **Lufthansa Airlines** (☎ 01803-803 803) entre otras. La compañía de bajo coste **RyanAir** (www.ryanair

com) tiene vuelos de Edimburgo a Londres Stansted.

TREN

Hay trenes frecuentes a Hamburgo (de 20,80 a 28 €, 1 h a 1¼ h), Hannover (de 21 a 30 €, 1 h a 80 min) y Colonia (60 €, 3 h).

BREMERHAVEN

"Dadme a vuestras masas cansadas, pobres y hacinadas", reza la estatua de la Libertad en el puerto de Nueva York. Pues bien, Bremerhaven no hizo sino aceptar la invitación. Millones de inmigrantes que desembarcaron en Ellis Island salieron de aquí, y el **Deutsches Auswandererhaus** **(Centro Alemán de Emigración; ☎ 902 200; www.dah-bremerhaven.de; Columbusstrasse 65; adultos/niños/reducida/familia 10,50/6/8,50/26 €; ⌚ 10.00-18.00 mar-oct, hasta 17.00 nov-feb)** relata y conmemora algunas de sus historias.

Se trata de la exposición sobre emigración más grande de Europa y evoca de forma excelente la experiencia. Se halla ubicada en el mismo sitio donde zarparon más de siete millones de personas hacia Estados Unidos y otras partes del mundo entre 1830 y 1974.

La exposición recrea sus condiciones de viaje según se pasa de la sala de espera de tercera a cubierta y, por una escalerilla, a las tripas de un barco. También se detiene en la enorme "Galería de los siete millones", que contiene efectos personales de los emigrantes (unos cuantos miles) en cajones correderos y trata de explicar por qué la gente dejó su hogar. La entrada en forma de tarjeta electrónica contiene detalles biográficos de un viajero en particular, a quien se sigue a lo largo de la exposición.

CÓMO LLEGAR Y SALIR

Hay trenes frecuentes que conectan Bremen y Bremerhaven (10,60 €, 52 min), pero se recomienda comprar un billete Niedersachsen Single de ida y vuelta por 20 €.

ALEMANIA DE CERCA

ARTE Y ARQUITECTURA

REK/IMAGEBROKE

Escultura de Henry Moore frente a la Alte Pinakothek (p. 103), Múnich.

La meticulosamente creativa población alemana ha hecho grandes aportaciones a la cultura internacional, sobre todo en el s. XVIII, cuando las cortes sajonas de Weimar y Dresde atrajeron a algunas de las mentes más privilegiadas de Europa. Con tal rica tradición, rara vez ha faltado la inspiración entre las nuevas generaciones de artistas.

COLOSOS LITERARIOS

El indiscutible coloso de las artes alemanas fue Johann Wolfgang von Goethe: poeta dramaturgo, pintor, político, científico, filósofo, diseñador de jardines y tal vez el último europeo en lograr el ideal renacentista de excelencia en muchos campos. Su mayor obra, el drama *Fausto,* es la versión definitiva de la leyenda que muestra la arquetípica búsqueda humana de significado y conocimiento. El amigo de Goethe, Friedrich Schiller fue un poeta, dramaturgo y novelista conocido sobre todo por su ciclo dramático *Wallenstein,* basado en la vida de un general traidor en la Guerra de los Treinta Años que conspiró para hacerse dueño del imperio. Su otra gran obra, *Guillermo Tell,* versa sobre el derecho de los oprimidos a alzarse contra la tiranía.

La literatura de posguerra recibió la influencia del politizado Gruppe 47, que incluía a escritores como Günter Grass, ganador del premio Nobel de Literatura 1999, cuyo clásico moderno *El tambor de hojalata* sigue de forma humorística la historia de Alemania a través de los ojos de un joven que se niega a crecer, así como Christa Wolf, novelista de Alemania del Este que se ganó una alta estima en todo el país. Su relato de 1963 *El cielo partido* habla de una joven cuyo prometido la abandona por la vida en el oeste.

Una ola de recientes novelistas ha acometido la historia moderna de modo más ligero. *Héroes como nosotros*, del alemán oriental Thomas Brussig, cuenta la historia de un hombre cuyo pene provoca el colapso del Muro de Berlín. Los libros de Wladimir Kaminer, de origen ruso, documentan una serie de vidas extrañas en la capital. Su obra *La disco rusa* se ha traducido al español.

La oscura obra satírica *Nuevas vidas*, de Ingo Schulze, trata en profundidad la amargura en la RDA por la reunificación. Este tema adopta un aire más ameno en *Landnahme* (Colonización), de Christoph Hein, que sigue el auge del hombre más rico de Alemania.

CAPTADO EN CELULOIDE

Desde la fundación de los estudios UFA en Potsdam en 1917, Alemania ha mantenido una activa y exitosa industria cinematográfica. Marlene Dietrich (1901-1992) se convirtió en la primera *sex symbol* y superestrella internacional, que protagonizó primero películas mudas y después se trasladó a Hollywood. El director Fritz Lang también se hizo un nombre con filmes complejos como *Metrópolis* (1926) y *M* (1931).

Durante el Tercer Reich las artes se volcaron en la propaganda, con proyectos grandiosos y arte realista que ensalzaba las virtudes de la nación alemana. La directora más famosa de la era nazi fue Leni Riefenstahl (1902-2003), cuya película *El triunfo de la voluntad* (1934), que retrató las concentraciones de Núremberg, fue muy aclamada aunque más tarde la dejó sin empleo. La polémica que rodea su política personal la persiguió durante gran parte de su vida.

Las décadas de 1960 y 1970 vieron el gran renacimiento del cine alemán, encabezado por jóvenes directores enérgicos y politizados como Rainer Werner Fassbinder, Wim Wenders, Volker Schlöndorff y Margarethe von Trotta. Recientemente, la comedia de la RDA *Good Bye Lenin!* (2003), de Wolfgang Becker, obtuvo un sorprendente éxito en el mundo entero. Y no debe olvidarse *La vida de los otros* (2006), de Florian Henckel von Donnersmarck, un brillante film sobre la desconfianza y la traición en la antigua RDA, que ganó el Oscar a la mejor película extranjera.

LOS MEJORES FILMES RETRO DE LA RDA

Sonnenallee (*La avenida del sol*; 1999) Situada en un fantástico Berlín Oriental rodeado por el Muro en la década de 1970.

Helden Wie Wir (*Héroes como nosotros*; 1999) El protagonista cuenta la historia de su vida, incluido cómo su pene condujo a la caída del Muro.

Halbe Treppe (*A mitad de camino*; 2001) A Ellen y Chris los pillan haciéndolo en Frankfurt del Oder.

Herr Lehmann (*Berlin Blues*; 2003) El Muro cae el día en que un camarero cumple 30 años en el bohemio barrio de Kreuzberg, en Berlín Occidental.

Good Bye, Lenin! (2003) Un hijo trata de recrear la RDA para su madre, confinada en cama y cuya salud no aguantaría el *shock* de la caída del Muro.

DE MÚSICA CLÁSICA A 'DISCO'

Bandas de metales a un lado, pocos países pueden presumir de un legado musical tan impresionante como Alemania. Una lista parcial de nombres de la casa debería incluir a Johann Sebastian Bach, Georg Friedrich Händel, Ludwig van Beethoven, Richard Strauss, Robert Schumann,

Johannes Brahms, Felix Mendelssohn-Bartholdy y Richard Wagner, todos ellos honrados en museos de todo el país.

Alemania ha hecho además importantes contribuciones a la música contemporánea. Entre sus artistas de renombre internacional se cuentan el icono *punk* Nina Hagen; Nena, la chica de los globos de la década de 1980, y bandas de *rock* desde Scorpions hasta Die Toten Hosen y los actuales Wir sind Helden. El *rock* duro y gótico tiene un público muy numeroso, en gran parte gracias al éxito de los gruñidos de Rammstein, banda obsesionada con la muerte.

Pero, para algo realmente innovador, la música *dance* está a la altura de las mejores, sobre todo en Frankfurt am Main y Berlín. Kraftwerk es pionera en sonidos electrónicos originales, que después se popularizaron en *raves* y en discotecas como la berlinesa Tresor a principios de la década de 1990. Paul van Dyk se contó entre los primeros defensores del *trance* eufórico, que colocó la música *disco* en la corriente comercial. Alemania tiene el mayor escenario de música electrónica del mundo, y DJs como Ian Pooley, Westbam y Ellen Allien actúan en todo el planeta.

DEL ARTE ROMÁNICO A LA BAUHAUS

El alcance de la arquitectura alemana es tan extraordinario que podría hacerse un viaje entero basado únicamente en este tema.

La primera gran ola de edificios llegó con el románico (800-1200), cuyos ejemplos incluyen la catedral de Tréveris (Trier), las iglesias de Colonia y la capilla del palacio de Carlomagno en Aquisgrán (Aachen).

El mejor ejemplo de estilo gótico (1200-1500) se halla en la catedral de Münster, en Friburgo, la Dom (catedral) de Colonia y la Marienkirche de Lübeck. Los edificios de ladrillo rojo son habituales en el norte, con ejemplos como la Dom de Schwerin y la Nikolaikirche de Stralsund.

ALFREDO MAIQUEZ

La Kölner Dom (p. 230) y el Hohenzollernbrücke, Colonia.

Para barroco clásico, son visitas obligadas la soberbia Residenz de Wurzburgo, de Balthasar Neumann, la magnífica catedral de Passau y los numerosos edificios del casco antiguo de Dresde. Karl Friedrich Schinkel, cuyo nombre aflora en todo el país, encabezó el período neoclásico del s. XIX.

En 1919 Walter Gropius fundó el movimiento Bauhaus a fin de unir las preocupaciones teóricas de la arquitectura con los problemas prácticos a los que se enfrentaban artistas y artesanos. La Bauhaus floreció en Dessau-Rosslau, pero, con la llegada de los nazis, Gropius se trasladó a la Universidad de Harvard.

Albert Speer fue el arquitecto favorito de Hitler, célebre por sus pomposos edificios neoclásicos y sus grandes planes para cambiar la faz de Berlín. Casi todas sus obras épicas quedaron sin finalizar o fueron destruidas durante la Segunda Guerra Mundial.

Frankfurt del Main muestra la versión alemana del rascacielos moderno. Para una breve visión del futuro de la arquitectura germana hay que ir a Potsdamer Platz, Leipziger Platz y a la zona gubernamental situada al norte del Reichstag de Berlín, todas ellas relucientes expansiones de cristal, hormigón y cromo.

LO MEJOR

SZM/IMAGEBROKER

Kaiserthermen (p. 257), Tréveris.

PATRIMONIO MUNDIAL

- **Aachen Dom** (Catedral de Aquisgrán; p. 249).
- **La Museumsinsel de Berlín** (Isla de los Museos; p. 66).
- **Dom de Colonia** (p. 230).
- **Lübeck** (p. 311).
- **Parques y palacios de Potsdam** (p. 274).
- **Los monumentos romanos, la Dom y la Liebfrauenkirche de Tréveris (Trier)** (p. 257).

DE KANDINSKY EN ADELANTE

El Renacimiento llegó tarde a Alemania, pero, cuando lo hizo, floreció y sustituyó al predominante estilo gótico. El dibujante de Núremberg Alberto Durero fue uno de los mejores retratistas del mundo, al igual que el prolífico Lucas Cranach el Viejo, que trabajó más de 45 años en Wittenberg. El barroco brindó grandes esculturas, como las obras de Andreas Schlüter en Berlín, y el romanticismo produjo algunos de los cuadros más famosos del país, cuyo mejor ejemplo es la obra de Caspar David Friedrich y Otto Runge.

A principios del s. XX, el expresionismo se estableció con grandes nombres como el suizo Paul Klee y el pintor ruso Wassily Kandinsky, vinculados a la escuela de diseño de la Bauhaus. En la década de 1920 el arte se había vuelto más radical y político, y artistas como George Grosz, Otto Dix y Max Ernst exploraron los nuevos conceptos de dadaísmo y surrealismo. Käthe Kollwitz es una de las pocas grandes artistas de la época, famosa por sus dibujos sociorrealistas.

Las únicas obras que fomentaron los nazis eran del estilo épico de artistas de propaganda como Mjölnir, mientras que otros no conformistas como el escultor Ernst Barlach y el pintor Emil Nolde fueron declarados "degenerados" y sus obras se destruyeron o acabaron en colecciones privadas secretas.

A partir de 1945 el arte abstracto se convirtió en un pilar principal de la escena artística, y figuras clave como Joseph Beuys, Monica Bonvicini y Anselm Kiefer lograron renombre internacional. Recientemente ha emergido en Leipzig una Neue Leipziger Schule (Nueva Escuela de Leipzig), cuyos artistas han cosechado éxito en casa y en el extranjero –pintores figurativos como Neo Rauch están obteniendo gran aclamación.

DE BRECHT A FORSYTHE

En la década de 1920 Berlín fue la capital de la dramaturgia alemana. Su hijo más famoso fue el poeta y dramaturgo Bertolt Brecht (1898-1956), que introdujo conceptos marxistas a fin de instar al debate moral alejando al público de lo que pasaba en la sala.

Durante la ocupación nazi las artes se centraron en la ejemplarización del nacionalismo, la pureza racial, el militarismo, el poder y la obediencia. En la década de 1950 Heiner Müller (1929-1995), un marxista crítico con la realidad de la RDA, resultó difícil de digerir en ambas Alemanias, pero en la década de 1980 se ganó la etiqueta de vanguardista.

Hoy Berlín tiene de nuevo el panorama teatral más dinámico del país, y el director de Volksbühne, Frank Castorf, compite con el director de Schaubühne, Thomas Ostermeier, para captar la atención del público joven que marginan los grandes escenarios. A tal fin, escoge en su mayor parte obras modernas y provocadoras. La danza también está experimentando un renacimiento, principalmente en Frankfurt am Main. El americano William Forsythe ha reunido al que es probablemente el conjunto de danza más innovador del mundo, la Forsythe Company (www.theforsythecompany.de), que cuando no se encuentra de gira suele actuar en Dresde.

IZQUIERDA: CHR/IMAGEBROKER; DERECHA: BAI/IMAGEBROKE

Izquierda: Instalación en Bebelplatz (p. 66), Berlín. Derecha: Joseph Beuys en la Pinakothek der Moderne (p. 105), Múnich.

MERCADOS NAVIDEÑOS

MSZ/IMAGEBROKER

Mercado navideño de Constanza (p. 223).

A finales de noviembre grupos de pequeñas casitas de madera emergen en ciudades y pueblos de todo el país. Estas aldeas temporales invaden las plazas, se alzan bajo la sombra de catedrales declaradas Patrimonio Mundial, se embuten en frecuentadas zonas comerciales o adoptan la forma de ostentosas tiendas. Todo ello significa una cosa: el *Christkindlmarkt* (mercado navideño) ha llegado a la ciudad.

Hay que tomar *Glühwein* (vino caliente y especias), añadir *Lebkuchen* (pan de jengibre), los clásicos cascanueces y brillantes adornos, colocarlos en una aldea de cuento de hadas hecha de puestos de madera y... ¡tachán!, es obvio por qué los mercados navideños de Alemania son una atracción social y un imán para los turistas. Casi cada ciudad de tamaño razonable tiene el suyo, y las más grandes suelen tener cerca de una docena, cada uno con su personalidad única. El berlinés Schloss Charlottenburg es el telón de fondo de una extensa colección de productos, y Gendarmenmarkt acoge el mercado más llamativo (algunos restaurantes colocan puestos al aire libre con calefacción) y cobra entrada (un euro o dos). Colonia tiene varios, el mejor está al lado de la Dom (catedral).

Pero dos mercados acaparan la atención: uno es el de Núremberg, cuyo clímax llega con su acto inaugural, cuando una chica vestida de Ángel de la Navidad, lee un pregón desde el balcón de la catedral. Por su parte, el *Striezelmarkt* de Dresde es el más antiguo (1434) y dura todo el período de Adviento. El momento cumbre es la fiesta del *Stollen* (un pastel navideño típico de Dresde, que en alemán antiguo se denominaba *Striezel*) en la que un enorme pastel de 3000 kg se pasea por el casco antiguo hasta que un panadero lo corta con un cuchillo ceremonial de 1,6 m.

VIAJAR EN FAMILIA

THOMAS STANKIEWICZ/PHOTOLIBRARY

Excursionismo en Baviera.

Viajar por Alemania con niños es muy fácil, sobre todo si se mantiene un programa flexible y se les anima a participar en la planificación diaria. Además, los críos son la excusa perfecta si los adultos desean secretamente subir a montañas rusas o disfrutar como locos en el zoo.

LO QUE HAY QUE SABER

En casi todos los sitios se muestran encantados de atender a los niños, ya sea con raciones más pequeñas, una trona, una cama adecuada o especial cuidado en un circuito.

Prácticamente todos los alojamientos ofrecen cunas, a veces a cambio de un pequeño recargo. Algunos, sobre todo en el campo, no cobran nada extra si los pequeños se alojan en la habitación de sus padres sin exigir una cama adicional. En los vehículos, los asientos de seguridad son obligatorios y todas las empresas de alquiler de coches los tienen (hay que reservarlos con antelación). En los taxis no hay sillas para niños.

En supermercados y farmacias hay comida para niños, leche maternizada, leche de vaca, bebida de soja y pañales. Dar el pecho en público es habitual, sobre todo en las ciudades, pero casi todas las mujeres lo hacen de forma muy discreta. Casi todas las oficinas de turismo ofrecen información sobre canguros e instalaciones infantiles. Agentur Mary Poppins (www.agenturmarypoppins.de) ofrece un servicio de canguro en nueve ciudades. En Berlín se puede probar en Babysitter Express (www.babysit ter-express.de).

DESPLAZARSE CON NIÑOS

En Alemania es fácil entretener a los niños. La naturaleza ofrece, por supuesto, infinitas posibilidades. Los castillos, cargados de leyendas, como el majestuoso Wartburg de

Turingia o el palacio de cuento de hadas Schloss Neuschwanstein de Baviera, despertarán la imaginación de más de un fan de Harry Potter. Aunque a los niños mayores quizá les guste más la magia de Hollywood del Filmpark Babelsberg de Potsdam, cerca de Berlín.

Los parques y jardines son omnipresentes, y también hay museos perfectos para los pequeños, como el Schokoladen Museum (Museo del Chocolate) de Colonia, el Deutsches Technikmuseum (Museo de Tecnología) de Berlín, y el Autostadt de Wolfsburgo, hogar del Beetle de Volkswagen. Hasta el mayor festival de cerveza del mundo es ideal para los niños. Y es que las alegres carpas de la Oktoberfest de Múnich están rodeadas de fabulosas atracciones, como la famosa Olympialooping, que da cinco vertiginosas vueltas.

LO MEJOR

ARCO IMAGES/ALAMY

Desfile del Flautista de Hamelín, Hamelín (p. 188).

ACTIVIDADES INFANTILES

- **Descender desde Schauinsland** (p. 220).
- **Hacer piragüismo en el Parque Natural de Altmühltal** (p. 159).
- **Espectáculos de títeres en Augsburger Puppenkiste** (p. 139).
- **El sendero del Flautista en Hamelín** (p. 188).

DESPERTARSE CON LOS GALLOS

Unas vacaciones en una granja *(Urlaub auf dem Bauernhof)* son económicas y brindan una gran ocasión de acercarse a la naturaleza entre un relativo confort. El alojamiento va desde austeras habitaciones con instalaciones compartidas a apartamentos completamente amueblados. Hay varios tipos de granjas, incluidas ecuestres, de productos lácteos y ecológicas, así como fincas vinícolas.

En verano se puede dormir sobre el heno fresco en cerca de una docena de *Heuhotels* (www.strohtour.de). Hay que llevarse el saco. Estos graneros familiares rodeados de campo ofrecen una auténtica experiencia en una granja y suelen tener animales que los niños pueden mimar y productos de cosecha propia, como huevos frescos y zumo de naranja para desayunar.

Para más información sobre vacaciones en granjas, visítese www.landtourismus.de, www.bauernhofurlaub-deutschland.de o www.bauernhofurlaub.com.

LO MÁS IMPORTANTE

- **Cunas** Las hay si se piden en los hoteles de precio medio y alto. Es mejor reservarlas con antelación.
- **Tronas y menú infantil** *(Kindermenü)* Suele haber en casi todos los restaurantes.
- **Pañales** Es fácil comprarlos en farmacias y supermercados.
- **Cambiadores** Son raros. Se aconseja llevarse una toalla por si acaso.
- **Cochecitos** Hay que llevarse el propio.

LA COCINA ALEMANA

RUSSELL MOUNTFORD

Varios tipos de *Wurst* en Frankfurt.

En el imaginario internacional, la cocina alemana suele consistir simplemente en algo –normalmente una *wurst* (salchicha)– que acompaña su soberbia cerveza. La cocina tradicional, a base de carne, col y patata, tiene una reputación bastante merecida de pesada y banal.

Pero Alemania se ha redimido gastronómicamente en la última década. Los grandes chefs han experimentado y creado una tendencia a la que se alude como la Neue Deutsche Küche (Nueva cocina alemana), y las influencias *multi-kulti* (multiculturales) –desde Turquía al Mediterráneo y Asia– han colocado en el menú al *baba ganoush*, los burritos y los *curries*.

No se hallará el exuberante amor por la comida excelsa –y la habilidad para elaborarla– rezumando en cada local de barrio como pasa en otros sitios de Europa, como Italia. Pero hay muchas excepciones en ciudades como Berlín y Hamburgo, y la tendencia global a surtirse de ingredientes locales y de temporada está cobrando fuerza. Sin embargo, el puesto de comida rápida *Imbiss* es un fenómeno omnipresente, y comerse un *wurst* o un kebab (de pie) es una sencilla experiencia alemana por excelencia.

El exceso de confianza del viajero en su precario nivel de alemán puede ser peligroso al pedir comida en ciertas zonas. En Colonia no sirven medio pollo cuando se pide una *Halve Hahn,* que es un rollo de pan de centeno con queso gouda, pepinillos y mostaza. El *Kölscher Kaviar* también da lugar a confusiones. No es caviar, sino morcilla. ¿Y un *Nordseekrabben* en Hamburgo? Son… gambas pequeñas, por supuesto.

'SPARGELZEIT'

La temporada de los espárragos arranca con la recogida de la primera cosecha a mediados de abril y dura hasta el 24 de junio, día de San Juan, fecha muy adecuada dada la intensidad casi religiosa con que se adora a este "rey de las verduras". Los alemanes se pasan la temporada devorando grandes cantidades de largos tallos (sobre todo blancos) y muchos restaurantes tienen menús especiales basados en los espárragos.

UN PAÍS DE SALCHICHAS

En la Edad Media los campesinos alemanes hallaron un modo de juntar y disfrazar las partes más desagradables de los animales, y así nació el *wurst*. Hoy es un noble y respetado componente de la cocina germana, y hay normas estrictas que regulan la autenticidad de sus variedades. En algunos casos, como pasa con la salchicha de Núremberg, del tamaño de un dedo, dichas normas garantizan hasta que los menudillos no entren en la ecuación.

Hay más de 1500 clases de salchicha, pero todas suelen servirse con pan y mostaza *(Senf)* dulce *(süss)* o picante *(scharf)*. El *Bratwurst*, que se sirve en todo el país, es de carne de cerdo picada, ternera y especias, y se cocina de distintas formas (hervido en agua, al horno con col y manzanas, guisado en una cazuela o simplemente asado o a la parrilla).

La presencia de otras salchichas varía según la region. Una *Thüringer* es larga, delgada y picante, y la *Wiener* es lo que los adictos al perrito caliente llaman frankfurt. La *Blutwurst* es una "salchicha de sangre" (no debe confundirse con la *Rotwurst,* otro tipo de morcilla). La *Leberwurst* es de hígado y la *Knackwurst* lleva una pizca de ajo.

Sajonia apuesta por la salchicha de sesos *(Bregenwurst),* Baviera vende la blanca y correosa *Weisswurst,* de ternera, y los berlineses son adictos al *Currywurst* (rodajas de salchichas coronadas con *curry* en polvo y *ketchup*).

UN ROLLO CRUJIENTE

En su exilio en California en 1941, el dramaturgo alemán Bertolt Brecht confesó que lo que más añoraba de su tierra natal era el pan. El pan alemán es el mejor del mundo, no tiene rival. Sus 300 variedades sabrosas y de rica textura suelen mezclar harina de trigo y centeno.

FOODFOLIO/IMAGELIBRARY

Pan crujiente.

El pan de centeno "negro" *(Schwarzbrot)* es de hecho marrón, pero de un tono más oscuro que el ligeramente agrio *Bauernbrot* –divino con un poco de mantequilla. El Pumpernickel se cuece al vapor y no al horno, lo que lo hace muy jugoso, y de hecho es negro. *Vollkorn* significa integral, mientras que el pan cubierto de semillas de girasol se llama *Sonnenblumenbrot.* Pero, si se quiere pan blanco *(Weissbrot),* también lo hay.

Los frescos rollos de pan (*Brötchen* en el norte, *Semmel* en Baviera, *Wecken* en el resto del sur) se cubren de semillas de amapola *(Mohnbrötchen),* llevan pasas *(Rosinenbrötchen),* se espolvorean con sal *(Salzstangel)* o se hacen de otra docena de formas.

Los *Brezeln* son clásicos *pretzels* cubiertos de sal.

UNA DE PATATAS

A los alemanes les gusta la patata casi tanto como a los rusos. La *Kartoffel* no solo acompaña todo plato de carne, sino que también se incorpora a la sopa *(Kartoffelsuppe)* y hasta a los gofres *(Kartoffelwaffeln)* o los creps *(Reibekuchen)* de postre.

Entre esas especialidades se cuenta el *Himmel und Erde* (Cielo y Tierra), un plato de puré de patatas y manzanas estofadas que se sirve con morcilla, o las bolas de masa de patata *Klösse.*

LO MEJOR

KOCH, KARSTEN/ALAMY

Pier 51 (p. 187), Hannover.

RESTAURANTES

- **Brauerei im Füchschen** (p. 244) Sencilla hospitalidad renana.
- **Cookies Cream** (p. 79) Excelente comida sin carne.
- **Calwer-Eck-Bräu** (p. 210) Copiosos clásicos alemanes.
- **Délice** (p. 210) Restaurante de Stuttgart con estrellas Michelin.
- **Pier 51** (p. 187) Fuegos artificiales culinarios con vistas.
- **Villa Mittermeier** (p. 132) Restaurante de primera a horcajadas de la Ruta Romántica.

ES COL ENCURTIDA

Por último está la guarnición por excelencia que a más de un extranjero le cuesta asimilar: la *Sauerkraut*. Es col troceada, marinada en vinagre de vino blanco y ligeramente cocida. Pero si no se prueba al menos la *Rotkohl* (versión de col lombarda), no se sabrá lo que se pierde. Estofada con trozos de manzana y vino se convierte en *Bayrischkraut* o *Weinkraut.*

SI AL NORTE FUERES...

Las variedades culinarias regionales son importantes, sobre todo si se compara el norte, donde reina la patata y se pone mayor acento en el pescado, con los estados meridionales, que abundan en platos de cerdo y ternera con fideos o bolitas de masa frita. Hacia las fronteras se cuelan los sabores franceses, escandinavos o eslavos, pero hay una sutil diferencia y el sabor suele ser inequívocamente alemán.

CAFÉ Y PASTELES

A los alemanes les encantan los dulces, pero suelen tomarlos a la hora del *Kaffee und Kuchen* (café y pasteles) más que después de comer. Al fin y al cabo, éste es el país que trajo al mundo el azucarado y soberbio *Schwarzwälder Kirschtorte* (pastel de la Selva Negra), un capricho muy aceptable para merendar. Después de la comida, el postre *(Nachspeisen* o *Nachtische)* suele consistir en cosas más ligeras, como natillas o fruta, *Rote Grütze* (tarta de compota de fruta con crema de vainilla), helado o macedonia.

La Navidad tiene sus especialidades. El *Stollen* es un pastel de especias cargado de pasas sultanas y cáscara de fruta glaseada, espolvoreado con azúcar glas y a veces relleno de una bola de mazapán. Hoy apenas se hornea en los hogares (aunque, cuando se hace, es exquisito), pero se hallará por doquier en los mercados navideños –el de Dresde se considera el mejor.

LO MEJOR

ABR/IMAGEBROKER

Lebkuchen (pan de jengibre) en un mercado navideño.

DULCES APETITOSOS

- **Lebkuchen** (pan de jengibre) Se halla por docenas en los mercados navideños, y todo el año en muchas panaderías.
- **Nürnberger Lebkuchen** Tiernas galletas de Núremberg con frutos secos, cáscara de fruta, miel y especias.
- **Aachener Printen** Crujiente galleta con especias de Aquisgrán, parecida al pan de jengibre.
- **Lübecker Marzipan** Mezcla de azúcar y almendras de Lübeck.

LOS ALEMANES

OLF/IMAGEBROKER

Un barco para bañarse en el río Spree, Berlín (p. 62).

Dicen que la mente alemana gusta de especular. Dos guerras en el s. XX y la memoria del Holocausto son los motivos. Si a ello se añade la escalofriante situación de la división durante la Guerra Fría, una potentísima economía moderna que arrastra en su despertar a media Europa y coloca más productos en la economía mundial que ninguna otra y una crucial ubicación geográfica, la constante fascinación que despierta es comprensible.

CULTURA

Alemania tardó mucho en convertirse en una nación, y, si se observa de cerca, se verán muchas culturas distintas dentro de las mismas fronteras. Además, es uno de los países más multiculturales de Europa, con influencias de Turquía, Grecia, Italia, Rusia y los Balcanes.

EL ANTIGUO ESTE

Unos 15 millones de personas viven en la antigua RDA, una parte del país donde, hasta 1989, viajar estaba restringido, el Estado era todopoderoso y la vida, segura pero también estrictamente controlada. Según un sondeo del grupo de investigación Emnid, el 49% de los alemanes del Este dicen que la RDA tenía más cosas buenas que malas, y el 8% dice que eran más felices o vivían mejor en aquellos tiempos.

La antigua Alemania del Este sigue perdiendo gente a espuertas. Algunas de las regiones más afectadas trataron de atraer a los jóvenes, que habían emigrado a Múnich o Stuttgart, con ideas novedosas como un "paquete del retornado", que contenía cosas como alfombrillas de ratón, enlaces de Internet y suscripciones locales de periódicos, pero la tendencia es irreversible. Según ciertos cálculos, Sajonia-Anhalt y la región de Chemnitz pueden perder un cuarto de su población para el 2030, y la de Turingia menguará en cerca de un 20%.

CANDIDEZ

Los alemanes encajan en la topografía mental del norte de Europa y se describen culturalmente como personas que suelen decir claramente lo que piensan en vez de usar indirectas o sugerencias. Se enfrentan al otro cara a cara en las conversaciones, dan firmes apretones de manos y suelen darse un abrazo o un beso en la mejilla entre amigos.

DE 'DIRNDLS' A ZAPATOS DE TACÓN DE AGUJA

Casi todos los alemanes sienten cariño por el floreciente oficio del deshollinador (que hoy ejercen algunas mujeres) con su clásico atuendo –traje y sombrero negro azabache– en pueblos y aldeas. Y una joven bávara de, pongamos, una compañía financiera, puede lucir el *dirndl* (clásico conjunto de falda y blusa bávara) en la época de la Oktoberfest y beber como una alegre campesina. El lunes estará de vuelta sobria en su escritorio, con sus zapatos de tacón de aguja, haciendo cálculos como si todo fuera diversión –y lo es.

DESNUDOS

Pese a tanta tradición, los alemanes no son remilgados. Es habitual bañarse desnudo en la playa o ir a saunas mixtas en cueros, aunque muchas mujeres prefieren las saunas femeninas. Llevar traje de baño o cubrirse con una toalla en la sauna no es lo que suele hacerse.

NEX/IMAGEBROKER

Mujeres vestidas con *dirndls*.

ACTIVIDADES AL AIRE LIBRE

CHT/IMAGEBROKER

Parque Nacional de Berchtesgaden (p. 146), Baviera.

No importa qué clase de actividad al aire libre arranque al viajero del sofá. En esta tierra de lagos, ríos, montes y bosques la encontrará. Hay mucho que hacer durante todo el año: hacer excursiones entre flores silvestres de primavera, nadar en un lago calentado por el sol de verano, practicar ciclismo entre un caleidoscópico follaje otoñal o celebrar el invierno esquiando sobre nieve en polvo. Y en todas partes se hallarán tiendas especializadas y operadores locales deseosos de atender al viajero.

A PONERSE EL CASCO

Alemania es un territorio soberbio para los ciclistas, ya se busque una vuelta placentera por la playa, una exploración montesa llena de adrenalina o una aventura en bici de varios días. Prácticamente cada región tiene una red de rutas señalizadas, y en casi cada pueblo hay al menos un local de alquiler de bicis (suele estar en o cerca de la estación).

Más de 200 senderos de larga distancia (unos 70 000 km) surcan el país, lo que lo hace ideal para el *Radwandern* (turismo en bicicleta). Las rutas están bien señalizadas y suelen ser una combinación de solitarias carreteras secundarias, senderos forestales y vías asfaltadas con carriles bici. Muchas atraviesan reservas naturales, serpentean junto a ríos o penetran en abrupto terreno montañoso.

Para planificar la ruta hay que consultar www.germany-tourism.de/cycling, que ofrece una visión general de rutas, descripciones de itinerarios y descargas gratis de mapas.

Los mapas de la organización nacional ciclista Allgemeiner Deutscher Fahrrad Club (ADFC) son los mejores para guiarse en ruta. Los dedicados a circuitos de un día o un fin de semana y a excursiones más largas pueden encontrarse en librerías, oficinas de turismo y en línea (www.adfc.de). La ADFC también publica un práctico directorio en línea llamado Bett und Bike (www.bettundbike.de), con listados de miles de albergues, posadas y hoteles para ciclistas.

EXCURSIONISMO Y CAMINATAS NÓRDICAS

Alemania es perfecta para explorarse a pie. Se puede vagar por románticos valles fluviales, caminar entre fragantes pinos, ascender cimas alpinas o pasear por un lago o a través de las dunas. Los senderos más bonitos cruzan parques naturales y nacionales o reservas de la biosfera, y las caminatas nórdicas –donde se anda con palos, como en el esquí de fondo– son el furor de los últimos años.

Los senderos suelen estar bien señalizados, a veces con símbolos pintados en troncos. Para dar con una ruta acorde con el nivel de forma física y tiempo disponible, hay que hablar con el personal de las oficinas de turismo, que además ofrecerá mapas y consejos.

El sitio www.wanderbares-deutschland.de es una excelente fuente de información. Tiene datos exhaustivos de docenas de senderos por todo el país.

LO MEJOR

ANDREW BAIN

Recorrer en bicicleta el Bodensee-Königssee Radweg.

RUTAS DE CICLISMO DE LARGA DISTANCIA

- **Altmühltal Radweg** (190 km) De fácil a moderada. De Rothenburg ob der Tauber a Beilngries, siguiendo el río Altmühl a través del Parque Natural de Altmühltal.
- **Bodensee-Königssee Radweg** (414 km) Moderada. De Lindau a Berchtesgaden, a los pies de los Alpes, con magníficas vistas de los bosques, lagos y montañas.
- **Donauradweg** (434 km) De fácil a moderada. De Neu-Ulm a Passau, un delicioso viaje ribereño junto a uno de los grandes ríos de Europa.
- **Romantische Strasse** (Ruta Romántica; 359 km) De fácil a moderada. De Wurzburgo a Füssen, una de las formas más bonitas de explorar la ruta vacacional más famosa de Alemania. En la temporada alta estival puede haber mucha gente.

MONTAÑISMO

Los Alpes Bávaros –centro del montañismo alemán– brindan muchas oportunidades de hacer montañismo. El viajero puede hacer caminatas de un día o planificar salidas de varios días de cabaña en cabaña. Pero escalar los Alpes no es como dar un paseo por el parque. Hay que estar razonablemente en forma y llevar el calzado y equipo adecuados, así como mapas topográficos o GPS. Los senderos pueden ser angostos, escarpados y tener zonas congeladas incluso en verano.

El **Deutscher Alpenverein** (**DAV; Club Alpino Alemán; ☎ 089-140 030; www.alpenverein.de**) es una mina de oro de información sobre excursionismo y montañismo y tiene sedes locales en casi cada población alemana. También mantiene cientos de cabañas alpinas,

KPW/IMAGEBROKER

Esquí de fondo.

muchas de ellas abiertas al público, donde se puede pasar la noche y comer algo. Las sedes locales del DAV también organizan diversos cursos (escalada, montañismo, etc.), así como caminatas guiadas.

ASCENDER POR LAS LADERAS

Modernos telesillas, laderas de esquí de todos los niveles, senderos a campo traviesa, acogedoras cabañas de montaña, vino caliente con especias, cenas junto al fuego, todo ello son signos de unas vacaciones de esquí en Alemania.

Los Alpes Bávaros, a solo una hora en coche al sur de Múnich, tienen los mejores descensos y las condiciones de nieve más fiables. El complejo turístico más famoso aquí es Garmisch-Partenkirchen (p. 146), que acogió los Juegos Olímpicos de 1936 y es célebre entre el público internacional.

También se puede practicar esquí, *snowboard* y esquí de fondo en cualquier otra parte del país donde, aunque no hay montes tan altos como los Alpes, los precios son más baratos, hay menos gente y un ambiente más tranquilo. Entre las cordilleras más bajas de Alemania, la selva de Baviera (p. 165) tiene los niveles de nieve más fiables, con muchos descensos en el monte Grosser Arber. El Parque Nacional del Bosque Bávaro es fabuloso para practicar esquí de fondo.

HISTORIA

SZM/IMAGEBROKER

Porta Nigra (p. 257), Tréveris.

Los acontecimientos de Alemania han dominado con frecuencia el escenario europeo, pero el país en sí es una invención reciente. Durante gran parte de su historia, ha sido un mosaico de principados y ciudades-estado semiindependientes, ocupados por el Imperio romano, el Sacro Imperio Romano Germánico y los Habsburgo austríacos. Tal vez por ello muchos alemanes conservan una fuerte identidad regional.

LAS PRIMERAS TRIBUS Y LOS ROMANOS

Los primeros habitantes de Alemania fueron los celtas y, posteriormente, las tribus germánicas. En la Edad del Hierro (desde el 800 a.C. aproximadamente), las tribus de la llanura norte y las tierras altas centrales que habitaban los márgenes de las regiones celtas recibieron la influencia de su cultura, pero jamás se fundieron con ella.

Las tribus germánicas al este del Rin y los romanos lucharon por el control del territorio alrededor del río desde el 100 a.C. aproximadamente hasta el año 9 d.C., cuando el general romano Varo perdió a tres legiones –unos 20 000 hombres– en la batalla del

800-300 a.C.
Las tribus germanas y los celtas habitan grandes zonas de Alemania central y septentrional.

9 d.C.
La batalla del Bosque de Teutoburgo frena la expansión romana hacia el este.

482
Clodoveo se convierte en rey de los francos y sienta los cimientos del Imperio franco.

STEVE RAYMER/CORBIS

Sellos de cera en un documento comercial alemán como los que usaba la Liga Hanseática.

Bosque de Teutoburgo y abandonó sus planes de extenderse hacia el este. En el año 300 d.C. se habían formado cuatro grupos principales de tribus en el Rin y el Danubio: los alemanes, los francos, los sajones y los godos.

EL IMPERIO FRANCO

En la Edad Media este imperio se convirtió en el mayor poder político de Europa, en parte gracias al rey merovingio Clodoveo [482-511], que unió a varias poblaciones.

En el s. VII estalló la guerra entre los clanes aristocráticos y los carolingios sustituyeron a los merovingios e introdujeron estructuras jerárquicas eclesiásticas. Desde su residencia en Aquisgrán, Carlomagno [768-814] conquistó Lombardía, ganó territorio en Baviera, lidió una guerra de 30 años contra los sajones en el norte y fue coronado emperador (káiser) por el Papa en el 800. Pero las cartas cambiaron en el s. IX, cuando los ataques de daneses, sarracenos y magiares sembraron la confusión en la parte oriental del imperio. De allí nacieron cuatro ducados dominantes: Baviera, Franconia, Suabia y Sajonia.

El entierro de Carlomagno en la catedral de Aquisgrán convirtió la capilla de la corona en lugar de peregrinaje. El Tratado de Verdún (843) fue testigo de la división gradual del imperio y, cuando Luis IV el Niño [900-911] –nieto del hermano de Carlomagno– murió sin dejar herederos, los duques del este de Franconia (es decir, los alemanes) eligieron a un rey de entre sus filas. Así nació la primera monarquía alemana.

486	732	768-814
Clodoveo derrota a los romanos en la batalla de Soissons, Francia.	El rey franco Carlos Martel gana la batalla de Tours y frena el avance de los musulmanes en Europa occidental.	Carlomagno es coronado emperador y bajo su mandato el Imperio franco crece en tamaño y poderío.

PRINCIPIOS DE LA EDAD MEDIA

A principios de la Edad Media las dinastías se peleaban y tramaban intrigas para hacerse con tierras mientras un débil Estado central observaba impotente sus acciones. El simbólico centro del poder era la catedral de Aquisgrán, sede de los entierros y coronaciones de reyes alemanes desde el 936. En el 962 Otón I reafirmó el compromiso de Carlomagno de proteger al papado y el Papa le contestó con un compromiso de lealtad al emperador. Otón creó el Sacro Imperio Romano Germánico, un estado nebuloso que sobrevivió hasta 1806.

Bajo Federico I Barbarroja [1152-1190], Aquisgrán asumió el papel de capital imperial y en 1165, el año de la canonización de Carlomagno, adquirió el rango de ciudad Imperial Libre. Entretanto, Enrique el León extendió su influencia hacia el este para germanizar y convertir a los eslavos de la actual Alemania oriental. Enrique estaba muy bien conectado y fundó Braunschweig, Múnich y Lübeck.

El imperio ganó territorio hacia el este y en Italia, pero enseguida se desmembró. Por entonces los *Kurfürsten* (príncipes electores) escogían a los reyes, pero era el Papa quien los coronaba como emperadores, sistema que hacía del káiser un lacayo poco dispuesto. En 1245 el imperio se sumergió en el «período terrible», pero aunque el imperio central no era más que una sombra del antiguo, la expansión hacia el este siguió sin tregua.

LA CASA DE HABSBURGO

En 1273 una dinastía de los Habsburgo emergió entre el caos real, concertó hábiles matrimonios de conveniencia y controló los asuntos europeos hasta el s. XX. La Declaración de Rhense (1338) dispensó al Papa de la coronación del káiser. Desde entonces, el rey, elegido por los *Kurfürsten,* era automáticamente káiser. La Bula de Oro de 1356 indicaba normas precisas para las elecciones y definía la relación entre el káiser y los príncipes. Fue una mejora, pero el káiser aún dependía de los príncipes.

Mientras se fundaban universidades en todo el país, los alemanes de a pie lidiaban contra el pánico, los linchamientos, los pogromos contra los judíos y la escasez de empleo, todo ello provocado por la epidemia (1348-1350) que liquidó al 25% de la población de Europa.

UNA CUESTIÓN DE FE

El tejido religioso de Alemania seguía un patrón creado en la Reforma del s. XVI. En 1517 Martín Lutero (1483-1546) publicó sus 95 tesis, que cuestionaban la práctica papal de vender indulgencias para exonerar los pecados. Amenazado con la excomunión, Lutero se negó a retractarse, rompió con la Iglesia católica y fue expulsado del imperio.

911	962	1152
Muere Luis el Niño y los duques francos ignoran a Carlos el Simple en favor de su propio rey.	El Papa corona a Otón I sacro emperador y reafirma el precedente establecido por Carlomagno.	Federico I Barbarroja es coronado en Aquisgrán.

En 1555 Carlos V [1520-1558] firmó la Paz de Augsburgo (1555), la cual permitía a los príncipes decidir la religión de su principado. Los príncipes más laicos del norte adoptaron la enseñanza luterana, y los señores clericales del sur, el suroeste y Austria permanecieron fieles al catolicismo.

Pero la cuestión religiosa degeneró en la cruenta Guerra de los Treinta Años, a la que se sumaron Suecia y Francia en 1635. La Paz de Westfalia (1648) restauró la calma pero dejó al imperio como un Estado teórico e impotente. Suiza y los Países Bajos obtuvieron su independencia oficial, Francia ganó territorio en Alsacia y Lorena, y Suecia obtuvo tierras en las desembocaduras de los ríos Elba, Oder y Weser.

LA ILUSTRACIÓN Y LA ERA INDUSTRIAL

En el s. XVIII la Ilustración dio nueva vida a Alemania e inspiró a un buen puñado de príncipes autocráticos a erigir palacios y jardines. Entretanto, Johann Sebastian Bach y Georg Friedrich Händel ocuparon los escenarios y una ola de *Hochkultur* ("alta cultura") invadió a la alta sociedad.

Brandeburgo-Prusia adquirió importancia, activada por la adquisición de los antiguos territorios de los caballeros teutónicos y con el apoyo del rey de la dinastía Hohenzollern Federico Guillermo I (el Rey Sargento) y su hijo, Federico II [1740-1786]. Tras la Guerra de los Siete Años (1756-1763) contra Austria, Brandeburgo-Prusia se anexionó Silesia y dividió Polonia.

A petición de Napoleón Bonaparte, una delegación imperial secularizó y reconstituyó el territorio alemán entre 1801 y 1803. En 1806 la Confederación del Rin erradicó unos 100 principados. Oliéndose el fin del Sacro Imperio Romano Germánico, el káiser Francisco II [1792-1806] abdicó. Aquel mismo año Brandeburgo-Prusia cayó ante los franceses, pero la humillante derrota instó a hacer reformas que lo aproximarían a la independencia: se concedió la igualdad a los judíos y se abolió la servidumbre.

En 1815, en el Congreso de Viena, Alemania se reorganizó en una confederación de 35 estados y estableció un Reichstag (asamblea legislativa) en Frankfurt am Main. Dicho Reichstag ineficaz apenas representaba a los estados más poblados y no logró frenar la rivalidad austroprusiana.

A mediados del s. XIX los motores de la era industrial resonaban en todo el país. Un nuevo movimiento proletario urbano llamaba a la creación de un Gobierno central, y el movimiento de escritores Joven Alemania manifestaba su descontento político.

En 1848, en Berlín y gran parte del suroeste se produjeron disturbios que obligaron a los líderes alemanes a convocar la primera delegación parlamentaria del país elegida libremente en la Paulskirche de Frankfurt am Main. Entretanto, Austria se independizó de Alemania y volvió a la monarquía. En 1850, el rey prusiano Federico Guillermo IV esbozó su propia Constitución, que seguiría vigente hasta 1918.

1241	1273	1356
Hamburgo y Lübeck crean las bases de la poderosa Liga Hanseática.	La Casa de Habsburgo inicia su ascenso para convertirse en la dinastía más poderosa de Europa.	La Bula de Oro formaliza la elección del emperador (káiser).

EL 'HONESTO' OTTO VON BISMARCK

La creación de una Alemania unificada con Prusia al timón era la gloriosa ambición de Otto von Bismarck (1815-1898), antiguo miembro del Reichstag y primer ministro de Prusia. Militar de la antigua escuela, hizo uso de una intrincada diplomacia y de una serie de guerras con Dinamarca y Francia para lograr sus objetivos. Alemania se unificó en 1871, con Berlín como orgullosa capital del mayor estado de Europa occidental. El 18 de enero de 1871 el rey prusiano fue coronado káiser del Reich –una monarquía constitucional de dos cámaras– en Versalles, y Bismarck se convirtió en su "canciller de hierro".

El poder de Bismarck se basaba en el apoyo de los mercaderes y los Junkers, una clase noble de terratenientes sin título de caballero. Bismarck, hábil diplomático y poder en la sombra, logró mucho tras su dudosa política del "honesto Otto".

Cuando se veía presionado, Bismarck hacía concesiones a los crecientes y antagonistas movimientos sociales, y así puso en práctica las primeras reformas sociales del país. En 1888 Alemania tenía un nuevo káiser, Guillermo II, que quería extender la reforma social y un "canciller de hierro" que quería leyes antisocialistas más estrictas. Finalmente, en 1890, el káiser expulsó a Bismarck de la escena política. Tras ello se desplegó el legado de la brillante diplomacia de Bismarck y una Alemania rica, unificada e industrialmente poderosa entró en el nuevo siglo con líderes incompetentes al timón.

LO MEJOR

AKG-IMAGES/ALAMY

Alemania declara la guerra a Rusia, 1914.

LAS MEJORES LECTURAS HISTÓRICAS

- **Heinrich the Fowler: Father of the Ottoman Empire (Enrique el Pajarero, padre del Imperio otomano)** (Mirella Patzer) Describe la Alemania del s. X en una mezcla de historia y ficción.
- ***La Gran Guerra* (1914-1918)** (Marc Ferro) Un absorbente relato sobre la Primera Guerra Mundial.
- **This Way for the Gas, Ladies and Gentlemen (Por aquí hacia el gas, señoras y caballeros)** (Tadeusz Borowski) Un conjunto de relatos cortos de un autor que pasó un tiempo en campos de concentración.
- ***Stasiland*** (Anna Funder) El relato de una periodista australiana sobre sus entrevistas con antiguos agentes de la Stasi (policía comunista) en la década de 1990.

1455
Johannes Gutenberg, imprime la Biblia con un sistema tipográfico móvil y revoluciona la impresión de libros.

1517
Martín Lutero publica sus 95 tesis en Wittenberg, lo que le enfrentará a la Iglesia católica.

1555
La Paz de Augsburgo permite a los príncipes decidir la religión de sus principados.

LO MEJOR

NIT/IMAGEBROKER

El Zwinger de Dresde (p. 279).

EJEMPLOS DEL ESPÍRITU DE LA ILUSTRACIÓN

- El **Schloss Charlottenburg** de Berlín (p. 77).
- El **parque de Sanssouci** de Potsdam (p. 274).
- El **Zwinger** de Dresde (p. 279).

LA PRIMERA GUERRA MUNDIAL

El conflicto empezó con el asesinato del heredero al trono austrohúngaro, el archiduque Francisco Fernando, en Sarajevo en 1914, y enseguida se convirtió en un asunto europeo y del Oriente Próximo: Alemania, el Imperio austrohúngaro y Turquía contra Gran Bretaña, Francia, Italia y Rusia. En 1915 un submarino alemán atacó a un transatlántico de pasajeros británico y mató a 120 ciudadanos estadounidenses. En 1917 Estados Unidos también se había sumado a la guerra.

Rusia, paralizada por la Revolución, aceptó un humillante acuerdo de paz con Alemania. Mientras esta última, rota desde el punto de vista militar, al borde de una revolución y atrapada en tierra de nadie entre la monarquía y la democracia moderna, firmó finalmente el Tratado de Versalles (1919), que la hacía responsable de todas las pérdidas de sus enemigos. Sus fronteras se recortaron y tuvo que pagar elevadas indemnizaciones.

EL ASCENSO AL PODER DE HITLER

La hiperinflación y las pésimas condiciones económicas, derivadas de las duras condiciones impuestas en el Tratado de Versalles, brindaron un suelo fértil al extremismo político. Uno de los dirigentes radicales era Adolf Hitler, un austríaco aspirante a artista y veterano del Ejército alemán. Dirigido por Hitler, el Partido Nacional Socialista Obrero Alemán (partido nazi) protagonizó un fracasado golpe de Estado en Múnich en 1923. Aquello le valió a Hitler nueve meses de cárcel, durante los cuales escribió *Mein Kampf* (*Mi lucha)*.

A partir de 1929 la Gran Depresión golpeó duro a Alemania provocando desempleo, huelgas y manifestaciones. Los ricos industriales empezaron a apoyar a los nazis. El partido ganó impulso en las elecciones generales y en 1933 sustituyó a los socialdemócratas como mayor partido en el Reichstag (parlamento), con cerca de un tercio de los escaños. Hitler fue nombrado canciller y un año después asumió el control absoluto como Führer (líder).

1618-1648
La Guerra de los Treinta Años arrasa Alemania y merma su población.

1806
Napoleón Bonaparte toma Berlín y rinde homenaje a la tumba de Federico el Grande.

1815
El Congreso de Viena retoca el mapa de Europa y crea la Confederación Germánica con 35 estados.

HULTON ARCHIVE/GETTY

Bombarderos en picado: Junkers Ju 87 alemanes volando en formación durante la Segunda Guerra Mundial.

LA SEGUNDA GUERRA MUNDIAL

A partir de 1935 Alemania empezó a rearmarse y a abrirse camino para salir de la Gran Depresión con obras públicas estratégicas como las Autobahns (autopistas). Hitler reocupó Renania en 1936, y en 1938 se anexionó Austria.

Todo ello sucedió con un transfondo de creciente racismo. Las Leyes de Núremberg de 1935 privaban a los no arios –casi todos judíos y gitanos– de su ciudadanía alemana y muchos otros derechos. El 9 de noviembre de 1938 el horror culminó en la *Kristallnacht* (Noche de los cristales rotos; véase recuadro en p. 348).

En septiembre de 1939, tras firmar un pacto que permitía a Stalin y a él mismo actuar libremente en el este de Europa, Hitler atacó Polonia, lo que condujo a una guerra con Gran Bretaña y Francia. Alemania ocupó enseguida amplias regiones de Europa, pero tras 1942 empezó a sufrir cada vez más pérdidas. Los grandes bombardeos redujeron las ciudades germanas a escombros, y el país perdió el 10% de su población. Alemania se rindió de forma incondicional en mayo de 1945, poco después del suicidio de Hitler en su búnker de Berlín.

LA DIVISIÓN DE ALEMANIA

Tras la guerra, el racismo nazi quedó expuesto en toda su crudeza. En los campos de concentración, creados para liberar a Europa de los indeseables según la doctrina nazi, se

1834

La Unión Aduanera de Alemania *(Zollverein)* consolida la idea de una Alemania sin Austria.

1848

Un grupo de alemanes exiliados en Gran Bretaña publica *El manifiesto comunista* de Karl Marx y Friedrich Engels.

1867

El canciller prusiano Otto von Bismarck crea la Confederación Alemana del Norte, que excluye a Austria.

LA NOCHE DE LOS CRISTALES ROTOS

El horror nazi se intensificó el 9 de noviembre de 1938 con la *Reichspogromnacht* (llamada *Kristallnacht* o "Noche de los cristales rotos"). En respuesta al asesinato de un funcionario de la Embajada alemana a manos de un judío polaco en París, los cementerios y sinagogas judíos, sus propiedades y negocios en toda Alemania fueron profanados, quemados o demolidos. Unos 90 judíos murieron aquella noche. Al día siguiente otros 30 000 fueron encarcelados, y los comercios judíos se traspasaron a no judíos mediante la venta forzada a precios por debajo del mercado.

había exterminado a unos seis millones de judíos y a un millón de gitanos, comunistas, homosexuales y demás ciudadanos.

En las conferencias de Yalta y Potsdam, los Aliados (Unión Soviética, EE UU, Gran Bretaña y Francia) redibujaron las fronteras de Alemania y la dividieron en cuatro zonas ocupadas.

En la zona soviética, el comunista Partido Socialista Unificado de Alemania (PSUA, SED en sus siglas alemanas) ganó las elecciones de 1946 y empezó una rápida nacionalización de la industria. En septiembre de 1949 se creó la República Federal de Alemania (RFA) en las tres zonas occidentales. Al mes siguiente se fundó la República Democrática de Alemania (RDA) en la zona soviética, con Berlín (oriental) como capital.

EL MURO BERLINÉS

Como baluarte occidental contra el comunismo, la RFA recibió inyecciones masivas de capital estadounidense y experimentó un rápido desarrollo económico (el *Wirtschaftswunder* o "milagro económico") bajo el liderazgo del canciller Konrad Adenauer. La RDA, por su parte, tuvo que pagar 10 000 millones de dólares estadounidenses en indemnizaciones de guerra a la Unión Soviética y empezar de cero.

La mejor vida en el oeste atrajo cada vez a más trabajadores cualificados, que huían de las miserables condiciones económicas del este. La RDA no podía permitirse perderlos, por lo que en 1961 erigió un muro alrededor de Berlín Occidental y selló su frontera con la RFA.

En 1971, la política más flexible de Erich Honecker en el este, combinado con la *Ostpolitik* (política del este) de Willy Brandt, canciller de la RFA, facilitó las relaciones entre las dos Alemanias. En aquel mismo año las cuatro potencias ocupantes aceptaron de forma oficial la división de Berlín.

LOS SECRETOS DE LA STASI

El Ministerio de Seguridad del Estado, conocido como Stasi, se basaba en el KGB soviético y era el "escudo y espada" del SED. Era casi un Estado dentro del Estado, y

1914-1918	1919	1933
Primera Guerra Mundial: Alemania, el Imperio austrohúngaro y Turquía contra Gran Bretaña, Francia, Italia y Rusia.	El Tratado de Versalles declara a Alemania y sus aliados responsables de todas las pérdidas de sus enemigos.	Hitler se convierte en canciller de Alemania y crea una dictadura a través de la Ley Habilitante.

en 1989 tenía una red de espionaje de 90 000 empleados y 180 000 *inoffizielle Mitarbeiter* (colaboradores no oficiales). Desde 1990 solo se ha juzgado a 250 agentes de la Stasi, y desde que acabara en el 2000 el límite de 10 años impuesto a tal fin, parece poco probable que haya más juicios.

La Stasi empleó métodos inusuales para dar con los disidentes. En los archivos de su sede berlinesa se halló un informe sobre el olor corporal de los disidentes. Cuando algunos de ellos se sometían a interrogatorios, dejaban en la estancia una muestra de su olor sin saberlo. Generalmente, ésta se tomaba con un trozo de algodón hidrófilo oculto bajo la silla donde se sentaba la víctima. La muestra se almacenaba en un tarro de cristal herméticamente cerrado para su uso posterior si el disidente desaparecía. Para dar con un disidente por su olor, se usaban perros rastreadores, los cuales se conocían de forma eufemística como "perros de discriminación olfativa".

GALERIE BILDERWELT/GETTY

Campo de concentración en Polonia.

DPA/CORBIS

John F. Kennedy visita Berlín, 1963.

Se cree que la Stasi acumuló unos seis millones de archivos sobre sospechosos de disidencia. En enero de 1990, un grupo de manifestantes irrumpió en su sede berlinesa (hoy un museo, monumento conmemorativo y centro de investigación; para más información, véase p. 70) y exigió ver los archivos. Desde entonces, un cuerpo público con sede en Berlín se ha encargado de evaluar y proteger los controvertidos informes. A mediados del 2000 se devolvieron a Alemania cerca de 1000 CD llenos de información, obtenidos por la Operación Rosewood de la Agencia Central de Inteligencia (CIA) estadounidense justo después de la caída del Muro en 1989. En el 2003 se entregó un segundo lote de archivos de la CIA (al parecer adquiridos a un oficial ruso del KGB en 1992). En estos archivos coincidían por vez primera los nombres en código y los reales. Algunos que constan como *inoffizieller Mitarbeiter* son informantes en toda regla; otros son "contactos" que sabían que estaban dando información a la Stasi o que tuvieron la mala suerte de dar

1935
Las Leyes de Núremberg prohíben el matrimonio entre arios y no arios.

1939-1945
Segunda Guerra Mundial: Hitler invade Polonia. Francia y Gran Bretaña declaran la guerra a Alemania.

1949
Alemania occidental, se convierte en la RFA. Una Alemania oriental independiente se funda en la zona ocupada por los soviéticos.

ROBERT WALLIS/CORBIS

Gente trepando el Muro de Berlín, 10 de noviembre de 1989.

información sin saberlo. No hay un modo certero de saber con exactitud cuánta gente era espía, pero se calcula que entre espías oficiales e informantes oficiales y oficiosos, la Stasi tenía aproximadamente un espía por cada 6,5 habitantes.

LA REUNIFICACIÓN

La política de cierta apertura por parte de Honecker redundó en un mejor nivel de vida en la RDA, aunque apenas alcanzó la mitad del nivel de prosperidad que la RFA. Tras la llegada al poder de Mijaíl Gorbachov en la Unión Soviética en marzo de 1985, los comunistas de Alemania Oriental perdieron respaldo soviético. Los eventos de 1989 cogieron por sorpresa al Gobierno de la RDA, que se resistía a introducir cambios. En mayo de 1989 Hungría relajó su control fronterizo y los alemanes del este empezaron a cruzar al oeste. Los controles más estrictos para viajar hicieron que los potenciales desertores buscaran refugio en la embajada de la RFA en Praga.

Entretanto, las manifestaciones multitudinarias de Leipzig se extendieron a otras ciudades y Honecker fue sustituido por su jefe de seguridad, Egon Krenz, que introdujo reformas poco convincentes. Entonces, de pronto, el 9 de noviembre de 1989 la decisión de permitir viajar al oeste se confundió con la apertura inmediata de las fronteras de la RDA con Alemania Occidental. Aquella misma noche miles de personas se pasaron al oeste frente a los atónitos guardias fronterizos. A éstas les siguieron

1951-1961	1961	1971
La visión económica de Ludwig Erhard desencadena el *Wirtschaftswunder* (milagro económico) de Alemania Occidental.	El gobierno comunista de la RDA empieza a construir el Muro de Berlín.	La *Ostpolitik* del canciller socialdemócrata Willy Brandt deshiela las relaciones entre las dos Alemanias.

millones en los días siguientes, y poco después empezó el desmantelamiento del Muro de Berlín.

Al principio la tendencia fue reformar la RDA, pero en las elecciones de Alemania Oriental de principios de 1990 los ciudadanos votaron claramente a favor del partido defensor de la reunificación, la Unión Demócrata Cristiana (UDC, CDU en sus siglas alemanas). Se trazó un Tratado de Unificación para integrar Alemania del Este en la RFA, que se promulgó el 3 de octubre de 1990. Las elecciones alemanas se celebraron el 2 de diciembre de aquel año y, en plena euforia nacional, la coalición liderada por la CDU derrotó con gran diferencia a la oposición socialdemócrata. El líder de la CDU, Helmut Kohl, se ganó así el envidiable apodo de "canciller de la unificación".

LA ENIGMÁTICA MERKEL

Hay quien cree que es enigmática. Otros, que le gusta pasar inadvertida cuando estalla la disonancia política, sobre todo en su partido. Pero es indiscutible que el ascenso de Angela Merkel a canciller en 2005 supuso la primera vez de varias cosas. Fue la primera mujer y la primera persona de la antigua Alemania Oriental en ocupar el cargo.

Los comentaristas políticos suelen compararla con Margaret Thatcher, antigua primera ministra del Reino Unido. Su estilo de liderazgo rara vez muestra la mordacidad de la "Dama de Hierro" británica, pero ambas han aparecido en la lista de *Forbes* de las 100 mujeres más poderosas del mundo –Merkel la ha encabezado tres veces.

DOS DÉCADAS DE UNIDAD

En 1998 una coalición de socialdemócratas dirigida por Gerhard Schröder y la Bündnis 90/Die Grünen (alianza de los Verdes) arrebató el cargo a Kohl y la CDU entre acusaciones de corrupción financiera.

Schröder y el SPD en coalición con los Verdes conservaron el cargo por los pelos en las elecciones generales del 2002. En el 2004 las cosas se pusieron peor. El corte fulminante de la subvención de la universidad llevó a los estudiantes a las calles durante semanas, y la impopular reforma del sistema sanitario público contribuyó a que la desacreditada CDU triunfara en las siguientes elecciones municipales.

En septiembre del 2005 Schröder perdió las elecciones nacionales. La vencedora por un estrecho margen fue Angela Merkel (véase recuadro en esta página) y la CDU.

Durante su primera etapa en el cargo, Merkel demostró ser una líder prudente al formar coalición con el SPD. Su estilo sereno y contenido ganó la simpatía de muchos alemanes y su popularidad se mantuvo por encima del 50% incluso cuando la CDU pasó por tiempos de duros estragos económicos.

1989

Hungría abre su frontera con Austria, y los alemanes del este pueden viajar al oeste. Cae el Muro.

1990

Berlín se convierte en la capital de la Alemania reunificada. La coalición de Helmut Kohl promete la integración.

1998

El gobierno del SPD–Bündnis 90 y Die Grünen sustituye a la coalición entre CDU y CSU–FDP de Helmut Kohl.

SJF/IMAGEBROKER

Monumento conmemorativo del Holocausto (p. 65), Berlín.

Entretanto, la economía alemana, basada en las exportaciones, se ha visto golpeada por la recesión global y hoy reina un ambiente de pesadumbre. Además, dos décadas después de la reunificación, los estereotipos del oeste y el antiguo este –que los *Wessis* son arrogantes y los *Ossis* unos quejicas– siguen vivos en la sociedad.

2005

Angela Merkel se convierte en la primera canciller de Alemania.

2008

Los bancos alemanes reciben el apoyo de los fondos del Estado mientras crecen el desempleo y la deuda pública.

2009

CDU/CSU y FDP forman un nuevo gobierno de coalición. Angela Merkel es reelegida canciller.

DE PILSNERS A RIESLINGS

MSI/IMAGEBROKER

Oktoberfest (p. 92), Múnich.

CERVEZA

No es tan barata como la famosa rubia de la República Checa pero se codea con las mejores y vale la pena el gasto. El arte de su elaboración se remonta a las tribus germanas, y posteriormente a los monjes. No es de extrañar que una visita a una cervecería bávara o a una de Colonia sea una de las cosas que encabezan la lista de muchos viajeros.

El secreto de este néctar dorado se remonta a la *Reinheitsgebot* (ley de la pureza), que exigía a las cervecerías el uso de solo cuatro ingredientes: malta, levadura, lúpulo y agua. Aprobada en Baviera en 1516, la *Reinheitsgebot* dejó de ser un requerimiento legal en 1987, cuando la UE la declaró no competitiva. Sin embargo, muchas cervecerías alemanas siguen elaborando su cerveza de esa forma, que ven como una buena herramienta comercial frente al mercado global y los productos químicos.

Gracias a la tradición de la *Reinheitsgebot,* la cerveza alemana se considera única porque no da *Katzenjammer* o *Kater* (resaca). Aunque los juerguistas que beben 5 millones de litros en la Oktoberfest de Múnich (véase recuadro en p. 108), seguro que no están de acuerdo.

UN SINFÍN DE VARIEDADES

Con cuatro ingredientes, los cerveceros alemanes elaboran 5000 cervezas distintas.

Ello se logra a través de sutiles variaciones en el proceso de producción. En el nivel más básico, se puede escoger un particular tipo de levadura para fermentar en la superficie o en el fondo del tonel.

El método más popular es la fermentación en fondo, que da cerca del 85% de las cervezas alemanas, en especial la *Pils* (pilsner), casi todas las *Bock* y la *Helles* (rubia clara) de Baviera. La fermentación en superficie se usa para la *Weizenbier/Weissbier* (cer-

LO MEJOR

CHRISTIAN REISTER/ALAMY

La cervecería berlinesa Prater (p. 82).

CERVECERÍAS AL AIRE LIBRE

- **Biergarten im Schlossgarten** (p. 210), Stuttgart.
- **Braunauer Hof** (p. 109), Múnich.
- **Spitalgarten** (p. 163), Ratisbona.
- **Prater** (p. 82), Berlín.
- **Klosterschenke Weltenburg** (p. 163), cerca de Ratisbona.

veza blanca/de trigo), popular en Berlín y Baviera, para la *Kölsch* de Colonia y para las pocas cervezas negras que se elaboran en el país.

Una de las más populares es la dorada *Pils,* una cerveza fermentada en fondo con cuerpo y un pronunciado sabor a lúpulo y cremosa espuma. Tiene un contenido de alcohol de cerca del 4,8% y se sirve en toda Alemania. Pero muchas otras son regionales, lo que significa que, por ejemplo, una Rechenberger sajona no puede hallarse en Düsseldorf, donde es habitual la *Altbier,* de elaboración local.

MÁS DE 1200 CERVECERÍAS

La cerveza alemana se elabora en más de 1200 cervecerías, aunque las grandes marcas han engullido muchos negocios familiares. En Bremen, Beck's, productor de una de las cervezas más famosas del país desde 1873, fue comprado por el gigante cervecero belga Interbrew en el 2002, mientras que la Holsten de Hamburgo (fundada en 1879) ha echado sólidas raíces en Estados Unidos.

Con todo, 11 monasterios alemanes siguen produciendo cerveza. Kloster Weltenburg, cerca de Kelheim, en el Danubio al norte de Múnich, es la cervecería monástica más antigua del mundo; su Weltenburg Barock Dunckel ganó una medalla en la Copa Mundial de la Cerveza 2006 en Seattle. Es suave y ligera, con un sabor a malta tostada.

Otros entendidos creen que la terrosa Andechs Doppelbock Dunkel –que elaboran los benedictinos en Andechs, cerca de Múnich– se cuenta entre las mejores del mundo.

VINO

Pese a que su nombre quedó mancillado durante décadas por el empalagoso sabor del blanco *Liebfraumilch*, el vino alemán ha vuelto a las tablas en el s. XXI. Tras la campaña comercial del 2002 –"Si cree que conoce el vino alemán, vuelva a beber"– en el mercado de exportación más grande de la industria, el Reino Unido, se habla de un renacimiento. Incluso los críticos entendidos han alabado a los vinateros alemanes, y la revista *Decanter* concedió a la *Weingut* Meyer-Näkel el máximo trofeo de Pinot Noir en el 2008 por su Dernauer Pfarrwingert Spätburgunder Grosses Gewächs 2005, para asombro de los expertos en vino del mundo entero.

RIESLING, 'BITTE'

Alemania se asocia a los vinos blancos de uvas Riesling. Según Tim Atkin, corresponsal de la sección de vino de *The Observer,* del Reino Unido, "Alemania hace los mejores Rieslings del mundo". Al mismo tiempo, el país ha tenido "una tremenda serie de *vin-*

tages desde el 2000", y sus vinos de rango medio han mejorado notablemente, con marcas como Devil's Rock (www.devils-rock.com), Dr Loosen (www.drloosen.com) y la serie Vineyard Creatures (www.lingenfelder.com).

Alemania, que lleva elaborando vino desde la época de los romanos, tiene hoy más de 100 000 Ha de viñedos, casi todos a orillas del Rin y el Mosela. Pese a su habitual asociación con las uvas Riesling (sobre todo en sus mejores regiones vinícolas), la uva menos ácida Müller-Thurgau *(Rivaner)* está más extendida. Por su parte, la *Gewürztraminer* produce vinos picantes de un intenso *bouquet*. Lo que los alemanes llaman *Grauburgunder* se conoce en el resto del mundo como Pinot gris.

Los tintos germanos son ligeros y menos conocidos. La *Spätburgunder* (Pinot noir) es la mejor variedad y produce aterciopelados vinos con buen cuerpo y a veces con cierto sabor a almendra.

LO MEJOR

NIGEL BLYTHE/ALAMY

Egon Müller Scharzhof.

PRODUCTORES DE VINO ALEMÁN

- **Dönnhoff** (☎ 06755-263; www.doennhoff.com; Oberhausen, región de Nahe).
- **Egon Müller Scharzhof** (www.scharzhof.de; región de Sarre).
- **JJ Prüm** (www.jjpruem.de; Bernkastel-Wehlen, región del Mosela)
- **Weingut Meyer-Näkel** (☎ 02643-1628; www.meyer-naekel.de; Dernau, región de Ahr)
- **Wittmann** (☎ 06244-905036; www.weingutwittman.com; Westhofen bei Worms, región de Rheinhessen)

COLINAS DE VIDES

Hay 13 zonas oficiales de cultivo. La mejor es la del Mosela-Sarre (Saar)-Ruwer. Tiene unos de los viñedos más escarpados del mundo, donde las predominantes uvas Riesling siguen recogiéndose a mano. El suelo de pizarra de sus laderas confiere a los vinos un sabor silíceo. Las tierras a la vera del río, más abundantes en creta, se cultivan con Elbling, una antigua variedad romana.

Al este del Mosela, la región de Nahe produce vinos con cuerpo, fragrantes y afrutados, con las uvas Müller-Thurgau y Silvaner, así como la Riesling.

Esta última también es la principal cosecha en Rheingau y Mittelrhein (Rin Medio), otras dos respetadas zonas vinícolas. Rheinhessen, al sur de Rheingau, es responsable del *Liebfraumilch,* pero también de muchos Rieslings de primera.

La región alrededor de Stuttgart produce algunos de los mejores tintos del país, mientras que Sajonia-Anhalt es el hogar del espumoso Rotkäppchen (Caperucita Roja), antigua marca de la RDA que ha sido todo un éxito en la nueva Alemania reunificada.

MEJOR QUE EL 'GLÜHWEIN'

El *Glühwein,* vino caliente con especias, es un producto habitual en los populares mercados navideños. Sin embargo, un ponche de vino y especias más espectacular y embriagador es el *Feuerzangenbowle* ("ponche de tenazas de fuego"). Se prepara sosteniendo un cubo de azúcar empapado con ron con una especie de tenazas *(feuerzange)*

LO MEJOR

BLU/IMAGEBROKER

Carretera entre viñedos en Baden-Württemberg.

VINOS DULCES Y ESPUMOSOS

- **Auslese** Una "cosecha selecta"; suele ser dulce e intenso.
- **Beerenauslese (BA)** Las uvas se recogen muy maduras; suele servirse con el postre.
- **Eiswein** Las uvas se cosechan y se prensan congeladas; vino de postre.
- **Sekt** Espumoso.

sosteniendo un cubo de azúcar empapado con ron con una especie de tenazas *(feuerzange)* sobre una olla con vino tinto y especias. Al acercar una cerilla el azúcar arde y cae fundido sobre el vino produciendo una bebida deliciosa y embriagadora. Gracias a la película de 1944 del mismo nombre, se ha convertido en bebida de culto.

DÓNDE BEBER

Las *Weinkeller* o *Bierkeller* (bodegas que sirven vino o cerveza) son los mejores sitios para probar la bebida local. En verano se puede ir a una *Biergarten,* una relajante cervecería al aire libre, para despedirse de un día soleado –suelen estar cubiertas de árboles, rodeadas de un muro y llenas de largas mesas de madera. Ambas sirven comidas ligeras.

↘ DATOS PRÁCTICOS Y TRANSPORTE

DATOS PRÁCTICOS

ALOJAMIENTO

Alemania ofrece todo tipo de establecimientos hoteleros, desde *campings* y hostales hasta complejos de lujo. Conviene reservar con antelación de junio a septiembre, en torno a los días festivos nacionales (p. 365), las festividades y los acontecimientos culturales (p. 46) y durante las ferias comerciales.

LO BÁSICO

- La corriente eléctrica es de 220V AC, 50 Hz.
- Algunos de los periódicos más leídos son *Süddeutsche Zeitung, Die Welt and Der Tagesspiegel* (ambos bastante centristas), así como el más conservador *Frankfurter Allgemeine Zeitung. Die Zeit* es un excelente semanario que incluye reportajes en profundidad.
- Las revistas *Der Spiegel* y *Focus* son semanarios alemanes populares.
- Las emisoras de radio son regionales y la mayor parte combinan noticias, entrevistas y música.
- En Alemania se utiliza el sistema métrico decimal (véase tabla de conversión en el interior de la cubierta).
- Normalmente los teléfonos móviles (celulares) usan el sistema GSM 900/1800.
- En cuanto a tallas femeninas, la 36 alemana equivale a la 38 de España y a la 8 de EE UU, y aumenta de dos en dos, de modo que la 38 es la 40 de España y la 10 de EE UU.

Esta guía ofrece una gran variedad de alojamientos listados por precio. Salvo que se indique lo contrario, los precios corresponden al régimen de alojamiento y desayuno (normalmente un generoso bufé) e incluyen el IVA (impuesto sobre el valor añadido). Los lugares realmente especiales llevan el icono .

Pese a las variaciones regionales, las estancias económicas en albergues, casas rurales, *Pensionen* (B&B u hoteles pequeños) o sencillos hoteles familiares costarán 80 € o menos (por una doble, salvo en las zonas rurales).

Los establecimientos de precio medio suelen tener la mejor relación calidad-precio (entre 80€ y 150€). Por ese importe se puede obtener una habitación doble limpia, cómoda y de tamaño decente con al menos un mínimo de estilo, baño, televisión por cable y teléfono de marcación directa. También son bastante habituales las saunas comunales y los gimnasios sencillos.

Hay establecimientos de precio alto (desde 150 €) que ofrecen lujos, una ubicación pintoresca, una decoración especial o un ambiente histórico. Muchos también cuentan con piscinas, saunas, salas de conferencias u otros servicios.

Para decidir si alguno de los alojamientos de la guía es apropiado, existe una serie de iconos. Los hoteles con aparcamiento lucen el icono P. Los lugares con plantas específicas para no fumadores se identifican con . Actualmente son muy comunes y están aumentando. Sin embargo, las habitaciones con aire acondicionado son raras, salvo en hoteles de cadenas exclusivas; los que tienen al menos alguna habitación con aire acondicionado llevan el icono . Los albergues y hoteles que ofrecen al huésped ordenador con acceso a Internet se identifican con el icono de Internet , mientras que indica que hay Wi-Fi. Los lugares con piscina propia se marcan con .

RESERVAR ALOJAMIENTO EN LÍNEA

Para más reseñas y recomendaciones de alojamiento de los autores de Lonely Planet, visítese el servicio de reservas en línea en www.lonelyplanet.com. Allí se hallará toda la información local sobre los mejores sitios donde alojarse. Las reseñas son exhaustivas e independientes. Y, lo mejor de todo, se puede reservar en línea.

Los precios que se indican en esta guía no contemplan tarifas especiales de promoción, ni descuentos que puedan aplicarse en determinadas ocasiones. Los hoteles de negocios, por ejemplo, suelen tener precios más bajos durante el fin de semana.

RESERVAS

Muchas oficinas de turismo y sitios web de hoteles permiten comprobar la disponibilidad de alojamiento y reservar. Bastantes de los que aparecen en esta guía pueden reservarse también a través del sitio web de Lonely Planet (véase recuadro en esta página). Otros servicios de reserva en línea son www.venere.com/es/ y www.hotel.de. En www.hrs.de pueden encontrarse ofertas de última hora. Para albergues independientes hay que probar en www.spanish.hostelworld.com, www.gomio.com y www.hostels.com/es/.

Si ya se está en la ciudad o pueblo, lo mejor es pasarse por la oficina de turismo, cuyo personal puede ayudar a encontrar un alojamiento de última hora. A veces, si están cerradas, cuelgan listados de plazas libres en el escaparate o en un expositor.

Cuando se hace una reserva por teléfono, conviene avisar acerca de la hora de llegada al hotel y ceñirse a ese horario. Es recomendable llamar en caso de cambio.

VACACIONES EN CASAS RURALES

Una forma excelente y barata de acercarse a la naturaleza gozando de un relativo confort es pasar las vacaciones en una granja (Urlaub auf dem Bauernhof); en especial si se viaja en familia. Los niños pueden conocer de cerca a sus animales de granja favoritos y ayudar en las tareas diarias. El alojamiento puede variar desde habitaciones sencillas con servicios comunitarios hasta apartamentos totalmente amueblados. Algunos granjeros pueden pedir una estancia mínima, tal vez de tres días o una semana. La oferta es variada: granjas orgánicas, de productos lácteos, ecuestres o vinícolas. Las que se anuncian como *Landurlaub* (casas rurales) ya no desarrollan actividades agrícolas o ganaderas. Los mejores establecimientos están sujetos al control de calidad de la Deutsche Landwirtschafts-Gesellschaft (DLG; Asociación Agrícola Alemana). Para saber más acerca de las vacaciones en granjas, visítese www.landtourismus.de, www.bauernhofurlaub-deutschland.de o www.bauernhofurlaub.com.

APARTAMENTOS DE VACACIONES Y CASAS PARTICULARES

Esta opción es conveniente sobre todo para familias, grupos pequeños y quien tenga un presupuesto ajustado o prefiera hacer su propia comida. Las oficinas de turismo poseen listas de apartamentos, en alemán *Ferienwohnungen* o *Ferien-Appartements*. Algunas *Pensionen*, posadas, hoteles y granjas alquilan apartamentos. En estancias inferiores a una semana suelen cobrar un recargo y casi siempre hay una "tarifa por limpieza". Un servicio central de reservas en línea es www.atraveo.de.

ALBERGUES

DJH

Deutsches Jugendherbergswerk (**DJH; www.jugendherberge.de**) gestiona los 600 albergues alemanes afiliados a Hostelling International, abiertos a gente de todas las edades, aunque muy populares entre grupos de jóvenes y estudiantes, familias y clubes deportivos. Casi todos se han renovado hace poco pero suelen tener un cierto aire institucional. Aun así, son cada vez más comunes los dormitorios de menor tamaño y las habitaciones privadas para familias y parejas, normalmente con baño privado. Casi todos los albergues están adaptados para viajeros con movilidad reducida.

Las tarifas de los dormitorios separados por género o de las habitaciones familiares varían de 13 a 29 € por persona, incluidos ropa de cama y desayuno; el almuerzo y cena opcionales cuestan 5 € más cada uno. A los mayores de 27 años se les cobran 3 o 4 € más. Si hay poco espacio, los albergues dan prioridad a los menores de 27 años.

A menos que uno sea miembro de la asociación de HI de su país, hay que comprar una Hostelling International Card por 15,50 € (válida un año) o seis sellos individuales que cuestan 3,10 € la noche. Ambas opciones pueden adquirirse en cualquier albergue DJH. Más o menos la mitad de los albergues DJH alemanes pueden reservarse en línea en www.jugendherberge.de y unos sesenta pueden reservarse también en el sitio web de HI (www.hihostels.com). También se puede contactar directamente con el albergue por teléfono, fax o correo electrónico.

ALBERGUES INDEPENDIENTES

Alemania ha tardado en adoptar el concepto de albergue de mochileros, pero ahora los hay por todas partes. Aceptan grupos en temporada baja, si bien el viajero solitario de cualquier edad y nacionalidad es su cliente habitual. La mayor parte ofrece en la actualidad habitaciones privadas con baño e incluso apartamentos con cocina, además de dormitorios múltiples, lo que los convierte en una excelente opción económica si se ha cambiado la mochila por una maleta de ruedas.

La mayoría dispone de servicios compartidos: cocina, bar, cafetería, salón de TV, taquillas, ordenadores con acceso a Internet y lavandería. No hay toque de queda y el personal suele ser agradable y servicial. Los dormitorios son mixtos, aunque suelen preparar dormitorios femeninos si se solicita. Casi todos los albergues cobran un recargo de unos 3 € por la ropa de cama; algunos también sirven un desayuno opcional pero no hay más comidas.

Varias decenas de albergues independientes han formado una alianza conocida como **Backpacker Network** (**www.backpackernetwork.de**). Algunos de ellos pueden reservarse también a través de este sitio. Otros sistemas de reservas en línea recomendados son www.gomio.com, www.spanish.hostelworld.com, www.hostels.com y www.hostels.net.

HOTELES

Los que solo sirven desayuno se llaman *Hotel garni*. La clasificación oficial, basada en una escala de una a cinco estrellas, no es obligatoria y algunos no la siguen. En general, hasta los lugares económicos suelen estar impolutos, son cómodos y funcionan bien.

En la mayor parte de los establecimientos antiguos, de propiedad familiar, las habitaciones varían mucho en cuanto a tamaño, decoración y servicios. En los más baratos el baño es compartido, mientras que otros puede que tengan una cabina de ducha, y solo los más caros tienen baño privado. Es mejor ver unas cuantas habitaciones antes de decidirse por una.

Los románticos pueden alojarse en un *Schlosshotel*, un castillo, palacio o casa solariega modernizados que rezuman personalidad e historia. Algunos pertenecen a la asociación Romantik Hotels (www.romantikhotels.com). También se puede consultar www.castles.de.

'PENSIONEN', POSADAS Y HABITACIONES PRIVADAS

Las *Pensionen* y *Gasthöfe/Gasthäuser* (posadas) son menos formales que los hoteles y una excelente alternativa económica, pues suelen tener restaurantes con comida regional. Las habitaciones suelen estar limpias aunque tienen lo mínimo (quizá una radio, a veces un pequeño TV y casi nunca teléfono). Puede que los servicios sean compartidos. Lo que falta en cuanto a servicios a menudo se ve compensado por el encanto y la autenticidad, y por unos anfitriones amables y atentos que se ocupan personalmente de hacer la estancia agradable al viajero. Los precios siempre incluyen el desayuno.

Abundan las *Privatzimmer* (habitaciones de huéspedes en casas privadas), estupendas para vivir como un autóctono, aunque poco íntimas si se busca privacidad. Las oficinas de turismo tienen listas de habitaciones disponibles; también pueden buscarse los carteles de *"Zimmer Frei"* (habitaciones libres) en las ventanas de las casas o las tiendas. Suelen ser bastante baratas, desde 13 a 25 € por persona, cómo máximo, desayuno incluido. Puede reservarse en www.bed-and-breakfast.de o www.bedandbreakfast.de.

HORARIO COMERCIAL

Casi todas las tiendas abren entre las 9.00 y 10.00, salvo las panaderías y quioscos, que pueden abrir a las 6.00, y algunos supermercados que abren a las 7.00 o 8.00. Los horarios de cierre varían desde las 18.00 o 18.30 (13.00 o 14.00 los sábados) en las tiendas de zonas rurales y barrios residenciales, y hasta las 20.00 o 21.00 en los centros comerciales, grandes almacenes y tiendas de los mayores centros urbanos. Los domingos no abren salvo en diciembre y algunas veces a lo largo del año. Fuera de dichos horarios y los domingos, pueden conseguirse provisiones básicas (y caras) en gasolineras y grandes estaciones de trenes. Las panaderías abren unas horas los domingos por la mañana.

Los bancos abren de 8.30 a 16.00 de lunes a viernes (a veces hasta las 18.00 los jueves), mientras que los horarios habituales de las oficinas de correos son de 9.00 a 18.00 de lunes a viernes y hasta las 12.00 o 13.00 los sábados.

Los museos suelen cerrar los lunes pero alargan su horario una tarde a la semana.

En pueblos y zonas residenciales, las tiendas suelen parar dos a tres horas al mediodía. El almuerzo se sirve generalmente de 11.30 a 14.00, y la cena de 17.30 a 21.30, aunque muchos restaurantes continúen sirviendo comida toda la tarde. Algunos también observan un *Ruhetag* (día de descanso), normalmente lunes o martes.

Los *pubs* y los bares sirven copas desde las 18.00 aproximadamente, salvo los que ofrecen comidas, que abren también por la mañana. En las ciudades sin límites horarios, como Hamburgo o Berlín, los locales de copas están abiertos hasta altas horas de la madrugada si la noche se da bien (si no, normalmente cierran a la 1.00 o las 2.00). Las discotecas de las grandes ciudades abren sobre las 23.00 pero no se animan hasta la 1.00 o las 2.00, y cierran al amanecer o más tarde. Ciudades como Berlín tienen cada vez más discotecas de día, por lo que es posible no volver a casa en todo el fin de semana.

Las variaciones se especifican en los diversos capítulos de esta guía.

CLIMA

El tiempo en Alemania es muy variable, por lo que hay que poner en la maleta una ropa que sea lo más versátil posible.

En verano, el calor no suele ser sofocante (normalmente ronda los 28°C), pero siem-

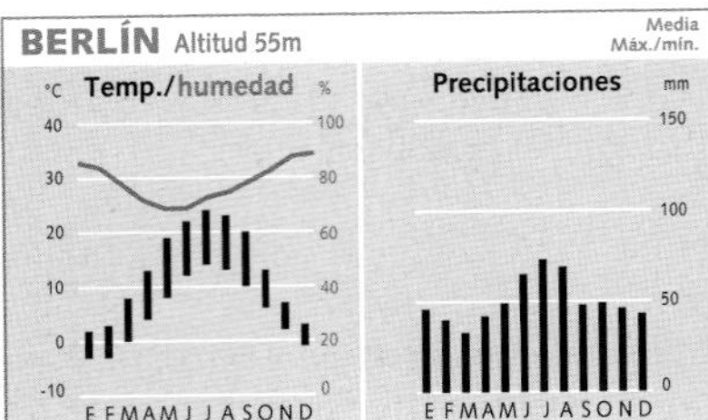

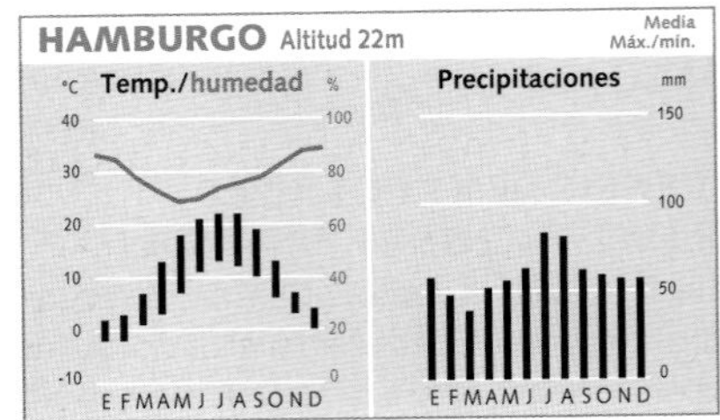

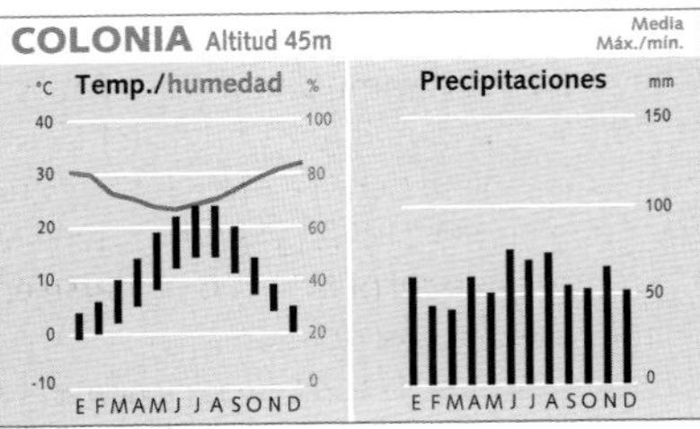

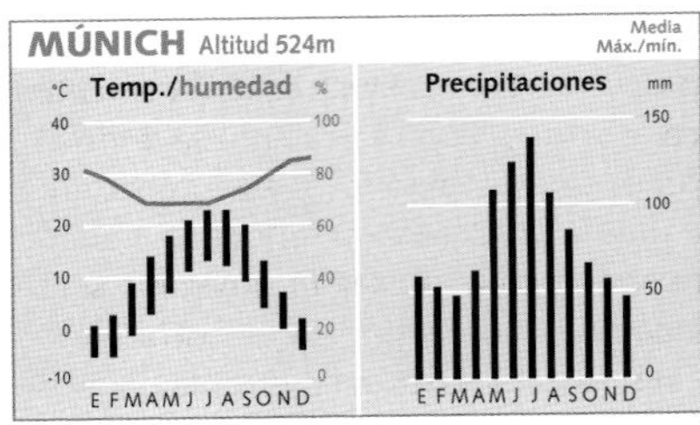

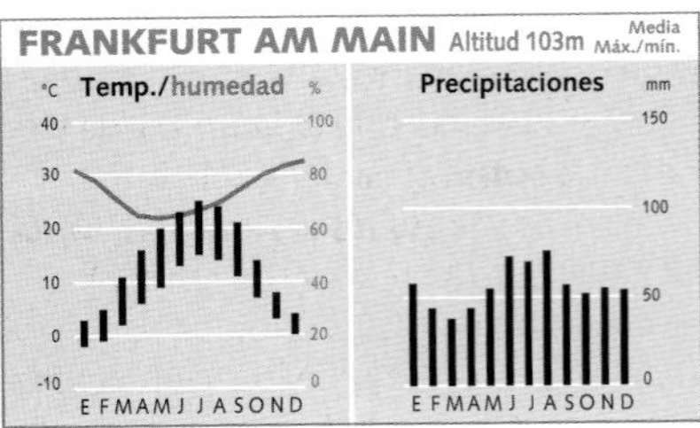

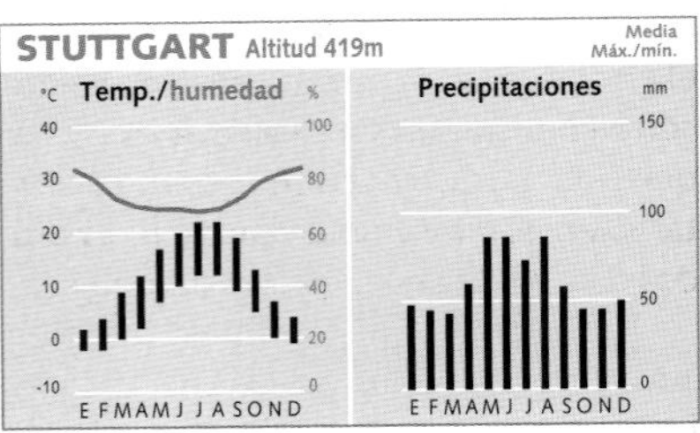

pre puede haber alguna que otra ola de calor. Los niveles de humedad suelen ser bastante elevados, por lo que son frecuentes las tormentas vespertinas. La primavera puede tardar en llegar, y a veces se suele llevar chaqueta incluso en abril. Las temperaturas otoñales siguen siendo altas, por lo que las terrazas permanecen abiertas. El período comprendido entre diciembre y febrero es el más frío, a veces con temperaturas bajo cero. En las montañas, la nieve puede empezar a caer ya en noviembre.

En la p. 44 se indican algunos consejos generales sobre las mejores épocas para viajar por el país. Los gráficos del clima (véase esta página) ofrecen una instantánea de la climatología de la zona.

ADUANA

Muchos artículos pueden importarse libres de tasas e impuestos, con algunas condiciones. Los permisos sobre mercancías libres de impuestos adquiridas en un país no perteneciente a la Unión Europea (UE) cambiaron hace poco. Cualquier persona mayor de 17 años puede introducir 1 l de un alcohol fuerte o 2 l de un alcohol de menos de 22º, más 4 l de vino y 16 l de cerveza. El tabaco se limita a 200 cigarrillos o 100 puritos o 50 puros o 250 g de tabaco de liar. Si se tiene más de 15 años, pueden introducirse otros productos hasta un valor de 300 € si se llega por tierra o 430 € si se llega por mar o aire. El límite para los menores de 15 años es de 175 €.

PELIGROS Y ADVERTENCIAS

Alemania es un país muy seguro para vivir y viajar, y sus índices de delincuencia son bajos en comparación con la media internacional. No obstante, conviene tomar las lógicas precauciones habituales, como no descuidar los objetos de valor, estar siempre atento a los posibles carteristas en lugares muy concurridos y no pasear de noche por parques urbanos. Muchos albergues ofrecen consignas pero hay que llevar candado propio. Las estaciones de trenes tienden a atraer a indigentes y drogadictos, que pueden acosar al viajero o hacerle sentir incómodo, sobre todo por la noche.

En las ciudades grandes, sobre todo Berlín, son bastante comunes las protestas políticas y las manifestaciones. Pese a la elevada presencia policial, pueden acabar con alborotos o violencia alguna vez, por lo que es mejor no acercarse a ellas. La policía también es muy visible cuando hay partidos de fútbol para evitar enfrentamientos.

DESCUENTOS

La **International Student Identity Card** (ISIC; www.isic.org) permite a los estudiantes ahorrar en billetes de avión, seguros de viaje y muchos lugares de interés. El **Carné Internacional de Estudiante** (IYTC; www.istc.org) ofrece ahorros similares y beneficios para menores de 26 años que no sean estudiantes, mientras que el **Carné Joven Euro<26** (www.euro26.org) es para cualquier persona menor de 30 años, pese al nombre. Todos los carnés se consiguen en línea, o en asociaciones de estudiantes, organizaciones de alberguistas y agencias especializadas en viajes para jóvenes como STA Travel.

También hay descuentos para jubilados, niños, familias y discapacitados, mostrando un documento probatorio.

Muchas oficinas de turismo venden **Welcome Cards** que dan derecho a descuentos en museos, lugares de interés y circuitos, además de viajes ilimitados en el transporte público urbano.

EMBAJADAS Y CONSULADOS

Todas las embajadas extranjeras están en Berlín, pero muchos países tienen consulados en Frankfurt del Main, Múnich, Hamburgo y Düsseldorf, entre otras. Llamando a cada embajada pueden informar cuál es el más cercano. Las misiones diplomáticas alemanas de todo el mundo, así como las extranjeras en Alemania que no aparezcan aquí pueden consultarse en www.auswaertiges-amt.de.

Argentina (☎ 030 226 6890; www.argentinische-botschaft.de; Kleiststrasse 23-26)

Brasil (☎ 030 726 280; www.brasilianische-botschaft.de; Wallstrasse 57)

Chile (☎ 030 726 203 600; www.embajadaconsuladoschile.de; Mohrenstrasse 42)

Colombia (☎ 030 263 9610; www.embajada-colombia.de; Kurfürstenstrasse 84, 5° piso)

Costa Rica (☎ 263 989/90; emb-costa-rica@t-online.de; Dessauer Strase 28/29 2º piso, 10963 Tiergarten)

Cuba (☎ 91 611 811; S www.botschaft-kuba.de; Tavangerstrasse 20; 10439 Prenzlauer Berg)

Ecuador (☎ 030 238 6217; Kaiser-Friedrich-Strasse 90)

El Salvador (☎ 2064 660; congenalemania@t-online.de; Joachim-Karnatz-Allee 47, 10557 Charlottenburg)

España (plano pp. 52-53; ☎ 030 254 0070; www.spanische-botschaft.de; Lichtensteinallee 1)

EE UU (plano p. 64; ☎ 030 830 50; www.usembassy.de; Pariser Platz 2)

Francia (plano p. 64; ☎ 030 590 039 000; www.botschaft-frankreich.de; Pariser Platz 5)

Honduras (☎ 39 94 77 10; Cuxhavener Strasse 14, 10555 Tiergarten)

México (☎ 030 269 3230; http://portal.sre.gob.mx/alemania; Klingelhöferstrasse 3)

Países Bajos (☎ 030 209 560; www.niederlandeweb.de; Klosterstrasse 50)

Paraguay (☎ 318 02 725; Hardenbergstrasse 12, Charlottenburg, 10623)
Perú (☎ 030 2064 103; www.botschaft-peru.de; Mohrenstrasse 42)
Suiza (plano p. 64; ☎ 030 390 4000; www.eda.admin.ch; Otto-von-Bismarck-Allee 4a)
Uruguay (☎ 030 263 90 16; fax: 263 90 170; urubrande@embrou.de; Budapesterstr. 39)
Venezuela (☎ 030 832 2400; www.venezuela-embassy.de; Schillstrasse 9-10)

COMIDA

En esta guía se proponen restaurantes para todos los gustos y presupuestos. Entre los económicos están los de comida para llevar, las cafeterías, los *Imbisse* (*snack*-bar), los puestos de mercados y los restaurantes sencillos donde se puede comer (plato principal y bebida) por menos de 10 €. En los de precio medio normalmente hay manteles en las mesas, menús completos, cartas de cervezas y de vinos, y la cuenta no supera los 25 € por persona. Los de precio alto suelen ser establecimientos para *gourmets*, con platos imaginativos preparados al momento y cartas de vino a tono. El plato principal ya puede costar más de 20 €; por lo general, salen más rentables los menús de tres o cuatro platos. Los lugares con una buena selección vegetariana aparecen marcados con Ⓥ.

El horario habitual es de 11.00 a 23.00. Conviene tener en cuenta que el servicio de comidas puede terminar antes.

Para más información sobre gastronomía y hábitos alimenticios, véase p. 332.

COMUNIDAD HOMOSEXUAL

Alemania es un imán para los viajeros homosexuales, y la bandera del arco iris ondea con especial orgullo en Berlín. El alcalde de la ciudad, Klaus Wowereit, ha sido el primero abiertamente gay. Para una visión general de la escena berlinesa, véase el recuadro en p. 86. Berlín, Colonia y Hamburgo tienen un ambiente nocturno muy activo, revistas, asociaciones y grupos de apoyo, además de grandes celebraciones del día del Orgullo Gay. Frankfurt, Múnich y Bremen ofrecen una escena de ambiente más discreta pero igualmente activa.

Los alemanes son bastante tolerantes con respecto a los gays *(Schwule)* y las lesbianas *(Lesben)* pero, como ocurre en todo el mundo, las ciudades son más liberales que las zonas rurales y los jóvenes más tolerantes que los mayores. Hay más probabilidades de que haya discriminación en la Alemania oriental y en el conservador sur.

Para información en línea, programaciones y contactos, véase www.gayscape.com, una herramienta de búsqueda con centenares de enlaces, www.gay-web.de o www.blu.fm, la versión en línea de la revista. Las lesbianas deberían visitar www.lesarion.de y la versión en línea de *L-Mag* (www.l-mag.de), una revista bimestral. Un especialista en viajes LGTB es www.damronvacations.com. Otra buena fuente de información general es www.outtraveler.com.

SALUD

Antes de abandonar el país de origen, el viajero debe comprobar que su estado de salud es bueno y, si su estancia en el extranjero va a ser larga, no estará de más una visita al dentista. Si usa gafas o lentes de contacto, es buena idea incluir en el equipaje unas de repuesto con su receta, así como líquido para las lentillas, por si no se encontraran fácilmente en el país de destino.

Si se toma habitualmente una medicina, es aconsejable llevar las dosis necesarias; el envase puede ser útil para mostrar el nombre del genérico en caso de necesitar comprarla. También es buena idea llevar una receta o una carta del médico que demuestre la necesidad de la medicación.

SEGURO

Para los ciudadanos de la UE, el formulario E111 ofrece asistencia médica gratis en la mayor parte de casos; se consigue en los centros de asistencia sanitaria. Solo cubre casos de urgencia, y no la repatriación. Los residentes en otros países deberán averiguar si existe un acuerdo recíproco de asistencia médica gratis entre su país y Alemania. Se aconseja suscribir una póliza de seguros que cubra el peor de los casos, como un vuelo de regreso a casa en caso de urgencia médica. Antes de viajar conviene saber si la compañía se hace cargo directamente de los gastos o si hay que pagar por adelantado y reclamar el importe más tarde.

VACUNAS RECOMENDADAS

Para viajar a Alemania no se exige vacunación La Organización Mundial de la Salud (OMS) recomienda siempre estar vacunado de difteria, tétanos, sarampión, paperas, rubéola y polio.

ASISTENCIA MÉDICA Y COSTES

Se puede conseguir fácilmente una excelente asistencia médica, aunque resulta bastante cara. Para pequeños malestares, las farmacias ofrecen consejo y venden medicamentos. También asesoran en caso de requerir asistencia médica especializada, e indican adónde se puede acudir.

VIAJAR CON NIÑOS

Hay que asegurarse de que los niños están al día de las vacunas rutinarias.

Si el niño tiene diarrea o vómitos, debe recuperar los líquidos y las sales que ha perdido. Puede resultar útil tomar una solución rehidratante con agua hervida.

FIESTAS Y CELEBRACIONES

FIESTAS OFICIALES

Alemania tiene ocho fiestas religiosas y dos seculares de ámbito nacional. Los bancos, tiendas y oficinas de la administración y de correos cierran estos días. Los estados con una población mayoritariamente católica, como Baviera o Baden-Württemberg, celebran también la Epifanía (6 de enero), el Corpus, el Día de la Asunción (15 de agosto) y Todos los Santos (1 de noviembre). El Día de la Reforma (31 de octubre) solo se celebra en Alemania oriental (pero no en Berlín).

Los festivos nacionales (gesetzliche Feiertage) son:

Neujahrstag (Año Nuevo) 1 de enero.

Ostern (Pascua) Viernes Santo, Domingo y Lunes de Pascua, marzo/abril.

Christi Himmelfahrt (Día de la Ascensión) 40 días después de Pascua.

Maifeiertag/Tag der Arbeit (Día del Trabajo) 1 de mayo.

Pfingsten (Domingo y Lunes de Pentecostés) 50 días después de Semana Santa.

Tag der Deutschen Einheit (Día de la Reunificación Alemana) 3 de octubre.

Weihnachtstag (Navidad) 25 de diciembre.

Zweiter Weihnachtstag (San Esteban) 26 de diciembre.

VACACIONES ESCOLARES

Cada estado fija su calendario, pero en general los niños tienen seis semanas de vacaciones en verano y dos semanas en Navidad, Semana Santa y octubre. En algunos estados, las escuelas cierran durante unos días en febrero y por Pentecostés.

El tráfico empeora al comenzar las vacaciones escolares en zonas como Renania del Norte-Westfalia, y puede ser una pesadilla cuando coinciden en varios estados.

Los alemanes son grandes aficionados a los puentes largos. Hay que contar con aglomeraciones y una mayor ocupación hotelera.

SEGURO DE VIAJE

Independientemente de la duración de la estancia, conviene contratar un buen seguro de viaje. A los ciudadanos de la UE, la tarjeta sanitaria europea (EHIC) les permite disfrutar de un tratamiento médico económico o gratuito en caso de enfermedad o accidente, pero no cubre la repatriación de urgencia. Los viajeros que no sean ciudadanos de la UE deben comprobar si existe un acuerdo bilateral similar entre su país y Alemania.

Si se tiene que contratar un seguro médico de viaje, conviene que la póliza cubra el vuelo de regreso de urgencia. Aunque algunas pólizas cubran directamente doctores u hospitales, algunos profesionales de la salud pueden exigir el pago inmediato. La mayoría no admite tarjetas de crédito. Salvo en caso de emergencia, hay que visitar un centro médico concertado con el seguro contratado. Conviene comprobar en la póliza la documentación necesaria para presentar un parte, y guardar todas las facturas de los gastos médicos.

También conviene que el seguro de viaje cubra la pérdida o el robo de equipaje. Cuando se abone por adelantado buena parte del viaje, es aconsejable contratar un seguro de cancelación.

En www.lonelyplanet.com/travel_services se ofrece un seguro de viajes para todo el mundo. Puede comprarse, ampliarse y cobrarse en línea en cualquier momento, aunque ya se esté de viaje.

En la p. 378 se facilita información sobre el tipo de seguro necesario para conducir un automóvil en Alemania.

ACCESO A INTERNET

En los capítulos correspondientes a cada destino aparecen cibercafés, pero casi todos tienen una vida corta, por lo que lo mejor es solicitar una recomendación en el hotel. Las bibliotecas públicas ofrecen ordenadores gratuitos y a veces acceso Wi-Fi, pero las desventajas son los límites de tiempo, las colas y que hay que reservar. También hay acceso a Internet en los locutorios que abundan cerca de las estaciones de trenes.

En los hoteles y albergues ya son habituales la banda ancha y el Wi-Fi (W-LAN en alemán). Algunos hoteles, sobre todo en Alemania oriental, tienen un servicio de datos ISDN que era puntero en la década de 1990, pero que ya ha sido suplantado por el ADSL. A menos que se tenga un módem compatible con ISDN, el acceso puede ser difícil o imposible. Quien lleve portátil quizá necesite también un adaptador para los enchufes y clavijas telefónicas alemanes. Es fácil encontrarlos en tiendas de electrónica como Saturn o Media Markt.

Hay Wi-Fi en algunas rutas de trenes ICE, como la Frankfurt-Hamburgo y la Frankfurt-Múnich. Más de veinte estaciones, como las de Berlín, Múnich, Hamburgo y Frankfurt, ofrecen Wi-Fi en sus salas DB.

En esta guía se emplea el icono 💻 para indicar que un lugar tiene ordenadores con acceso a Internet de uso público y 📶 para lugares con Wi-Fi. El acceso puede ser gratuito o alcanzar precios exorbitantes, ya que algunos hoteles de cadenas exclusivas para ejecutivos cobran hasta 25 € al día.

Para localizar zonas Wi-Fi, hay que consultar los directorios de www.jiwire.com o www.hotspot-locations.com. Para leer un resumen completo sobre conectividad, véase www.kropla.com o www.teleadapt.com.

CUESTIONES LEGALES

Según la ley alemana, hay que llevar encima algún tipo de identificación con fotografía, como el pasaporte, el documento nacional de identidad o el permiso de conducir. Denunciar un robo en la policía suele ser un trámite sencillo, aunque a veces puede resultar largo. Sobre todo, lo primero que hay que hacer es mostrar un documento de identificación.

Si se conduce por Alemania, hay que llevar el permiso de conducir y cumplir estrictamente las normas de tráfico (véase el apartado "Normas de tráfico" en p. 379). La tasa máxima de alcoholemia permitida es de 0,05%; los conductores que la sobrepasen serán multados severamente con retirada del carné e, incluso, la cárcel.

Es muy fácil encontrar drogas ilegales, sobre todo en discotecas. La posesión de cannabis es un delito y el castigo puede ser desde una amonestación hasta una comparecencia ante un tribunal. Hay penas más duras para la gente acusada de tenencia de drogas "de diseño".

Si el viajero es detenido, tiene derecho a hacer una llamada de teléfono y a ser considerado inocente hasta que no se demuestre su culpabilidad. En caso de necesitar un abogado, contáctese con la embajada del propio país.

EDAD LEGAL PARA...

- **Beber cerveza o vino**: 14 años
- **Consumir cerveza o vino en un establecimiento público**: 16
- **Comprar tabaco**: 18
- **Conducir un coche**: 18
- **Hacer el servicio militar**: 17
- **Mantener relaciones sexuales**: 14 (con salvedades)
- **Votar en unas elecciones**: 18

DINERO

Hay siete billetes de euro (5 €, 10 €, 20 €, 50 €, 100 €, 200 € y 500 €) y ocho monedas (0,01 €, 0,02 €, 0,05 €, 0,10 €, 0,20 €, 0,50 €, 1 € y 2 €). En la cubierta interior delantera de esta guía se da una guía del cambio de divisas. Para indicadores sobre precios, véase p. 43.

El dinero en efectivo todavía impera en Alemania, por lo que conviene llevar siempre encima algunos billetes y monedas, por ejemplo unos 100 €. Hay que pensar que se pagará en efectivo en casi todas partes.

Puede cambiarse dinero en aeropuertos, algunos bancos y oficinas de cambio de divisas, como ReiseBank. En zonas rurales, escasean dichos servicios, por lo que conviene llevar efectivo suficiente.

CAJEROS AUTOMÁTICOS

Se puede conseguir efectivo usando la tarjeta de débito en un cajero automático *(Geldautomat)* perteneciente a redes internacionales como Cirrus, Plus, Star y Maestro. Los cajeros automáticos abundan y funcionan las 24 horas del día y todos los días de la semana. No hay que olvidar el PIN y consultar en el banco las comisiones y los límites diarios de retirada de efectivo, así como la información de contacto para avisar en caso de pérdida o robo de la tarjeta. Algunos establecimientos también aceptan pagos con tarjetas de débito. Desde el 2006 casi todas las tarjetas usan el sistema de "chip y pin": en vez de firmar, hay que introducir el PIN. Si se viene del extranjero y la tarjeta no sigue dicho sistema, se puede firmar como antes, aunque no todos los lugares aceptarán la tarjeta.

TARJETAS DE CRÉDITO

Aunque cada vez son más aceptadas, es preferible no dar por hecho que se puede pagar con ellas: conviene preguntar primero. No obstante, las tarjetas son esenciales en emergencias, y también para hacer reservas telefónicas o por Internet. Visa y MasterCard suelen aceptarse más que American Express. Hay que evitar solicitar avances de efectivo con la tarjeta de crédito a través de cajeros automáticos ya que las comisiones son altas y el interés se cobra de inmediato (es decir, no hay período de gracia como con las compras). En caso de robo o extravío, hay que llamar a los siguientes números:

American Express (☎ 01805 840 840)
MasterCard (☎ 0800 819 1040)
Visa (☎ 0800 811 8440)

LEYES ANTITABACO

Alemania fue uno de los últimos países europeos que legisló sobre el tabaco (2007-2008) y, por lo que dice todo el mundo, ha sido una labor muy efectiva. Se permitió a los 16 estados que introdujeran sus propias leyes antitabaco, creando un mosaico bastante confuso. En casi todos los estados está prohibido fumar en escuelas, hospitales, aeropuertos, estaciones de trenes y otros lugares públicos. Pero en lo que respecta a bares, *pubs*, cafés y restaurantes, cada estado es diferente. Baviera tiene las leyes más severas, que prohíben fumar prácticamente en todas partes, aunque se hizo una excepción con las carpas de la Oktoberfest, en las que está permitido fumar. En casi todos los estados hay lugares específicos para fumadores. En julio del 2008 el Tribunal Supremo de Alemania dictaminó que esto era inconstitucional porque discrimina a los establecimientos de una sola sala. Es posible que en éstos se empiece a permitir fumar si no sirven comida y solo admiten clientes mayores de 18 años. De momento solo ha sido en Berlín, pero es probable que lo imiten otros estados. Pese a la amenaza de multas, la ley se aplica de forma esporádica, por no decir otra cosa. La situación es tranquila.

PROPINAS

Los tiques de restaurante siempre incluyen un cargo por servicio (Bedienung), pero casi todo el mundo añade un 5-10%, salvo que la atención haya sido verdaderamente mala. En los hoteles, a los botones se les suele dar 1 € por maleta, y tampoco está de más dejar algo de efectivo para el personal de limpieza. La propina aconsejable para los camareros es del 5% y para los taxistas del 10%.

CHEQUES DE VIAJE

Los comercios alemanes no suelen aceptarlos, o cobran unas comisiones de servicio exageradas. Las casas de cambio suelen ser el mejor sitio para hacerlos efectivos. En las oficinas de American Express se pueden cambiar sus cheques sin comisión.

FOTOGRAFÍA

Alemania es un paraíso para los fotógrafos: posee fabulosos paisajes, una magnífica arquitectura, pueblos pintorescos, ciudades impresionantes, catedrales señoriales, animados cafés, castillos, palacios y antiguas localidades de postal. Una buena guía de referencia es el libro de Lonely Planet *Fotografía de viaje,* de Richard L'Anson.

Los alemanes suelen respetar a los fotógrafos y procuran no pasar por delante de ellos, ni aunque el fotógrafo quiera. A nadie parece importarle ser fotografiado en un contexto general, pero si se desea un plano más cercano conviene pedir permiso.

DE COMPRAS

En Alemania es divertido ir de compras por la gran variedad de artículos. Casi todas las tiendas se encuentran en las zonas comerciales peatonales de los centros urbanos. Algunas calles comerciales famosas son la berlinesa Kurfürstendamm, Königsallee en Düsseldorf, Hohe Strasse en Colonia; Kaufingerstrasse, Neuhauser Strasse y Maximilianstrasse en Múnich y el Zeil en Frankfurt am Main.

Entre los productos regionales se encuentran las típicas prendas de vestir bávaras, como el *dirndl* (vestido), el *lederhosen* (pantalón de tirantes) o el *loden* (abrigo de lana). El *souvenir* típico son las jarras de cerveza, ya sean de cristal o de porcelana, lisas o decoradas, con o sin tapa de peltre. Entre los alimentos famosos están el mazapán de Lübeck, el *Lebkuchen* (pan de jengibre) de Núremberg y las Printen (galletas especiadas) de Aquisgrán.

La Selva Negra es el lugar de origen de los fabricantes de relojes, y no solo de cuco. También son célebres sus instrumentos de precisión, como microscopios o prismáticos. Las cuberterías son de gran calidad, sobre todo las de Wüsthof y JA Henckels.

En las regiones alpinas (son especialmente famosas las de Oberammergau, véase la p. 145) pueden encontrarse magníficas tallas de madera. Los entusiastas de lo frágil pueden hacerse con exquisitas piezas de porcelana de Meissen, Villeroy & Boch, Rosenthal, KPM o Porzellanmanufaktur Nymphenburger. Por su parte, los artesanos cristaleros de Baviera fabrican hermosos jarrones, cuencos y adornos.

También son famosas algunas empresas de juguetes, como Steiff (inventora del oso de peluche) o las muñecas de colección Käthe Kruse. En los mercadillos navideños pueden encontrarse adornos, el típico cascanueces y otros elementos decorativos.

El vino alemán constituye otra excelente compra, sobre todo porque algunos de sus mejores caldos no se venden fuera del país.

Los amantes de la moda informal no deben perderse Berlín, donde se confeccionan las prendas más modernas.

TELÉFONO Y FAX

FAX

En casi todos los hoteles, copisterías, locutorios y cibercafés se pueden enviar y recibir faxes.

TELÉFONOS MÓVILES

Los teléfonos móviles (celulares) se llaman *Handys* y funcionan con el sistema GSM 900/1800. Si el viajero se queda bastante tiempo y tiene un móvil multibanda sin liberar, comprar una tarjeta SIM recargable de prepago con un número local puede resultar más barato que usar la SIM original. Pueden comprarse tarjetas en cualquier tienda de telecomunicaciones (como T-Online, Vodafone, O_2 o E-Plus). Estos lugares también venden teléfonos GSM 900/1800 de prepago, e incluso algo de saldo, a partir de 30 €. Los móviles pueden recargarse comprando tarjetas que se venden en quioscos, supermercados, gasolineras y grandes almacenes.

Las llamadas a móviles son más caras que a fijos, pero las llamadas entrantes son gratuitas.

CÓDIGOS TELEFÓNICOS

Los números de teléfono alemanes están formados por un código de zona, que siempre empieza por ☎ 0, más un número local. Los códigos de zona tienen

IMPUESTOS Y DEVOLUCIONES

Los precios de los productos y servicios incluyen el IVA (Impuesto sobre el Valor Añadido; *Mehrwertsteuer* en alemán), que es del 19% salvo para los alimentos y los libros (7%). Los viajeros que no residan permanentemente en la UE pueden solicitar la devolución de buena parte del IVA si compran en tiendas que exhiban el rótulo "Tax Free". Para ello, se debe solicitar un impreso de devolución de impuestos en la tienda y presentarlo en la aduana del aeropuerto junto con los artículos comprados y los recibos de compra antes de facturar el equipaje. El oficial de aduanas sellará el impreso para que el viajero gestione el reembolso en efectivo en la oficina de devoluciones del aeropuerto.

un máximo de seis dígitos, y los números locales pueden tener hasta nueve. Para marcar un número dentro de una misma ciudad no es necesario el código de zona; sí lo es cuando se llama desde un móvil.

Para llamar a Alemania desde el extranjero, hay que marcar primero el código internacional de acceso del país de origen, luego 49 (código de Alemania), después el código de zona (sin el ☎ 0 inicial), seguido del número de teléfono. El código internacional de acceso desde Alemania es ☎ 00, el mismo que desde España.

El servicio de atención al cliente de Deutsche Telekom cobra solo 1,39 € por minuto para números dentro de Alemania (☎ 118 37 en inglés; ☎ 118 33 en alemán) y 1,99 € para números fuera de Alemania (☎ 118 34). La misma información puede conseguirse gratis en www.telefonbuch.de. Un operador más barato es Telix (☎ 118 10), que cobra 0,39 € por minuto.

Los números que empiezan por ☎ 0800 son gratuitos, los ☎ 01801 cuestan 0,046 € el minuto, los ☎ 01803, 0,09 € el minuto, y los ☎ 01805, 0,14 € el minuto. Las llamadas a los que empiezan por ☎ 01802 tienen un coste fijo de 0,06 €, y las realizadas a los ☎ 01804, 0,20 €. Conviene evitar los que comienzan por ☎ 0190 o ☎ 00, porque su coste es exagerado. Las llamadas directas desde las habitaciones del hotel suelen cobrarse a una tarifa elevada.

Desde un teléfono privado, pueden conseguirse tarifas más económicas usando un código de acceso *call by call* (por ejemplo, el ☎ 01016 o el 010090, para llamar con otro operador desde un teléfono de DT). Los precios cambian a diario y se publican en los periódicos o en línea en www.billigertelefonieren.de.

Los locutorios, que abundan en las proximidades de las estaciones de trenes, también ofrecen tarifas competitivas, aunque el cargo por establecimiento de llamada suele ser elevado. Conviene informarse bien antes de llamar.

Con una conexión a Internet de alta velocidad, se puede hablar gratis por **Skype** (**www.skype.com**), o usar el servicio SkypeOut, que permite llamar a fijos desde el ordenador.

Se puede telefonear a España y a los países latinoamericanos donde opera Telefónica a través del servicio España Directo, Perú Directo, Argentina Directo, etc. Cabe hacerlo desde un teléfono público o privado, a cobro revertido o con tarjetas prepago (con la Tarjetas Prepago España sale más barato que a cobro revertido). Solo hay que marcar el número de acceso, que será diferente para cada país (☎ 0800 080 0034 si se trata de España, ☎ 0800 330 0051 para Perú, o ☎ 0800 330 5454 en el caso de Argentina) y esperar a ser atendido por un/a operador/a que indicará los pasos a seguir. La llamada es atendida en español y tiene el mismo precio a cualquier hora y día de la semana. Sin embargo, a través del servicio de España Directo no es posible efectuar llamadas con destino a teléfonos móviles salvo en el caso de que la llamada se pague con cargo a la Tarjeta Personal de Telefónica.

TARJETAS TELEFÓNICAS

La mayor parte de los teléfonos públicos solo aceptan tarjetas de Deutsche Telecom (DT), de 5, 10 y 20 €, que se pueden adquirir en correos, tiendas de periódicos y oficinas de turismo. También hay algunos teléfonos públicos que no son de DT, pero éstos no siempre ofrecen las mejores tarifas.

Para llamadas de larga distancia (más de 50 km) o internacionales, las tarjetas telefónicas de DT son las más caras; otros operadores disponen de tarifas más interesantes. Estas tarjetas pueden adquirirse en quioscos de prensa y tiendas de telefonía, y casi todas funcionan también en los teléfonos públicos, aunque normalmente hay que pagar un recargo. Conviene leer la letra pequeña de la propia tarjeta. Las que se venden en las oficinas del ReiseBank son las que ofrecen las tarifas más competitivas.

HORA LOCAL

En toda Alemania, se sigue la Hora Central Europea (GMT/UTC más una hora), la misma que en Madrid, Bruselas o París. El cambio de hora para el ahorro energético se produce a las 2.00 del último domingo de marzo, cuando los relojes se adelantan una hora, y termina el último domingo de octubre. Sin contar cambios horarios, cuando en Berlín son las 12.00, son las 11.00 en Londres, las 6.00 en Nueva York, las 3.00 en San Francisco, las 8.00 en Buenos Aires, las 6.00 en Bogotá, y las 5.00 en Ciudad de México.

INFORMACIÓN TURÍSTICA

La mejor fuente para planificar el viaje es la **Oficina Nacional Alemana de Turismo** (**GNTO; www.deutschland-tourismus.de**); su sitio web puede consultarse en casi 30 idiomas y tiene enlaces a páginas dedicadas especialmente a visitantes de diversos países. En esta guía los sitios web regionales y organizaciones de turismo se enumeran al inicio de cada capítulo dedicado a un destino.

OFICINAS DE TURISMO LOCALES

Casi todas las poblaciones disponen de oficina de turismo donde se puede pedir información y conseguir mapas, planos y folletos. Muchas ofrecen también un servicio de reserva de alojamientos y billetes, normalmente gratuito.

VIAJEROS CON DISCAPACIDADES

Principalmente en las ciudades, muchos edificios públicos (como estaciones, museos, cines y teatros) disponen de rampas y ascensores. Sin embargo, en los sitios históricos, las calles empedradas dificultan considerablemente la movilidad.

Los hoteles más nuevos tienen ascensores y habitaciones con puertas más anchas y baños espaciosos. Los trenes, tranvías, metros y autobuses son cada vez más accesibles. Algunas estaciones tienen también andenes adaptados para ayudar a los pasajeros ciegos. En todos los medios de transporte públicos se permite el acceso a perros guía. Para las personas con problemas de audición, los nombres de las estaciones a las que se llega suelen mostrarse en letreros electrónicos en todos los tipos de transporte público.

Algunas agencias de alquiler de vehículos ofrecen automóviles adaptados sin cargo adicional, pero hay que reservarlos con antelación. En los aparcamientos y garajes hay que buscar las plazas para minusválidos, marcadas con el logotipo.

Muchas oficinas de turismo locales y regiones disponen de folletos especiales para personas con minusvalías, aunque normalmente están en alemán. Son buenas fuentes de información:

Centro del Servicio de Movilidad de la Deutsche Bahn (**☎ 01805 512 512, 01805 996 633, ext 9 en inglés; www.bahn.de; ⏰ 8.00-20.00 lu-vi, hasta 16.00 sa**) Información sobre acceso a los trenes y ayuda para planear la ruta. El sitio web tiene información útil.

Oficina Nacional Alemana de Turismo (**www.deutschland-tourismus.de**) Tiene toda una sección sobre cómo viajar sin barreras.

Natko (**☎ 0211 336 8001; www.natko.de**) Oficina central de información que resuelve dudas sobre el turismo sin barreras en Alemania.

VISADOS

Casi todos los nacionales de países miembros de la UE solo necesitan el documento nacional de identidad o el pasaporte para entrar en Alemania, permanecer en el país o trabajar en él. Los ciudadanos de Argentina,

Brasil, Chile, México, Venezuela y EE UU únicamente precisan un pasaporte (sin visado) para entrar en Alemania como turistas por un período máximo de tres meses dentro de un plazo de seis. El pasaporte debe tener validez para al menos cuatro meses más desde la fecha de partida prevista.

Los ciudadanos de la mayoría de los demás países, entre los que se encuentran Bolivia, Colombia, Ecuador y Perú, necesitan el visado Schengen.

Este visado se solicita en la embajada o el consulado del país de destino. Es válido para estancias de hasta tres meses. Las solicitudes de visado tardan entre 2 y 10 días en tramitarse, pero siempre es aconsejable iniciar el proceso lo antes posible. En el sitio web www.auswaertiges-amt.de puede encontrarse información detallada.

MUJERES VIAJERAS

Alemania suele ser un destino seguro para las viajeras, aunque vayan solas y estén en ciudades. Por supuesto, esto no significa que puedan bajar la guardia y confiar en cualquier extraño. Basta con usar el mismo sentido común que en el propio país.

No es frecuente que las molesten por la calle; en todo caso, puede haber algún silbido y una mirada no deseada. En las aglomeraciones, como en el transporte y en actos públicos, existe la remota posibilidad de un toqueteo.

Si se sufre una agresión, hay que llamar a la policía (☎ 110) o contactar con una línea directa de atención para mujeres en crisis. En ellas ayudan a afrontar el trauma emocional y hacen volantes para ir a un médico, abogado o a servicios sociales. Para obtener una lista completa, véase www.frauenno trufe.de (hay que pinchar en '*Hilfsangebote*') o llámese al ☎ 030 3229 9500. No atienden las 24 horas, pero no hay que desanimarse. Hay que volver a probar más tarde o dejar un mensaje y ellos devuelven la llamada.

TRANSPORTE

CÓMO LLEGAR Y SALIR

LLEGADA AL PAÍS

Si se llega desde cualquiera de los países incluidos en el Acuerdo de Schengen, como España, Países Bajos o Austria, e independientemente de la nacionalidad del viajero, no es necesario enseñar el pasaporte ni pasar por la aduana alemana.

PASAPORTE

Los pasaportes deben ser válidos al menos hasta seis meses después del fin del viaje. Los ciudadanos de la práctica totalidad de países occidentales no necesitan visado para entrar en Alemania; según el país de origen puede que sea necesario obtener el visado Schengen. Para más información véase el apartado "Visados" en p. 371.

AVIÓN

AEROPUERTOS

El **aeropuerto internacional de Frankfurt** (FRA; ☎ 01805 372 4636; www.frankfurt-airport.de) constituye la principal puerta de entrada para los vuelos transcontinentales, aunque los de **Düsseldorf** (DUS; ☎ 0211 4210; www.duesseldorf-international.de) y **Múnich** (MUC; ☎ 08 975 00; www.munich-airport.de) también reciben una parte del tráfico aéreo transcontinental. Berlín tiene dos aeropuertos internacionales, **Tegel** (TXL; ☎ 0180 500 0186; www.berlin-airport.de) y **Schönefeld** (SXF; ☎ 0180 500 0186; www.berlin-airport.de). También hay grandes aeropuertos en **Hamburgo** (HAM; ☎ 040-507 50; www.flughaf en-hamburg.de), **Colonia/Bonn** (CGN; ☎ 02203-404 001; www.airport-cgn.de) y **Stuttgart** (STR; ☎ 94 80; www.flughafen-stuttgart.de), y otros más pequeños en ciudades como Bremen, Dresde, Erfurt, Hannover, Leipzig, Münster-Osnabrück y Núremberg.

Algunas compañías de bajo coste, en especial Ryanair, pueden ofrecer precios

EL CAMBIO CLIMÁTICO Y LOS VIAJES

Viajar, y sobre todo en avión, contribuye a agravar el problema del cambio climático y amenaza seriamente los ecosistemas de los que dependen los seres humanos. Lonely Planet cree que limitar el impacto personal respecto al calentamiento global es una responsabilidad de todos. Es por ello que Lonely Planet, junto a Rough Guides y otros socios concienciados de la industria de los viajes, apoya el proyecto Climate Care, que permite al usuario compensar la contaminación producida por los gases de efecto invernadero de los que es responsable con contribuciones a operaciones de ahorro energético y otras iniciativas ambientales en el mundo desarrollado. Lonely Planet compensa todos los viajes de su personal y de los autores de sus guías.

Consúltese www.lonelyplanet.com para más información. El portal www.climatecare.org dispone de una calculadora de carbono y de más detalles sobre esta iniciativa.

económicos porque vuelan a aeropuertos situados lejos de las grandes ciudades. El mayor de ellos es **Frankfurt-Hahn** (HNN; ☎ 06543 509 200; www.hahn-airport.de), que se encuentra 110 km al noroeste de Frankfurt.

BILLETES

DESDE ESPAÑA

Ir en avión desde España a Alemania puede que resulte más económico que hacerlo por tierra. Compañías aéreas como **Iberia** (www.iberia.es), o **Spanair** (☎ 902 13 14 15; www.spanair.com) ofrecen vuelos a diferentes destinos a precios económicos, pero es recomendable adquirirlos con antelación. Un vuelo de Barcelona a Düsseldorf, por ejemplo, puede costar, con Iberia, 97 € ida y vuelta.

La empresa alemana **Lufthansa** (☎ 902 220 101; www.lufthansa.es) es la que ofrece servicios más frecuentes y variados entre España y Alemania; dispone de ofertas a diferentes ciudades alemanas a partir de 99 € ida y vuelta. Otras compañías como LTU, Hapag, Air Berlin y Ryanair operan con vuelos económicos desde distintas ciudades de Alemania a localidades españolas.

Otra forma de conseguir vuelos baratos es visitar los portales de viajes en Internet, que presentan productos de empresas y mayoristas con auténticas gangas en los billetes de última hora; en algunos de ellos, como www.lastminute.com, www.terminalA.com, www.atrapalo.com y www.despegar.com, es posible encontrar pasajes con importantes descuentos sobre el precio oficial.

DESDE EUROPA CONTINENTAL

Lufthansa y otras compañías nacionales conectan las principales ciudades europeas con destinos alemanes. Las aerolíneas de bajo coste dominantes –Air Berlin, easyJet, Germanwings y Ryanair– ofrecen vuelos a los aeropuertos principales y secundarios de Alemania desde toda Europa. Algunas aerolíneas más pequeñas que operan rutas menos transitadas son Norwegian Air Shuttle desde Escandinavia y Wizz Air desde Europa oriental.

DESDE AMÉRICA LATINA

La compañía alemana Lufthansa es la que dispone de servicios directos más frecuentes entre Alemania y el continente americano; une en vuelo directo Frankfurt am Main con Ciudad de México, Caracas, São Paulo y Buenos Aires, y Múnich con São Paulo. La brasileña **TAM Linhas Aéreas** (**www.tam.com.br**) enlaza São Paulo con Frankfurt am Main.

Otras compañías aéreas fletan vuelos a las principales ciudades de América Latina con escalas en diferentes localidades europeas. **Lan Chile** (**www.lanchile.com**) vuela desde Frankfurt am Main a Santiago con escala en Madrid. Iberia dispone de servicios, con escala en Madrid, desde Frankfurt am Main a Santiago, Bogotá, Caracas, Lima y Quito, y desde Berlín a Caracas y Lima. **Air France** (**www.airfrance.com**) vuela, con escala en París, desde Frankfurt am Main y Berlín a Bogotá y Caracas, y desde Berlín a São Paulo y Buenos Aires. También la holandesa **KLM** (**www.klm.com**) opera, con escala en Ámsterdam, de Berlín a Ciudad de México y Caracas, y de Frankfurt am Main a Lima.

Una opción para llegar a otras ciudades alemanas es volar hasta Berlín o Frankfurt am Main y desde allí, con un vuelo doméstico, hasta el destino final. Para actualizar estas informaciones es recomendable consultar la página del sistema informatizado de reservas **Amadeus** (**www.amadeus.net**). Los viajes transatlánticos de la uruguaya **Pluna** (**www.pluna.aero**) y la colombiana **Avianca** (**www.avianca.com**) solo llegan hasta Madrid; **Aerolíneas Argentinas** (**www.aerolineas.com.ar**) vuela hasta Madrid, Londres, París y Roma, mientras que **Mexicana de Aviación** (**www.mexicana.com**) ofrece vuelos directos a Madrid y Londres.

DESDE EE UU

Todas las principales aerolíneas estadounidenses, además de Lufthansa, ofrecen vuelos entre casi todas las grandes ciudades de EE UU y Alemania. Asimismo, las compañías alemanas Air Berlin y Condor ofrecen vuelos en temporada, especialmente en verano, desde algunas ciudades estadounidenses. Condor, por ejemplo, desde Anchorage y Fairbanks.

El aeropuerto de Frankfurt am Main recibe gran parte de los vuelos procedentes de EE UU, aunque en los últimos tiempos ha aumentado mucho el tráfico aéreo en Düsseldorf y Múnich. Incluso si se aterriza en Frankfurt y éste no es el destino final, se puede tomar un vuelo doméstico de conexión o seguir el camino en el eficaz sistema ferroviario alemán.

STA Travel (☎ **800 781 4040; www.statravel.com**) y **Flight Centre** (☎ **877-233-9999; www.flightcentre.us**) son dos agencias de viajes económicas y serias que ofrecen reservas por Internet y cuentan con sucursales.

POR TIERRA

AUTOBÚS

La empresa española **ALSA** (☎ **902 42 22 42**; www.alsa.es) enlaza ciudades como Madrid, Bilbao o Sevilla con Bremen, Colonia, Düsseldorf o Frankfurt am Main. Un billete a esta última desde Madrid cuesta ida/ida y vuelta 148/233 €.

Eurolines (**www.eurolines.com**), abarca 32 compañías europeas de autobuses y viaja a unos quinientos destinos europeos, incluidas las principales ciudades alemanas. Los niños de entre 4 y 12 años pagan la mitad, y hay un descuento del 10% para adolescentes, estudiantes y jubilados. En Alemania, Eurolines está representada por **Deutsche Touring** (☎ **069-790 3501; www.touring.de**), y en España, por **Viajes Eurolines** (☎ **902 40 50 40 y 933 674 400; www.eurolines.es**), que ofrece diferentes conexiones y horarios en la ruta Málaga-Madrid-Barcelona-Hamburgo-Frankfurt am Main-Berlín-Dortmund.

Con la compañía para mochileros **Busabout** (**www.busabout.com**) el viajero puede subir y bajar del autobús tantas veces como quiera en tres circuitos europeos entrelazados (de mayo a octubre). Alemania se encuentra en el circuito norte, con paradas en Berlín, Dresde, Múnich y Stuttgart.

AUTOMÓVIL Y MOTOCICLETA

Para introducir un automóvil en Alemania solo hace falta disponer de un permiso de conducir válido, el certificado de matriculación y una copia del seguro. Los coches extranjeros deben llevar un distintivo de nacionalidad, salvo si tienen una matrícula europea oficial. Es necesario disponer de triángulo de emergencia y un botiquín de primeros auxilios. Para informarse acerca de las normas de circulación y otra información relacionada con el tráfico, véase p. 377.

TREN

Los trenes de largo recorrido que enlazan las principales ciudades alemanas con otros destinos europeos son los EuroCity (EC). Se recomienda encarecidamente reservar con antelación, sobre todo en verano y en los períodos vacacionales.

Hay trenes nocturnos directos (City Night Line, CNL) a Alemania desde ciudades como Ámsterdam, Copenhague, Belgrado, Budapest, Bucarest, Florencia, Milán, Praga, Roma, Venecia y Viena. Para obtener más información, se puede contactar con los **especialistas en trenes nocturnos** (☎ **01805 141 514; www.nachtzugreise.de**) de Deutsche Bahn.

Desde España no existen trayectos directos a Alemania.

POR LAGO

El *ferry* para automóviles que une Romanshorn (Suiza) con Friedrichshafen (Alemania) constituye el modo más rápido de cruzar el lago Constanza. Fletado durante todo el año por **Schweizerische Bodensee Schiffahrt** (☎ **desde Suiza 071 466 7888; www.boden seeschiffe.ch**), tarda 40 minutos y cuesta 7,50 € por persona (niños 3,50 €). Las bicicletas cuestan 5 €, y los automóviles a partir de 28,50 €.

POR MAR

Los principales puertos de *ferries* de Alemania son Kiel y Travemünde (cerca de Lübeck), en Schleswig-Holstein, y Rostock y Sassnitz (isla de Rügen), en Mecklemburgo-Pomerania Occidental. Todos ofrecen servicios a Escandinavia y los países bálticos. Un billete de ida y vuelta suele ser más barato que dos billetes de ida.

DINAMARCA

GEDSER-ROSTOCK

Scandlines (☎ **01805 116 688; www.scandlines.de**) fleta *ferries* todo el año, un mínimo ocho veces diarias, entre Rostock y Gedser, 100 km al sur de Copenhague. El trayecto dura 1¾ h y cuesta 87 € por automóvil en temporada alta. El billete para pasajeros sin coche cuesta 7/5 € para adultos/niños. El billete para un pasajero y una bicicleta cuesta 16 €.

RØDBY-PUTTGARDEN

Scandlines (☎ **01805 116 688; www.scandlines.de**) fleta un *ferry* cada media hora por 64 € por un automóvil de cinco plazas; el trayecto dura 45 minutos. El billete de ida (o ida y vuelta si se regresa el mismo día) para pasajeros sin automóvil cuesta 6/4 € para adultos/niños en temporada alta. Aquellos que viajen en bicicleta tendrán que pagar 13 €.

FINLANDIA

HELSINKI-TRAVEMÜNDE

Finnlines (☎ **04502-805 43; www.finnlines.de**) viaja a Travemünde (cerca de Lübeck) diariamente, todo el año (27-36 h). Las literas cuestan a partir de 196 €; la comida 60 € más. Las bicicletas cuestan 20 €, los coches a partir de 100 €.

NORUEGA

OSLO-KIEL

Color Line (☎ **0431 730 0300 en Kiel; www.colorline.de**) realiza este viaje, de 20 horas, casi a diario. Una plaza en un camarote sencillo de dos camas cuesta 225 €. Los estudiantes pagan la mitad en temporada baja. Los coches cuestan a partir de 84 €.

SUECIA

GOTEMBURGO-KIEL

El *ferry* nocturno diario que fleta **Stena Line** (☎ **0431 9099, 01895 916 666; www.stenaline.de**) tarda 14 horas y cuesta 71 € para pasajeros sin automóvil (46 € niños, estudiantes y tercera edad). Viajar con el coche sale por 171 € en temporada alta, incluyendo los pasajeros. Es obligatorio viajar en litera, y el precio es a partir de 78 €.

REINO UNIDO

Ya no hay servicios directos de *ferry* entre Alemania y Reino Unido, pero se puede ir fácilmente a través de Países Bajos, Bélgica o Francia y desde allí ir en coche o en tren. Para más información hay que consultar los sitios web de los *ferries* o visitar www.ferrybooker.com, que cubre todos los operadores y rutas marinas, además del Eurotúnel.

A BÉLGICA

P&O Ferries (☎ **en el Reino Unido 08716 645 645, en Alemania 01805 500 9437; www.poferries.com**) Hull–Zeebrugge; 13½ h.

A FRANCIA

Norfolkline (☎ **en Reino Unido 0844 499 007, en Alemania 01801 600 31; www.norfolkline.com**) Dover–Dunkirk; 2 h.

P&O Ferries (☎ **en Reino Unido 08716 645 645, en Alemania 01805 500 9437; www.poferries.com**) Dover–Calais; 75 min.

A PAÍSES BAJOS

DFDS Seaways (☎ **0871 522 9955; www.dfds.co.uk**) Newcastle–Ámsterdam; 15 h.

P&O Ferries (☎ **en Reino Unido 08716 645 645, en Alemania 01805-500 9437; www.poferries.com**) Hull–Róterdam; 14 h.

Stena Line (☎ **0431-9099, 01895-916 666; www.stenaline.co.uk**) Harwich–Hoek van Holland; 3¾ h.

CÓMO DESPLAZARSE

AVIÓN

Casi todas las grandes ciudades alemanas, y algunas más pequeñas, cuentan con sus propios aeropuertos (véase p. 373). Asimismo, numerosas líneas aéreas realizan vuelos domésticos. Lufthansa dispone de la red más amplia de rutas; otras compañías son Air Berlin, Cirrus Air y Germanwings.

A menos que se vuele de una punta a otra del país, como de Berlín o Hamburgo a Múnich, los aviones no son mucho más rápidos que los trenes, si se tiene en cuenta el trayecto a/desde los aeropuertos y el tiempo de espera.

BICICLETA

Ir en bicicleta está permitido en todas las carreteras y autovías, pero no en las autopistas. Los ciclistas deben obedecer las mismas normas de tráfico que los automovilistas. No es obligatorio el uso de casco, ni siquiera los niños, pero es aconsejable llevarlo puesto.

ALQUILER Y COMPRA

En casi todas las localidades alemanas disponen de alquiler de bicicletas, normalmente emplazado cerca de una estación de trenes, o allí mismo. La mayoría ofrecen una gama de bicicletas urbanas, de paseo y de montaña, con precios comprendidos entre 9 y 25 € por un día y 35 y 85 € por una semana. Hay que dejar una fianza mínima de 30 € (algo más si la bicicleta es de mayor calidad) y presentar un documento de identidad. En los apartados "Cómo desplazarse" de los distintos capítulos de esta guía se listan numerosas agencias de alquiler. Algunos establecimientos también ofrecen servicio de reparación o instalaciones para guardar las bicicletas.

TRANSPORTE DE BICICLETAS

En la mayor parte de los trenes se pueden transportar bicicletas, aunque es necesario adquirir un billete distinto *(Fahrradkarte)*. Cuesta 9 € por trayecto en trenes de larga distancia (IC y EC; es necesario reservar) y 4,50 € al día en trenes locales y regionales (IRE, RB, RE y S-Bahn). No se permite llevar bicicletas en los trenes ICE de alta velocidad. En algunos trenes no hay ningún coste adicional. Para obtener más información, se puede preguntar en las estaciones de ferroviarias o llamar al ☎ **01805 151 415**. Las líneas gratuitas están listadas en el folleto, también gratuito, *Bahn & Bike* (en alemán) de Deutsche Bahn's, así como en las cerca de 250 estaciones donde se pueden alquilar bicicletas. El folleto se puede descargar en el sitio www.bahn.de/bahnundbike.

Muchas compañías regionales disponen de autobuses con soportes especiales para bicicletas, las cuales también se pueden transportar en casi todos los servicios de barcos y *ferries* de los lagos y ríos del país.

BARCO

Siendo un país con dos mares y un interior salpicado de lagos y ríos, no es de extrañar que el visitante se encuentre en algún momento a bordo de un barco. En algunos tramos de los ríos Rin, Elba y Danubio operan servicios de barcos regulares. También hay servicios de *ferries* en zonas con pocos puentes, así como en los principales lagos: Chiemsee y Starnberg en Baviera, y Constanza en Baden-Württemberg. Para más información, véanse las secciones específicas en los diferentes capítulos de esta guía.

AUTOBÚS

LOCAL Y REGIONAL

Los autobuses suelen ser mucho más lentos y menos fiables y eficientes que los trenes. Sin embargo, en algunas zonas rurales pueden ser la única opción para desplazarse si no se dispone de vehículo privado. Esta afirmación es especialmente cierta en el macizo de Harz, en algunos puntos de la Selva de Baviera y en las estribaciones alpinas. Diferentes compañías de autobuses operan en cada una de las regiones del país, cada una con sus propias tarifas y horarios.

En las ciudades, los autobuses suelen converger en la Busbahnhof o Zentraler Omnibus Bahnhof (ZOB; estación central de autobuses), que generalmente está cerca de la Hauptbahnhof (estación central de trenes).

LARGA DISTANCIA

Deutsche Touring (☎ **069 790 3501; www.touring.de**) opera servicios nocturnos diarios entre Hamburgo y Mannheim vía Hannover, Frankfurt am Main, Gotinga, Kassel y Heidelberg. Si se reserva con antelación, solo cuesta 9 €. Los precios pueden subir hasta 49 € en la ruta completa Hannover–Mannheim si se compra el billete en el autobús. Los niños menores de 12 años pagan la mitad.

Berlin Linien Bus (☎ **030 861 9331; www.berlinlinienbus.de**) conecta las principales ciudades (esencialmente Berlín, pero también Múnich, Düsseldorf y Frankfurt am Main) entre sí, además de destinos turísticos como Harz, las islas Rügen y Usedom y los Alpes Bávaros. Una de las rutas más populares es el autobús exprés a Hamburgo, que realiza el trayecto desde Berlín en 3¼ horas 12 veces al día (billete sencillo 9-21,50 €).

Más información sobre el servicio Europabus por la Ruta Romántica, en p. 126.

AUTOMÓVIL Y MOTOCICLETA

Viajar en automóvil o motocicleta en Alemania constituye un modo divertido y flexible de descubrir el país. El orgullo nacional es su red de Autobahns con unos 11 000 km. Cada 40 o 60 km hay áreas de servicio con gasolineras, lavabos y restaurantes. Muchas abren las 24 horas. En medio hay zonas de descanso *(Rastplatz)*, que suelen tener mesas de *picnic* y lavabos. Más o menos cada 2 km hay teléfonos naranjas para llamadas de emergencia.

Además de las *autobahns,* hay una extensa red de *Bundesstrassen* (carreteras secundarias "B") y *Landstrassen* más pequeñas (carreteras rurales). Suelen ser más panorámicas y placenteras, porque zigzaguean de pueblo en pueblo, y resultan ideales para una excursión en coche o motocicleta. No permiten correr, pero no importa. En las carreteras públicas no hay peajes.

Los cinturones de seguridad son obligatorios para todos los pasajeros en los asientos delanteros y traseros; la multa por no hacer uso de ellos es de 30 €. Si se sufre un accidente y no se lleva el cinturón de seguridad, el seguro puede quedar anulado. Los niños necesitan un asiento de seguridad infantil si son menores de 4 años y un cojín si son menores de 12 años, además, no pueden viajar en el asiento delantero hasta que cumplan 13 años. Los motociclistas deben llevar casco. Mientras se conduce está terminantemente *verboten* (prohibido) usar teléfonos móviles.

En numerosas ciudades hay sistemas electrónicos que indican al conductor el aparcamiento más cercano, así como las plazas disponibles. El estacionamiento en la calle funciona casi siempre mediante el sistema de parquímetros, y suele estar limitado a una o dos horas.

ASOCIACIONES AUTOMOVILÍSTICAS

La principal organización automovilística es el **Allgemeiner Deutscher Automobil Club** (ADAC; ☎ 0180 222 2222 para asistencia en carretera, desde un móvil 222 222; www.adac.de), con oficinas en las ciudades más importantes y en otras más pequeñas. Ofrece un excelente programa de asistencia en carretera y también ofrece sus servicios a los miembros de otros clubes asociados, como el **Reial Automòbil Club de Catalunya** (RACC; www.racc.es) y a las asociaciones automovilísticas asociadas a la **Federación Interamericana de Touring y Automóvil Clubes** (FITAC; www.fitac.org), entre las que se encuentran: el **Real Automóvil Club de España** (RACE; www.race.es), la estadounidense **AAA** (www.aaa.com), el **Automóvil Club de México** (ANA; www.ana.com.mx), el **Automóvil Club de Chile** (ACCHI; www.automovilclub.cl), el **Automóvil Club de Colombia** (ACC; www.acc.com.co), el **Touring y Automóvil Club de Venezuela** (TACVZA; ☎ 0212 7940478), el **Car Club do Brasil** (www.all.com.br), el **Automóvil Club Argentino** (ACA; www.aca.org.ar) y el **Touring y Automóvil Club del Perú** (TACP; www.touringperu.com.pe).

PERMISO DE CONDUCIR

Los conductores deben poseer un permiso de conducir válido. No es necesario presentar un permiso internacional (IDP), pero si se dispone de uno, ayudará a los alemanes a entender el permiso nacional (imprescindible llevarlo siempre encima) y simplificará el proceso para alquilar automóviles y motocicletas.

ALQUILER

Para alquilar un automóvil hay que ser mayor de 25 años, poseer un permiso de conducir válido y una tarjeta de crédito. Algunas compañías cobran un cargo adicional (12-20 €/día) a los conductores de 21 a 24 años. Menos suerte tendrán los más jóvenes o los que no dispongan de tarjeta de crédito, aunque algunas compañías locales aceptan depósitos en efectivo o cheques de viaje. A menudo no se permite introducir un automóvil de alquiler en países de Europa oriental, como la República Checa o Polonia, por lo que conviene informarse antes de partir.

Las principales compañías internacionales, como **Avis** (☎ 01805 217 702; www.avis.com), **Europcar** (☎ 01805 8000; www.europcar.com), **Hertz** (☎ 01805 333 535; www.hertz.com)

y **Budget** (☎ **01805 244 388; www.budget.com**), tienen oficinas en los aeropuertos, estaciones principales de trenes y ciudades.

Los paquetes reservados y pagados por adelantado en el país de origen del viajero suelen costar bastante menos que los alquileres directos. Lo mismo ocurre con los paquetes que incluyen vuelo y alquiler de automóvil. Conviene consultar las ofertas en las agencias de viajes de Internet, agentes de viajes o agentes de alquiler de vehículos, como la compañía estadounidense **Auto Europe** (☎ **desde EE UU 888-223-5555; www.autoeurope.com**).

SEGURO

La ley alemana obliga a todos los automóviles matriculados a contar con un seguro de responsabilidad frente a terceros. Si se conduce sin seguro o incluso con uno insuficiente, el viajero puede tener problemas. Si se tiene intención de alquilar un automóvil, hay que asegurarse de que el contrato incluye el seguro obligatorio. Las agencias de alquiler casi nunca incluyen un seguro que cubra los daños al vehículo, llamado Collision Damage Waiver (CDW) o Loss Damage Waiver (LDW). Este seguro es opcional, pero se recomienda contratarlo. Algunas compañías de tarjetas de crédito incluyen el seguro CDW/LDW durante un determinado período de tiempo si se abona la totalidad del alquiler con tarjeta.

NORMAS DE TRÁFICO

En Alemania se circula por la derecha y se utiliza la señalización estándar internacional. Las cámaras de control de velocidad y de vigilancia en semáforos son habituales y se envían notificaciones a la dirección de registro del vehículo, allí donde esté. La policía podrá obtener la dirección postal del viajero a través de la agencia de alquiler.

El límite habitual de velocidad en las carreteras es de 50 km/h en las ciudades y de 100 km/h en carretera, a menos que se indique otra cifra. En las autopistas no existe un límite de velocidad, pero hay numerosas señales de tráfico que obligan a moderar la velocidad (p. ej. cerca de los pueblos o cuando hay obras en la carretera). Si el conductor no las respeta, es muy probable que se vaya a casa con una multa.

Los conductores que no estén acostumbrados a correr mucho en las autopistas deben prestar especial atención al adelantar, ya que un automóvil a 200 km/h en el espejo retrovisor solo tarda unos pocos segundos en ponerse a la altura. Hay que adelantar lo más rápido posible y volver cuanto antes al carril derecho. El nivel máximo de alcohol permitido es de 0,05%, más o menos el equivalente a un vaso de vino o dos cervezas pequeñas.

Los peatones tienen preferencia absoluta en los pasos cebra. Asimismo, al girar hay que dar preferencia a los ciclistas que circulan por los carriles bici. Solo se puede girar a la derecha con el semáforo en rojo si existe una flecha verde que señale en esa dirección.

AUTOSTOP Y VIAJES COMPARTIDOS

El autostop *(Trampen)* nunca es del todo seguro en ningún país y en esta guía no se recomienda. Una forma de viajar más segura, barata y respetuosa con el medio ambiente es el viaje compartido, en el que se viaja como pasajero en un coche privado a cambio de dinero para la gasolina. Actualmente, la mayoría de viajes se organizan a través de páginas web gratuitas, como www.mitfahrzentrale.de, www.mitfahrgelegenheit.de (en alemán) y www.drive2day.de. Se puede poner un anuncio de un viaje o contactar con un conductor que vaya al mismo destino. **Citynetz** (☎ **01805 194 444; www.citynetz-mitfahrzentrale.de**) tiene algunas oficinas en las grandes ciudades y cobra una pequeña comisión por contactar con otro conductor.

TRANSPORTE LOCAL

La mayor parte de las localidades tienen redes de transporte público eficientes. Las ciudades más grandes, como Berlín y Múnich, integran autobuses, tranvías, trenes U-Bahn (metro) y trenes S-Bahn (suburbanos) en una única red.

Los precios suelen depender de las zonas o de la duración del viaje o, en ocasiones, de ambos. Los abonos de varios viajes *(Streifenkarte)* y los de un día *(Tageskarte)* son más rentables que los billetes de un solo viaje. Normalmente, los billetes deben validarse al subir al transporte público.

AUTOBÚS Y TRANVÍA

Los autobuses constituyen el modo más común de transporte público y casi todas las localidades disponen de su propia red. Salen a intervalos regulares, con servicios limitados por la noche y los fines de semana.

En ocasiones, los autobuses son reemplazados por tranvías, que suelen ser más rápidos. En los centros urbanos, a veces viajan bajo tierra. Normalmente, los conductores de autobuses y tranvías solo venden billetes individuales.

S-BAHN

Las áreas metropolitanas, como Berlín y Múnich, tienen un sistema de trenes suburbanos llamados S-Bahn. Son más rápidos y abarcan un área más amplia que los autobuses y los tranvías, pero suelen ser menos frecuentes. Las líneas de S-Bahn a menudo están conectadas a la red ferroviaria nacional y a veces enlazan centros urbanos. Los pases ferroviarios se pueden utilizar para estos servicios. En los diferentes capítulos de esta guía, las líneas de S-Bahn se abrevian con una "S" seguida del número pertinente (p. ej. S1, S7).

TAXI

Los taxis son caros y, debido al excelente sistema de transporte público, no son necesarios a menos que se tenga prisa. Disponen de taxímetros y aplican una bajada de bandera seguida de un importe fijo por kilómetro. Pocas veces es posible parar un taxi. Lo mejor es pedirlo por teléfono (consúltese *Taxiruf* en el listín telefónico) o acercarse a una parada de taxis.

U-BAHN

Los trenes subterráneos (metro) se llaman U-Bahn y es la forma más rápida de desplazarse en las grandes ciudades. Los mapas de ruta se anuncian en todas las estaciones y suele haber copias impresas en las taquillas o en la oficina del jefe de estación. En los diferentes capítulos de esta guía, las líneas de U-Bahn se abrevian con una "U" seguida del número de línea (p. ej. U1, U7).

TREN

Prácticamente toda la red ferroviaria alemana depende de **Deutsche Bahn** (**DB; ☎ 01805 996 633, información gratuita de horarios 0800 150 7090; www.bahn.de**), con distintos tipos de trenes que llegan a casi todos los rincones del país.

Muchas estaciones disponen de taquillas para equipajes que funcionan con monedas (1-4 € 24 h). Las estaciones de mayor tamaño disponen de consigna *(Gepäckaufbewahrung)*.

Para más información sobre cómo transportar bicicletas en tren, véase p. 376.

CLASES

Los trenes alemanes tienen compartimentos de primera y segunda clase, ambos modernos y confortables. No merece la pena pagar más por viajar en primera clase, excepto en los días con mayor movimiento, cuando se llenan los vagones de segunda clase (viernes, domingos por la tarde y festivos). Los trenes ICE ofrecen extras como butacas reclinables, mesas, prensa gratuita y sistemas de audio en el apoyabrazos. Los trenes ICE de nueva generación también cuentan con tomas individuales para ordenadores portátiles, cobertura de móvil sin interrupciones en primera clase y, en algunas rutas, Wi-Fi.

En todos los trenes y estaciones está prohibido fumar. Los trenes ICE, IC y EC tienen aire acondicionado y restaurante.

PRECIOS

Los billetes de tren estándar (sin descuento) son caros, pero normalmente se ofrecen ofertas especiales y billetes a precios reducidos. Es aconsejable consultar siempre www.bahn.de para ver las últimas ofertas de billetes de tren. Las ofertas permanentes son el Schönes-Wochenende-Ticket y Ländertickets.

SCHÖNES-WOCHENENDE-TICKET

Constituye la mejor oferta ferroviaria de Europa. Permite que el titular y hasta cuatro acompañantes, o los padres o abuelos con todos sus hijos o nietos menores de 14 años, viajen a cualquier lugar de Alemania durante un día, desde la medianoche del sábado o el domingo hasta las 3.00 horas del día siguiente, por solo 37 €. Solo se puede usar en trenes IRE, RE, RB y S-Bahn, en segunda clase, e incluye autobuses locales.

LÄNDERTICKET

Variación del Schönes-Wochenende-Ticket, que cuesta 21 €, aunque solo es válido entre semana y está limitado a viajes dentro de un único estado federal (en algunos casos también es válido para otros estados fronterizos). Por 13 € más, se pueden usar trenes IR y D (trenes nocturnos más lentos). Los precios varían ligeramente de un estado a otro, pero suelen oscilar entre los 22 y 27 €. Algunos estados ofrecen billetes más económicos a los pasajeros que viajan solos, con precios que oscilan entre los 18 y 25 €.

RESERVAS

Para los viajes de larga distancia es recomendable reservar plaza, especialmente si se viaja un viernes o un domingo por la tarde, durante las temporadas de vacaciones o en verano. Reservar a través un agente tiene un recargo de 4 € en segunda clase y 2 € por Internet o un distribuidor automático (5/3 € en primera clase). Pueden hacerse a través de la Red y en los mostradores de venta de billetes hasta 10 minutos antes de la salida.

BONOS DE TREN

Con este abono, reservado a personas no residentes en Europa, se puede viajar sin límite, en primera o segunda clase, de 4 a 10 días dentro de un período de un mes. El abono es válido para todos los trenes dentro de Alemania y para algunos servicios fluviales en Colonia-Düsseldorf, en los ríos Rin y Mosela. El bono de cuatro días cuesta 236 € en primera clase y 180 € en segunda, y los días adicionales se cobran a 32/22 €. Los niños de 6 a 11 años pagan la mitad. Los menores de 6 años viajan gratis.

Los viajeros de entre 12 y 25 años, pueden solicitar el **German Rail Youth Pass,** que cuesta 150 US$ (125 €) y tiene una validez de cuatro días (segunda clase). Cada día adicional cuesta 10 US$ (8,3 €). Dos adultos que viajen juntos pueden solicitar el **German Rail Twin Pass,** que cuesta 270 US$ (225 €) en segunda clase y 370 US$ (309 €) en primera (para cuatro días). Se cobran 30/42 € por día adicional.

Los billetes se pueden comprar por Internet (www.bahn.de), en algunas taquillas de Alemania y en agencias del país de origen. En EE UU, a través de www.raileurope.com.

GLOSARIO

ADAC – Allgemeiner Deutscher Automobil-Club (asociación automovilística)
Altstadt – casco antiguo
Apotheke – farmacia
Autobahn – autopista

Bahnhof – estación de trenes
Bedienung – servicio; precio del servicio
Berg – montaña
Bibliothek – biblioteca
Bierkeller – bodega-*pub*
BRD – Bundesrepublik Deutschland o, en español, RFA (República Federal de Alemania): nombre actual de Alemania
Brücke – puente
Brunnen – fuente o manantial
Burg – castillo
Busbahnhof – estación de autobuses

Christkindlmarkt – mercadillo de Navidad; también llamado *Weihnachtsmarkt*
City Night Line (CNL) trenes nocturnos con coches-cama y literas

DB – Deutsche Bahn; ferrocarril nacional alemán
DDR – Deutsche Demokratische Republik o, en español, RDA (República Democrática Alemana)
Dirndl – tradicional de Baviera
DJH – Deutsches Jugendherbergswerk; Asociación de Albergues de Juventud de Alemania
Dom – catedral

Ebbelwei – vino de manzana, un tipo de sidra

Fahrrad – bicicleta
Ferienwohnung – piso o apartamento para vacaciones
Flohmarkt – mercadillo
Flughafen – aeropuerto
FRG – véase *BRD*

Garten – jardín
Gästehaus – pensión
Gaststätte, Gasthaus – restaurante informal, mesón
Gedenkstätte – lugar conmemorativo
Gepäckaufbewahrung – consigna

Hafen – puerto
Hauptbahnhof – estación principal de trenes
Hof – patio
Hotel garni – hotel sin restaurante donde solo sirven el desayuno

Imbiss – puesto callejero de comida; llamado también *Schnellimbiss*
Insel – isla
InterCity (IC), EuroCity (EC) – trenes de largo recorrido más lentos que los ICE que paran en ciudades grandes; los EC van a países vecinos
InterCity Express (ICE) – trenes de alta velocidad; paran en ciudades grandes
InterRegio-Express (IRE) – trenes más lentos para distancias medias; conectan ciudades

Jugendherberge – albergue

Kapelle – capilla
Karte – billete
Kirche – iglesia
Kloster – monasterio, convento
Kreuzgang – monasterio
Kunst – arte
Kurhaus – literalmente "balneario", aunque suele referirse solo al edificio central usado para reuniones sociales

Kurtaxe – impuesto que se cobra en el balneario

Land – estado
Lebkuchen – pan de jengibre
Lederhosen – pantalón de cuero tradicional con refuerzos que se usa solo en Baviera
Lesbe – lesbiana

Marktplatz – mercado o plaza; suele abreviarse como *Markt*
Mass – jarra de cerveza de 1 l
Mehrwertsteuer (MwST) – impuesto sobre el valor añadido (IVA)
Mitfahrzentrale – agencia que pone en contacto a personas que van a realizar un viaje para compartir coche
Multi-kulti – multicultural
Münster – iglesia grande, catedral

Neustadt – ciudad nueva

Palais, Palast – palacio, aposentos residenciales de un castillo
Pension – alojamiento barato
Pfarrkirche – iglesia parroquial
Platz – plaza

Radwandern – cicloturismo
Radweg – camino para bicicletas
Rathaus – ayuntamiento
Regional Express (RE) – trenes locales con pocas paradas; comunican las zonas rurales con los centros urbanos y los S-Bahn
RegionalBahn (RB) – trenes locales, principalmente en zonas rurales, con muchas paradas
Reich – imperio
Reisezentrum – agencia de viajes en las estaciones de trenes o autobuses
Ruhetag – literalmente "día de descanso"; día de cierre en una tienda o restaurante

Saal – salón, sala
Sammlung – colección
Säule – columna, pilar
S-Bahn – líneas de cercanías del transporte metropolitano; Schnellbahn
Schatzkammer – tesoro
Schifffahrt –navegación
Schloss – palacio, castillo
Schwuler – gay
See – lago
Sesselbahn – telesilla
Stadt – ciudad
StadtExpress (SE) – trenes locales que cubren desplazamientos diarios por trabajo entre ciudades
Stollen – pastel de frutas que suele tomarse en vacaciones
Striezel – palabra en Dresde para *Stollen*

Tageskarte – menú del día o abono de un día en el transporte público
Tor – puerta
trampen – autoestop
Turm – torre

U-Bahn – metro
Ufer – orilla

verboten – prohibido
Verkehrsamt/Verkehrsverein – oficina de turismo
Viertel – barrio, distrito

Wald – bosque
Weihnachtsmarkt – mercado de Navidad; llamado también *Christkindlmarkt*
Weingut – explotación vinícola
Weinkeller – bodega
Weinstube – bodega/taberna tradicional
Wende – "cambio", que condujo a la desaparición de la RDA y a la reunificación de 1990
Wurst – salchicha

Zimmer frei – habitaciones libres

➘ ENTRE BASTIDORES

LOS AUTORES

ANDREA SCHULTE-PEEVERS

Coordinadora, Introducción, Las 25 mejores experiencias, Los mejores itinerarios, Preparación del viaje, Berlín, Brandeburgo, Sajonia-Anhalt, Turingia, Renania del Norte-Westfalia, Datos prácticos y Transporte

Andrea ha recorrido innumerables kilómetros en sus viajes a casi sesenta países de cinco continentes y luce su gastado pasaporte como una medalla de honor. Nació y creció en Alemania y se educó en Londres y en la UCLA. Desde entonces, se ha forjado una carrera como escritora sobre su país natal durante casi dos décadas. Ha sido autora y colaboradora de más de 40 títulos de Lonely Planet, incluidas las seis ediciones de la guía de Alemania y de Berlín, la guía *Berlín De cerca* y las de *Munich, Bavaria & the Black Forest*.

Agradecimientos Muchas gracias a los maravillosos expertos que me han concedido entrevistas no planeadas: la doctora Elisabeth Südkamp, Miriam Bers, Martin Wollenberg, Matthias Deml y Cornelia Ziegler. Gracias a la coautora Caroline Sieg por hacer el trabajo tan divertido y a todo el equipo de producción de LP por contestar nuestras incontables preguntas. Por último, pero no menos importante, gracias a David por estar siempre ahí.

CAROLINE SIEG

Múnich, Hamburgo y Alemania septentrional,, Dresde y Alemania oriental, Stuttgart y la Selva Negra, Frankfurt y Alemania central, Alemania de cerca

Medio americana y medio suiza, Caroline ha pasado gran parte de su vida viajando de un lado a otro del Atlántico, con largas paradas en Zúrich, Miami y Nueva York. Cuando no pasea en bici por el Tiergarten de Berlín o junto a los canales de Hamburgo para rebajar su dosis diaria de *Kaffee und Kuchen,* pasa sus días escribiendo y editando, centrada en todo cuanto tenga que ver con viajes y gastronomía.

Agradecimientos Gracias a Cliff por el encargo. Gracias a Andrea Schulte-Peevers por todos los consejos e ideas cuando el límite de espacios parecía una tarea imposible y por mantener siempre el sentido del humor. Un agradecimiento especial a Regina Ebert, a la doctora Simone Eick, a Óscar Hernández, Hans Spindler y Angela Cullen por concederme entrevistas con tanta amabilidad y por dedicar tiempo a enviarme fotos; a las oficinas de turismo de Múnich y Potsdam por ponerme en contacto con expertos locales, y a Anthony Haywood y Ryan ver Berkmoes por pasarme algunos valiosos nombres.

KERRY CHRISTIANI

Baden-Württemberg

La naturaleza, la promesa de la nieve en invierno y un marido nacido en Villingen atrajeron a Kerry desde Londres a la Selva Negra hace unos años. Cuando no está en la carretera, Kerry está de excursion, en bicicleta o haciendo esquí de fondo en los bosques y colinas cerca de su casa. En su último trabajo se quedó encantada de redescubrir Baden-Württemberg, desde el piragüismo en el lago Constanza hasta la degustación –¡sería un delito no probarlo!– del pastel de la Selva Negra en Triberg. Sus incurables pies inquietos la han llevado a unos 40 países, que han inspirado un sinfín de artículos de viaje, escritos en línea y cerca de 15 guías, incluidas las de Lonely Planet de *Austria, Switzerland, Munich, Bavaria & the Black Forest* y *Portugal*.

MARC DI DUCA

Sajonia, Baviera

Desde su trabajo en una biblioteca en Ruhrgebiet durante el cálido y loco verano de 1989 hasta su más reciente escalada por los Alpes, Alemania y el alemán han acompañado a Marc durante toda su vida adulta. Con su amor por los verbos irregulares, Brecht y el *bratwurst*, ha explorado muchos rincones del país durante los últimos 20 años, pero adonde regresa con más entusiasmo es a la variedad y hospitalidad de Baviera. Marc también ha gozado de la oportunidad de explorar Sajonia, donde se enamoró locamente del Trabant. Si alguien vende uno, él se lo compra. Cuando no está admirando Trabis en Zwickau o disfrutando de la cerveza en Múnich, se le verá en Sandwich, Kent, donde vive con su esposa ucraniana Tanya y su hijo Taras. Marc también ha escrito las guías de Lonely Planet *Russia*, *Trans-Siberian Railway* y *Cycling Britain*.

ANTHONY HAYWOOD

Macizo del Harz, Baja Sajonia, Bremen

Anthony nació en la ciudad portuaria de Fremantle, Australia Occidental, y empezó a viajar muy pronto haciendo autoestop por Europa y EE UU. Por entonces solía pasar los inviernos en Aberystwyth, Gales, e Ealing, Londres. Después estudió literatura comparada en Perth y ruso en Melbourne. En la década de 1990, recién regresado de una estancia en la Moscú postsoviética y "pretodo", se trasladó a Alemania. Hoy trabaja como periodista y escritor *freelance* con sede en Alemania y divide su tiempo entre Gotinga (Baja Sajonia) y Berlín. Ha colaborado en la primera y en las más recientes ediciones de *Alemania*.

LOS AUTORES DE LAS GUÍAS LONELY PLANET

¿Por qué nuestras guías ofrecen la mejor información del mundo? Muy sencillo: nuestros autores son viajeros independientes que se entregan por completo a su trabajo. Sus métodos de investigación no se limitan al teléfono y a Internet, ni aceptan regalos a cambio de reseñas favorables. Viajan con plena libertad, por los lugares más populares y por los menos transitados. Visitan personalmente miles de hoteles, restaurantes, cafés, bares, galerías, palacios, museos... y se enorgullecen de conocer y transmitir fielmente cada detalle. Para saber cómo formar parte del equipo de autores de las guías Lonely Planet, se puede consultar **www.lonelyplanet.com**.

CATHERINE LE NEVEZ

Hamburgo, Schleswig-Holstein, Mecklemburgo-Pomerania Occidental

Le entró el gusanillo de conocer mundo cuando viajó por carretera por Europa, incluida Alemania, a los cuatro años, y desde entonces ha aprovechado la menor oportunidad, al tiempo que ha cursado su doctorado en Escritura Creativa, su máster en Escritura Profesional y su posgrado en Edición. Catherine ha sido autora y coautora de más de una docena de guías Lonely Planet, casi todas de Europa, incluidas dos ediciones de *Munich, Bavaria & the Black Forest*. En sus últimos viajes se apuntó sin pensarlo a la oportunidad de celebrar el Hafengeburtstag (cumpleaños del Puerto) de Hamburgo, de ir a los parques nacionales del norte de Alemania y de empaparse del sol, la brisa marina y los paisajes (y sí, de cerveza) de las espectaculares islas y costas bálticas y del mar del Norte.

DANIEL ROBINSON

Hesse, Renania-Palatinado y Sarre

Se crió en el norte de California, Illinois e Israel, y se licenció en las universidades de Princeton y Tel Aviv. Hoy vive con su esposa Rachel entre Los Ángeles y Tel Aviv. En sus dos décadas con Lonely Planet, ha cubierto ambos lados de la frontera francoalemana y ha visto su obra traducida a 10 idiomas. Las aldeas vinícolas medievales del Mosela y los numerosos *Radwege* (senderos para bici) de la zona siguen atrayéndolo al estado de Renania-Palatinado, pero también le encantan los trenes que se deslizan por ambas orillas del Rin Romántico y pasan junto a cargueros y *ferries* de coches. En el Sarre se siente cautivado por la colosal acería Völklinger Hütte y por la tranquilidad que se respira en el frondoso río Sarre (Saar, en alemán).

ESTE LIBRO

Esta primera edición de *Lo mejor de Alemania* fue coordinada por Andrea Schulte-Peevers, y escrita y documentada por Caroline Sieg, Kerry Christiani, Marc Di Duca, Anthony Haywood, Catherine Le Nevez y Daniel Robinson.

VERSIÓN EN ESPAÑOL

GeoPlaneta, que posee los derechos de traducción y distribución de las guías Lonely Planet en los países de habla hispana, ha adaptado para sus lectores los contenidos de este libro. Lonely Planet y geoPlaneta quieren ofrecer al viajero independiente una selección de títulos en español; esta colaboración incluye, además, la distribución en España de los libros de Lonely Planet en inglés e italiano, así como un sitio web, www.lonelyplanet.es, donde el lector encontrará amplia información de viajes y las opiniones de los viajeros.

Gracias a Glenn Beanland, Trent Paton, Juan Winata

Fotografías interiores: p. 4 Hackescher Hof, Berlín, JHX/imagebroker; pp. 10-11 Schloss Neuschwanstein, FBE/imagebroker; pp. 12-13 Heidelberg, Richard l'Anson; p. 31 Marienplatz, Múnich, STF/imagebroker; p. 39 Schloss de Schwerin, Witold Skrypczak; p. 3, pp. 50-1 Brandenburger Tor, Berlín, David Peevers; p. 3, p. 89 Antiquarium, Residenz,

Múnich, BAI/imagebroker; p. 3, p. 115 Schloss Linderhof, JBE/imagebroker; p. 3, p. 167 Orilla del río Main, Frankfurt, MOX/imagebroker; p. 3, p. 195 Arroyo de Gertelbach, Gertelbachschlucht, la Selva Negra, JKI/imagebroker; p. 3, p. 227 Viñedo cerca de Bacharach, KIM/imagebroker; p. 3, p. 261 Zwinger, Dresde, EWR/imagebroker; p. 3, p. 293 Speicherstadt, Hamburgo, JOT/imagebroker; pp. 322-323 Alsterakaden, Hamburgo, SHU/imagebroker; p. 357 Bar playero en el río Spree, Berlín, STN/imagebroker.

A menos que se especifique lo contrario todas las imágenes son propiedad de los fotógrafos. La autorización para muchas de las fotografías de esta guía está disponible en Lonely Planet Images: www.lonelyplanetimages.com.

RECONOCIMIENTOS

Nuestra gratitud por permitirnos utilizar sus contenidos a:
Berlin S+U-Bahn Map © 2010 Berliner Verkehrsbetriebe (BVG)
Munich S+U-Bahn Map © 2010 Münchner Verkehrs- und Tarifverbund GmbH (MVV)

LA OPINIÓN DEL LECTOR

Las cosas cambian: los precios suben, los horarios varían, los sitios buenos empeoran y los malos se arruinan. Por lo tanto, si el lector encuentra los lugares mejor o peor, recién inaugurados o cerrados desde hace tiempo, le agradeceremos que escriba para ayudar a que la próxima edición sea más útil y exacta. Todas las cartas, postales y correos electrónicos se leen y se estudian, garantizando de esta manera que hasta la mínima información llegue a los redactores, editores y cartógrafos para su verificación. Se agradece cualquier información recibida por pequeña que sea. Quienes escriban verán su nombre reflejado en el capítulo de agradecimientos de la siguiente edición.

Puede ocurrir que determinados fragmentos de la correspondencia de los lectores aparezcan en nuevas ediciones de las guías Lonely Planet, en la web de Lonely Planet, así como en la información personalizada. Se ruega a todo aquel que no desee ver publicadas sus cartas ni que figure su nombre que lo haga constar.

Toda la correspondencia debe enviarse, indicando en el sobre Lonely Planet/Actualizaciones, a la siguiente dirección de geoPlaneta en España:

Av. Diagonal 662-664, 7º. 08034 Barcelona

También puede remitirse un correo electrónico a la dirección siguiente:**viajeros@lonelyplanet.es**

Para información, sugerencias y actualizaciones, se puede visitar la página web: **www.lonelyplanet.es**

ÍNDICE

La **negrita** indica los mapas
El verde indica las imágenes

D

E

F

G

H

La **negrita** indica los mapas
El verde indica las imágenes

I

La **negrita** indica los mapas
El verde indica las imágenes

N

O

P

Q

R

La **negrita** indica los mapas
El verde indica las imágenes

V

W

Y

Z

LEYENDA DE LOS MAPAS

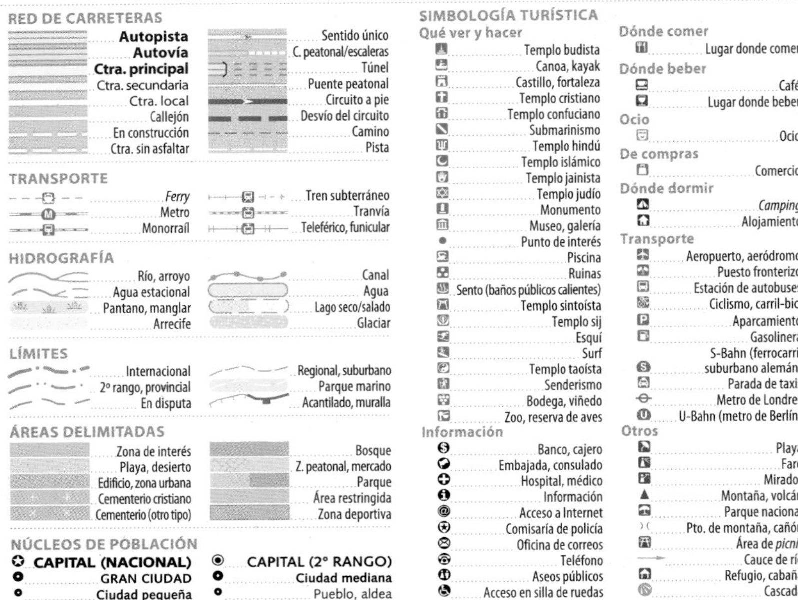

geoPlaneta
Av. Diagonal 662-664, 08034 Barcelona
viajeros@lonelyplanet.es
www.geoplaneta.com · www.lonelyplanet.es

Lonely Planet Publications (oficina central)
Locked Bag 1, Footscray, Victoria 3011, Australia
☎ 61 3 8379 8000, fax 61 3 8379 8111
(Oficinas también en Reino Unido y Estados Unidos)
talk2us@lonelyplanet.com.au

Lo mejor de Alemania

1ª edición en español – noviembre del 2010
Traducción de *Discover Germany*, 1ª edición – noviembre del 2010

Editorial Planeta, S.A.
Con la autorización para la edición en español de Lonely Planet Publications Pty Ltd A.B.N. 36 005 607 983, Locked Bag 1, Footscray, Melbourne, VIC 3011, Australia

Fotografía de cubierta: Anterior: Bacharach, SIME/Kaos02/Estockphoto. Posterior: Aschaffenburg, Baviera, Dennis Johnson; estatua ecuestre y cúpula del Theatinerkirche, Múnich, David Borland.

ISBN: 978-84-08-09308-4
Depósito legal: B. 32.702-2010

Printed in Spain – Impreso en España

El papel utilizado para la impresión de este libro es cien por cien libre de cloro y está calificado como papel ecológico.

Aunque Lonely Planet, geoPlaneta y sus autores y traductores procuran que la información sea lo más precisa posible, no garantizan la exactitud de los contenidos de este libro, ni aceptan responsabilidad por pérdida, daño físico o contratiempo que pudiera sufrir cualquier persona que lo utilice.